Multipolare.it

Edizione luglio 2023 – ottobre 2023
Pubblicizza questo libro come credi, anche facendone oggetto di commercio, ma se lo modifichi non attribuire a me cose che non ho mai detto, a meno che tu non pensi di contribuire alla causa di un socialismo davvero democratico.

MIKOS TARSIS

LA CATASTROFE

luglio - ottobre 2023

Ogni problema permette due punti di vista:
quello nostro e quello sbagliato.

C. Pollock

Amazon

Nato a Milano nel 1954, laureatosi a Bologna in Filosofia nel 1977,
già docente di storia e filosofia, Mikos Tarsis (alias di Enrico Galavotti)
si è interessato per tutta la vita a due principali argomenti:
Umanesimo Laico e Socialismo Democratico, che ha trattato in homolai-
cus.com e che ora sta trattando in multipolare.it.
Per contattarlo:
info@homolaicus.com
info@multipolare.it
Sue pubblicazioni su Amazon.it

Premessa

L'ultimo libro pubblicato aveva per titolo *La resa*, ma c'eravamo illusi. È vero che senza l'appoggio occidentale Kiev si sarebbe arresa una settimana dopo l'inizio dell'operazione speciale militare promossa da Putin. Ma è anche vero che nessuno poteva pensare che, in virtù di tale appoggio, Kiev avrebbe potuto resistere per così tanto tempo. Anche perché non vi è mai stato un momento, nell'arco di 18 mesi, in cui gli ucraini abbiano potuto dimostrare una loro netta superiorità nei confronti dei russi.

La resistenza indomita è avvenuta avvalendosi del terrore. Kiev ha letteralmente minacciato la propria popolazione di sterminio se non avesse combattuto contro i russi, i quali naturalmente, agendo per difendersi, non potevano che sterminarli. Praticamente un'intera popolazione (salvo quella che miracolosamente era riuscita a fuggire all'estero), si trovava presa tra due fuochi: o subire fucilazioni, pestaggi, carcerazioni, privazioni di diritti da parte del proprio governo, o farsi massacrare dal nemico. O Scilla o Cariddi.

L'occidente collettivo sapeva benissimo come stavano le cose sul campo, ma siccome ha voluto iniziare una guerra per procura, ha preteso che, in cambio dell'appoggio finanziario e militare, il governo neonazista non si facesse tanti scrupoli a sacrificare fino all'ultimo ucraino in grado di combattere. Parlare di pace, di trattative, di diplomazia andava considerato tassativamente vietato. Si sarebbe potuto farlo solo dopo che i russi si fossero ritirati sia dal Donbass che dalla Crimea, cioè mai.

Rebus sic stantibus ai russi non restava che pretendere la resa incondizionata sul campo. Siccome a tutt'oggi questa non è avvenuta, e la NATO non vuole fare altre vergognose figuracce, come quella in Afghanistan (per non parlare degli altri Paesi mediorientali, dove praticamente solo Israele è rimasto come alleato fidato), siamo costretti a paventare la possibilità di una qualche catastrofe di una gravità inaudita come ipotesi risolutiva del conflitto.

In tal senso la catastrofe può essere di due tipi: o gli ucraini riescono a far saltare la centrale nucleare di Zaporižžja, facendo in modo che la colpa ricada sui russi (che però al momento continuano a controllarla), oppure si passa a una guerra atomica vera e propria, eventualmente all'inizio con bombe nucleari tattiche. Una guerra del genere si sa quando inizia, ma non si sa quando finisce, poiché le conseguenze possono durare anche per un tempo illimitato. Fare la guerra contro uno Stato che dispone di circa 6.000 testate nucleari e che quindi è in grado di colpire tutte le più grandi città dell'occidente collettivo, è pura follia. Ma anche dei drogati si dice lo stesso: finché non toccano il fondo, non rinsaviscono.

E comunque la controffensiva ucraina è fallita miseramente. Ora è la volta dei russi contrattaccare. La NATO se n'è accorta e ha chiesto a Israele di scatenare una *false flag* (la sortita terroristica di Hamas del 7 ottobre[1]), per distrarre l'opinione pubblica mondiale e cercare di scatenare un conflitto da un'altra parte. Se anche questo non conseguirà alcun risultato, non resterà che Taiwan. A questo punto il titolo del prossimo libro non potrà essere che il più tragico possibile: *La III guerra mondiale*.

---

[1] Mi rendo conto che per molti può risultare offensiva una frase del genere, ma personalmente non la ritengo più offensiva di quella che sostiene che una medesima *false flag* gli USA l'abbiano realizzata abbattendo le Torri Gemelle. Nel senso che uno può avere tutte le motivazioni ideali che vuole per abbattere in maniera violenta un grande nemico, più o meno storico, ma se i metodi che usa sono estremistici, improvvisati o di natura terroristica, le sue intenzioni verranno facilmente strumentalizzate dallo stesso nemico.

Luglio

[1] Scenario catastrofico

Se in questa guerra contro la Russia il governo di Kiev continua a credere nelle promesse mirabolanti dell'occidente, che succederà dopo che l'attuale controffensiva sarà servita soltanto a decimare ancora di più il proprio esercito?

Se la NATO rifiuta qualunque trattativa prima che i russi si siano ritirati dal Donbass e dalla Crimea, quale altro modo c'è di risolvere il conflitto?

Quando il governo di Kiev prenderà atto che la guerra non può essere vinta contando solo sulla potenza delle armi occidentali, come farà la NATO a non intervenire direttamente inviando le proprie truppe? Come potrà ancora sostenere la versione ufficiale di questa guerra, secondo cui la NATO non è in guerra contro la Russia?

Come può la NATO intervenire direttamente in difesa di un Paese che non appartiene alla propria alleanza? È evidente che deve accadere qualcosa di così grave da indurre la NATO ad accettare immediatamente, in via del tutto straordinaria, la presenza dell'Ucraina all'interno della propria alleanza.

A quel punto però scatterebbe l'art. 5 dello Statuto che comporterebbe uno scontro diretto tra NATO e Russia. Che farebbero Ungheria e Turchia, che non hanno mai posto sanzioni anti-russe e che quindi non sarebbero disposte a fare una guerra contro la Russia?

Ma se il prossimo scenario fosse questo, cosa potrebbe impedire che la guerra non si trasformi da convenzionale a nucleare? Forse la convinzione che non ci possono essere vincitori in una guerra nucleare e che quindi non può essere combattuta?

Eppure gli analisti stanno constatando il contrario, e cioè che il timore dell'uso di armi nucleari per risolvere il conflitto sta scemando tra gli ambienti politici e militari dell'occidente.

Davvero gli europei sarebbero disposti a vedere le proprie capitali distrutte dall'atomica, pur di non riconoscere l'appartenenza del Donbass e della Crimea alla Federazione Russa?

[2] Una catastrofe generale alle porte

Ormai è abbastanza prevedibile che la tanto pubblicizzata controffensiva ucraino-NATO non sta andando secondo i piani.

Da un lato Zelensky ha capito che non può vincere la guerra, ma dall'altro non può nemmeno accettare una tregua, poiché ciò significherà la fine del sostegno occidentale e la fine della sua presidenza, e forse anche di lui stesso. Continuamente è intento a spiegare gli attuali fallimenti col fatto che un decisivo "contrattacco" non è ancora iniziato, anche se nella regione di Zaporizhzhia si stanno trasferendo le forze della riserva strategica.

Ormai siamo alla vigilia del vertice NATO previsto per l'11 luglio a Vilnius. Al regime di Kiev viene chiesto di sfondare da qualche parte le linee russe, al fine di giustificare la necessità di ulteriori interventi militari e finanziari. Ma la cosa sta diventando molto difficile con le truppe in campo.

Ecco perché i media britannici ed europei iniziano a parlare di una probabile catastrofe nucleare in Ucraina. In Germania i militari ucraini stanno partecipando a una grande esercitazione che imita l'esplosione della centrale di Zaporizhzhia. Nella stessa Ucraina l'esercito, la polizia e la protezione civile stanno preparando i cittadini alla catastrofe nucleare, condividendo persino tramite televisione, radio e social le istruzioni su come affrontare l'apocalisse.

In Europa è già arrivato l'aereo WC-135R Constant Phoenix, il cui compito è quello di monitorare i test nucleari, cioè di raccogliere campioni di aria atmosferica e di rilevare emissioni radioattive.

Quella di Zaporizhzhia è la centrale più grande d'Europa e si sta pensando a come farla saltare dando tutta la colpa ai russi, come già si è fatto col gasdotto Nord Stream e con la diga di Kakhovka.

Ormai siamo arrivati a un punto che se lo stesso Putin non si sbriga ad accelerare la fine di questa guerra, l'Europa rischia una tragedia di molto superiore a quella di Chernobyl.

Gli stessi ucraini devono liberarsi quanto prima della giunta neonazista di Kiev, poiché la catastrofe generale è alle porte.

L'acume di Stoltenberg

Il segretario generale della NATO Stoltenberg ha detto che il rogo del Corano davanti alla moschea di Stoccolma è "offensivo e indesiderabile" sul piano etico, ma non è "necessariamente illegale" in un Paese democratico e sovrano come la Svezia. Infatti la protesta era autorizzata dalla polizia.

Presumibilmente ciò vorrebbe dire che se in un Paese islamico bruciassero la Bibbia, nessuno potrebbe dire nulla.

Ha un bel modo Stoltenberg per favorire delle relazioni pacifiche sul piano internazionale. Come se non sapesse che la libertà di religione è uno dei princìpi fondamentali di tutte le Costituzioni occidentali.

Soprattutto con molto acume ha capito come rendere tutti i Paesi islamici profondamente uniti contro l'Europa. Putin lo ringrazia sentitamente. Trovarsi improvvisamente come alleati, senza fare alcuno sforzo, ben due miliardi di musulmani presenti in 165 Paesi, non è poco.

Aria di resa

Stati Uniti, Germania, Francia e Regno Unito hanno quasi completato i lavori su una bozza di accordo-quadro sugli obblighi di sicurezza dell'Ucraina: si prevede che i Paesi del G7 e della UE vi aderiranno.

Viene considerato il modello israeliano l'opzione più adatta: Israele non è membro della NATO e quindi non è obbligato ad aiutare gli alleati in caso di attacco da parte di un qualche nemico, come previsto dall'art. 5 del Trattato Nord Atlantico. Ma allo stesso tempo il Paese è considerato un partner importante degli Stati Uniti, che gli forniscono una significativa assistenza militare.

In particolare Kiev non dovrebbe aspettarsi che l'accordo sia "legalmente vincolante" né attendere che si svolgano esercitazioni militari sul territorio del Paese. L'accordo conterrà la nozione di "obblighi" ma non di "garanzie di sicurezza".

Non è però chiaro se l'accordo sarà pluriennale o di breve durata. È probabile che gli aiuti militari rimangano ai livelli attuali e diminuiscano se il conflitto finirà.

Di sicuro al momento l'Ucraina non potrà entrare nella NATO, poiché non c'è consenso unanime tra i membri dell'alleanza. Il Regno Unito, i Paesi dell'Est e quelli scandinavi sarebbero favorevoli, ma altri no.

La UE sta discutendo, come possibili obblighi per l'Ucraina, il proseguimento del finanziamento delle forniture di armi attraverso il Fondo europeo per la pace, l'ampliamento delle possibilità di addestramento dell'esercito ucraino, l'invio di missioni militari in tale Paese a condizioni adeguate. La bozza di dichiarazione dei leader europei parlava della natura a lungo termine di un possibile accordo.

Mosca ha già detto di valutare negativamente la fornitura di sostegno militare a Kiev da parte dell'occidente. Infatti uno degli obiettivi dell'operazione speciale era quello della smilitarizzazione del Paese.

Qui si può aggiungere che Israele è dal 1948 ad oggi la principale disgrazia del Medio Oriente.

È evidente che con questa proposta l'occidente vuole riprendere fiato, dopo le sonore sconfitte sul campo, per rimpinguare le sue scorte militari.

Francia in fiamme

Dopo la morte di un adolescente di 17 anni per mano di un poliziotto le rivolte in Francia si stanno estendendo alla Svizzera e al Belgio. I rivoltosi hanno danneggiato un'auto nel centro di Bruxelles. E a Losanna i negozi sono stati saccheggiati e ci sono stati scontri tra rivoltosi e polizia antisommossa dotata di veicoli blindati.

In Francia i manifestanti cominciano a sparare con fucili automatici Accuracy International di grosso calibro prodotti da un'azienda britannica, e a usare anche esplosivi. I fucili erano stati consegnati all'Ucraina nel 2022. Ma qui la corruzione è talmente forte che queste armi, come altre di vario genere, vengono rivendute al mercato nero, in Africa ma anche in Europa.

Il numero dei rivoltosi sull'intero territorio francese è tale che la polizia non riesce a controllare nulla.

Non siamo in presenza di una rivoluzione, poiché non vi è un progetto politico alternativo al sistema. Però si rischia la guerra civile. Il sistema voleva bestie da soma, ma ha ottenuto bestie da preda.

[3] L'ingenuo Blumenthal

Riassumo l'intervento di Max Blumenthal del 28 giugno all'ONU.

Dopo aver visto che la controffensiva ucraina non è all'altezza delle aspettative, in quanto non è riuscita a violare neppure la prima linea di difesa russa, cos'ha fatto il Pentagono? Ha fatto pagare il conto ai contribuenti medi americani, addebitandoci altri 325 milioni di dollari per rimpiazzare le scorte militari sperperate dall'Ucraina. Non c'è stato alcuno sforzo per consultare la posizione dell'opinione pubblica statunitense sulla questione. Il pubblico americano non ha idea di dove siano finiti fino adesso i dollari delle sue tasse in questa guerra, semplicemente perché non sono tracciati.

La politica degli Stati Uniti dà priorità ai finanziamenti sfrenati per una guerra per procura con una potenza nucleare in terra straniera, mentre le nostre infrastrutture nazionali cadono a pezzi davanti ai nostri occhi. Per di più la *Transparency International*, sponsorizzata dall'occidente, classifica l'Ucraina come uno dei Paesi più corrotti d'Europa.

Nel 2014 il presidente Obama aveva respinto le richieste di inviare armi offensive letali a Kiev, proprio perché temeva che ciò, di fronte alla reazione di Mosca, avrebbe potuto trascinare Washington in una guerra per procura.

Quando Trump cercò nel 2017 di restare coerente con questa linea, fu accusato di essere un burattino filo-russo e fu sottoposto a *impeachment*. Non sorprende che abbia ceduto.

Poi sappiamo che gli accordi di Minsk dovevano soltanto dare all'Ucraina il tempo di armarsi. E che Kiev si stesse preparando ad attaccare le due Repubbliche separatiste di Donetsk e Lugansk sono i rapporti dell'OSCE a dirlo.

Dall'inizio dell'operazione speciale di Putin gli Stati Uniti e i loro alleati hanno accelerato l'escalation e sabotato i negoziati in ogni occasione, col rischio di far scoppiare una nuova guerra mondiale.

Naturalmente Blumenthal ha evitato di dire che il Nord Stream è stato fatto saltare dagli americani, però ritiene insensato pensare che i russi distruggano cose di cui possiedono il pieno controllo, ivi inclusa la diga di Kakhovka e la centrale nucleare di Zaporizhzhia. Pertanto ritiene pretestuoso che alcuni parlamentari americani abbiano chiesto alla NATO d'intervenire direttamente in Ucraina e di attaccare la Russia se si fosse verificato un incidente alla suddetta centrale.

Si noti la concretezza economicistica del ragionamento: la guerra è persa, perché continuiamo a finanziarla? Anche i servizi sociali e le infrastrutture degli USA avrebbero bisogno di quei soldi...

Povero Blumenthal, non lo sa che qualcuno gli potrebbe sempre obiettare: "la guerra è persa con le armi convenzionali, ma ancora non abbiamo usato tutte le altre".

Cui prodest?

In questa guerra russo-ucraina, che l'occidente collettivo conduce per procura fino all'ultimo ucraino o, se si preferisce, per tutto il tempo necessario a vincerla, non ci guadagnano solo le industrie che fabbricano armi, che in occidente sono tutte private: ci guadagnano anche i consulenti, gli analisti, i geopolitici, i quali, finita la guerra, sapranno sicuramente riciclarsi, vendendo la competenza acquisita.

L'ha fatto presente Max Blumenthal nel suo discorso del 28 giugno all'ONU. In particolare ha detto che i vincitori sono anche persone come il segretario di Stato Tony Blinken, che ha trascorso il suo tempo tra le amministrazioni Obama e Biden, lanciando una società di consulenza chiamata *WestExec Advisors*, che ha assicurato lucrosi contratti governativi per le aziende di intelligence e l'industria delle armi.

Tra gli ex soci di Blinken presso la *WestExec Advisors* ci sono il direttore della National Intelligence, Avril Haines, il vicedirettore della CIA, David Cohen, l'ex addetto stampa della Casa Bianca, Jen Psaki, e quasi una dozzina di membri attuali ed ex del team di sicurezza nazionale di Biden.

Poi Blumenthal ha sparato a zero contro il Segretario alla Difesa, Lloyd Austin, e contro l'attuale ambasciatrice degli Stati Uniti alle Nazioni Unite, Linda Thomas Greenfield, consulente senior presso l'*Albright Stonebridge Group*, una società di diplomazia commerciale che si occupa anche di contratti per il settore dell'*intelligence* e dell'industria delle armi: una società fondata dalla defunta Madeleine Albright, che dichiarò ignominiosamente che la morte di mezzo milione di bambini iracheni sotto il regime delle sanzioni statunitensi "ne è valsa la pena".

Ai più alti livelli dell'*establishment* americano l'etica non è di casa. Tutti si vendono. Il cinismo più assoluto, legato ai profitti privati, alle rendite di posizione, pervade tutti i suoi componenti. E c'è da credere che tale atteggiamento nei confronti della vita in generale, essendo una costante in questa nazione, sin da quando si è formata a spese dei nativi, sia diffuso anche tra chi gestisce il potere nei suoi livelli inferiori.

Quella statunitense è una società da smettere, non ha più nulla di umano. In nessuna delle sue finzioni è credibile. Chi non vede questo orrore è perché beneficia di qualche sporco interesse o è comunque condizionato da qualche conflitto d'interesse. Ritenere che una società del genere sia preposta a difendere la democrazia nel mondo, quando in realtà vi sono da spolpare quasi 150 miliardi di dollari in aiuti statunitensi all'Ucraina, è pura follia, è un'ingenuità assolutamente imperdonabile. Anche perché la situazione nel campo di battaglia è stata ben descritta da un soldato ucraino a "Vice News": "non sappiamo quali siano i piani di Zelensky, ma sembra che si tratti di uno sterminio della sua stessa popolazione, cioè della popolazione pronta al combattimento e in età lavorativa. Tutto qui".

Cosa non si farebbe per la democrazia…

Ormai solo le persone che non sanno nulla di democrazia credono nella retorica della democrazia. Ecco qualcosa che si evince dal discorso di Max Blumenthal all'ONU il 28 giugno.

In un passaggio ha fatto questa chiara osservazione: Ci è stato detto da persone come il senatore Dick Durbin che l'Ucraina è "letteralmente in una battaglia per la libertà e la democrazia" e che quindi dobbiamo fornirle armi "per tutto il tempo necessario". Chiunque s'opponga agli aiuti militari all'Ucraina si oppone alla difesa della democrazia.

Dov'è dunque la democrazia nella decisione di Zelensky di bandire i partiti di opposizione, di criminalizzare i media dei suoi legittimi avversari politici, di incarcerare il suo principale rivale politico, di fare irruzione nelle chiese ortodosse e di arrestare gli ecclesiastici?

Dov'è la democrazia nell'incarcerazione da parte del governo ucraino del blogger Gonzalo Lira, un cittadino statunitense che ha messo in dubbio la narrazione ufficiale di questa guerra?

E dov'è la democrazia nella recente decisione di Zelensky di sospendere le elezioni nel 2024 sulla base della dichiarazione della legge marziale?

Strano che l'ingenuo Blumenthal non sappia che quando è in corso una guerra, molte delle libertà di espressione democratica vengono per così dire sospese.

In ogni caso gli esempi che ha citato sono il minimo minimo della democrazia rappresentativa. Il governo neonazista di Kiev si è macchiato di ben altri crimini, violando tutti i diritti umani fondamentali, tutte le convenzioni che la stessa Ucraina aveva firmato negli anni passati per poter essere presente negli organismi internazionali.

[4] Chi taglierà la testa all'Idra?

Gli americani si ritengono più forti degli europei. E quindi pensano di essere anche migliori. Non si lasciano condizionare dalle confessioni religiose, poiché i loro stessi presidenti son come dei sacerdoti laicizzati. Non pongono limiti etici allo sviluppo tecno-scientifico. Tutti i loro valori morali ruotano attorno a un unico valore, quello *economico*. Han capito che per dominare la terra bisogna dominare il mare e per dominare l'intero pianeta ci vuole un diritto falso e bugiardo (propagandato come una fede), tantissimi dollari e tantissime armi, in mano a militari professionisti, del tutto privi di scrupoli.

Sulla base di questi presupposti hanno ridimensionato di molto il colonialismo e l'imperialismo degli europei. Dopo due guerre mondiali e una guerra fredda han fatto capire non solo agli europei, ma anche ai russi e ai cinesi che i veri dominatori del mondo sono loro. Sono loro che possono decidere autonomamente, fatto salvo il rispetto delle solite formalità, quali Paesi bombardare e quali sanzionare, quali armi usare e per quanto tempo. Gli americani non hanno amici e neppure alleati alla pari: il mondo per loro è diviso tra chi obbedisce con le buone o con le cattive. Pur di sopravvivere in questa loro funesta mentalità, sono disposti a compiere qualunque cosa.

Quindi non illudiamoci che il popolo americano sia in grado di abbattere le proprie istituzioni, creando un'alternativa al sistema. Né che le loro istituzioni rinuncino, per poter sopravvivere, all'uso di qualunque tipo di arma.

L'Ercole che dovrà uccidere questa mostruosa Idra non potrà essere una singola nazione, ma il frutto di un'azione condivisa tra tante nazioni.

Sveglia tedeschi, un minimo di dignità!

I media tedeschi stanno cercando di preparare i loro lettori alla sconfitta dell'Ucraina. Stanno ponendo domande inedite.

Le speranze entusiastiche per la forza dell'esercito ucraino e la fornitura di equipaggiamento militare tedesco si sono rivelate irrealistiche. L'Ucraina ha sopravvalutato le proprie capacità e ha illuso non solo se stessa ma anche l'intero occidente.

I tedeschi stanno ripetendo l'errore della seconda guerra mondiale, quando ammisero la vittoria dell'URSS a motivo della sua superiorità militare, ma in fondo non ammisero mai che il nazismo era una mostruosità ideologica. Anzi ritenevano che fosse l'unica vera speranza contro il comunismo russo. Oggi lo dimostrano continuando ad appoggiare il neonazismo ucraino, anche in assenza del comunismo.

Questi intelligentoni, che fanno tanto i saputelli in Europa, ancora non hanno capito che la Russia sta vincendo non solo perché militarmente più forte, ma anche perché sa misurare la propria forza con la ragione. Cioè non si comporta mai come un Paese terrorista, non colpisce indifferentemente civili e militari, non compie mai atti disperati, che possono avere effetti imponderabili. È l'intera sua organizzazione sociale e statuale, sistemica, che funziona meglio e soprattutto in maniera più umana di qualunque Paese occidentale.

Adesso vediamo come farà Scholz a spiegare ai tedeschi che il denaro investito a sostegno del popolo ucraino è stato inutile. Cosa dirà: "mi sono sbagliato sulla narrativa ucraina e americana", oppure si limiterà a dire: "per vincere la Russia ci vuole ben altro"?

Ma la vera domanda è un'altra ancora: "ai tedeschi è rimasto un minimo di dignità per mandare a casa questo grandissimo ipocrita?". E soprattutto: "se riusciranno a farlo, lo sostituiranno con uno statista di destra?". Infatti, approfittando di questa guerra, l'intera UE sembra tornare a idee che ricordano il nazifascismo.

Chi rompe paga

Il primo ministro dello stato federale tedesco della Sassonia, Michael Kretschmer, ha affermato che la Germania non dovrebbe abbandonare definitivamente il gas russo e ha chiesto la cooperazione con la Russia per la rapida riparazione del Nord Stream, che è stato distrutto in forza di un'azione criminale.

Lo sa questo statista che se il gasdotto viene riparato, gli USA bombarderanno la Germania? La porranno sotto sanzioni? O addirittura chiederanno alla CIA di eliminarlo? Dove crede di vivere? Nel mondo dei sogni?

Se aveva tutto questo coraggio, perché ha aspettato 16 mesi? Forse perché ha capito (meglio tardi che mai!) che in questa guerra l'Ucraina sin dall'inizio non aveva alcuna possibilità di vincere?

E ora questo pusillanime come fa a sapere che i russi vogliano davvero riparare ciò di cui possono fare a meno? Ma soprattutto: chi gli ha detto che per la sua riparazione i russi vogliano contribuire alle spese?

Non lo sa che in tutto il mondo vige il principio "chi rompe paga"?

Domanda retorica

Ha detto la giornalista americana Natalie Morris nel programma "Redacted News": "Perché i giovani ucraini devono morire cercando di riconquistare il territorio del Donbass, che non vuole far parte dell'Ucraina sin dal 2014? Che senso ha questa guerra?"

Domande così ingenue, così disarmanti, la cui risposta è così scontata, come mai vengono poste solo adesso? Forse perché ci è accorti che la controffensiva ucraina si sta rivelando un fiasco solenne? Prima non lo si era capito? Dov'era questa giornalista nel 2014, anno del golpe neonazista, organizzato e finanziato dalle istituzioni criminali del suo stesso Paese?

[5] Come siamo diversi!

Monika Schnitzer, capo del Consiglio degli esperti economici della Germania, ha stimato che il Paese ha bisogno di circa 1,5 milioni di immigrati ogni anno per sostenere la crescita economica e far fronte a una carenza di competenze.

Per noi italiani, poveri provinciali, gli immigrati sono una tragedia; per i tedeschi una necessità economica.

Come mai? È che la Germania soffre da almeno il 2010 di una popolazione in calo, che porta a una carenza di specialisti in settori chiave dell'economia. In particolare scarseggiano operatori sanitari, insegnanti, assistenti sociali e programmatori.

Non ho capito perché pensano di trovare specialisti del genere tra gli immigrati. In genere un personale specializzato, dove la lingua ha un'importanza cruciale, un Paese se lo forma da solo. E poi se un immigrato avesse avesse competenze del genere, forse troverebbe lavoro nel suo stesso Paese d'origine. In ogni caso tra le decine di migliaia di profughi che giungono in Europa ogni anno, quanti hanno competenze specialistiche?

Poveri tedeschi! Prima creano un'economia basata sull'accumulo compulsivo di denaro per pochi, e poi s'accorgono che i lavoratori hanno salari troppo bassi per mettere al mondo un numero sufficiente di figli con cui far girare l'economia.

Che peccato che i tedeschi non abbiano serbatoi di manodopera proveniente dalle colonie, come i francesi e gli inglesi. Magari saprebbero utilizzarla meglio dei francesi, che invece la vorrebbero rispedire in Africa.

Forse per questo i tedeschi han sempre avuto così tanta fretta ad allargare i confini della UE verso est (anche a costo di fare a pezzi la Jugoslavia): volevano sfruttare la manodopera dei Paesi poveri dell'ex blocco sovietico. Ora anche questa manodopera non basta più. Comunque la grazia presto l'avranno: a forza di armare l'Ucraina con armi sempre più sofisticate, milioni di profughi potranno dirigersi verso il loro Paese. E quelli faranno presto a integrarsi: è dal 2014 che studiano come diventare neonazisti.

Turchi ambigui

Sinceramente parlando non ho mai creduto che la decisione del governo turco di non permettere a quello svedese di entrare nella NATO, se prima non ottiene l'estradizione di un certo numero di kurdi (giudicati "terroristi" soltanto dai turchi), sia una decisione determinata da motivazioni convincenti.

Dico questo non solo perché i kurdi in Turchia sono oggetto di vessazioni come fino a ieri lo erano i russofoni nel Donbass, ma anche perché, prima di dire che i kurdi emigrati in Svezia sono dei terroristi, ci vorrebbe una risoluzione europea. Gli stessi svedesi potrebbero chiedersi che governo abbiano, visto che tutela dei terroristi.

Ecco perché secondo me il presidente del Parlamento turco Numan Kurtulmus si arrampica sugli specchi. Se i turchi non vogliono far entrare gli svedesi nella NATO, dicano chiaramente quali sono i loro motivi.

Dicano chiaramente che se il Mar Baltico diventa un lago della NATO, l'exclave russa di Kaliningrad rischierà l'isolamento, e Mosca di sicuro non lo permetterà.

Finita la guerra in Ucraina, i russi dovranno spiegare bene ai finnici che se si azzardano a installare postazioni militari in grado di colpire San Pietroburgo o qualunque centimetro del territorio della Federazione, per loro sarà finita e lo sarà con molta più facilità che non con gli ucraini, non solo perché hanno una popolazione ridicola, ma anche perché non beneficiano di alcun legame di parentela coi russi. Stessa cosa vale per gli svedesi e i norvegesi. La Russia non ha bisogno di occupare altri territori, in quanto già adesso, rispetto al numero dei propri abitanti, è sconfinata. Ma siccome teme d'essere occupata o smembrata dai Paesi occidentali, vuole essere sicura di non avere altri neonazisti ai confini. Chissà, forse a Mosca stan pensando che la lezione inequivocabile data all'Ucraina, usando solo una piccola parte del proprio potenziale bellico, servirà da monito per tutti gli altri Paesi europei. Mi sa però che stiano sopravvalutando la nostra intelligenza.

Un sondaggio sospetto

Un nuovo sondaggio dell'*International Republican Institute* mostra che la stragrande maggioranza della popolazione ucraina crede in un futuro migliore, valuta positivamente la qualità dei servizi forniti dalle autorità locali e prevede di rimanere nelle proprie città durante la guerra con la Russia e anche quando sarà finita.

Questo sondaggio è stato condotto tra 16.800 intervistati in 21 città diverse. Il governo di Kiev ne ha subito approfittato per sostenere che l'Ucraina vincerà la sua guerra contro la Russia. Non ha capito che i russi non hanno mai avuto l'intenzione di occupare l'intera nazione, ma solo di tutelare i russofoni del Donbass dallo sterminio dei neonazisti. Tutti gli altri possono entrare tranquillamente nella UE: basta che non chiedano di far parte della NATO, poiché quell'alleanza di difensivo non ha proprio nulla.

In ogni caso tutto questo ottimismo nei confronti del governo in carica appare un po' sospetto. Per non parlare della soddisfazione mostrata verso i servizi locali, le cui infrastrutture strategiche vengono costantemente bombardate dai russi. Non a caso il sondaggio è stato finanziato dall'Agenzia degli Stati Uniti per lo sviluppo internazionale (USAID). Cosa non si fa per convincere il mondo intero che l'Ucraina non è un Paese fallito sotto tutti i punti di vista.

La bocca della verità

Douglas Gregor, colonnello in pensione dell'esercito americano, ha detto, con molta tranquillità: "Non credo che arriveremo alle elezioni del 2024. Le cose a Washington esploderanno prima. La nostra condizione economica è molto fragile e si ritorcerà contro di noi in modo molto spiacevole. Potremmo trovarci in una situazione in cui tutte le banche saranno chiuse per 2-3 settimane e nessuno potrà accedervi. Penso anche che il livello di violenza e criminalità nelle nostre città sia così alto che le persone che normalmente pensano di poter vivere lontano dal problema cominceranno a esserne colpite. L'Ucraina perderà la guerra in modo catastrofico, sarà un collasso totale e avrà un impatto anche qui" (negli Stati Uniti).

In effetti se stiamo a sentire l'analista statunitense Scott Ritter si dovrebbe credere a una fine imminente della guerra: pare che gli stessi soldati ucraini arrivino a distruggere le armi e le attrezzature della NATO per evitare di andare in battaglia.

O mangi la minestra o salti dalla finestra

La mancanza di dollari nelle riserve internazionali della sua Banca centrale ha costretto il governo argentino a prendere una decisione senza precedenti: ha soddisfatto un obbligo di pagamento con il Fondo Monetario Internazionale in yuan cinesi per un valore equivalente a un miliardo di dollari americani, con ulteriori 1,7 miliardi di dollari erogati in Diritti Speciali di Prelievo, cioè in quella valuta fittizia del FMI costituita da un paniere delle principali valute mondiali: dollaro statunitense, euro, yen giapponese e sterlina, cui dal 1° ottobre del 2016 si è aggiunto lo yuan cinese.

Dunque cerchiamo di capire: il FMI (che presta soldi come un usuraio) è stato costretto ad accettare una moneta non corrispondente a quella prestata, e la Russia (che fino adesso ha venduto agli europei il proprio gas a prezzi ridicoli) non ha il diritto di essere pagata in rubli?

[6] Europa contro Unione Europea

L'Europa è un'altra cosa rispetto all'Unione Europea. Sono tanti i Paesi o territori europei che non fanno parte della UE: Svizzera, Norvegia, Regno Unito, Islanda, Liechtenstein, Turchia (almeno una sua parte è europea), Russia, Bielorussia, Albania, Montenegro, Macedonia del Nord, Bosnia-Erzegovina, Serbia, Ucraina, San Marino, Moldavia, Georgia, Principati di Andorra, di Monaco, del Liechtenstein, Città del Vaticano. Il Kosovo non dovrebbe neppure esistere. E siamo sicuri che popolazioni come quelle kurde, azere e armene non siano europee?

Questa Europa dei popoli è fagocitata dalla UE, la quale, a sua volta, ha dimostrato d'essere soltanto uno strumento degli USA, i quali la controllano in vari modi, di cui il principale è quello militare. Nel rapporto con la Russia la UE è schiava della NATO.

La difesa della UE è assicurata dalla NATO, dove chi comanda sono gli USA. Persino Stoltenberg, portavoce formale della NATO e sostanziale degli USA, non appartiene alla UE, essendo norvegese. Lui non fa gli interessi né dell'Europa né della UE ma solo degli USA.

L'Europa è solo un'espressione geografica inesistente sul piano politico. La UE invece ha una veste politica, ma l'attuale scontro politico, economico e militare con la Russia le sta facendo perdere sempre più rilevanza internazionale. La UE è un gigante economico, che fa paura anche agli USA, ma è un nano politico, non avendo alcuna autonomia decisionale.

Nell'occidente chi comanda, in ultima istanza, è chi è più forte militarmente. Questo vuol dire che per liberarsi dell'egemonia americana l'intera Europa deve dichiarare guerra agli USA. Poiché in questa guerra russo-ucraina gli USA han dichiarato guerra *economica* all'Europa, l'Europa deve dichiarare guerra *militare* agli USA.

Tuttavia la prima cosa che l'Europa deve fare è liberarsi della UE, i cui statisti tendono ad essere filo-americani. L'Europa dei popoli deve insorgere contro la UE mercantile, che di democratico non ha nulla. Questa Europa deve impadronirsi delle basi NATO, gestendole in proprio e avviando con la Russia una trattativa per eliminare tutte le armi nucleari.

Una guerra persa in partenza

Se ci pensiamo, di fronte a un Paese come quello russo, dotato di circa 6.000 testate nucleari, appellarsi all'art. 5 dello Statuto della NATO, può voler dire solo una cosa: condannarsi alla propria sicura distruzione umana e materiale.

È impossibile che di tutte quelle armi micidiali, nessuna colpisca in maniera devastante un Paese europeo. È impossibile che non vengano distrutte tutte le capitali europee e tutte le basi nucleari della NATO. È impossibile che gli statisti europei non sappiano queste cose. Lo dimostra il fatto che fino adesso non hanno mai dichiarato guerra alla Russia né inviato proprie truppe in Ucraina, se non in forma ufficiosa.

Quell'articolo ha senso se le armi sono convenzionali, altrimenti è un suicidio inevitabile e collettivo, anzi continentale. Appellarsi a quell'articolo assurdo, in presenza di arsenali nucleari che potrebbero riportare l'Europa al Medioevo, può essere fatto solo in presenza di un'Alleanza atlantica profondamente ideologizzata, disposta a compiere una specie di "santa crociata". È questo che vogliamo?

Dunque che cos'è la NATO? Una sorta di setta religiosa estremista, il cui santone (in questo caso gli USA) chiede ai propri adepti di mostrare sino in fondo la propria irriducibilità al buon senso?

Se è questo che vogliamo, è illusorio pensare che per evitare una catastrofe globale, sia necessario riportare la paura dell'apocalisse nucleare nella politica europea e nella coscienza pubblica. Anzi si rischia di ottenere l'effetto contrario. I fanatici, pur di autoesaltarsi, sono indotti a compiere cose prive di razionalità.

[7] Ci vuole un ex generale per capire le cose

Jean Bernard Pinatel, generale in pensione dell'esercito francese, ha dichiarato alla redazione del sito ledialogue.fr: l'Ucraina ha un problema ben più serio della mancanza di mezzi: le sue risorse umane. Senza il coinvolgimento diretto della NATO nel conflitto, la sconfitta di Kiev è solo una questione di tempo. La controffensiva era destinata al fallimento, poiché l'Ucraina, pur essendo sponsorizzata dagli anglosassoni, non ha un potenziale tecnico e umano significativo.

Indubbiamente l'occidente fornisce spesso al Paese un equipaggiamento militare non sempre di alta qualità, anzi spesso le attrezzature sono obsolete, ma il punto più vulnerabile dell'Ucraina è che i suoi migliori combattenti sono morti da tempo. L'esercito russo è superiore da tutti i punti di vista.

Gli stessi ucraini ammettono di sparare 4.000 proiettili al giorno, mentre la Russia ne spara 20.000. Sono anche convinto che il rapporto tra perdite di attrezzature e personale sia di 5 a 1 a favore della Russia.

La decisione dell'occidente di prolungare il conflitto porta solo a un aumento del numero delle vittime ucraine: cosa di cui né gli Stati Uniti né l'Europa si preoccupano, poiché l'obiettivo principale non è la vittoria dell'Ucraina, ma l'indebolimento della Russia.

L'ex generale avrebbe potuto aggiungere, essendo un militare e sapendo bene come vanno le cose sui campi di battaglia, che quanto più il conflitto dura, tanto più i russi s'addestrano, s'impratichiscono ad affrontare anche la NATO, nell'eventualità che questa decida d'intervenire direttamente. Senza poi considerare che il loro potenziale bellico non è affatto diminuito, da quando è iniziata la guerra, ma di molto aumentato, in qualità e quantità.

Fa piacere comunque che un esperto militare arrivi a dire, prima e meglio di tanti illustri statisti occidentali, che tutte le sanzioni economiche messe a carico della Russia, han finito per danneggiare la sola Europa, oggi sull'orlo di una grave crisi a causa della mancanza di energia russa a buon mercato.

Ha evidenziato un dato eloquente, che solo uno sciocco non potrebbe condividere: prima della crisi l'Europa consumava 200 miliardi di metri cubi di gas russo; il Nord America ne forniva solo 2 miliardi. Con chi abbiamo intenzione di sostituire la Russia? L'inverno sta arrivando e non è ancora chiaro come l'Europa sopravviverà. Le grandi aziende sono costrette a chiudere.

Entro l'inverno del 2022 la Germania è riuscita a riempire i suoi serbatoi di gas, sopravvivendo così al freddo. Ma non basterà per il prossimo anno. Se in Germania inizia una recessione, tutta l'Europa, e la Francia in particolare, saranno nei guai, perché i tedeschi sono i nostri principali partner economici.

Ancora non abbiamo capito che la Russia è indipendente dal resto del mondo sotto ogni punto di vista, che si tratti di materie prime, grano o energia. È il mondo capitalista che non può fare a meno delle risorse fornite dalla Russia.

Il Sudamerica si è stufato di Zelensky e dell'Europa

Al prossimo vertice degli Stati latinoamericani e caraibici (CELAC) con la UE, che si terrà a Bruxelles il 17-18 luglio, la Spagna voleva che intervenisse Zelensky, ma tutti gli altri si sono opposti. Kiev ha deciso di non partecipare al forum.

Non solo, ma i Paesi sudamericani, avversi alla pretesa della UE, han chiesto, in una loro controbozza, di rimuovere la menzione dell'Ucraina dalla dichiarazione finale del vertice, relativa al sostegno materiale e militare al Paese in guerra.

I Paesi latinoamericani sostengono soltanto soluzioni diplomatiche serie e costruttive, da mettere in atto con mezzi pacifici: tutto il resto non interessa. Anzi, non è vero: chiederanno all'Europa di risarcire i danni causati al Sudamerica dal passato coloniale. In particolare "riconoscono la necessità di adottare misure appropriate per ripristinare la dignità delle vittime della tratta degli schiavi, compresi i risarcimenti materiali, per aiutare a guarire la nostra memoria collettiva e invertire l'eredità dell'arretratezza".

I delegati europei si sono sentiti spiazzati. Non avevano mai visto un subcontinente così unito contro l'Europa occidentale.

Nucleare ultima spiaggia

La NATO non vede l'ora di entrare a gamba tesa nel conflitto russo-ucraino, inviando proprie truppe e usando mezzi bellici davvero pesanti.

Dall'inizio dell'operazione speciale ha creato vari *casus belli*, in considerazione del fatto che l'Ucraina non fa parte né della UE né dell'Alleanza Atlantica, ma la Russia non ha reagito, sapendo bene che il conflitto regionale avrebbe potuto diventare mondiale.

L'ultima provocazione sta pensando di crearla colpendo la centrale nucleare di Zaporizhzhia. Come le volte precedenti, in altri contesti, mira a scaricarne la responsabilità sui russi, nella convinzione che i cittadini occidentali, continuamente manipolati dai mass-media, non metteranno in discussione le versioni ufficiali dei fatti. Al massimo lo faranno nei social, che però non contano niente rispetto ai media dominanti.

Il Congresso americano ha già detto che se verrà colpita quella centrale, la guerra da difensiva a favore dell'Ucraina si trasformerà in offensiva contro la Russia.

A questo punto è evidente che non c'è alcuna possibilità di trattare con la NATO. L'intero occidente è convinto che sul piano convenzionale Kiev ha perso la guerra contro Mosca. In assenza di qualunque trattativa e se si vuole continuare questa guerra, non resta che passare a un livello superiore, quello nucleare.

In attesa gli USA forniranno a quel che resta dell'esercito ucraino un buon quantitativo di munizioni a grappolo, vietate in oltre 120 Paesi del mondo, in quanto almeno 1/5 di questi proiettili possono restare pericolosi per molti anni, esplodendo se disturbati o maneggiati: ne sanno qualcosa soprattutto i bambini in Siria, Yemen, Afghanistan, Libano, Balcani e Laos.

L'odio oltre ogni logica

L'ambasciatore d'Israele in Ucraina ha dichiarato che gli eroi di Stato ucraini attuali, Bandera, Shukhevich, Melnik, sostenevano l'ideologia nazista e favorirono lo sterminio degli ebrei e dei polacchi in Ucraina: "Per questo noi ebrei abbiamo preso le distanze da loro".

"Tuttavia – ha voluto aggiungere – in nome della battaglia contro la Russia, bisogna comprenderli e perdonarli".

Come a dire: coloro che sono stati salvati dai sovietici, che hanno uno Stato grazie all'URSS, sono in grado di odiare la Russia al punto da difendere chi ha sterminato il loro popolo!

Questi ragionamenti son davvero curiosi. Neanche che l'odierna Russia sia comunista come al tempo dello stalinismo! Senza poi considerare che molti ebrei furono attivi militanti nella realizzazione della rivoluzione d'Ottobre. Lo stesso Lenin aveva origini ebraiche per linea materna, e Trotsky, Zinoviev e Kamenev lo erano al 100%.

[8] Oliare gli ingranaggi

In una guerra così assurda come questa, che l'occidente conduce in maniera collettiva e solo per procura, cioè senza dichiararla, mi chiedo chi sia, in ultima istanza, a tirare le fila.

Infatti in Russia appare evidente che chi la gestisce è il governo, cioè un'istanza politica ben visibile, che si serve di esponenti militari. Shoigu, ministro della Difesa, è un generale, ma avrebbe potuto essere un civile, come quello prima di lui, voluto da Putin per mettere ordine tra le forze armate.

In Russia i militari non fanno dichiarazioni politiche, che inevitabilmente verrebbero percepite come l'anticamera di una svolta autoritaria. Lo stesso Prigozhin, che pur non è un militare di carriera, ha dovuto smetterla con le sue esternazioni.

Ma negli USA è evidente che chi comanda non è il governo. Biden sembra essere eterodiretto tanto quanto Zelensky. Quindi deve per forza esserci dietro di loro quello che gli analisti chiamano il *"Deep State"*, cioè un apparato di funzionari, che possono essere militari, industriali, finanziari... Tutta gente che ha interessi materiali da far valere. Nel capitalismo è l'economia che gestisce la politica, tant'è che si parla di apparato militare-industriale. La politica, le istituzioni giuridiche e il *mainstream* mediatico sono soltanto la facciata esteriore.

Per gli americani ogni guerra deve avere un ritorno economico. Pertanto questa guerra finirà quando il *Deep State* si accorgerà che il gioco non vale più la candela. E forse il giorno non è lontano, poiché gli USA, pur avendo perso il Donbass, hanno sottomesso l'intera Unione Europea e guadagnato alla NATO la Finlandia. Altri Stati son pronti a entrare in questa alleanza: Svezia, Moldavia, Georgia e quello che resterà della stessa Ucraina.

Il vero problema tuttavia è un altro: davvero la Russia di Putin, per concludere questa guerra, si accontenterà di aver acquisito il Donbass? Peraltro il Donbass era già tutto russofono, quindi si tratterebbe soltanto di un riconoscimento di fatto. Una guerra di 17 mesi, con molte migliaia di morti, feriti e mutilati, con dei costi materiali notevolissimi, per ottenere soltanto il riconoscimento giuridico del Donbass all'interno della Federazione Russa? Per continuare a vivere nel terrore di una ulteriore espansione della NATO?

Per i russi la posta in gioco non è il business. Ai russi preme anzitutto la sicurezza generale del Paese. Questa guerra sembra avere come scopo qualcosa di molto più complesso. Si è come oliato un ingranaggio destinato a funzionare a pieno regime, in tutta la sua efficienza: la Russia non vuole più avere la NATO tra i piedi. O nella NATO entra la stessa Russia, e allora si può ragionare, oppure la guerra va avanti finché USA e UE non scendono a più miti consigli. L'orso sembra non avere più alcuna fretta.

Munizioni a grappolo

Quel grandissimo ipocrita di Biden ha detto che è stata molto difficile la decisione di trasferire le munizioni a grappolo in Ucraina. Ma, secondo lui, non si poteva fare diversamente, in quanto le munizioni stavano finendo e la controffensiva ucraina non può fallire. E comunque ha aggiunto di stare tranquilli, perché il provvedimento avrà una durata provvisoria, in attesa di produrre ben altre munizioni.

Infine ha precisato che il governo di Kiev ha fornito garanzie scritte, impegnandosi a utilizzare queste munizioni riducendo al minimo i rischi per la propria popolazione.

Quest'ultima cosa non è molto chiara: i neonazisti hanno assicurato che la propria popolazione non subirà danni. Una preoccupazione inutile: è infatti evidente che servono per devastare i civili del Donbass. O forse sospettano che anche i propri civili potrebbero subire delle conseguenze?

In realtà l'esercito di Kiev possiede già munizioni a grappolo che periodicamente impiega sui centri abitati del Donbass, provocando vittime tra i civili.

L'ambasciatore russo negli Stati Uniti, Antonov, ha invece detto che si tratta di un gesto di disperazione. L'occidente ha capito di essere impotente ma non lo vuole ammettere.

Ora, per colpa degli Stati Uniti, per molti anni ci sarà il rischio che civili innocenti vengano fatti saltare in aria con munizioni non funzionanti quando toccano il suolo (dal 25 al 40%).

Mi chiedo con che coscienza un operaio che produce armi del genere o un militare che le usa guarderanno in faccia i propri figli, sapendo che dall'altra parte del pianeta altri figli potranno subire orribili mutilazioni in un momento in cui non ci sarà più alcuna guerra.

[9] La corda si sta spezzando

Al cospetto di una guerra in atto, in cui l'intero occidente ha svuotato i propri arsenali militari senza ottenere alcun risultato significativo contro la Russia, uno dovrebbe chiedersi: esiste un punto di non ritorno, oltre il quale la guerra da convenzionale si trasforma inevitabilmente in nucleare, oppure possiamo star sicuri che, in ultima istanza, gli apparati politico-militari sapranno scongiurare un rischio del genere? L'*intelligence* dei Paesi in conflitto è in grado di rispondere a questa domanda?

Se aumentano le provocazioni, se si impiegano armi sempre più letali o pericolose, se la NATO, pur di fronte alle palesi difficoltà dell'esercito ucraino, rifiuta pervicacemente qualunque trattativa, è evidente che prima o poi la pazienza finisce e ci si gioca il tutto per tutto, costi quel che costi.

Quando si hanno in mano armi nucleari, non ci può affidare al buon senso. Infatti se davvero avessimo buon senso, le armi nucleari le avremmo smantellate da un pezzo. Ma le ultime trattative in merito sono state fatte al tempo di Gorbaciov, quel grande statista disprezzato dagli stessi russi.

Se l'occidente fosse disposto a perdere la propria egemonia mondiale, forse un margine alla trattativa ci sarebbe. Ma anche un bambino capisce che prima di arrivare a riconoscere alla Russia la vittoria militare, le *élite* dominanti in occidente devono essere sicure di poter fronteggiare in maniera autoritaria le rivolte popolari interne. Questo perché la rottura dei rapporti commerciali con la Russia provocherà un continuo aumento dei prezzi di quei prodotti indispensabili a vivere in un sistema capitalistico avanzato. Vi saranno anche un progressivo impoverimento dei ceti medi e una certa predisposizione a staccarsi dal centralismo degli Stati nazionali, anche perché questi Stati cercheranno di controllare sempre più le società civili con tutti gli strumenti digitali a disposizione.

La crescente finanziarizzazione dell'economia, che caratterizza le nostre società da almeno 40 anni, funziona se a livello militare siamo noi a comandare nel mondo, cioè se altri Paesi producono materie prime e beni industriali sulla base delle nostre esigenze. Ma se questa egemonia militare viene messa in discussione, i contraccolpi si faranno sentire anche sul piano economico, e questo costringerà per forza i poteri dominanti a ristrutturare i rapporti con le proprie popolazioni. Il consenso alle narrative del *mainstream* dovrà essere sempre più vincolante, con margini di manovra sempre più ridotti.

Ci si prospetta un futuro in cui la criminalità, sia in forma micro che organizzata, tenderà ad aumentare. E per avere più sicurezza la gente sarà disposta a rinunciare alle proprie libertà personali, alle proprie comodità. Inevitabilmente vi sarà un ritorno alla terra, un ripristino delle antiche forme del baratto.

La trasformazione della NATO

È assurdo pensare che dietro le grandi provocazioni ai danni della Russia (dal sabotaggio del Nordstream alla diga fatta saltare, ecc.) non vi sia la mano dei servizi segreti occidentali. Il governo ucraino non sarebbe in grado di fare da solo operazioni così complesse.

Tuttavia è evidente che nessuna struttura occidentale ammetterà mai un coinvolgimento del genere. In questa guerra per procura la NATO difende l'Ucraina perché la propria espansione verso est, a ridosso dei confini della Russia, vuole essere progressiva, inarrestabile, ma è evidente che se la Russia stravince, questa espansione subirà una battuta d'arresto. Anzi Mosca approfitterà di questo continuo esercizio militare sul campo di battaglia, fondamentale per formare a puntino dei veri combattenti, per allargare le proprie pretese.

Una delle richieste che avanzerà la conosciamo già: la Russia non vuole basi NATO nei Paesi ad essa confinanti. Anzi, siccome ha capito l'enorme pericolosità dei biolaboratori americani, pretenderà che anche questi vengano smantellati.

Questo conflitto regionale si sta sempre più trasformando in una guerra totale contro la NATO, giudicata sommamente pericolosa. Quindi non può finire con una semplice trattativa di pace. Vanno reimpostati i criteri della reciproca sicurezza.

Poiché l'aggressività della NATO è diventata insostenibile per la propria sicurezza, la Russia pretenderà che la UE abbia un proprio esercito che non dipenda dall'egemonia americana. Le trattative per smantellare il nucleare da tutto il teatro europeo si faranno successivamente. Dai Pirenei agli Urali il continente va denuclearizzato. E questo non sarà mai possibile finché la UE non rinuncia al suo ruolo di colonia americana.

[10] Una guerra sempre più assurda

Si è mai vista una situazione in cui un Paese (gli USA), sono allineati con un altro Paese (l'Ucraina), senza però essere formalmente alleati, contro un altro Paese (la Russia), nei cui confronti non è stata esplicitata alcuna dichiarazione di guerra?

Questa anomalia può indurre gli USA a compiere qualunque violazione del diritto internazionale, peggio che se fossero davvero in guerra. La segretezza dei rapporti tra Washington e Kiev deve restare al massimo livello, come d'obbligo tra veri e propri alleati.

Quindi qualunque dichiarazione venga fatta da uno dei due governi, fosse anche una dichiarazione in cui si accusano a vicenda di qualcosa, per i russi non avrebbe alcun valore probante.

Una cosa infatti è aiutare un Paese a difendersi contro un altro Paese giudicato aggressore; tutt'un'altra è pretendere che, in forza di questi aiuti, il Paese che li riceve si renda disponibile a combattere fino all'ultimo uomo.

L'Ucraina in questo momento sta sostenendo la parte del capro espiatorio, cioè deve essere sacrificata sull'altare dell'impossibilità di dichiarare guerra a un Paese che dispone di 6.000 testate nucleari. Se non è cinismo questo, che cos'è? Il governo di Kiev viene sostenuto finanziariamente e militarmente per massacrare il proprio stesso popolo, e solo perché l'obiettivo dell'occidente è quello di sfiancare la Russia o di indurla a compiere un passo falso, che autorizzi la NATO a intervenire direttamente, eventualmente ricorrendo al nucleare.

Non è normale un comportamento del genere. Degli statisti un minimo ragionevoli dovrebbero guardare in faccia la realtà e chiedersi, dopo 18 mesi in cui Kiev non è riuscita a recuperare nulla di ciò che ha perduto, che cosa si può fare per non portare il Paese a una completa devastazione. È evidente infatti che la Russia finanzierà soltanto la ricostruzione del Donbass.

Non è possibile che l'intero occidente faccia pagare tutto il prezzo della propria russofobia a un unico Paese, che peraltro ha forti legami di parentela proprio col nemico e in buona parte parla anche la stessa lingua.

Se la guerra si protrae ancora per un anno, in Ucraina resteranno solo i morti: i sopravvissuti si riverseranno come profughi in tutta Europa. Gli statisti europei stanno finanziando la rovina della stessa Unione Europea.

Il doppiogiochista Erdoğan indispone

Con la consegna dei comandanti neonazisti dell'Azov all'Ucraina, che dovevano rimanere in Turchia fino alla fine della guerra, è evidente che ci troviamo davanti a un'incrinatura dei rapporti tra Ankara e Mosca.

Come spiegare questo voltafaccia di Erdoğan? Dicono che Ankara abbia voluto punire Mosca per l'intensificazione delle operazioni belliche contro le forze filo-turche in Siria. Se fosse così, si dimostrerebbe soltanto di non aver capito una cosa fondamentale: dalla Siria tutte le forze militari non autorizzate o indesiderate se ne devono andare. Non c'è alcun motivo per restare.

Ma si pensa anche a una mossa tattica per mettere sotto pressione Mosca, relativa al rinnovo dell'accordo del grano previsto a luglio, che la

Russia si sta preparando ad abbandonare completamente perché l'occidente non rispetta le condizioni. L'accordo è molto importante per la Turchia sia politicamente che economicamente.

Sicché Erdoğan, per evitare d'essere accusato dagli europei d'aver fallito nel suo ruolo di mediatore, ha deciso di mostrare i denti, facendo credere che il rifiuto della Russia a rinnovare l'accordo sarebbe una reazione alla sua "coraggiosa e indipendente mossa". E l'accordo continuerebbe tra Kiev e Ankara, anche se la Russia si ritirasse formalmente. In fondo gli stretti del Mar di Marmara sono controllati dai turchi e la Russia non è certo disposta ad aprire un secondo fronte con la Turchia: ha tutt'altro a cui pensare.

Insomma si tratta di una provocazione bella e buona. Infatti se Putin ci ripensasse, il governo turco non potrebbe tornare indietro: la vergognosa frittata è già fatta. Il rinnovo dell'accordo rischia di procedere senza la mediazione russa.

È vero che Erdoğan ha detto di voler incontrare Putin ad agosto e prolungare l'affare per almeno altri tre mesi. Ma questo doppiogiochismo infastidisce, inevitabilmente.

Quindi sarebbe meglio dire che Ankara ha subìto pressioni da parte della NATO, la quale, vedendo fallita la controffensiva ucraina, ha preteso una vittoria almeno mediatica di Zelensky. Più di così il guitto non può pretendere, anche perché il suo Paese, finché è in guerra, non potrà entrare nella NATO, a meno che non succeda qualcosa di particolarmente grave, che induca la NATO a entrare in Ucraina.

Intanto sarebbe bene sapere che, secondo l'art. 117 della Convezione di Ginevra sul trattamento dei prigionieri di guerra, nessuna persona rimpatriata può essere impiegata in servizio militare attivo. Cosa che al governo di Kiev non importa proprio nulla.

Di sicuro Putin deve smetterla con questi atteggiamenti buonisti. Soprattutto deve far capire a Erdoğan che il fatto di poter usare la Turchia per aggirare le sanzioni e costruire un nuovo gasdotto non può essere pagato con qualunque prezzo. La dignità non è in vendita e la parola data per i russi è sacra. Non si tradiscono così le amicizie. L'ingresso nei BRICS i turchi se lo scordano.

[11] Come uscire dal pantano

Qual è il ruolo fondamentale che sta svolgendo il governo americano in questa guerra per procura contro la Russia? Semplicemente quello di far credere all'opinione pubblica mondiale che dietro le cose più orribili compiute dal governo neonazista di Kiev non c'è nessuno.

Zelensky e la sua cricca di infami hanno accettato per soldi questo ruolo assurdo. Quante più colpe si prendono, tanti più soldi ricevono: dal sabotaggio del Nord Stream e del ponte sullo Stretto di Kerch ai droni su Mosca e agli attacchi oltre confine, sino agli omicidi mirati, alle torture o alle esecuzioni dei prigionieri, al regime liberticida, alla dilagante corruzione ecc.

In fondo per i neonazisti è facile: ufficialmente in occidente è passata la versione distorta dei fatti, secondo cui gli aggrediti sono loro. Ora sta passando il principio correlato a tale mistificazione: qualunque cosa di terroristico o di disumano compia un Paese aggredito rientra nel diritto alla legittima difesa.

Gli americani, che si vantano d'essere un Paese democratico, sanno bene che in guerra non ci si può comportare così. Ma, a parte il fatto che sono proprio loro a dire a Kiev ciò che di vergognoso deve fare, la loro fondamentale preoccupazione è quella di far vedere che non sono coinvolti direttamente in queste decisioni, in questi atteggiamenti.

Il loro è un ruolo altamente ipocrita, che ad un certo punto può anche servire per uscire dalla guerra con le mani pulite. Se le cose sul piano militare andassero davvero male per gli ucraini, gli yankee potranno sempre dire: "noi abbiamo fatto di tutto per aiutarli a difendersi; non potevamo rischiare che scoppiasse una guerra nucleare o mondiale; Kiev ci ha fatto credere che avrebbe potuto vincere; in fondo il nostro vero nemico è la Cina, poiché la Russia sul piano economico conta poco".

E così via, intrecciando decine di fili di menzogne a qualche filo di verità. Di fatto gli USA devono solo trovare il modo di uscire da questa guerra dopo aver acquisito il risultato più prestigioso: separare completamente la Russia dall'Unione Europea.

Lo stesso governo di Kiev, nel caso dovesse perdere la guerra, non punterà mai il dito contro gli USA: al massimo dirà che sono stati gli europei a non voler scendere in campo.

Sempre più armi e munizioni

I Paesi della UE hanno concordato un piano finanziario per incentivare l'industria bellica europea e incrementare la produzione di munizioni, da fornire soprattutto all'Ucraina, che ne ha disperato bisogno, nella convinzione che per vincere la guerra siano sufficienti le armi.

Non sarà secondario il ruolo della società italiana RWM-Italia, con sede a Gedi (BS) e la principale filiera produttiva in Sardegna: quest'impresa produce proiettili calibro 120 mm per i carri armati Leopard-2 e calibro 155 mm per l'artiglieria pesante da campo (assai richiesti dagli ucraini).

E pensare che poco tempo fa si volevano smettere produzioni del genere, perché finivano per essere utilizzate da Arabia Saudita ed Emirati Arabi Uniti contro lo Yemen, causando numerose vittime tra la popolazione civile.

Chissà perché all'Italia non importa assolutamente nulla che le stesse armi vengano utilizzate contro i civili del Donbass.

Speriamo almeno che il governo non ci venga a dire che i proiettili prodotti in Sardegna sono "più umani" delle munizioni a grappolo che gli USA stanno per consegnare all'Ucraina e che, in tal modo, l'Italia non fa che adempiere ai suoi impegni internazionali.

[12] Ci vuole un piano di fuga

Il politologo Igor' Šatrov sostiene che Zelensky e soci stanno già pensando a come fuggire dal loro Paese. Da tempo gli ucraini ricchi han messo al sicuro le proprie fortune in Europa o negli Stati Uniti.

Per Zelensky pronostica un futuro come quello attuale di Mikhail Saakašvili, l'ex presidente georgiano che organizzò l'attacco all'Ossezia del Sud nel 2008. Poi divenne governatore della regione di Odessa e boss degli affari portuali, ma da un paio d'anni è dietro le sbarre in Georgia, dove era rientrato clandestinamente e da dove era fuggito avendo sul capo una condanna per sottrazione di denaro pubblico e sospetta complicità nella morte di un suo ex ministro.

Anche il politologo crimeano Ivan Mezjukho la pensa come Šatrov. Già ora, col pretesto di mettere in sicurezza il patrimonio culturale, la cricca neonazista sta portando via dall'Ucraina preziosissime antiche icone. In caso di fuga i primi a prendere il volo saranno Porošenko, Ljaško, la banda di Zelensky, i majdanisti non per convinzione ma per opportunità.

Su "Svobodnaja Pressa" il politologo Andrej Miljuk ha detto che il destino dell'Ucraina è quello di diventare uno Stato cuscinetto neutrale, smilitarizzato tra la Russia e la NATO. Cioè a quanto pare, dovendo scegliere in questo momento tra denazificazione e smilitarizzazione, Mosca tende a preferire quest'ultima, avendo tutto sommato già risolto l'altro problema.

Il grosso dei neonazisti è già stato eliminato a Mariupol e nella prima fase del conflitto, e se anche alcuni di loro sono stati rilasciati dal governo turco, i generali russi non se ne preoccupano affatto: se quelli tornano a combattere, saranno neutralizzati ancor più facilmente di prima. La controffensiva ucraina non ha alcuna possibilità di successo, a prescindere dal tipo di armi a disposizione.

Secondo Miljuk non assisteremo a una nuova Kabul: i complici ucraini degli americani non si aggrapperanno agli aerei in decollo da Kiev. Rimarranno al loro posto: saranno gli stessi ex nazionalisti ucraini a sferzare il nazionalismo ucraino. Solo i più convinti partiranno tranquillamente in treno per Varsavia. Io aggiungo che molti, imitando i vietnamiti filo-americani a Saigon, useranno l'elicottero.

Anche il deputato russo, Mikhail Šeremet, ha detto che molto probabilmente assisteremo alla commedia per cui solo i più irriducibili majdanisti e banderisti tenteranno qualche manovra suicida: tutti gli altri saranno ben contenti di "mostrare fedeltà" a Mosca e giureranno anzi d'essere sempre stati fedeli, pur sotto mentite spoglie.

Non se ne andranno nemmeno gli "occupanti occidentali": in Ucraina hanno imprese, proprietà. Mosca cercherà un compromesso che assicuri la propria sopravvivenza e una possibile ripresa degli scambi commerciali. Non è nel suo stile infierire sugli sconfitti.

Zelensky piagnucola

Siccome Zelensky sa che la controffensiva sta procedendo malissimo, deve scaricare su qualcuno la responsabilità. Non ha certo l'onestà di assumersela in proprio. Semmai son altre le cose che assume.

Ecco perché ha detto d'essere rimasto deluso dal vertice della NATO a Vilnius: sperava di poterci entrare subito e senza condizioni.

Viceversa Stoltenberg si è limitato a dire due cose: anzitutto che sarà la Svezia a entrare nella NATO (sempre che Erdoğan non si svegli con la luna di traverso e in autunno non dica al proprio parlamento, preposto a ratificare la decisione, che ci ha ripensato, cioè che sospetta che lo vogliono fregare di nuovo sugli F-16).

L'altra cosa detta da quel fomentatore di discordie internazionali è che l'Ucraina beneficerà di un "pacchetto di aiuti poliennale" per giungere alla completa interoperabilità tra le forze armate ucraine e la NATO. Questo perché l'Ucraina va aiutata fin quando sarà necessario nella nuova "forever war" che la NATO sta apparecchiando non solo contro la Russia ma anche contro la Cina, che "minaccia l'ordine mondiale internazionale basato sulle regole".

Quando sarà il momento, l'Ucraina entrerà subito nell'Alleanza, saltando le tappe intermedie. Peccato però che quando verrà quel momento non ci saranno più né Zelensky né Stoltenberg né Biden e nessuno degli attuali statisti europei. E forse non ci sarà nemmeno l'Ucraina.

Utilità della ChatGPT

Ho posto alla ChatGPT (chat.openai.com) una semplice domanda: Pensi che la conoscenza sia sufficiente per realizzare un mondo migliore?

Ed ecco la sua risposta: La conoscenza è sicuramente un elemento fondamentale per contribuire a un mondo migliore. La conoscenza ci consente di comprendere il mondo che ci circonda, affrontare sfide complesse, prendere decisioni informate e progredire come società.

Attraverso la conoscenza possiamo identificare problemi e trovare soluzioni innovative. Ci aiuta a promuovere la giustizia, l'uguaglianza, la sostenibilità ambientale, il progresso scientifico e tecnologico, e favorisce la comprensione interculturale.

Tuttavia è importante sottolineare che la conoscenza da sola potrebbe non essere sufficiente per realizzare un mondo migliore. È l'applicazione responsabile e etica della conoscenza che può avere un impatto significativo. È necessario un impegno concreto da parte delle persone, delle istituzioni e delle comunità per tradurre la conoscenza in azioni positive.

La costruzione di un mondo migliore richiede anche valori come l'empatia, la collaborazione, la compassione e il rispetto reciproco. La conoscenza può essere uno strumento potente, ma è l'uso che facciamo di essa che determina il suo impatto sulla società e sul mondo in generale.

Belle parole. Peccato che su questa guerra Russia-NATO non possa dir niente, poiché le risposte sono basate sui dati di addestramento e sulle informazioni disponibili fino a settembre 2021.

Provate a fare questa domanda alla chat:

- Cosa pensi della guerra in Ucraina?

La risposta sarà questa:

- Spiacenti, si è verificato un errore!

Il che, se ci pensiamo, è una risposta esatta. Bisogna solo specificare per colpa di chi. Ma chiedere questo a un algoritmo, forse è un po' troppo. In occidente neppure gli umani riescono a dare una risposta esatta.

Insomma uno chiede di tradurre in chiave politica le riflessioni filosofiche, affinché il mondo, nonostante tutte le conoscenze di cui dispone, non si autodistrugga, e la risposta che ottiene è il nulla cosmico.

Poi quando sostieni che la scienza è una nuova religione, la gente ti dà del troglodita...

Pillole

L'ambasciatore russo all'ONU, Nebenzya, ha detto che Danimarca, Germania e Svezia si rifiutano di fornire dati sulle indagini relative agli attentati al Nord Stream, sicché la Federazione Russa è costretta a riservarsi il diritto d'indagare in modo indipendente sul sabotaggio.

Secondo l'Agenzia delle Nazioni Unite per i rifugiati, il 76% degli ucraini che hanno ricevuto asilo temporaneo nell'UE tornerà a casa, in quanto non riescono a integrarsi.

Non solo ma neppure gli ucraini delle regioni sud-orientali riescono a integrarsi, in quanto sfollati, nelle regioni occidentali della loro stessa patria, per cui vogliono tornare a casa.

Questo cosa dimostra? Che l'autodeterminazione dei popoli è un principio assolutamente prevalente rispetto a quello dell'integrità territoriale di una nazione.

[13] Il piatto turco di lenticchie

Si è scoperto che per accettare la Svezia nella NATO, Erdoğan ha preteso l'ingresso della Turchia nella UE. Il classico piatto di lenticchie. Non erano in gioco solo gli F-16. Si vede che i caccia russi non li reputa ugualmente validi, forse perché nel 2015 due F-16 ne hanno abbattuto uno mentre insieme ai russi combattevano in Siria contro il terrorismo islamico (o meglio, facevano finta di farlo, in quanto nel concreto i turchi preferivano rubare risorse petrolifere alla Siria).

Fatto sta che Erdoğan ha preferito la UE, col suo futuro molto incerto, ai BRICS, col loro futuro molto promettente. Davvero lungimirante! Immagino che abbia dovuto ingoiare anche un altro rospo: restando nella NATO e chiedendo di aderire alla UE, la Turchia dovrà per forza iniziare a porre sanzioni economiche sia alla Russia che alla Cina.

Un voltafaccia del genere si può spiegare solo in due modi: o Erdoğan ha paura di qualche altro attentato terroristico o colpo di stato nel suo Paese (già duramente colpito dal recente terribile terremoto), oppure la Turchia, convinta che l'Ucraina abbia decisamente perso la guerra, teme che la Russia possa egemonizzare l'intero Mar Nero.

Ammettiamo che sia legittimo questo secondo timore. Davvero la Russia si accontenterà di dominare il Mar Nero, rinunciando, in forza dell'adesione della Svezia alla NATO, all'uso della propria flotta navale nel Baltico per proteggere l'exclave di Kaliningrad? Davvero la Russia, dopo aver preteso la resa incondizionata di Kiev, accetterà che la NATO possa facilmente attaccare San Pietroburgo attraverso la Finlandia o la Bielorussia attraverso la Polonia?

In attesa che Mosca risponda a queste domande, sarebbe bene che Putin riconsiderasse seriamente gli impegni presi con Erdoğan, che tra i suoi valori esistenziali non ha di sicuro quello della fedeltà e tanto meno quello della riconoscenza.

Prima vinci, poi ne riparliamo

Stoltenberg ha fatto capire al vertice di Vilnius che per la NATO non c'è problema ad accettare l'idea di un ingresso agevolato dell'Ucraina nell'Alleanza (che ormai non è più solo atlantica ma globale), solo che prima va sconfitta militarmente la Russia.

Era questa la richiesta di Zelensky? No. Il guitto voleva che la NATO entrasse a gamba tesa in Ucraina, dichiarando esplicitamente guerra alla Russia, anche perché le risorse umane del suo Paese, sul piano militare, si stanno velocemente esaurendo e la controffensiva non produce nulla di significativo.

Qui si tratta di capire cos'ha davvero intenzione di fare la NATO: si accontenterà d'essersi allargata a Svezia e Finlandia, dando per scontata l'impossibilità di entrare in Ucraina, oppure, per potersi allargare anche a quest'ultima, sta preparando qualcosa di molto spiacevole per la Russia?

È infatti impossibile pensare che la NATO si accinga a scatenare un conflitto militare contro la Cina, prima d'essersi tolta dal fianco la spina della Russia. Deve fare per forza qualcosa che induca i russi a scendere a trattative, cioè a firmare un impegno di non intervento nel caso in cui la NATO dichiari guerra alla Cina.

La NATO, che è fondamentalmente una riedizione del nazismo in salsa democratica, ha bisogno di un patto di non belligeranza come quello di Molotov-Ribbentrop, con cui la Germania si assicurò la neutralità dell'URSS il giorno in cui avesse dichiarato guerra alla Polonia per la questione di Danzica.

La NATO è abietta

L'ipocrisia di fondo della NATO è emersa con evidenza all'ultimo vertice di Vilnius quando Stoltenberg ha detto che nessun Paese membro dell'alleanza accetta l'idea di permettere l'adesione dell'Ucraina se prima non viene sconfitta la Russia. Nessun Paese vuole impegnarsi direttamente a combattere una Federazione che dispone di 6.000 testate atomiche.

È una dichiarazione altamente irresponsabile. Infatti lo sanno tutti che Kiev ha perso la guerra. Porre come condizione per l'ingresso nell'alleanza che gli ucraini debbano vincerla, significa mandare a morte sicura altre decine di migliaia di militari. L'Ucraina si sta trasformando in un gigantesco cimitero.

Sarebbe stato più responsabile dire che la NATO è disposta ad accettare la candidatura dell'Ucraina subito dopo la stipulazione di una trattativa di pace con la Russia. Oppure Stoltenberg poteva dire che l'ingresso dell'Ucraina nella NATO poteva far parte degli argomenti della prossima, imminente, mediazione diplomatica con la Russia.

Invece si è preferito aumentare il sostegno finanziario (oltre 500 milioni di euro l'anno) e militare ai nazi-golpisti, a partire dai missili a lungo raggio SCALP, forniti dalla Francia, mentre la Germania fornirà un altro battaglione di Leopard-1A4 (25 carri: più o meno quanti Kiev ne ha persi nella sua pseudo-controffensiva), e altro ancora, nell'illusione che tali mezzi possano fare la differenza sul campo.

Tutto ciò dimostra che la NATO è un'organizzazione militare molto pericolosa, finalizzata a destabilizzare il pianeta, e che fino a quando non verrà completamente smantellata, nessuna pace, in nessun punto del pianeta, potrà mai essere garantita.

Ucraina banana split

Secondo il politologo Sergej Prostakov la NATO non esclude la possibilità che l'Ucraina venga divisa in due, sulla base di qualche modello precedente: RFT-DDR, Coree, Cina-Taiwan. Cioè Kiev, in cambio della promessa di adesione alla NATO, potrebbe essere persuasa a negoziare la pace coi russi, ammettendo la perdita del Donbass e della Crimea. Questo perché in Europa i grandi Stati cominciano a essere stanchi della guerra.

Insomma per la NATO non farà alcuna differenza in quale forma l'Ucraina sarà ridotta dopo la guerra. Importante però è che rimanga un pezzo di territorio che, come un cancro, possa indebolire la Russia, permettendo alla NATO di dispiegare contingenti militari e armi nel territorio rimasto libero dalla presenza russa.

Potrà però Mosca, dopo i tanti soldati morti che ha avuto, accettare una conclusione del genere, che non risolverà affatto il problema della sicurezza dell'intera Federazione?

Se lo dice lui, ci si può credere

Zelensky, che ormai non sa più quel che dice, ha chiesto che l'ex presidente filo-occidentale della Georgia, Mikheil Saakashvili, venga inviato in Ucraina per cure mediche urgenti. L'ha fatto perché convinto che Mosca stia uccidendo l'ex leader per mano delle autorità georgiane.

Si è lasciato convincere da alcune lettere che l'ex presidente ha scritto, con la calligrafia di un alunno di prima elementare, dalla prigione georgiana, in cui accusa Putin di volerlo eliminare. Esisterebbe anche un video in cui lui presenta un aspetto emaciato, causato dal suo sciopero della fame. Sembra un destino dei dittatori uscire di senno.

Si tratta del tristemente noto presidente che, quando al potere in Georgia, aveva messo in galera il 10% della popolazione, oltre 300.000 oppositori politici, molti dei quali torturati e uccisi. Saakashvili era chiamato "Pinochet" in Georgia. In effetti altrove l'avrebbero giustiziato. Invece in Georgia, dopo averlo arrestato nel 2021, gli han dato solo 6 anni di carcere. Ne aveva fatti altri 8 di latitanza all'estero.

Sentire Zelensky farsi portavoce dei diritti umani ha qualcosa di grottesco. Lui stesso ha usato l'operazione speciale voluta da Putin come scusa per distruggere gran parte dell'opposizione politica ed eliminare potenziali rivali. Per rafforzare il suo governo ha bandito tutti i media che non sono d'accordo con lui. Il 3 marzo 2022 ha persino modificato il codice penale.

Che Zelensky sia destinato a finire come Saakashvili? Se lo meriterebbe. Nel frattempo ha espulso l'ambasciatore georgiano Georgy Zakarashvili, perché il suo Paese si rifiuta di estradare Saakashvili. Davvero uno statista esperto di relazioni diplomatiche. Ci mancava che lo arrestasse per chiedere poi uno scambio di prigionieri...

[14] Tutta colpa del Canada

In un'intervista riportata dall'Antidiplomatico.it il politologo canadese Yves Engler ha ben descritto il ruolo del Canada nel progetto "l'Ucraina è l'anti-Russia".

Ha detto che il Canada odia la Russia sin dalla guerra di Crimea del 1853-56. Ottawa riconobbe il governo bolscevico solo nel 1924, ma i rapporti furono interrotti già nel 1927. E da allora il Canada ha sempre lavorato per isolare la Russia.

Dopo la Polonia il Canada è stato il primo Paese occidentale a riconoscere l'indipendenza dell'Ucraina dall'URSS, e il primo a offrirle un credito monetario.

All'inizio degli anni '90 vari consiglieri canadesi, molti dei quali provenivano dalla comunità ucraina, furono nominati per incarichi nei ministeri e nei dipartimenti ucraini.

L'idea di trasformare l'Ucraina in un avamposto per la lotta contro la Russia, era nata già ai tempi dell'Unione Sovietica, ed è venuta in mente per la prima volta al Canada. Nel 1967, a New York, i sostenitori del nazionalista ucraino Melnik, che collaborò coi nazisti, crearono il Congresso mondiale degli ucraini. Ebbene, chi lo dirigeva era il cittadino canadese Vasily Kushnir, nettamente filo-nazista.

Il criminale nazista Mikhailo Khomyak sfuggì alla cattura rifugiandosi proprio in Canada. Sua figlia, Galina Khomyak-Freeland, ha aiutato a redigere la prima Costituzione ucraina, e sua nipote, l'attuale vice primo ministro del Canada, Christy Freeland, fa pressioni affinché il conflitto ucraino continui senza sosta.

Sono stati i canadesi a dominare il Congresso mondiale ucraino contro l'URSS. Era solo una continuazione della lotta iniziata prima. E da allora il lavoro sovversivo è stato svolto costantemente e con cura, addestrando gli attivisti. Ecco perché al momento dell'indipendenza dell'Ucraina il Canada aveva la maggiore influenza a Kiev.

Ottawa investì risorse significative negli elementi anti-russi, nazionalisti e di estrema destra della società ucraina sin dalla rivoluzione arancione del 2004.

Infatti è stato l'ambasciatore canadese a coordinare le attività dei diplomatici stranieri che hanno finanziato e promosso quella rivoluzione. L'obiettivo era portare al potere il candidato presidenziale filo-NATO Viktor Yushchenko. Il principale gruppo organizzativo della rivoluzione arancione, "It's Time!" ("Pora!"), ha ricevuto 30.000 dollari dall'ambasciata canadese: la prima donazione alla sua causa. Dopo un discorso estremamente partigiano del presunto osservatore elettorale neutrale, il deputato liberale di Toronto Boris Vzhesniewski, una folla di sostenitori della rivoluzione arancione ha cantato "KA-NA-DA", e la *Maple Leaf* (foglia d'acero canadese) è apparsa nelle proteste nei giorni successivi.

Durante il golpe di Maidan del 2014 l'ambasciata canadese fornì finanziamenti, trasporti e persino il territorio della stessa ambasciata a favore dei militanti volti a rovesciare Yanukovich. Inoltre la rappresentante locale dell'ambasciata canadese, Inna Tsarkova, era un membro di spicco dell'Automaidan, un gruppo antigovernativo.

Nel 2019 l'ex presidente ucraino Poroshenko definì l'ex ministro della Difesa del Canada, Jason Kenney, "il padrino del moderno esercito ucraino". Infatti fin dall'inizio dello scontro nel Donbass nel 2014 sono state le truppe canadesi ad addestrare 33.000 soldati ucraini.

Insomma il Canada è un buon posto dove Zelensky e la sua cricca di neonazisti potranno chiedere asilo politico.

I disturbi cognitivi di Stoltenberg

Lo scrittore olandese Joost Niemöller ha detto che quando Stoltenberg definisce l'Ucraina un "Paese democratico", ben sapendo che:
- i partiti di opposizione sono vietati;
- le elezioni sono abolite;

- la polizia segreta ucraina arresta chiunque abbia un'opinione critica;

- le bande neonaziste dominano nelle strade.

- le chiese vengono sequestrate;

- le persone vengono pubblicamente legate ai lampioni;

- gli uomini vengono trascinati fuori dalle auto per essere mandati a morire nelle trincee;

deve avere un qualche disturbo cognitivo.

Al vertice NATO di Vilnius era raggiante per l'ingresso della Svezia nell'Alleanza, cioè per il fatto che Erdoğan ha ceduto alla richiesta della Svezia, ottenendo in cambio gli F-16, la promessa di far entrare la Turchia nella UE e, a quanto pare, l'assicurazione di ottenere dal FMI un prestito di 11-13 miliardi di dollari con cui affrontare i recenti, devastanti terremoti.

Ma è impossibile che Stoltenberg non si sia accorto che l'occidente collettivo, salvo poche eccezioni, non ha alcuna intenzione di far entrare l'Ucraina nella NATO. Al massimo, a guerra finita, si pensa di trasformare l'area non russa in un altro Israele, che riceve soldi dagli USA con cui comprare armi dagli stessi USA (i sionisti han messo in piedi uno dei Paesi più assurdi dell'intero pianeta).

Ancora non si è capito che gli obiettivi iniziali dell'operazione speciale di Putin erano due: *smilitarizzazione* e *denazificazione*. E la Russia ha ancora tutti gli strumenti, umani e materiali, per realizzarli. Anzi, rispetto al febbraio 2022, ne ha molti di più.

Il prossimo a cadere sarà Macron

"Non capisco perché Macron non si concentri integralmente sull'organizzazione di una conferenza per la pace per porre fine a questa guerra", ha dichiarato a "Le Figaro" Marine Le Pen, che ha giudicato irresponsabile l'invio di missili SCALP, equivalenti agli Storm Shadow del Regno Unito.

Infatti la decisione di Macron è stata accolta con reazioni negative da entrambi i lati dell'asse politico: i Repubblicani temono un'escalation e la Sinistra ha avvertito un possibile conflitto diretto con la Russia.

Strano che non si siano accorti che la credibilità di Macron è ai minimi storici e che non sa proprio come affrontare i problemi interni e coloniali in Africa. I BRICS non lo vogliono come osservatore e la Cina non crede che la Francia non voglia intromettersi nella questione di Taiwan. Xi Jin-Ping non sopporta che debba essere Macron a dirgli quale atteggiamento tenere nei confronti della Russia, né si preoccupa che la Francia possa sanzionare il suo Paese.

Macron sente venir meno il terreno sotto i piedi e si rende conto che il prossimo a cadere sarà proprio lui, ma siccome non ha alcun senso della democrazia, conta di recuperare terreno comportandosi come un bullo americano.

[15] Atto finale di una disgraziata tragedia

Non so più che atteggiamento avere nei riguardi di Zelensky. C'è qualcosa di patetico in questo attore che ha vissuto nella vita la stessa trama del suo serial televisivo, salvo naturalmente l'esito finale, in quanto lui non salva nessuno dalla corruzione, ma, al contrario, ne fa l'emblema del suo stesso Paese, condizionando i destini di chiunque, cioè gli stili di vita e persino i tipi di morte.

Forse si sta rendendo conto di quanto sia stato usato dall'occidente, strumentalizzato dalla NATO, raggirato dagli USA. Forse sta cominciando a capire che lo vogliono scaricare, che sta diventando un peso militarmente insopportabile, finanziariamente insostenibile, e che il governo americano si ritiene sufficientemente soddisfatto per la rottura traumatica dei rapporti commerciali tra Russia ed Unione Europea e per l'allargamento della NATO ad altri due Paesi europei, oltre ovviamente alla riconferma atlantica della recalcitrante Turchia.

In fondo lui voleva solo arricchirsi in maniera cospicua e veloce, da poter vivere di rendita tutta la vita. Il fatto di dover svolgere il ruolo dello statista l'aveva considerato come qualcosa d'inaspettato, di curioso, che non avrebbe comportato esiti così catastrofici, anche perché l'avevano rassicurato sulla debolezza strutturale della Russia. Si era abituato a mentire spudoratamente, nella convinzione di doverlo fare per un tempo piuttosto limitato. E mai avrebbe pensato di diventare la persona più odiata da parte della sua popolazione, quella stessa che l'aveva osannato nel suo ruolo di comico, riconoscendogli persino la possibilità di trasformarsi in un politico, sulla scia di ciò che gli americani avevano fatto con Reagan ma anche, nell'ambito della California, con Schwarzenegger.

Ora invece sa che deve andarsene, poiché ha troppi morti di cui deve rendere conto. Sa che i suoi giorni sono contati se non l'aiutano a fuggire. E l'occidente collettivo deve aiutarlo a coprirgli la ritirata, poiché non può permettersi di fare altre meschine figure, dopo quella cleptocratica, terroristica e mistificante ai danni della Russia.

La libertà di religione in Ucraina

Pochi giorni fa il metropolita Pavel, abate del monastero di Kiev-Pechersk Lavra, si è rifiutato di aderire alla Chiesa scissionista di Kiev in cambio della libertà. La risposta del regime ucraino non si è fatta attendere. Il tribunale distrettuale di Kiev, che dipende completamente dalla volontà del governo, ha accolto la mozione del servizio di sicurezza ucraino e ha modificato le condizioni di detenzione del metropolita: dagli arresti domiciliari 24 ore su 24 alla detenzione in custodia cautelare con possibilità di cauzione di oltre 33 milioni di grivna (circa 900.000 dollari) fino al 14 agosto.

Il 30 marzo scorso le autorità ucraine avevano rescisso il contratto di locazione con la Chiesa canonica ortodossa ucraina, chiedendo ai monaci di lasciare il monastero. Al loro rifiuto il caso era approdato in tribunale, dove, il 1 aprile, il servizio di sicurezza ucraino aveva accusato l'abate di incitamento all'odio religioso e giustificazione delle azioni della Russia. Pavel era stato posto agli arresti domiciliari h24 inizialmente per 60 giorni, poi prorogati più volte, finché aveva ricevuto un'offerta dalle forze dell'ordine per chiudere il suo caso a condizione che non si pronunciasse più contro la Chiesa ortodossa scismatica dell'Ucraina e il suo capo Epifane.

Questa è l'Ucraina democratica che sta adempiendo a tutte le condizioni per entrare nell'Unione Europea.

Prossimo obiettivo Odessa

Lukashenko, presidente della Bielorussia, ha detto in una conferenza stampa che la prossima strategia offensiva russa comporterà la caduta di Odessa e l'unificazione del Donbass alla Transnistria, e quindi la perdita di uno sbocco al mare da parte dell'Ucraina.

Ha detto una cosa che si era riuscita a intuire sin dall'inizio dell'operazione speciale. E tutti ci chiedevamo che senso avesse per gli ucraini non accettare subito una trattativa di pace, visto che senza Odessa o senza un tratto costiero del Mar Nero rischiavano di tornare al Medioevo.

Situazione bollente in Kosovo

L'opposizione al governo kosovaro del premier Albin Kurti ha agitato una foto in cui lui era raffigurato come Pinocchio durante il suo intervento sulle misure governative per disinnescare le tensioni con l'etnia serba nel nord del Paese.

Il vice premier Besnik Bislimi l'ha strappata via. Ne è seguita una bagarre dopo che uno dei deputati di opposizione ha lanciato dell'acqua contro lo stesso Kurti e il vicepremier. Sono seguiti scontri fisici tra alcuni ministri e i deputati dell'opposizione, che hanno rivolto frasi offensive nei riguardi di Kurti.

Gli addetti alla sicurezza sono intervenuti sedando la rissa e mettendo al sicuro il premier, che è stato portato fuori dal parlamento.

Non è la prima volta che nel parlamento del Kosovo si registrano incidenti. In particolare il movimento Autodeterminazione (Vetevendosje, sinistra nazionalista), guidato da Kurti, quando negli anni scorsi era all'opposizione del governo del premier Isa Mustata, condusse a lungo una dura campagna di ostruzionismo contro la ratifica di un documento di accordo col Montenegro (ritenuto dannoso per gli interessi del Kosovo), lanciando uova e altri oggetti contro la presidenza (perfino gas lacrimogeni in aula per impedire le operazioni di voto).

Prime schermaglie tra Cina, USA e Taiwan

Nelle ultime 24 ore l'esercito taiwanese ha rilevato 29 aerei e 10 navi dell'Esercito popolare di liberazione cinese nello spazio aereo e marittimo vicino all'isola.

Due aerei da combattimento J-11 sarebbero entrati nella zona d'identificazione della difesa aerea di Taiwan nel settore sud-ovest e un aereo antisommergibile Y-8 ha attraversato la cosiddetta linea mediana nel sud dello stretto di Taiwan nella stessa zona. Inoltre un elicottero antisommergibile Z-9 è stato registrato vicino alla costa orientale dell'isola.

Ma c'è di più. L'Aeronautica Militare cinese ha avvertito via radio l'equipaggio di un aereo antisommergibile P-8A Poseidon della Marina statunitense che, se non avesse abbandonato immediatamente lo stretto di Taiwan, sarebbe stato abbattuto. I piloti americani hanno risposto che "il volo è legale nello spazio aereo internazionale". Dopo 20 minuti l'esercito cinese si è nuovamente messo in contatto con l'aereo, invitandolo ad andarsene immediatamente.

Intanto il Congresso americano ha approvato un emendamento che vieta non solo al Dipartimento di Stato ma anche al Pentagono di utilizzare mappe che mostrano Taiwan come parte della Cina. Il divieto si applica anche a tutte le isole rivendicate da Taipei.

Insomma ci siamo. Morto un papa, l'Ucraina, se ne fa subito un altro.

E sono i polacchi a dirlo!

"L'apertura delle frontiere ai profughi ucraini è stato un errore fatale. È come aprire le porte dell'inferno da dove ora escono i diavoli". L'ha detto la rivista polacca "Dzennik Polityczny", sottolineando che molti profughi ucraini han partecipato ai disordini di massa in Francia dietro pagamento.

È arrivata addirittura a dire che i profughi ucraini infrangono le leggi di altri Paesi e non conoscono i princìpi generali etici. Lo dimostra il fatto che vendono al mercato nero le armi che l'occidente gli ha regalato. Le vendono ai terroristi, a gruppi criminali e persino a malati mentali cui la legge impedisce di acquistare delle armi.

Insomma stanno determinando una crescita esponenziale della violenza. Sembra che vogliano rifarsi degli smacchi subiti in patria ad opera dei russi.

Much money

L'Italia ha fornito armi per 660 milioni di euro all'Ucraina, lo stesso importo della Francia. Dagli USA 44,34 miliardi, altri 3,1 dall'Europa, il Regno Unito quasi 5 miliardi da solo. Finora l'Ucraina ha ricevuto armi per un valore complessivo di 65,34 miliardi di euro. In altre tipologie di aiuto, come quello finanziario, prevalgono gli aiuti europei. Tra inflazione, caro-bollette, crollo del PIL, decreti vari, aiuti all'Ucraina e maggiori spese militari, la guerra in 14 mesi ha generato per l'Italia quasi 200 miliardi di spese, cioè dei costi superiori ai 191,5 miliardi a noi destinati dal PNRR.

Impossibile che nel Paese più corrotto d'Europa qualcuno del governo o qualche militare non abbia fatto la cresta su questa incredibile montagna di soldi e di armi piovuta in 18 mesi.

Incredibile anche che questa montagna di armi non sia servita assolutamente a nulla contro i russi. La prossima volta bisognerà stare più attenti, anche perché quei soldi possiamo considerarli a fondo perduto.

ChatGPT può essere definita obiettiva?

Ho chiesto a ChatGPT:
- Se tu dovessi dare un voto a te stessa, da 1 a 10, relativo alla tua efficienza, che voto ti daresti?
Ecco la sua risposta:
- Come modello di linguaggio, non posso valutarmi direttamente o assegnarmi un voto in modo oggettivo. La mia efficienza dipende dall'addestramento che ho ricevuto e dalla mia capacità di generare risposte basate sui dati a cui ho accesso.

Tuttavia posso dirti che come modello di linguaggio GPT-3.5 addestrato da OpenAI, ho dimostrato d'essere in grado di affrontare una vasta gamma di domande e argomenti in modo utile e informativo. Ovviamente ci sono limitazioni nel mio funzionamento e non sono immune da possibili errori o inesattezze.

La mia valutazione dipende quindi dall'esperienza degli utenti che interagiscono con me. Spetta a te valutare la mia efficienza in base alla tua esperienza personale.

Sembra democratico. Quali sono i problemi?

1) che la sua obiettività dipende dall'interazione di utenti abbastanza informatizzati e quindi non da utenti generici;

2) che non vi è alcuna certezza che la formazione di questa obiettività dipenda dall'interazione-utente: è solo un atto di fede;

3) che, nel caso in cui tale obiettività dipenda più dalle fonti cui la chat può accedere che non dall'interazione-utente, nessun utente è in grado di conoscere tali fonti.

Conclusione? La lascio all'interazione-utente.

[16] Meglio Arestovich di Zelensky

Secondo Aleksey Arestovich, ex consigliere di Zelensky, se Kiev prova a conquistare la Crimea, avrà almeno 200.000 morti e un'economia totalmente distrutta.

Ha detto che se l'occidente smettesse di fornire armi alle truppe ucraine, non solo Kiev non sarebbe in grado di riprendersi il Donbass, ma non riuscirebbe neppure a difendere le attuali posizioni.

Ha poi aggiunto che ormai gli obiettivi ucraini di politica estera in questa guerra contrastano nettamente con quelli dei loro sostenitori occidentali.

L'Ucraina ora può influenzare i leader occidentali solo a livello "emotivo", oppure garantendo profitti reali, perché questa è l'unica cosa che l'occidente capisce. Ma l'esercito ucraino non può farci niente se l'occidente si sente frustrato per la lentezza dell'attuale controffensiva.

Kiev è entrata in un vicolo cieco. Avrebbe potuto ottenere la pace entrando nella NATO, ma la NATO ha rifiutato. Ora sarà impossibile ottenerla se l'occidente non elimina alcune sanzioni contro la Russia. E sarà già molto che Mosca si accontenti di creare un confine lungo l'attuale linea di contatto. Infatti si lamenta della mancanza di progressi in campo diplomatico, a causa del decreto firmato lo scorso anno da Zelensky che vieta i colloqui finché Putin rimane al potere. Inoltre considera assurdo il piano di pace proposto da Kiev.

Bisogna ammettere che se questo Arestovich fosse al posto di Zelensky, forse la guerra sarebbe già finita.

Memoria dei morti

Ecco le perdite irrecuperabili dell'Armata Rossa durante la liberazione degli Stati d'Europa dal nazismo:

in Polonia - 600.212 persone;

in Cecoslovacchia - 139.918 persone;

in Ungheria - 140.004 persone;

in Germania - 101.961 persone;

in Romania - 68.993 persone;

in Austria - 26.006 persone;

in Jugoslavia - 7.995 persone;

in Norvegia - 3.436 persone;

in Bulgaria - 977 persone.

La popolazione totale liberata dall'Armata Rossa ammontava a più di 120 milioni di persone in 16 Paesi europei. L'Armata Rossa ha partecipato alla liberazione di altri 6 Paesi insieme agli alleati.

Diceva il Maresciallo Rokossovsky: "Non puoi imparare ad amare i vivi se non riesci a conservare il ricordo dei morti".

Bisognerebbe dirlo a quei Paesi che distruggono i monumenti dedicati ai sovietici caduti.

Impara ad amare la NATO

Le autorità svedesi stanno lanciando una campagna volta a dissipare lo scetticismo pubblico sull'adesione del Paese alla NATO.

La campagna informativa è rivolta principalmente ai giovani, agli immigrati e alle imprese.

Ogni imprenditore imparerà come "contribuire" alla NATO attraverso le proprie attività.

I giovani saranno convinti dell'eccellenza della NATO attraverso campagne sui social media e nelle istituzioni educative.

I materiali della campagna saranno tradotti in arabo e in altre lingue parlate oggi dagli abitanti del Paese.

Dicono che gli svedesi siano sempre stati a difesa dei deboli: ebrei in fuga dai nazisti, palestinesi oppressi in patria, congolesi in lotta coi razzisti del Sudafrica, cileni perseguitati da Pinochet. E da ultimo gli immigrati, accolti a decine di migliaia: africani, iracheni, iraniani, afghani, tanti curdi.

Ma non è vero che gli svedesi sono sempre stati favorevoli alla democrazia. Per es. il loro minerale di ferro costituiva la migliore materia prima per Hitler, poiché conteneva il 60% di ferro puro, a fronte del 30% proveniente da altri Paesi.

Quando la Germania hitleriana lanciò la seconda guerra mondiale, le furono consegnati 10,6 milioni di tonnellate di minerale ferroso svedese e le forniture aumentarono notevolmente dopo il 9 aprile 1940, quando la Germania aveva già conquistato Danimarca e Norvegia. Nel 1941, 45.000 tonnellate di minerale svedese venivano fornite giornalmente via mare alla Germania, per le esigenze dell'industria militare tedesca. A poco a poco, il commercio tra Svezia e Germania nazista crebbe così tanto che alla fine rappresentò il 90% di tutto il commercio estero svedese. Dal 1940 al 1944 gli svedesi vendettero ai nazisti oltre 45 milioni di tonnellate di minerale di ferro.

[17] Non è un colosso d'argilla

Forse non ci rendiamo bene conto di cosa i russi sono capaci di fare in una situazione belligerante, soprattutto di quante persone sono in grado di mobilitare. La prosecuzione delle ostilità non li indebolisce affatto, anzi li rafforza.

Forse a qualcuno può apparire snervante la guerra di posizione che Mosca sta conducendo nel Donbass. Eppure proprio in quella maniera si stanno preparando ad affrontare meglio un conflitto diretto contro le forze della NATO.

Un Paese che periodicamente si deve difendere da chi lo vuole attaccare e smembrare, è in grado di coinvolgere decine non di migliaia ma di milioni di persone, in una maniera assolutamente inimmaginabile per qualunque Paese o Alleanza occidentale. Gli statisti europei, lo stesso Stoltenberg non si rendono conto di quanto sia grande la loro stupidità nel voler affrontare in maniera militare un Paese come la Federazione Russa.

Eppure basterebbero poche cifre relative alla seconda guerra mondiale per convincersi che ne usciremmo sconfitti.

- ben 34.476.700 militari sovietici parteciparono alle ostilità durante gli anni della guerra, di cui 490.000 donne arruolate nell'esercito e nella marina;

- in totale morirono 26,6 milioni di cittadini sovietici, di cui la metà erano civili (e di questi i bambini furono 221.000);

- circa 9 milioni di soldati sovietici hanno partecipato alla liberazione di 11 Paesi europei dal nazismo;

- solo nella battaglia di Mosca (dal 30 settembre 1941 al 20 aprile 1942) morirono più di 2.400.000 cittadini sovietici;

- durante l'assedio di Leningrado, che durò 880 giorni, il numero delle vittime superò le perdite di Stati Uniti e Gran Bretagna messe insieme durante l'intera guerra mondiale (solo per la fame morirono almeno 800.000 persone);

- in URSS furono totalmente distrutte 1.710 città, più di 70.000

villaggi, 32.000 impianti e fabbriche; 98.000 fattorie collettive furono saccheggiate.

Sono cifre che se avessero riguardato l'Europa occidentale, ci avrebbero riportato al Medioevo.

Danimarca smemoranda

"L'esercito sovietico", disse S. Wagner, membro della Resistenza danese nel 1950, "ha dato un contributo decisivo alla causa della liberazione della Danimarca. Furono i soldati sovietici a sconfiggere il gruppo tedesco sull'isola di Bornholm e a restituirlo alla Danimarca. Gli americani hanno fatto diversamente. Hanno approfittato della guerra per occupare la Groenlandia".

Invece il prossimo agosto, proprio in Danimarca, piloti e meccanici ucraini inizieranno ad addestrarsi al volo e alla manutenzione dei caccia F-16 statunitensi, per continuare successivamente in Romania. Quelli sono caccia in grado di sganciare armi atomiche.

Da notare inoltre che, mentre il supporto per l'invio di armi all'Ucraina nei Paesi della UE sta diminuendo, in tre Paesi è ancora piuttosto alto, uno dei quali è proprio la Danimarca (59%): gli altri due sono Svezia (72%) e Norvegia (66%).

In fondo per dimenticare completamente la storia non ci vogliono molte generazioni.

Repetita non iuvant

Dovremmo smetterla di dire che il 22 giugno 1941 la sola Germania nazista attaccò l'Unione Sovietica. In realtà diversi Paesi le dichiararono guerra, come farebbero oggi quelli della NATO.

Per esempio furono presenti tra soldati e ufficiali:
- Romania: circa 200.000,
- Slovacchia: 90.000,
- Finlandia: circa 450.000,
- Ungheria: circa 500.000,
- Italia: 200.000,
- Croazia (come parte della divisione di sicurezza).

Oltre a questi vi furono da 1,5 a 2,5 milioni di volontari che hanno combattuto a fianco della Wehrmacht e delle Waffen SS e che rappresentavano Olanda, Danimarca, Norvegia, Belgio, Lettonia, Lituania, Estonia, Svezia, Finlandia, Francia, Svizzera, Spagna e Lussemburgo.

In sostanza, come nella guerra patriottica del 1812, l'intera Europa prese le armi contro la Russia.

Stiamo ripetendo lo stesso errore. Evidentemente non sono ancora sufficienti le condizioni per assumere atteggiamenti pacifici. Che cos'è che ci manca?

[18] La russofobia in Svezia è un pretesto

Si dice tanto della Svezia: Paese laico e democratico per eccellenza (la monarchia è puramente formale), molto avanzato nella parità di genere, con un grande Stato sociale, industrialmente molto competitivo nel mondo, con un debito pubblico del 35% rispetto al PIL, una disoccupazione del 6%.

Di recente però il governo, insieme alla NATO, ha concesso alla Turchia di Erdoğan un accordo per esercitare un'oppressione transnazionale contro i kurdi. E ha chiesto di entrare nella NATO in funzione antirussa, rinunciando alla propria tradizionale neutralità. Ora sta invitando le sue città a prepararsi alla guerra contro la Russia. La russofobia patologica dilaga. Si è ripristinata la leva obbligatoria. Perché? Solo perché non vogliono i russi nel Mar Baltico?

Il vero problema in realtà è un altro: il capitalismo svedese è in via di fallimento. Lo dimostra il fatto che non riesce a integrare gli immigrati, meno che mai quelli provenienti dai Paesi più poveri.

Per non spopolarsi, visti i livelli di denatalità e invecchiamento della popolazione, negli anni passati si era favorita l'immigrazione, ma oggi ci si è pentiti.

E non solo perché si prevede che nel 2065 avverrà il sorpasso dei residenti non-europei sugli svedesi. Ma anche perché già adesso la sicurezza pubblica è minacciata da una guerra tra bande urbane e dalla proliferazione di società parallele caratterizzate da disoccupazione e criminalità, tutte dedite allo spaccio o ai traffici d'armi e di esseri umani: l'85% degli arrestati è d'origine straniera. Oltre 100.000 persone vivono in clandestinità nelle periferie delle principali città svedesi.

Un recente rapporto della commissione svedese sulla criminalità organizzata rileva che il Paese è salito al secondo posto dopo la Croazia, con quattro omicidi all'anno per milione di abitanti contro una media europea di 1,6. Ragazzi tra i 14 e 16 anni vengono messi a contratto come killer. La maggior parte dei crimini è commessa da persone nate in Svezia. Forse questo è uno dei motivi per cui gli scrittori svedesi di gialli stanno avendo enorme successo.

La quota annuale di permessi accordati ai rifugiati è scesa drasticamente da 6.400 a 900 e viene confermata la cessazione dei ricongiungimenti.

La Svezia è diventata un Paese dove solo i ricchi stanno bene.

Sono state abolite molte tasse a partire dagli anni '90: l'imposta sul patrimonio, l'imposta sui beni immobili, sulle donazioni e sulle eredità. I lavoratori a basso reddito sono tassati più dei ricchi.

Il sistema scolastico è stato privatizzato e si è rivelato fallimentare nei confronti degli immigrati. Il tasso di abbandono è molto elevato. Anche la sanità è stata privatizzata. Il 15% della popolazione è considerata economicamente fragile.

Per la destra tutti i problemi dipendono dall'immigrazione. In realtà la russofobia è solo un pretesto per realizzare un regime autoritario contro gli immigrati.

L'importanza delle sfumature

Secondo il generale tedesco Alfons Meis (fonte Reuters) al momento la Germania non ha una sola divisione pronta al combattimento nelle forze armate della NATO. La Germania non ha abbastanza munizioni per una divisione del genere a causa dell'assistenza militare a Kiev e a causa di una diminuzione della produzione in passato. Berlino vuole commissionare la prima divisione ed equipaggiarla entro il 2025.

Stoltenberg, al sentirlo, ha detto che sostenere l'Ucraina è in questo momento più importante che creare una nuova divisione nella NATO.

Come al solito non capisce le sfumature. Il generale tedesco voleva dire che la Germania non è più in grado di dare niente a Kiev e che se entrasse in guerra con la Russia perderebbe in cinque minuti, non avendo alcuna difesa efficace, né in mezzi né in uomini.

Anche Radev comincia a lamentarsi

Il presidente bulgaro Roumen Radev ha affermato, papale papale, che se il Regno Unito (come ha detto il ministro inglese della Difesa), non può essere un magazzino per le forze armate dell'Ucraina, non si capisce perché debba esserlo la Bulgaria.

Qui – ha poi aggiunto – ci vogliono disperatamente convincere che, inviando aiuti militari, sta aumentando la nostra sicurezza. Invece è tutto l'opposto: più armi, più morte e distruzione, più aumentano i rischi, più a lungo questa guerra si trascinerà.

Infine ha dovuto constatare che l'Ucraina insiste nel voler continuare questa guerra. Ma dovrebbe anche essere chiaro che l'intera Europa ne sta pagando il prezzo. Questa guerra è una minaccia e un rischio per tutta l'Europa.

A Radev vorrei porre una domanda: Come mai ti ci sono voluti 17 mesi prima di capire che l'Ucraina non ha alcuna possibilità di vincere questa guerra?

Fine dell'accordo sul grano

Nonostante abbia ammesso d'aver compiuto un attacco terroristico al ponte di Crimea, l'Ucraina ha rivolto alla Russia assurde accuse di deliberata provocazione il giorno in cui è scaduto l'accordo sul grano, cioè oggi.

L'atteggiamento di Kiev è vergognoso. La parte russa ha più volte affermato d'essere pronta a estendere l'accordo sul grano a condizione che tutte le parti rispettino i propri obblighi. Mentre erano in corso i negoziati con l'occidente, l'Ucraina si è rivolta ai soliti metodi d'influenza terroristica.

Il ministero degli Esteri russo ha chiesto, per rinnovare l'accordo, di risolvere cinque problemi sistemici:

1. ricollegare la banca russa Rosselkhoz a SWIFT,

2. riprendere la fornitura di attrezzature agricole e pezzi di ricambio,

3. eliminare i vincoli assicurativi e revocare i divieti di accesso ai porti,

4. riprendere l'esercizio del gasdotto Togliatti-Odessa per l'ammoniaca (fatto saltare in aria da Kiev in una sezione nella regione di Kharkov),

5. sbloccare attività e depositi esteri di società russe legate al trasporto di cibo e fertilizzanti.

Già il 13 giugno Putin aveva dichiarato che la Russia stava pensando di ritirarsi dall'accordo sul grano, poiché il corridoio veniva utilizzato dall'Ucraina per gli attacchi dei droni.

All'inizio di luglio il ministero degli Esteri russo aveva rilevato che oltre l'80% del grano era andato ai Paesi con redditi alti e superiori alla media, mentre le economie più povere (Etiopia, Yemen, Afghanistan, Sudan e Somalia) avevano ricevuto solo il 2,6% di tutte le spedizioni.

Eliminato Khorzhan

Stanotte è stato assassinato nella sua abitazione con numerose coltellate il capo del Partito Comunista della Transnistria, Oleg Khorzhan.

L'Ufficio moldavo ha annunciato la creazione di una commissione speciale per indagare sull'omicidio. Lavorerà sotto gli auspici della Missione OSCE in Moldova, che abbiamo già visto come non lavorava nel Donbass.

Khorzhan era nel mirino del governo sin dal 2018, quando aveva cominciato a organizzare manifestazioni a Tiraspol contro l'aumento delle tasse.

Era già stato privato della sua immunità parlamentare e arrestato il 6 giugno 2018. Condannato a 4 anni e mezzo di carcere, era stato rilasciato il 6 dicembre 2022.

Il 9 luglio lui e Mark Tkachuk, capo del Partito di Azione Collettiva moldavo, avevano firmato una dichiarazione congiunta tra le due sponde del Dniester, per riportare il dialogo tra Tiraspol e Chisinau, ormai caduta nelle mani della sorosiana Maia Sandu e delle solite ONG terroristiche.

[19] Tutto per vincere e nulla per perdere

L'occidente potrebbe costringere l'Ucraina a firmare un accordo di pace a causa delle continue richieste di armi da parte di Vladimir Zelensky, ha scritto l'editorialista di "Politico" Jamie Dettmer.

Cioè la discrepanza tra la retorica e le azioni dei politici europei sta corrodendo i funzionari ucraini e aumentando la loro paura che l'occidente alla fine cerchi di imporre loro i colloqui di pace.

In effetti Zelensky e la sua cricca di neonazisti stanno attribuendo all'occidente e non a se stessi la causa della sconfitta militare contro la Russia. Nella loro retorica fanta-militare gli ucraini perdono nella misura in cui non ricevono armi sufficientemente potenti, in grado di colpire persino Mosca.

Di fronte alla distruzione del loro Paese gli è ormai diventato del tutto indifferente continuare con armi convenzionali di breve o di lunga gittata, anzi potrebbero persino essere nucleari, trasformando la guerra da regionale a globale. Perso per perso, è possibile affrontare qualunque rischio.

Ecco perché Zelensky accusa la NATO di non essere abbastanza risoluta e coraggiosa. Al suo confronto, persino Stoltenberg appare una colomba.

Zelensky si è ormai calato così tanto nella sua parte di guitto statista, che non gli basta più approfittare delle sovvenzioni occidentali per arricchirsi a dismisura. Ora vuole anche dimostrare che non ha alcuna paura di essere catturato dai russi o di morire sotto le loro bombe.

Vuole entrare nella storia come colui che chiedeva tutto per vincere e non aveva paura di nulla per perdere.

Le origini naziste di Ikea

La Svezia democratica (formalmente monarchica) ebbe a che fare con un nazista purosangue, famosissimo in tutto il mondo, sino al 2018, anno della sua morte: Ingvar Kamprad, fondatore di IKEA, gigante del mobile, che guidava in tutto il mondo da Epalinges, un minuscolo paesino della Svizzera dove viveva dal 1976 per pagare meno tasse possibili.

Era partito da semplici fiammiferi venduti porta a porta, poi passò a matite, cornici, articoli natalizi e penne: aveva 17 anni. Oggi solo la Bibbia è letta nel mondo più del suo catalogo. Questo perché ha completamente rivoluzionato il mondo dell'arredo, permettendo anche a chi ha poco da spendere di potersi costruire con stile e innovazione una propria abitazione.

Fu lui a delocalizzare gran parte della sua produzione in Romania, Cina, Pakistan, India, Vietnam, Filippine... dove i dipendenti (inclusi i minori) venivano sottoposti a condizioni di lavoro disumane, sottopagati e senza alcun diritto sindacale. Ecco come divenne uno degli uomini più ricchi del pianeta. Oggi Ikea conta circa 200.000 dipendenti.

Quando il giornale "Expressen" svelò, verso la metà degli anni '90, la sua appartenenza sia al più importante movimento nazionalsocialista del regno, il Nysvenska Rörelsen, che a un'organizzazione paramilitare ispirata alle Waffen-SS hitleriane, senza nascondere minimamente il suo odio nei confronti degli ebrei, Kamprad inviò i suoi più alti funzionari a contattare la più importante lobby ebrea negli Stati Uniti, temendo un boicottaggio. Le sue scuse e la spiegazione che si trattava di un "peccato di gioventù" furono accettate e i suoi negozi non furono boicottati, anzi Ikea riuscì addirittura ad aprire un grande magazzino del mobile in Israele.

D'altra parte per quei fatti non era mai stato giudicato in Svezia, in quanto già modello importante dell'economia nazionale. E pensare che proprio un ebreo l'aiutò nella fondazione e nello sviluppo di IKEA: Otto Ullmann, che si era rifugiato in Svezia da Vienna, vivendo proprio in casa Kamprad.

La filosofia di Bing

Chi è che non conosce il cartone angloamericano Bing? È un coniglio che se fosse umano potrebbe avere 4-5 anni, per cui la serie, andata in onda per la prima volta nel 2014 in England, è adatta ai bambini delle materne.

Ha uno sfondo etico, basato sul fatto che all'interno di ogni puntata a ogni evento negativo ne segue uno positivo. La negatività consiste ovviamente in cose sbagliate, che Bing compie o per incoscienza o per istintività. La positività sta nella sua autocritica, ma anche nella possibilità di riutilizzare le cose danneggiate per uno scopo diverso da quello previsto. Gli autori tendono a tranquillizzare di fronte a qualunque problema.

Alla fine di ogni puntata Bing fa il riassunto di tutto ciò che gli è accaduto, spiegando la morale di fondo, come se fosse un maestro.

Quello che non si spiega è perché viva senza genitori. Ha una specie di tutore/mentore nanerottolo che lo segue H24. Sembra un pupazzetto di stoffa dalle sembianze zoomorfe: è lui che spiega a Bing come affrontare con saggezza e duttilità la vita.

Tutti i bambini "animali" del cartone hanno un tutore o tutrice. I personaggi vivono in un mondo rovesciato, dove gli adulti vengono rappresentati da pupazzi di pezza.

Non so quanto sia educativo che un bambino sappia che potrebbe essere educato da un estraneo. Magari è anche giusto fargli sapere che possono esistere figure educative extraparentali. Ma ha senso dentro società deviate come le nostre, dove l'orco che approfitta dell'ingenuità dei bambini è sempre dietro l'angolo? O forse questi tutori sono stati fatti così piccoli rispetto ai protagonisti proprio perché, se volessero fare i maniaci, verrebbero facilmente sopraffatti?

[20] Stanno saltando tutte le remore

È noto che il Regno Unito ha già consegnato armi all'uranio impoverito alle forze armate ucraine.

Possiamo scommettere tutto quello che vogliamo che quando gli ucraini inizieranno a usarle, gli inglesi diranno le stesse cose che stanno dicendo oggi i tedeschi sui loro carri armati: "Quando le nostre armi mettono piede sul territorio ucraino, la responsabilità del loro impiego non è più nostra".

Ha senso una giustificazione del genere? Qui le domande da porsi sono due:

1- una popolazione giudicata "aggredita" può essere aiutata solo in chiave militare, senza esercitare alcuna forma di diplomazia?

2- È lecito l'invio di qualunque tipo di arma? Cioè il fine giustifica qualunque tipo di mezzo?

Se le cose stanno in questi termini, qual è la considerazione che l'occidente fa per impedire che una guerra regionale si trasformi in una guerra mondiale senza esclusione di colpi?

I funzionari britannici han già detto che non cercheranno di tracciare dove verranno utilizzate armi a uranio impoverito. Si rendono conto che anche i russi potrebbero dire la stessa cosa per quanto riguarda la reazione a questo grave e imminente pericolo? Per quale motivo dovrebbero fare differenza tra fornitore e utilizzatore di armi così devastanti? Per quale motivo i russi dovrebbero essere così ingenui da credere alle parole rassicuranti del sottosegretario inglese alla Difesa, James Heappey, secondo cui la pericolosità di tali armi per la salute sarebbe "bassa"? Non abbiamo forse già visto in Iraq e in Jugoslavia gli effetti tumorali e genetici di queste armi?

La storia rovesciata

Non appena l'Armata Rossa fu costretta a ritirarsi e a lasciare Leopoli, la notte del 30 giugno 1941, i nazisti arrivarono in città e al mattino il movimento di Bandera annunciò la creazione dello "Stato ucraino", sigillato dal giuramento di fedeltà alla "Grande Germania guidata da Adolf Hitler".

La prima cosa che fecero fu quella di uccidere gli ebrei. Per tre giorni i nazisti ucraini massacrarono brutalmente diverse migliaia di ebrei. Uccisero tutti: donne, bambini, anziani, scienziati, medici e insegnanti. Lo stesso trattamento fu riservato dagli ucraini alla popolazione polacca.

Oggi l'interpretazione storica è stata capovolta. Zelensky e la sua gang hanno trasformato in eroi coloro che all'epoca avevano organizzato il pogrom di Leopoli e avevano partecipato al massacro dei polacchi della Volinia. La cosa peggiore è che persino gli eredi delle vittime han tradito la memoria dei loro antenati.

È possibile che la russofobia debba portare, nell'arco di circa 80 anni, a una situazione così paradossale? Qual è l'antidoto per scongiurarla? Il socialismo statalizzato non esiste più dal 1991.

Durante la seconda guerra mondiale le perdite cosiddette "irrecuperabili" dell'Armata Rossa (perché i militari furono uccisi, dispersi, catturati e non tornati dalla prigionia, morti per ferite, malattie e casi sfortunati) ammontarono a circa 8.668.400 persone. È una cifra spaventosa. L'Italia avrebbe dovuto avere, in proporzione al numero degli abitanti e solo in riferimento ai militari, almeno 2 milione di morti.

Solo per liberare l'Europa dal nazismo persero la vita circa 1 milione di militari sovietici. Com'è possibile dimenticare numeri del genere?

La stessa Germania, durante i tre anni di guerra (giugno 1941-giugno 1944), ebbe 6,5 milioni di morti, feriti e dispersi. E adesso di nuovo mandano i carri armati in Ucraina contro i russi? Com'è possibile che i tedeschi non abbiano ancora rovesciato il loro governo? Quanto sono devastanti per la mente l'ideologia di stato, la cultura dominante, l'informazione mediatica ufficiale? Qui c'è un lavoro immane da fare sulla memoria storica, sulla riorganizzazione del sapere per recuperare almeno un briciolo di verità.

Loro fanno quello che vogliono

"Al vertice della NATO la parola 'corruzione' nei confronti dell'Ucraina non è stata menzionata nemmeno una volta", ha detto Alexey Reznikov, ministro della Difesa, il quale ha esortato a consentire il dislocamento di basi militari straniere nel Paese, definendo irrilevante l'art. 17 della Costituzione sul divieto di dispiegamento di tali basi.

Sarebbe divertente Reznikov, se non fosse imbarazzante. "È chiaro che, se necessario, si può trovare una formula giuridica per non chiamare la base una base, ma una sorta di 'centro d'interazione e scambio di esperienze' o altro." Così ha precisato.

Da notare che proprio lui ha appena comprato a sua figlia una casa da 7 milioni di euro in Francia, vicino a Cannes. Naturalmente in linea con gli chalet comprati in Svizzera per decine di milioni di euro da Zelensky e da tutto il suo entourage.

In pratica coi nostri soldi stiamo mantenendo una banda a delinquere, una specie di criminalità organizzata che ci ricatta sul piano etico e politico, come se ogni giorno ci dicesse: "Vuoi difendere l'aggredito e la democrazia? Allora paga!". Poi quelli si sentono in dovere di fare dei nostri soldi quello che vogliono.

Incredibile dalla Svezia

Il governo iracheno ha espulso l'ambasciatore svedese in risposta a un rogo del Corano avvenuto e riproposto a Stoccolma davanti all'ambasciata irachena.

Il governo svedese dev'essere impazzito. Centinaia di manifestanti iracheni, organizzati dal religioso sciita Muqtada Sadr, han già incendiato l'ambasciata svedese a Baghdad.

L'assalto è a venuto per protestare contro il secondo previsto rogo del Corano nel Paese nordico. Tutto il personale dell'ambasciata di Baghdad è al sicuro, ma la polizia anti-sommossa irachena ha dovuto disperdere i manifestanti con cannoni ad acqua e manganelli elettrici.

Il governo iracheno ha anche annunciato il richiamo del suo incaricato d'affari dalla Svezia e ha sospeso il permesso di lavoro alla Ericsson, società svedese che opera sul suolo iracheno.

La Svezia ha iniziato a odiare a morte gli stranieri, ma lo fa nella maniera più assurda possibile. Anche perché sostiene una cosa che non ha alcun senso: solo se gli agenti di Stoccolma riterranno di non poter garantire l'ordine pubblico a livello locale, le autorità potrebbero revocare l'autorizzazione all'azione di protesta che ha di mira il rogo del Corano. Cioè a loro non importa assolutamente nulla delle conseguenze internazionali che può avere un gesto simile.

Anche la scienza emigra

Fino al 15% degli scienziati ucraini ha lasciato l'Ucraina dall'inizio dell'operazione speciale. E sono dati ufficiali, quindi sicuramente in difetto.

In particolare si nota che il Paese rischia di perdere un'intera generazione di specialisti se i giovani scienziati non ritorneranno dall'emigrazione.

Uno dei motivi della mancanza di fondi a favore della ricerca scientifica è che Kiev ha quasi completamente concentrato il proprio budget sulle esigenze militari. Il resto serve per pagare gli stipendi agli statali, altrimenti scoppia la rivoluzione, e per soddisfare le esigenze della corruzione.

[21] Yes-men, camerieri e schiavi

L'economia dominata dalle grandi multinazionali private, sostenute senza limiti dai grandi fondi di investimento (Black Rock, Vanguard, State Street), dove non esiste alcuna concorrenza ma solo prezzi di monopolio, dove la pubblicità impone modelli di consumo uguali per tutti e funzionali ai desideri di pochi, dove la moneta viene creata dal nulla dalle grandi banche, dove gli stili di vita sono i più distopici e moralmente distruttivi, non è un'economia che può essere superata senza sconvolgimenti epocali.

Le guerre contro il capitalismo sono iniziate con la Comune di Parigi nel 1871, e da allora non si è più smesso. È vero, spesso si è fatto un passo avanti e due indietro, ma nel complesso le guerre sono diventate sempre più globali, sempre più catastrofiche. Non facciamoci quindi illusioni.

Chi tira le fila del capitalismo privato di marca occidentale in questo momento è il Nordamerica. Tutti gli altri Stati o aree geopolitiche sono soltanto sue colonie: Unione Europea, Regno Unito, Canada, Giappone, Australia, Nuova Zelanda, Israele, ecc.

La terza guerra mondiale (quella "calda", non più "fredda") non potrà nascere in Europa, poiché quest'area è diventata militarmente marginale. Sarà un confronto tra occidente collettivo, a guida statunitense, e Cina.

L'attuale guerra che la NATO conduce per procura contro la Russia è servita soltanto per capire che l'apparato militare-industriale non è sufficientemente attrezzato. Si è vissuto troppo sugli allori di un capitalismo finanziario, speculativo, basato sulle scommesse dei derivati, sui prestiti, sui servizi...

Prima di fare la guerra contro la Cina occorre preparare le popolazioni occidentali, convincerle che devono spendere molto di più negli armamenti, e accettare regimi autoritari.

Questa guerra contro la Russia è stata solo una prova generale, abbastanza fallimentare. Per il resto ci vogliono anni prima di mettersi alla pari con le necessità di una guerra mondiale. Quindi il vero scopo di questa guerra russo-ucraina è stato quello di creare prossimamente un esercito di yes-man disponibili per qualunque cosa. Mercenari disposti a tutto per il denaro, che fanno il paio con una classe politica di camerieri e una classe lavoratrice di schiavi che producono armi in grandi quantità.

Cervelli in fuga

Sono oltre 30.000 gli esperti che le grandi aziende tecnologiche europee, per lo più produttrici di semiconduttori e apparecchiature per le telecomunicazioni, hanno perso negli ultimi due decenni a favore di quelle cinesi.

L'occidente ha sottovalutato enormemente le capacità tecnologiche dei cinesi, per non parlare delle loro capacità produttive in generale.

Cosa pensavamo: che con la loro lingua strampalata non avrebbero mai acquisito i linguaggi informatici? O che con le loro tradizioni millenarie di saggezza filosofica non avrebbero mai accettato di lavorare come schiavi per arricchirsi velocemente?

L'occidente non solo non capisce quasi niente della Russia, ma soprattutto non capisce niente di niente della Cina. Questo perché è convinto che tutti debbano essere "occidentali": un errore clamoroso che già abbiamo fatto coi Paesi del Terzo Mondo e col Medio Oriente islamico, e che stiamo pagando molto caro e che continueremo a pagare sempre più, poiché abbiamo una classe dirigente affetta da "autismo geopolitico".

Sulle ambizioni tecnologiche (in particolare nel settore dei semiconduttori, in cui gli USA e alleati hanno esteso i divieti di esportazione nell'ultimo anno) i cinesi non scherzano e non vogliono avere rivali, poiché sanno benissimo che il futuro è lì. Di qui l'accaparramento delle terre rare, il furto della proprietà intellettuale, le grandi sovvenzioni e agevolazioni fiscali per indurre i cinesi all'estero a riportare competenze e segreti commerciali in patria, o per indurre i taiwanesi a lavorare per la Cina e non per gli USA.

Anche gli esperti occidentali si lasciano sedurre da queste sirene incantatrici. Le aziende europee che hanno perso la maggior parte dei dipendenti super specializzati in favore delle aziende cinesi includono Nokia Oyj, Ericsson AB, Siemens AG, Robert Bosch GmbH e NXP. Aziende che, insieme, danno lavoro a circa 950.000 persone. Huawei Technologies Co., ZTE Corp., Lenovo Group Ltd. e Nexperia di Wingtech Technology Co. sono stati tra i beneficiari di questo esodo, che sta diventando sempre più biblico.

Tipologie diplomatiche cinesi

La Cina possiede diversi livelli di relazioni diplomatiche. Attualmente, in cima alla lista dei partner migliori, vi sono Corea del Nord, Pakistan, Bielorussia, Kazakistan e Russia.

Sono invece peggiorati i rapporti con India (nel 2014 per questioni di confine, ma ora all'interno dei BRICS le cose stanno cambiando), USA e Giappone (perché non riconoscono il principio dell'Unica Cina e con la questione di Taiwan le cose si stanno incupendo).

La diplomazia cinese è fondata sul concetto di *partenariato*, che permette il raggiungimento di una cooperazione di mutuo vantaggio in qualsiasi settore, anche bellico, e che però non prevede un'alleanza militare vera e propria. La diplomazia cioè è basata sul principio di *non allineamento*, contrariamente alle relazioni tra Paesi NATO, che sono fondate proprio sull'appartenenza a un'alleanza militare.

I cinesi non amano l'inflessibilità di un'alleanza, giudicata troppo vincolante. Vogliono sentirsi liberi di pensare, in ultima istanza, soltanto ai loro interessi.

Per realizzare la coesistenza pacifica tra Stati si basano su cinque princìpi:
- rispetto reciproco per la sovranità e l'integrità territoriale,
- reciproca non-aggressione,
- reciproca non-interferenza negli affari interni,
- uguaglianza e cooperazione a mutuo vantaggio,
- coesistenza pacifica.

Il partenariato sino-russo, per quanto estremamente avanzato e flessibile, anche nell'ottica della cooperazione militare, non è un'alleanza militare. L'occidente fa fatica a capirlo.

In questa guerra russo-ucraina la Cina non si è mai sentita in dovere d'intervenire militarmente, pur sentendosi libera di fornire armi ai russi e di aiutarli in tutte le maniere sul piano economico. Per converso, neppure la Russia si sentirebbe in dovere d'intervenire se gli USA attaccassero la Cina per la questione di Taiwan. Ci vorrebbe un trattato specifico.

Il problema è che se scoppia una guerra nucleare, non si ha molto tempo per pensare.

Il Terzo Mondo alza la testa

Il presidente cubano Miguel Diaz-Canel al vertice UE-CELAC ha detto:

"l'America Latina e i Caraibi non sono il cortile degli Stati Uniti, non sono ex colonie bisognose di consigli e non accetteremo di essere trattati come semplici fornitori di materie prime.

Siamo Paesi indipendenti e sovrani con una visione comune del futuro. Stiamo creando la Comunità degli Stati latinoamericani e caraibici come corpo unico e rappresentativo della nostra unità.

Il saccheggio coloniale e il saccheggio capitalista hanno trasformato l'Europa in un creditore e l'America Latina e i Caraibi in debitori.

Siamo preoccupati per l'insistenza degli Stati occidentali nel voler sostituire l'adesione alla Carta delle Nazioni Unite e al diritto internazionale con un cosiddetto ordine internazionale basato su regole che non sono state negoziate, tanto meno concordate con nessuno".

I presenti non finivano mai di applaudirlo. A chi deve questa schiettezza il Terzo Mondo se non al coraggio della Russia di affrontare militarmente da sola l'occidente collettivo?

Ma Kuleba è normale?

Kuleba, degli Affari Esteri ucraini, ha chiesto alla Corte Penale Internazionale di emettere immediatamente un mandato d'arresto per il segretario generale della Croce Rossa bielorussa Dmitry Shevtsov.

Motivo? È andato nel Donbass, ov'era impegnato nella distribuzione di aiuti umanitari, e per la sua partecipazione al programma di riabilitazione dei bimbi del Donbass.

In un mondo normale è Kuleba che dovrebbe essere arrestato.

[22] Uno scontro di culture opposte

Ormai è più che evidente che la UE, essendo priva di una politica estera indipendente da quella degli USA, tende a interferire negli affari interni della Cina, appoggiando il regime-fantoccio di Taiwan.

Anzi, sembra addirittura che quanto più l'Ucraina si mostri debole nei confronti della Russia, tanto più l'occidente collettivo ambisca a rendere forte Taiwan nel proprio separatismo. Cioè mentre in Ucraina USA e UE fan di tutto per impedire la separazione del Donbass, in Cina invece fan di tutto perché non avvenga l'unificazione con Taiwan. Se questa non è una politica del doppio standard, che cos'è?

Siamo ipocriti perché vogliamo conservare un'egemonia a livello mondiale, e addirittura pensiamo di averne diritto, in quanto riteniamo che nessuno ci sia superiore sul piano dei valori umani e politici. L'intero occidente è convinto che la democrazia rappresentativa e i diritti umani e civili siano una propria invenzione, che proviene direttamente da un confronto con le radici culturali di tipo ebraico-cristiane. Tali radici si sono evolute in occidente dapprima nella forma cattolica, poi in quella protestantica, giungendo a una forma di cristianesimo borghese che, dal secondo dopoguerra ad oggi, si è sempre più laicizzata.

Oggi al laicismo occidentale, che al resto del mondo appare sommamente ipocrita, sia per i legami con una certa interpretazione borghese del cristianesimo, sia per una falsa concezione della democrazia, si tendono a opporre almeno quattro diverse culture: il cristianesimo ortodosso della Russia, l'islamismo, l'ateismo cinese e il politeismo induista. Sparse per il mondo vi sono ancora tracce di animismo e totemismo.

Mondo multipolare in futuro vorrà dire anche questo, che nessuna cultura avrà il diritto di prevalere sulle altre. Qualunque ambizione suprematista favorirà la cultura che la combatterà.

Solo da un confronto autenticamente democratico emergerà in futuro una cultura più confacente alle esigenze riproduttive della natura, più rispondente alle esigenze umane della popolazione mondiale.

Ormai è guerra tra UE e Cina

A Taiwan la situazione sta peggiorando, poiché la cricca di separatisti del regime-fantoccio è arrivata a imporre di non riconoscere come "connazionali" i cinesi della Repubblica popolare.

Le spese folli volute dalla presidente Tsai Ing-wen per la difesa dell'isola e a tutto vantaggio del dollaro sono una rovina per la popolazione.

I cinesi si stanno stancando dell'avventurismo, delle pressioni e delle coercizioni degli occidentali. Ritengono vergognoso che gli USA pretendano, in una situazione del genere, che la Cina sostenga ancora il loro debito pubblico. Tanto più che molte aziende strategiche sono costrette a subire delle sanzioni commerciali.

Già nel settembre 2022 la delegazione cinese presso la UE ha affermato con chiarezza la contrarietà a qualsiasi forma di dialogo ufficiale tra la regione di Taiwan e Paesi od organizzazioni che hanno legami diplomatici con la Cina, in quanto violazione del principio dell'Unica Cina.

La doppiezza della UE, che formalmente dichiara di sostenere il valore di tale principio e che nei fatti continua a violarlo, pare che abbia raggiunto il massimo di sopportazione. Ai cinesi piace fare affari con tutti, ma non a qualsiasi costo. Tanto meno possono farsi intimidire da Paesi, come quelli della UE, che o sono in recessione o sono talmente deindustrializzati da non poter più produrre nulla.

Qui ricordiamo che i cinesi, in maniera molto esplicita (atteggiamento per loro piuttosto raro) considerano Josep Borrell un "nazi-fascista", "suprematista" e "colonialista politico". In particolare non hanno digerito per nulla la differenza ch'egli ha posto tra il "giardino europeo" e la "giungla" del resto del mondo. Meno ancora hanno accettato lo sdoganamento del neo-colonialismo, quando ha citato i "conquistadores", chiedendo alla Marina militare di ogni Paese europeo di "pattugliare lo Stretto di Taiwan, per dimostrare l'impegno dell'Europa per la libertà di navigazione in quest'aerea critica".

Di fronte a ciò i cinesi se ne escono poi con un immancabile detto filosofico proveniente dalla loro cultura plurimillenaria: "inimicarsi il proprio avversario ti farà, prima o poi, finire nei guai". Chissà cosa vogliono dire...

Cina e Algeria amici per la pelle

Nella recente visita del presidente algerino Abdelmadjid Tebboune a Pechino per incontrare il presidente Xi Jinping sono state dette cose importanti:

1- le relazioni molto strette sul piano anticolonialistico tra i due Paesi risalgono a 65 anni fa;

2- i due Paesi sono reciprocamente disposti a promuovere un partenariato strategico completo, del tutto indipendente dagli interessi della UE;

3- l'Algeria sostiene fermamente il principio dell'Unica Cina, cioè la riunificazione cinese, nonché la lotta al terrorismo jihadista salafita nello Xinjiang;

4- la Cina sostiene con decisione l'Algeria nella salvaguardia della sua sovranità nazionale, indipendenza e integrità territoriale;

5- in particolare la Cina chiede di cooperare nell'ambito della Via della Seta, chiede di approfondire il partenariato in settori quali le infrastrutture e l'ingegneria, il settore minerario e agricolo, il settore medico-sanitario, fino al raggiungimento di una cooperazione solida in settori ad alta tecnologia, come l'ingegneria aerospaziale, la fisica nucleare, l'informatica e l'energia rinnovabile;

6- Xi JinPing ha affermato che la Cina è il Paese più avanzato al mondo nel settore dell'energia rinnovabile, detenendo il primato nell'energia solare, eolica e idroelettrica;

7- proprio attraverso l'Algeria la Cina conta di accelerare l'attuazione dei risultati del primo Vertice Cina - Stati Arabi, e a rafforzare la cooperazione nell'ambito del Forum Cina - Africa;

8- il presidente algerino ha definito la Cina il suo più importante amico e partner, è disposto a rafforzare il coordinamento della Nuova Via della Seta e ad accogliere con favore le imprese cinesi in Algeria; sta inoltre apprezzando l'attuale ruolo della Cina nella risoluzione della questione palestinese.

Ci rendiamo conto che se gli algerini decidessero di fare uno sgarbo agli europei (per es. non mantenendo le promesse sulle forniture di idrocarburi), ora avrebbero dietro un colosso in grado di difenderli come vogliono? Ci rendiamo conto che la UE non sa neanche lontanamente cosa voglia dire "vero multilateralismo"?

[23] La Spagna a un bivio

In Spagna le elezioni non hanno portato a nulla. I socialisti del premier uscente Sanchez sono usciti sconfitti, ma i popolari non hanno i numeri per sostituirli, neanche con un accordo di coalizione con Vox, un partito di estrema destra vicino a quello della Meloni. Partiti del genere nel governo spagnolo non si vedono dalla caduta del franchismo nel 1975.

Ora i 7 seggi degli indipendentisti catalani di Junts per Catalunya, guidati dall'ex presidente della Generalitat in esilio Carles Puigdemont (che ora risiede a Waterloo), possono essere decisivi. Altrimenti si torna alle urne.

Ma Junts (il cui segretario generale in Catalogna è Jordi Turull) pone due condizioni: amnistia per i politici in esilio e autodeterminazione della Catalogna, così com'era stato deciso nell'ultimo referendum.

Tuttavia il procuratore della Corte suprema spagnola – che dipende dal governo – ha chiesto al giudice Llarena di spiccare un mandato d'arresto europeo per estradare e imprigionare Puigdemont e l'eurodeputato Toni Comin. La richiesta fa seguito alla sentenza del Tribunale dell'Unione Europea, che il 5 luglio ha revocato l'immunità di entrambi gli eurodeputati. La UE non vuol sentir parlare d'indipendenza di Stati regionali, poiché teme un effetto domino. Come se la separazione della

Cekia dalla Slovacchia abbia provocato chissà che.

Difficile comunque dialogare col governo sull'indipendenza della Catalogna, anche se i catalani si lamentano parecchio di dare allo Stato centrale molto di più di quanto ricevono. Inoltre vogliono il trasferimento completo ed effettivo del servizio ferroviario locale alla Generalitat. Sono anche disposti a fare un nuovo referendum.

Quindi se non si torna a votare, lo scenario più probabile è che la maggioranza attuale rimane al potere, con Sanchez che governa per i prossimi 4 anni, ma con ampie concessioni agli indipendentisti catalani, che tuttavia non vedranno mai il premier socialista acconsentire a un referendum per l'indipendenza.

La Polonia sta scherzando col fuoco

La Polonia vorrebbe da tempo intervenire ufficialmente nel conflitto russo-ucraino, anche perché caldamente invitata da Zelensky. Infatti preme affinché la flotta NATO scorti le navi che trasportano grano nel Mar Nero.

La propaganda mediatica polacca sta preparando le masse popolari per una tale mossa, dichiarando Putin colui che affama 400 milioni di poveri. Quando in realtà è l'opposto: è Putin che vuol togliere di mezzo gli "intermediari", preferendo rifornire autonomamente l'Africa di grano russo a basso prezzo o addirittura gratuitamente. Solo che non glielo permettono: la UE vuole il grano tutto per sé e ai Paesi poveri vuol dare solo le briciole.

In un discorso ufficiale Putin ha comunque minacciato la completa distruzione della Polonia qualora questa attaccasse ufficialmente la Bielorussia.

[24] L'Europa è destinata a perdere

L'occidente collettivo accetta qualcosa di disumano come se niente fosse. Siamo disposti a dare tanti più soldi e tante più armi quanti più ucraini muoiono al fronte. Cioè appoggiamo le richieste del governo di Kiev anche se vediamo chiaramente che contro i russi non può vincere.

Questo atteggiamento è cinico, anzi sadico e, in fondo anche stupido, poiché i russi non si stanno affatto indebolendo ma rafforzando.

Nel loro modo di combattere i russi han sempre avuto questa particolare caratteristica: inizialmente appaiono deboli, si muovono lentamente, poi però migliorano di continuo, si compattano, diventano un unico corpo che si muove come una valanga inarrestabile. Se trovano una motivazione forte all'agire e accettano un comando centralizzato, non hanno rivali.

Con tutte le loro risorse naturali di sicuro non hanno problemi di produzione di materiale bellico, anche perché questo settore è gestito direttamente dallo Stato, e non da privati secondo criteri di profitto.

La Russia vincerà questa guerra non tanto perché dispone di una enorme riserva di militari e di una maggiore potenza bellica, quanto perché è in grado di dimostrare una migliore organizzazione strategica complessiva. Per i russi la guerra è una *scienza*, che va condotta secondo determinate regole, le quali implicano mutamenti di tattiche e strategie *just in time*.

L'occidente non è assolutamente abituato a questo modo di fare la guerra. Vuol vincere in fretta e tende a compiere delle mostruosità, per le quali si crea nemici sempre più vasti, sempre più radicalizzati. L'abbiamo visto chiaramente in Medio Oriente.

In questo momento gli USA accettano una guerra di lunga durata per sfiancare non tanto la Russia quanto l'Unione Europea, che è ancora troppo forte economicamente. Comunque vada, noi europei, con questi statisti irresponsabili, siamo destinati a perdere.

Tutta Europa contro la Russia

Durante la seconda guerra mondiale combatterono contro la Russia numerose nazioni europee o comunque formazioni militari provenienti da quasi tutta Europa: dall'Olanda alla Francia, dalla Danimarca al Lussemburgo, dalla Svezia alla Norvegia e così via. Non c'erano solo stretti "alleati" dei nazisti (Italia, Ungheria, Romania, Bulgaria...), ma anche popolazioni di Paesi sottomessi, che fornivano ai tedeschi o materie prime o prodotti finiti o armi e proiettili o truppe militari.

Per es. l'assedio di Leningrado fu chiaramente un'impresa paneuropea. La Legione norvegese fu trasferita qui il 10 marzo 1942, contribuendo a mantenere la città nell'anello di blocco fino alla primavera del 1943. Solo a causa delle pesanti perdite la maggior parte dei legionari si rifiutò di rinnovare il contratto e fu sostituita dalla legione lettone delle SS per ordine di Himmler.

Oltre ai norvegesi vi furono a Leningrado anche la Legione olandese e un battaglione belga che operava vicino a Volkhov, nonché i volontari spagnoli della Divisione Blu. Le truppe finlandesi e svedesi assediarono la città da nord; i marinai italiani si stavano preparando per le battaglie su Ladoga.

Se ci pensiamo la seconda guerra mondiale ha avuto un aspetto piuttosto singolare: gran parte dei cittadini sottomessi dai nazisti finivano per lavorare o per combattere per loro.

Non solo le formazioni armate delle Waffen SS europee e le unità straniere della Wehrmacht presero parte alla guerra contro l'URSS, ma anche l'intera industria europea lavorò per la macchina militare del Terzo Reich. Nei primi anni della guerra quasi un proiettile su due veniva lanciato usando minerale svedese.

Nell'estate del 1941 un carro armato su quattro dell'esercito tedesco era ceco o francese. La Germania ha vinto le sue prime battaglie in Russia in gran parte grazie al ferro scandinavo e all'ottica svizzera per i mirini. Il carro armato più potente della Wehrmacht durante l'attacco all'URSS era il B2 francese. La metà dei cannoni super pesanti che hanno bombardato Leningrado e Sebastopoli sono stati prodotti in Francia e nella Repubblica ceca.

Oggi la cosa si sta ripetendo. Solo che al posto della Germania vi sono gli USA: un nazismo apparentemente più democratico.

Forse però pochi sanno che negli USA la maggioranza relativa nella popolazione non è di origine inglese o latina o europea o africana ma, propriamente parlando, tedesca: ben 50 milioni! È strana questa continuità.

[25] Sta nascendo un mondo nuovo

Per i BRICS è fuori discussione che non basta la cooperazione economica per garantire il multilateralismo e un mondo multipolare. Infatti nel campo della sicurezza alcuni Paesi occidentali hanno represso in vari modi i Paesi emergenti e in via di sviluppo. Le passate tecniche colonialistiche pesano ancora oggi. Con la loro flotta navale, tanto per fare un esempio, gli USA controllano i mari, gli sbocchi commerciali di molti Paesi, gli stretti fondamentali del mercato internazionale.

Allo stesso tempo, nel processo di cooperazione economica, i Paesi in via di sviluppo si trovano di fronte a vincoli legati alla sicurezza non tradizionale, come il terrorismo, l'estremismo nazionalista, le forze separatiste, i colpi di stato, le cosiddette "rivoluzioni colorate": tutte cose promosse dall'esterno e che ostacolano lo sviluppo economico. Non esiste solo il problema del debito che fagocita questi Paesi; non esistono solo i vincoli dovuti al petrodollaro che condannano alla miseria. Esiste anche una strutturale debolezza militare.

Questo è il motivo per cui i BRICS sono costretti a rafforzare la cooperazione nel campo della sicurezza. La cooperazione economica favorisce la sicurezza militare, ma è vero anche il contrario, soprattutto nei confronti dell'occidente collettivo, che vuole dominare il mondo sul piano economico e finanziario, e quando non vi riesce, ricorre immediatamente alle armi.

Questo vuol dire che all'interno dei BRICS gli Stati più forti sul piano militare devono aiutare quelli più deboli ad acquisire capacità belliche e competenze militari in grado di fronteggiare qualunque minaccia occidentale.

All'interno dei BRICS non vi può essere alcun Paese che possa erodere gli interessi degli altri Paesi a suo piacimento. In caso contrario i Paesi più deboli al mondo non saranno incentivati a farvi parte. Non vedranno una differenza qualitativa dagli organismi occidentali. Devono poter sapere da subito che ciò che divide i vari Stati dei BRICS (sul piano ideologico-culturale o politico o tecnico-scientifico), non avrà alcuna influenza negativa sulle relazioni internazionali tra i Paesi aderenti.

Davvero abbiamo bisogno di un esempio?

Durante il periodo in cui occuparono l'URSS i nazisti sterminarono deliberatamente 7,4 milioni di civili, tra cui 221.000 bambini. Altri 2,2 milioni di sovietici sono morti nei lager in Germania e altri 4,1 milioni sono morti di fame durante l'occupazione. In totale circa 13,7 milioni di civili. Poi naturalmente vi sono i militari, i cui morti furono un po' meno.

Oggi cifre apocalittiche di questo genere potrebbero essere raggiunte in pochi minuti dalla NATO utilizzando le armi atomiche. Ma anche la Russia in pochi minuti potrebbe spazzare via l'intera Europa e buona parte degli Stati Uniti.

Gli statisti europei le sanno queste cose o hanno bisogno di un esempio concreto?

[26] I francesi non li capisco

I cittadini russi han diritto all'asilo in Francia se cercano rifugio rispetto alla mobilitazione e alla coscrizione o se disertano dall'esercito russo. Questa decisione è stata presa dalla Corte nazionale francese.

In base a una direttiva UE del 2011 lo status di rifugiato può essere concesso a una persona che deve affrontare procedimenti giudiziari o sanzioni per aver rifiutato di svolgere il servizio militare durante un conflitto in cui sono stati commessi crimini di guerra.

La Corte francese ritiene che le forze armate russe siano responsabili di crimini di guerra commessi in Ucraina. E che la mobilitazione annunciata da Putin non sia più "parziale" ma "ampia". Allo stesso tempo è impossibile per un cittadino russo rifiutare la coscrizione o la mobilitazione, anche scegliendo un servizio alternativo a quello militare. Il semplice fatto di trovarsi nella riserva non è considerato motivo sufficiente per chiedere asilo.

Non ho capito perché tale privilegio venga concesso solo ai disertori russi. Se un Paese lo vuole concedere, non può fare differenze di nazionalità. Crimini di guerra li compie anche il governo neonazista di Kiev. Perché non concedere anche agli ucraini il diritto di non arruolarsi?

In ogni caso è stupido favorire la diserzione dei russi, poiché anche i russi potrebbero fare altrettanto coi militari francesi, anzi europei e americani, nel caso in cui la NATO entrasse direttamente in guerra. Semmai si dovrebbe favorire la fratellanza tra i militari degli schieramenti opposti, onde porre fine alle guerre. Ma questo atteggiamento è risolutamente vietato dai governi in guerra.

Insomma non è etico favorire la diserzione tra i militari nemici. Anche perché di regola, quando si è in guerra, è guardata con sospetto: un disertore può sempre fare il doppio gioco. È come favorire la viltà, la vigliaccheria, la pusillanimità.

A dir il vero però anche Lenin invitava alla diserzione, nel senso che i soldati dovevano disobbedire agli ufficiali, ma lo faceva per uno scopo superiore alla vittoria nella guerra mondiale: rovesciare il sistema e proporre subito una pace unilaterale, svelando al mondo intero i trattati ipocriti firmati dai governi imperialisti delle maggiori potenze europee.

In effetti al di fuori di questo obiettivo eversivo, rivoluzionario, il militare che diserta, sapendo di essere ben accolto in un altro Stato, lo farebbe solo per un tornaconto personale.

Capisco di più quando, nel corso della guerra, i russi chiedono agli ucraini di arrendersi per salvare la pelle, rifiutandosi di obbedire ciecamente a un governo che non ha alcun rispetto per i propri militari e che li manda a morire come carne da cannone. Arrendersi non è disonorevole come disertare.

Né ovviamente si può pensare di usare i disertori di un Paese per scambiarli coi disertori di un altro Paese. Uno scambio del genere di sicuro procura la condanna capitale ai rispettivi disertori.

Fiandre indipendenti?

Il Belgio potrebbe scindersi in due, a causa delle tensioni tra le Fiandre, di lingua olandese, nel nord, e la Vallonia, francofona, nel sud.

La separazione è promossa dal partito di estrema destra Vlaams Belang, che vuole trasformare le Fiandre in uno Stato completamente indipendente.

Secondo gli elettori, le Fiandre han dovuto affrontare una seria crisi dovuta ai flussi migratori, essendo il Belgio uno dei Paesi europei che ha accolto uno dei più grandi volumi di richiedenti asilo.

In questo momento gli agrari delle Fiandre non sopportano più né il governo né la Commissione Europea della von der Leyen, che per loro non è che una naziburocrate.

Vogliono far nascere un'internazionale degli agricoltori per contrastare gli usurpatori della UE.

Ora cosa farà il Belgio di fronte a questa richiesta d'indipendenza? Manderà i carri armati? Farà scoppiare una guerra civile?

[27] Fine del colonialismo francese?

Il francese è stato escluso dalle lingue ufficiali del Mali. Cioè il Mali si ritira ufficialmente dall'Africa francofona. L'influenza francese viene azzerata anche nella Repubblica Centrafricana e nel Burkina Faso.

Tra il 26 e il 27 luglio è avvenuto in Niger un colpo di stato antifrancese. Il colonnello Amadou Abdraman ha annunciato in diretta alla televisione nazionale la rimozione del presidente Mohamed Bazum, burattino della Francia. Il generale Salifu Modi è stato dichiarato capo del governo *ad interim*.

Il Niger è una delle roccaforti chiave della Francia e dei Paesi occidentali in Africa. Ci sono basi militari americane e francesi e la leadership politica nigerina corrotta risponde da sempre direttamente al governo francese. Inoltre, per la Francia, il Niger è il principale esportatore di minerale di uranio, che garantisce il funzionamento dell'intera industria nucleare francese.

Sotto tutti gli altri aspetti l'economia del Niger rimane quasi interamente legata alla Francia. Anche gli scenari più drastici non saranno in grado di cambiare rapidamente questa situazione, che è, quindi, molto simile a quella del Mali. Affinché la situazione cambi davvero in meglio, i nigerini e i maliani necessitano di statisti che conoscano in maniera raffinata la macroeconomia odierna e tutte le potenzialità di una loro propria moneta di stato. Il rischio è che, altrimenti, non cambi nulla rispetto al dominio francese, e che trascorrano decenni nei quali la popolazione rimarrà dipendente dall'occidente.

Durante il colpo di stato i manifestanti hanno dispiegato la bandiera russa. L'uscita del Niger da questa struttura obsoleta significherà il collasso definitivo dell'ex sistema coloniale francese esistente in maniera esplicita nell'Africa nordoccidentale dagli anni '50 agli anni '60 del XX secolo. La Russia sta giocando un ruolo decisivo nella decolonizzazione africana.

[28] Zelensky va sostituito

L'Ucraina sta diventando, in tempo reale, un campo di addestramento occidentale per testare vari tipi di armi (biologiche, militari, chimiche, informative, economiche, alimentari). A livello militare si è arrivati a usare, da parte degli americani, le bombe a grappolo, e gli inglesi sono pronti a usare i proiettili all'uranio impoverito.

Si può arrivare a questi estremi in quanto Zelensky ha imparato è ricattare pubblicamente i suoi sponsor. Tuttavia, se gli statisti europei si piegano facilmente, in quanto privi di alcuna politica estera autonoma, quelli americani non sono propensi a farlo, per cui non è detto che al posto di Zelensky non mettano uno più docile. Meno che mai possono sopportare l'idea che la sconfitta dell'Ucraina dipenda esclusivamente dall'inefficienza della NATO.

Peraltro è sotto gli occhi di tutti che durante questi lunghi mesi di guerra la corrotta giunta di governo ucraina si è arricchita a dismisura, e questo scandalo sta diventando intollerabile persino agli statisti occidentali più guerrafondai.

C'è un detto che dice: "Se ti siedi al tavolo per giocare coi truffatori del mondo, sappi che alla fine verrai smantellato, ma prima ti convinceranno che sei figo per spogliarti il più possibile".

Basta con le macchine di lusso!

Secondo un sondaggio condotto tra i bulgari dall'agenzia "Gallup International", quasi l'80% degli intervistati si oppone nettamente all'assistenza militare attiva all'Ucraina, e un altro 2% è piuttosto incerto.

Intanto il parlamento ha votato per l'invio in Ucraina di circa 100 veicoli corazzati di fabbricazione sovietica (148 sì, 52 no). È scoppiato uno scontro tra i deputati.

Andrey Chorbanov, dell'opposizione, ha detto che, essendo un Paese della NATO, la Bulgaria deve rispettare degli obblighi, ma si dovrebbero anche mobilitare tutti gli ucraini che sono nel Paese, addestrarli ed equipaggiarli con mezzi corazzati. Questo perché non ha senso che mentre gli ucraini rimasti in patria rischiano ogni giorno d'essere ammazzati, i giovani ucraini in Bulgaria se la spassano coi soldi europei, guidando auto costose. Per le leggi della guerra sono disertori. Quindi queste persone vanno inviate al fronte.

Bella idea! Dovrebbe essere adottata in tutti i Paesi europei.

Comportamenti inqualificabili

Olga Kharlan, schermitrice di sciabola ucraina, si è rifiutata di stringere la mano alla collega russa, Anna Smirnova, dopo averla sconfitta, e l'ha minacciata con una sciabola ai Mondiali di Milano, puntandogliela contro prima di lasciare il campo.

Secondo il regolamento, gli atleti devono salutare l'avversario, l'arbitro e gli spettatori con le armi, e poi stringersi la mano tra loro. In caso contrario vengono squalificati, proprio perché la partita non viene considerata completata.

E così la Federazione Internazionale di Scherma ha squalificato l'ucraina dalla competizione, dopo il ricorso della russa.[2]

Di questi comportamenti da nazisti non ne possiamo più. Chi non riesce a distinguere lo sport dalla politica non dovrebbe fare né l'uno né l'altra.

Intanto gli atleti ucraini sono stati invitati ai Giochi dell'amicizia, che si terranno a Mosca e Ekaterinburg dal 15 al 29 settembre 2024, garantendo loro ogni forma di sicurezza.

Tuttavia, se queste sono le premesse, bisogna stare attenti: non ci vuol molto che a qualche atleta ucraino succeda qualcosa, per poi vedere Kiev dare tutta la colpa a Mosca.

*

Olga Kharlan è la stessa che solo pochi anni fa strinse la mano a Viktor Yanukovich, il leader del Partito delle Regioni (filorusso), di cui la Kharlan, che si vanta d'essere una "patriota", era membro e deputato del Consiglio comunale di Nikolaev.

[29] Quando l'acqua è più importante del petrolio

Il Tigri e l'Eufrate sono fondamentali per Siria e Iraq ma nascono in Turchia. E qui viene catturata la loro forza vitale per nutrire la fame di energia e le ambizioni agricole della Turchia, incarnate nel progetto egemonico dell'Anatolia sudorientale (GAP) e nella mastodontica diga di Ilısu, che si prevede produrrà ben 3.800 GWh di elettricità all'anno.

Conseguenza di ciò è, inevitabilmente, siccità, calo della produttività agricola e difficoltà economiche nei terreni agricoli della Siria e dell'Iraq. La riduzione del flusso d'acqua è del 40%. L'insicurezza alimentare ha generato forti flussi migratori verso le città.

---

[2] In seguito è stata riammessa, a testimonianza che le regole valgono solo per gli altri.

La disponibilità idrica pro capite dell'Iraq nel 1977 era di circa 2.400 metri cubi all'anno. Entro il 2015 questa cifra era stata più che dimezzata a 1.055 metri cubi. Le proiezioni per il 2025 prevedono un precipitoso calo a soli 700 metri cubi. Nel 2018 quasi 1/5 della popolazione irachena (circa 7 milioni di persone) faceva affidamento sull'agricoltura per il proprio sostentamento. Sono loro a dirci che le prossime guerre in Medio Oriente non avverranno per il petrolio ma per l'acqua.

La Turchia ha strozzato il flusso dell'Eufrate diretto in Siria a un misero 200 metri cubi al secondo, in netto contrasto con i 500 metri cubi concordati nell'accordo siriano-turco. Questa sfacciata violazione ha portato al danneggiamento anche della diga idroelettrica di Tishrin, gettando un'ombra minacciosa sulla produzione siriana di elettricità. Oltre 5 milioni di persone nel nord-est della Siria si trovano legate all'Eufrate.

Il degrado delle colture, amplificato dalla perdita di bestiame, ha fatto salire alle stelle i prezzi dei generi alimentari. Malattie un tempo considerate debellate, come colera, epatite e febbre tifoide, stanno di nuovo rialzando la testa.

Non solo, ma i turchi usano l'acqua come merce di scambio politica nei confronti dei curdi, per meglio dominare i loro territori.

La proiezione di potenza della Turchia sta diventando una grande fonte d'instabilità in buona parte del Medio Oriente. Il suo Southeastern Anatolia Project (GAP), avviato nel 1977, coinvolge 22 dighe, 19 centrali idroelettriche e un'intricata rete d'irrigazione. La diga di Atatürk, il fulcro di questo grande progetto, da sola ha la capacità di contenere un anno di flusso dell'Eufrate. Siamo a livelli di idroegemonia, mentre in Siria e Iraq incombe la desertificazione: i periodi di siccità nel 2021 sono aumentati di un allarmante 29% rispetto agli ultimi due decenni. L'alternativa è una sorta di subordinazione neocoloniale nei confronti di una potenza sempre più aggressiva.

Infatti Siria e Iraq non hanno ancora competenze o risorse sufficienti per garantire a se stesse tecnologie avanzate d'irrigazione, raccolta dell'acqua piovana, riciclaggio delle acque reflue e desalinizzazione dell'acqua marina.

Fonte: ddgeopolitics.substack.com

Insegnamenti utili da questa guerra

Le fake news ci sommergono da 6000 anni, cioè da quando è nato lo schiavismo. Miti, leggende, religioni, ma il più delle volte le troviamo anche in filosofie, ideologie ed economie politiche, storiografie e così via. Persino nella stessa ricerca cosiddetta "scientifica". Sono così tante le falsità che a un certo punto non ci si fa più caso. Vengono date per scontate.

Infatti non basta sapere che esistono per organizzarsi in maniera eversiva, per abbattere i governi al potere. Ci vuole anche una condizione di vita insopportabile, socialmente invivibile.

Anzi non bastano neppure le menzogne del sistema e l'indigenza collettiva per reagire con successo. Ci vuole un terzo elemento, il più difficile da realizzare, per riuscire davvero a cambiare le cose: l'organizzazione strategica delle forze in campo.

L'alternativa ai poteri dominanti non è una battaglia ma una guerra. Possiamo sapere quando inizia ma non quando finisce. Possiamo capire quando lo spontaneismo della protesta non consegue risultati significativi. Ma non possiamo sapere quando varie e sparse forme di agitazione e di ribellione si trasformano in una insurrezione nazionale o in una rivoluzione popolare che comporta l'occupazione dei gangli vitali dei poteri costituiti.

Chi non crede nella forza del popolo e vuole realizzare una sorta di "regime change", si affida alle bande armate, ad alcuni settori militari, ai terroristi e compie i cosiddetti colpi di stato, che oggi vengono chiamati anche "rivoluzioni colorate", cioè quelle insurrezioni mirate, pseudo-popolari, che destabilizzano i poteri costituiti direttamente nelle capitali delle nazioni.

Bisogna fare molta attenzione a non cadere nella trappola di chi dice di voler cambiare tutto per non cambiare assolutamente nulla, anzi per rendere la situazione generale ancora più autoritaria di prima.

Questa guerra russo-ucraina ci sta insegnando molte cose, le sta insegnando al mondo intero. Morire per una causa rivoluzionaria sta diventando un obiettivo vitale per molte persone. Bisogna solo mettersi dalla parte giusta, scegliendo mezzi e metodi adeguati al fine da conseguire. Bisogna anche avere le idee chiare su quale alternativa si vuole realizzare. Lenin diceva che non c'è prassi rivoluzionaria senza teoria rivoluzionaria. E questa va comunicata all'intera nazione.

Sto dalla parte di Forciniti

Chiunque vi terrorizzi parlando di emergenza climatica o ambientale, senza nel contempo puntare il dito contro il sistema capitalistico-finanziario che regge oggi l'economia mondiale, basato sempre più sul paradigma consumo-profitto, su un mercato globale ormai totalmente deregolamentato e privo del benché minimo contrappeso pubblico, è un ciarlatano.

Chiunque non trovi necessario arginare prima di tutto lo strapotere delle multinazionali che devastano, disboscano, distruggono, cementificano, inquinano, prosciugano, e, nonostante questo, sono premiate dal "mercato", perché più sono spregiudicate e più fanno profitti, è un ciarlatano.

Chiunque preferisca puntare il dito sull'anello debole, e colpevolizzare il pendolare che non può permettersi l'auto elettrica, o il padre di famiglia che non ha i soldi per fare il cappotto termico alla casa che ha finito di pagare dopo una vita di sacrifici e debiti con le banche, è un ciarlatano.

Chiunque sostenga che possa esistere un modello di gestione e utilizzo delle risorse naturali più giusto e sostenibile senza rivedere nelle sue fondamenta l'iper-competitivo sistema capitalistico, e senza mettere in discussione le rendite di potere delle multinazionali di cui sopra, ormai più potenti e influenti di qualsiasi governo o assemblea democratica, è un ciarlatano.

Chiunque non si renda conto che qualsiasi processo di riconversione industriale o produttiva deve essere portato avanti da investimenti pubblici, anziché gravare sui cittadini inermi, costringendoli, tramite il loro risparmio privato, a svenarsi e indebitarsi col sistema bancario per cambiare la macchina o rifare la casa, è un ciarlatano.

Chiunque non contesti la demenzialità di un sistema basato sul falso mito del PIL come unico metro di misura per valutare quantitativamente la ricchezza e il benessere, dando per scontata la corsa spasmodica a produrre e consumare sempre di più, anziché produrre meglio, è un ciarlatano.

Chiunque non veda un problema nel destinare centinaia di miliardi di risorse pubbliche all'industria bellica, alla corsa al riarmo e alla distruzione indiscriminata della guerra, è un ciarlatano.

Chiunque non ammetta che l'automazione dei processi produttivi e il progresso tecnologico stanno diventando strumenti di arricchimento per le élites finanziarie, anziché un mezzo per affrancare l'umanità dal bisogno di dover lavorare in condizioni sempre più degradanti per sopravvivere, è un ciarlatano.

Insomma, chiunque sventoli lo spauracchio dell'emergenza di turno non già per avanzare una profonda critica al sistema dominante, ma al contrario per bullizzare, vessare, ricattare, colpevolizzare il cittadino "comune", è solo un grande ciarlatano.

Francesco Forciniti

Fonte: t.me/Canale9MQ

[30] Sconfitta per un vizio di forma?

Due mesi di offensiva ucraina su vasta scala, in varie direzioni, con circa 80.000 uomini, più di 400 carri armati e circa 800 veicoli corazzati, che cos'hanno prodotto? Nulla. La direzione principale era Zaporozhye, con l'obiettivo di raggiungere la costa del Mar d'Azov tra Melitopol e Berdyansk, tagliando così il corridoio terrestre verso la Crimea. Ma nemmeno la prima linea del fronte è stata violata. Anzi gli ucraini hanno avuto più di 30.000 perdite irrecuperabili: non hanno alcuna possibilità di vincere. Tant'è che sono stati i russi ad avanzare in alcuni territori. La loro artiglieria, la loro aviazione e i campi minati han fatto la differenza.

A questo punto diventa inevitabile chiedersi: i soldati ucraini non erano sufficientemente addestrati? I mezzi non erano adeguati? Gli obiettivi erano sbagliati? È stata sottovalutata la forza del nemico? Qui sembra non funzionare nulla, né tattica né strategia. Sembra l'esercito più sbandato del mondo, tenuto in vita con dosi massicce di sostanze dopanti (cioè armi e finanziamenti), fornite da uno sponsor che deve salvare la faccia.

Ma perché i media occidentali non vogliono riconoscere il fallimento dell'iniziativa? Perché se lo facessero cadrebbe il castello di carte che con tanta supponenza e falsità si sono costruiti subito dopo l'inizio dell'operazione speciale. Gli statisti occidentali, soprattutto quelli europei, dovrebbero dimettersi tutti.

Dunque, finché il *mainstream* occidentale non trova un modo accettabile di uscire da questo vicolo cieco, gli ucraini dovranno continuare a combattere, costi quel che costi. È una questione di principio o di dignità. Chi ha mentito sin dall'inizio, deve dimostrare che aveva buone ragioni per farlo, cioè si è sbagliato non per un pregiudizio personale, ma perché i dati oggettivi erano parziali e inducevano a dare interpretazioni errate. Ufficialmente l'Ucraina sta perdendo non per cattiva volontà o per qualche fattore imponderabile ma per un semplice quanto inaspettato vizio di forma.

La Cina con Taiwan è pronta

La Cina sta schierando molti missili ipersonici a medio raggio in prossimità di Taiwan. Si tratta dei missili DF-17, che volano fino a 1.000 km a una velocità 5-10 volte superiore a quella del suono.

Sono i missili che la Cina ha utilizzato nelle esercitazioni intorno a Taiwan durante la visita di Nancy Pelosi. Raggiungono l'isola in 6-8 minuti. I cinesi sanno benissimo che le deboli difese aeree di Taiwan non possono far fronte a un attacco missilistico serio. Le basi militari, insieme ai magazzini e agli hangar con i jet da combattimento, possono essere distrutte nelle prime ore di un ipotetico conflitto.

Naturalmente la Cina è in grado di dispiegare anche i missili DF-26, che volano a una distanza fino a 3.000 km e possono minacciare anche Guam, la più grande isola delle Marianne, occupata definitivamente dagli USA sin dal 1944, sebbene oggi fruisca di una parziale autonomia.

La Cina sta già simulando l'uso dell'arma ipersonica contro le portaerei americane. In 20 giochi di guerra su 20, i cinesi sono riusciti ad affondare la nuovissima portaerei Gerald Ford, con 24 missili ipersonici.

In mezzo all'escalation militare, Taiwan rischia di perdere i suoi ultimi alleati. Infatti dopo l'Honduras, anche il Guatemala potrebbe rompere le relazioni diplomatiche.

Gli Stati Uniti stanno cercando di lanciare in tutta fretta una fabbrica di chip taiwanesi in Arizona. Ma la scadenza per l'apertura dell'azienda è stata spostata al 2025. Questo è un problema, poiché gli USA non hanno più una base ingegneristica adeguata per prodotti del genere. D'altra parte per decenni hanno esportato le loro aziende migliori in Paesi dove il costo della manodopera era molto basso.

Cina e NordCorea si amano

L'unico vero alleato militare della Cina è la Corea del Nord. La preferiscono di gran lunga alla Russia, perché infinitamente più piccola.

L'alleanza militare è più vincolante del partenariato, in quanto i due Paesi dovrebbero difendersi e attaccare congiuntamente: se una parte viene direttamente attaccata da un altro Paese, l'altra parte è obbligata a fornire supporto a tutti i livelli. Come nella NATO, anche se non è un'alleanza basata sull'aggressività.

Questa alleanza militare è stata formalizzata nel 1961, dopo che la Cina aveva inviato i suoi soldati in aiuto al generale Kim Il Sung per combattere gli imperialisti statunitensi. Prima di riunire milioni di volontari con cui sostenere l'esercito coreano, Mao Zedong aveva interrotto il piano per la liberazione dello Stretto di Taiwan.

Finita la guerra coreana, la minaccia da parte degli USA (si pensi solo alle guarnigioni presenti a Okinawa) e dei suoi alleati in zona (il primo dei quali è il Giappone) è ovviamente rimasta.

Il trattato del 1961 non ha una data di scadenza effettiva, ma stabilisce che, qualora una delle parti desiderasse ritirarsi dall'accordo, dovrebbe negoziare con l'altra sei mesi prima della sua scadenza, altrimenti esso si rinnoverà automaticamente per 20 anni.

L'ultimo rinnovo è avvenuto l'11 luglio 2021, quindi è ancora in vigore. Difficile pensare che la Corea del Nord possa procedere con sicurezza nella sua militarizzazione nucleare senza l'appoggio fuori discussione della Cina.

La Russia si è sentita vincolata solo col Donbass, ma la Cina si sente vincolata con tutta la Corea del Nord e approva l'idea di riunificazione con la Corea del Sud. Una guerra mondiale potrebbe scoppiare anche solo se la Corea del Nord cadesse sotto l'influenza americana o nipponica.

L'occidente non ha mai capito il principio che la sicurezza o è reciproca o esiste solo per il più forte. Inimmaginabili sarebbero anche le conseguenze per il SudCorea nel caso in cui Cina e NordCorea formassero un'unica nazione.

La Cina tra Giappone e SudCorea

Il ministro cinese degli Affari Esteri, Wang Yi, ha ricordato che 45 anni fa fu firmato a Pechino il Trattato di pace e amicizia tra Cina e il Giappone. Ora invece deve constatare che le relazioni tra i due Paesi vanno progressivamente peggiorando. Perché?

Il motivo è molto semplice: il Giappone, sempre più subalterno agli USA, si rifiuta di riconoscere i tremendi crimini di guerra commessi contro la Cina durante le sue guerre di aggressione, continua a condurre una politica avventuristica e di intromissione negli affari interni cinesi e non riconosce più il principio dell'Unica Cina.

Wang Yi ha affermato che definire la Cina come "la più grande minaccia strategica al Giappone", è una colossale menzogna, che contraddice i trattati bilaterali firmati durante il regime di Mao Zedong.

Sulla questione di Taiwan il Giappone, negli anni '70, era su posizioni chiaramente favorevoli a Pechino, e aveva accettato l'idea di evitare nel Pacifico una qualunque posizione egemonica. Oggi invece reclama isole coreane e occupa isole cinesi.

L'impetuoso sviluppo commerciale della Cina ha indotto il governo nipponico a considerarla come il nemico n. 1. È facile dimostrarsi democratici quando si sa di non avere rivali.

In particolare i rapporti sono peggiorati da quando Tokyo ha deciso di riversare in mare il pericoloso scarico d'acqua contaminata proveniente dalla centrale di Fukushima.

Wang Yi ha ricordato che lo scarico non riguarda solo la sicurezza dell'ambiente marino, ma anche la salute umana, e che la natura dell'acqua contaminata prodotta dall'incidente nucleare è completamente diversa dalle acque reflue prodotte dal normale funzionamento di una centrale nucleare.

In un periodo dove soffia il vento del cambiamento, bisognerebbe costruire mulini a vento e non muri. Questa frase filosofica, tipica del modo di parlare che hanno i cinesi, il ministro Wang Yi l'ha rivolta anche alla Corea del Sud, invitandola a resistere alla rinascita della mentalità della guerra fredda e a coltivare l'indipendenza strategica.

Pechino sa bene che la Corea del Sud rappresenta l'anello debole tra gli alleati americani in Asia. La popolazione infatti è piuttosto scontenta della presenza statunitense, anche a causa dei numerosi crimini sessuali commessi dai soldati americani, ma anche perché tutti sanno bene che il benessere dello Stato dipende dagli scambi commerciali con la Cina.

È inutile che il governo di Yoon Suk-yeol non sopporti che il partito democratico lo accusi d'essersi "inchinato al Giappone". È un dato di fatto incontrovertibile.

[31] Ci siamo stancati di tutto

Non tutte le *fake news* sono da disprezzare. Per es. nel film *Il terzo uomo* (1949) l'attore Orson Wells disse:

"In Italia, sotto i Borgia, per 30 anni hanno avuto guerra, terrore, omicidio, strage ma hanno prodotto Michelangelo, Leonardo da Vinci e il Rinascimento. In Svizzera, con 500 anni di amore fraterno, democrazia e pace cos'hanno prodotto? L'orologio a cucù".

Successivamente lo stesso Welles avrebbe detto:

"Quando il film uscì, gli svizzeri mi fecero notare molto gentilmente che loro non hanno mai creato gli orologi a cucù".

In effetti questi orologi ebbero origine in Germania nella Foresta Nera. Quella famosa frase venne inserita nel copione proprio da Orson Welles, come scrisse Graham Greene.

Eppure fu una battuta piacevole, che non scatenò un incidente diplomatico tra Svizzera e Regno Unito. Anzi nel 1999 il film fu considerato al primo posto nella lista dei migliori 100 film britannici del XX sec.

Abbiamo vissuto dal dopoguerra ad oggi dentro tante *fake news* poetiche, tipicamente cinematografiche, che non avrebbero mai portato a una guerra mondiale.

Oggi invece non ne possiamo più. È perché ci siamo stancati di tutto il resto. Non abbiamo più voglia di divertirci né di sognare. Tutto l'occidente collettivo non lo sopportiamo più. Siamo diventati sospettosi nei confronti di qualunque suo aspetto, di qualunque sua dichiarazione e manifestazione. E quando sentiamo che gli attori statunitensi sono in sciopero, secondo noi farebbero meglio a cambiare lavoro.

Pensare l'impensabile

Gli USA si sono prefissati l'obiettivo – impensabile durante la guerra fredda – di cercare di sconfiggere una superpotenza nucleare in una regione strategicamente importante, senza ricorre all'arma nucleare, ma armando e controllando un Paese terzo.

La strategia di escalation degli USA, che sta passando agli F16 e ai missili a lungo raggio, si basa probabilmente sul presupposto che la leadership russa stia bluffando, come farebbero capire le reazioni occidentali al dispiego delle armi nucleari in Bielorussia.

Cioè gli americani sono convinti che i russi non useranno mai l'atomica, in quanto, se lo facessero, verrebbero immediatamente condannati dal mondo intero, anche perché l'impatto del *mainstream* occidentale sul mondo è infinitamente superiore a quello russo.

Ma come fanno a essere sicuri di questa cosa? Non lo sanno che per il popolo russo questa è una guerra di tipo "esistenziale"? La Russia non si sta forse giocando il proprio destino?

Il fatto che la paura della bomba nucleare, presente nella seconda metà del XX sec., sia scomparsa tra gli statisti occidentali, non può non preoccupare Mosca. Infatti questa paura è venuta meno non in presenza di uno smantellamento progressivo delle armi di distruzione di massa (come al tempo di Gorbaciov), ma, al contrario, in presenza di una loro ampia diversificazione. La Russia sa benissimo che gli USA possono usare armi chimiche e batteriologiche, oltre a quelle dell'uranio impoverito.

Ora Putin deve cercare di capire come reagire al fatto che l'occidente non sembra temere un impiego dell'arma nucleare da parte dei russi. Deve cercare di convincere l'occidente che la non verosimiglianza nell'uso del nucleare è solo un'illusione. Di sicuro Mosca non può non sapere che la NATO, se viene sconfitta in maniera convenzionale, può fare ricorso a qualche arma di distruzione massiva.

Per timore del nucleare dobbiamo rinunciare alla libertà?

Perché abbiamo bisogno di armi nucleari se ci rifiutiamo di usarle per motivi etici? La risposta, nel periodo della guerra fredda, era semplice: perché la sola minaccia di usarle è sufficiente per conservare la propria egemonia.

Nel corso delle loro guerre, dall'ultima mondiale ad oggi, gli USA hanno usato direttamente il nucleare contro due città giapponesi; e dei sottoprodotti nucleari, come l'uranio impoverito, contro Serbia, Afghanistan e Iraq. Insieme ad altri Paesi europei (Germania e Francia nella I guerra mondiale, Italia e Germania nella II) gli statunitensi hanno usato armi chimiche con effetti devastanti su persone o ambiente naturale in vari Paesi, tra cui per es. il Vietnam. E probabilmente hanno già usato armi di tipo batteriologico.

Anche l'Iraq usò armi chimiche contro i kurdi e gli iraniani. Anche i franco-spagnoli contro i berberi. Anche i giapponesi in Cina, gli inglesi in Mesopotamia. Si potrebbe andare avanti per un pezzo con questa tipologia di arma.

A tutt'oggi potremmo dire: dopo Hiroshima e Nagasaki l'occidente ha cercato di usare armi distruttive di massa che apparissero all'opinione pubblica mondiale meno impattanti sul piano emotivo ma non per questo meno pericolose.

Pertanto la domanda iniziale ha in realtà un'altra risposta: quanto più verrà meno la propria egemonia mondiale, tanto più l'occidente avrà la tentazione di usare le armi atomiche o altre armi che abbiano un effetto non meno letale. La propaganda mediatica saprà trovare le motivazioni più convincenti per comportarsi in questa maniera.

Tuttavia il mondo intero non può rinunciare a liberarsi di questa vergognosa egemonia solo perché teme che l'occidente faccia ricorso alle armi di distruzione di massa.

Agosto

[1] Il riscatto dell'Africa

All'inizio dell'operazione speciale in Ucraina i Paesi africani sembravano un po' indifferenti. All'ONU non avevano votato a favore delle sanzioni antirusse, ma neppure contro: si erano astenuti. Avevano attribuito una dimensione regionale a quel conflitto. Poi, con la grande attività diplomatica di Mosca, han capito che stava cambiando il mondo. E la cartina di tornasole di questo mutamento epocale stava nel fatto che l'occidente collettivo voleva conservare nei confronti dell'Africa il rapporto coloniale di sempre. Cioè per avere il continente dalla propria parte contro la Russia, l'occidente avrebbe cercato di ricattarlo e minacciarlo in tutte le maniere (anche affamandolo, se necessario).

A un certo punto l'Africa ha detto basta. Un continente ricchissimo di risorse di tutti i generi non può continuare a vivere in maniera poverissima, non può avere a che fare con un modello di sviluppo contrario ai propri interessi, non può essere costretto a una continua emigrazione per motivi economici o bellici. È stata l'Africa a dare al conflitto russo-ucraino una valenza internazionale.

Il secondo vertice Russia-Africa, che l'occidente ha cercato di ostacolare in varie maniere, tra il meschino e il vergognoso, costituisce un punto di non ritorno. Erano presenti delegazioni di 49 Paesi su 54: tra gli assenti il Niger, che però aveva appena compiuto un'insurrezione antifrancese.

Tra Russia e Africa sta per iniziare una cooperazione di tipo strategico, basata sulla costruzione di un ordine mondiale equo e multipolare: quello che l'occidente, da oltre mezzo millennio, non ha mai voluto fare.

Una delle condizioni prioritarie di questa cooperazione è l'uso delle valute nazionali, abbandonando il dollaro statunitense.

Un'altra condizione è quella di opporsi alle sanzioni unilaterali, comprese quelle secondarie, e al congelamento delle riserve valutarie sovrane.

Altre ancora riguardano l'opposizione al terrorismo in tutte le sue forme e la possibilità di avere un'informazione non manipolata dagli interessi occidentali.

L'ultima condizione è la più radicale di tutte: compensare i danni economici e umanitari inflitti agli Stati africani a causa delle politiche coloniali, compresa la restituzione dei beni culturali sottratti nel processo di saccheggio coloniale.

Cosa vuol dire "restituire i beni culturali"? L'Africa è stata pesantemente cristianizzata e islamizzata. Le sue élites imborghesite hanno in testa i valori occidentali del liberismo e liberalismo. Alcuni Paesi negli anni '70 adottarono il socialismo statale di marca sovietica. L'Africa non è più se stessa da tempi immemorabili.

Se davvero le fosse data la possibilità di recuperare ciò che era prima del rapporto col cristianesimo, probabilmente avrebbe qualcosa da insegnare a tutto il mondo, inclusa la Russia. Cioè non sarebbe questa ad aiutarla a uscire dal rapporto di dipendenza coloniale nei confronti dell'occidente, ma sarebbe la stessa Africa (madre di tutti noi) a far capire al mondo intero come liberarsi di quei valori che portano alla distruzione dell'umanità.

I cereali e l'ipocrisia occidentale

L'accordo sul grano tra Mosca, Kiev, l'ONU e la Turchia aveva contribuito a calmierare i prezzi. Tuttavia, secondo un rapporto di Oxfam (organizzazione internazionale per la lotta alla povertà), che ha ripreso i dati del *Joint Coordination Centre* delle Nazioni Unite, fino a oggi l'80% dell'export passato attraverso il Mar Nero se lo sono accaparrato i Paesi più ricchi, mentre agli Stati più poveri e a un passo dalla carestia come Somalia e Sud Sudan è andato appena il 3%.

I Paesi occidentali accusano la Russia d'essere la principale responsabile dell'aumento della fame nel mondo, ma mentono sapendo di mentire. Tali accuse pretestuose servono soltanto per nascondere le responsabilità di un modello economico iniquo e devastante, mosso da intenti neocoloniali, realizzato da politiche predatorie nordamericane ed europee, mediante le organizzazioni finanziarie neoliberiste come l'FMI, e attraverso il cappio del debito.

La mancata estensione dell'accordo sul grano – fa capire Oxfam –, se provoca un inasprimento dell'inflazione alimentare nei Paesi ricchi, non è certo la principale causa dell'aggravamento della fame nel mondo.

Il suddetto rapporto mette infatti in evidenza che l'accordo che un anno fa aveva portato allo sblocco dell'export di grano dall'Ucraina al Mar Nero verso il resto del mondo si è rivelato del tutto inadeguato a fronteggiare l'aumento della fame globale, acutizzato dalla crescita esponenziale dei prezzi di cibo ed energia. Quell'accordo, che ha consentito di riprendere le esportazioni di cereali dall'Ucraina, ha certamente contribuito a contenere l'impennata dei prezzi alimentari (aumentati comunque del 14% a livello globale nel 2022), ma non ha rappresentato la soluzione alla fame globale, che oggi colpisce almeno 122 milioni di persone in più rispetto al 2019.

Centinaia di milioni di persone soffrivano la fame prima del conflitto in Ucraina e centinaia di milioni continuano a soffrire la fame oggi: 783 milioni in totale l'anno scorso, secondo i recentissimi dati FAO. Paesi come il Sud Sudan e la Somalia, a cui è andato appena lo 0,2% del grano ucraino dall'entrata in vigore dell'accordo, sono a un passo dalla carestia. Nel Sahel una persona su cinque è afflitta dalla fame, ossia più del doppio della media globale. La carenza di cibo, dovuta anche alla distruzione dei territori, provocata dal riscaldamento climatico (prodotto soprattutto dai Paesi ricchi), è la principale causa della fuga dei migranti, che vengono a morire nel Mediterraneo. Metodi insostenibili di produzione, confezionamento e consumo di cibo stanno anche esacerbando la crisi climatica, contribuendo a 1/3 di tutte le emissioni di gas serra, utilizzando il 70% dell'acqua dolce del mondo e causando un'ampia perdita di biodiversità.

Non ha alcun senso che gli Obiettivi per lo Sviluppo Sostenibile vengano discussi dai principali responsabili delle politiche inique imposte ai Paesi del sud e alle classi popolari dei Paesi capitalisti. Qui è un intero modello sistemico che va ripensato: cosa che l'occidente non è assolutamente in grado di fare, meno che mai il governo italiano, che ha fatto chiaramente capire d'essere "contro" le classi marginali e a favore del bellicismo richiesto dalla NATO.

[2] Africa e colonialismo europeo

Dal 2020 ci sono stati sei colpi di stato riusciti in vari Paesi dell'Africa centrale: due in Mali, due in Burkina Faso, uno in Guinea, uno in Ciad e ora uno in Niger; tra quelli falliti, uno ha riguardato il Sudan. Il principale Paese europeo preso di mira è la Francia.

La Wagner è particolarmente attiva in Mali e in Sudan. Non dipendono da questa compagnia i vari colpi di stato, ma dal fatto che gli africani si sono stancati d'essere colonizzati.

Le minacce francesi di un attacco militare in Niger non tengono conto che questo Paese riceverebbe immediatamente aiuti dai Paesi limitrofi, nettamente anti-francesi. Anzi, anche in Senegal si sta diffondendo un sentimento anti-colonialista. In Africa le reazioni a catena sono piuttosto forti, proprio perché nel passato è stata spartita soprattutto da inglesi e francesi.

Il Niger è il settimo maggiore produttore al mondo di uranio, un metallo radioattivo che la Francia utilizza non solo come base per il combustibile delle centrali nucleari ma anche per le terapie di trattamento del cancro, per la propulsione delle navi e per la realizzazione di armi.

Nel 2022 il Niger ha estratto 2.020 tonnellate di uranio (il 5% del totale mondiale); la Russia circa 2.500, la Namibia 6.382, l'Australia 7.273, il Canada 7.350 e il Kazakistan oltre 22.000.

La principale miniera nigerina di uranio si trova nella città di Arlin, nel nordovest del Paese, ed è gestita da SOMAÏR, una *joint venture* tra la compagnia statale francese Orano (ne possiede il 63,4%) e la società statale nigerina Sopamin (36,6%).

Il progetto più interessante è però quello di Imouraren, a sud di Arlin, che si stima contenga tra le riserve più vaste al mondo del metallo.

Orano ha ottenuto i diritti di sfruttamento nel 2009 ma i lavori sono stati sospesi nel 2015, in attesa che il prezzo dell'uranio si alzasse.

Il giornale "Le Monde" da tempo scrive che nel nord del Niger vi sono banditi, terroristi jihadisti, traffico di droga e di migranti, rapimenti di cittadini e lavoratori francesi per ottenere un riscatto monetario. I sentimenti anti-francesi stanno crescendo in tutto il Sahel.

La Francia importa dal Niger meno del 10% dell'uranio utilizzato nelle centrali nucleari, ma l'intera UE è dipendente per il 24%: il resto ci viene dal Kazakistan (22,9%), Australia (15,5%) e Canada (14,3%).

Insomma abbiamo bisogno dell'Africa per sostituire la Russia, solo che l'Africa ci odia a causa del nostro colonialismo: la Russia invece ci ammirava.

*

I governi del Burkina Faso e del Mali, scaturiti da colpi di stato che li hanno portati fuori dall'influenza di Parigi, hanno avvisato: se qualcuno minaccia l'uso della "forza" contro la nuova giunta in Niger, sarà come dichiarare guerra a loro stessi. Anche la Guinea si schiera coi golpisti. Hanno aggiunto di rifiutarsi di applicare le "sanzioni illegali, illegittime e disumane contro il popolo e le autorità del Niger", decise a Abuja, capitale della Nigeria, sotto la pressione diplomatica di Parigi e Washington.

Insomma non c'è più trippa per gatti.

L'Africa e la fame energetica della UE

Le sanzioni alla Russia e il sabotaggio americano del gasdotto Nord Stream hanno improvvisamente fatto aumentare l'importanza del continente africano per la fornitura di energia all'Europa. Solo che ci vorranno degli anni prima di avere dei gasdotti efficienti.

Prendiamo ad es. il gasdotto NIGAL (Nigeria-Niger-Algeria): era già previsto negli anni '80, e si doveva collegare ai gasdotti transmediterranei, del Maghreb-Europa, Medgaz e Galsi esistenti, che già forniscono gas all'Europa.

Era sostenuto dal programma dell'Unione Africana per lo sviluppo delle infrastrutture in Africa. Ma la UE non ha mai condiviso con convinzione progetti del genere, poiché preferisce avere un'Africa da sfruttare, non un continente autonomo. Inoltre il gas siberiano era di ottima qualità, molto abbondante e poco costoso.

Il gasdotto Nigeria-Marocco (NMGP), che collega 11 Paesi, oggi viene finanziato dalla Banca islamica di sviluppo.

Nel luglio 2022 è stato firmato un memorandum d'intesa tra Nigeria, Niger e Algeria per la costruzione del gasdotto con finanziamenti europei, ma ora il colpo di stato in Niger potrebbe mandare a monte il progetto.

Solo di recente l'Italia ha pensato di finanziare il Galsi (Gasdotto Algeria-Sardegna lungo 837 km), un consorzio fatto da Sonatrach, Edison, Enel ed Hera Group: la costruzione doveva iniziare nel 2012.

Un altro snodo fondamentale è rappresentato dall'Interconnettore Euro-Africa, che collega le reti elettriche dell'Egitto e dell'Europa attraverso Cipro e la Grecia: è lungo 1.396 km e dovrebbe entrare in funzione nel 2023-24.

Siamo costretti a spendere una montagna di soldi per avere strutture equivalenti a quelle già esistenti da decenni nei nostri rapporti commerciali con la Russia, e solo perché la rottura di questi rapporti ci viene imposta dagli Stati Uniti, che vogliono vedere un'Europa debole, costretta a rifornirsi da loro per le necessità energetiche. Il bello è che ancora non sappiamo come reagiranno gli USA quando vedranno che tali alternative africane costituiranno una concorrenza insostenibile alle loro forniture di gas all'Europa.

[3] Le dimostrazioni di questa guerra

In questa guerra russo-ucraina le armi russe han vinto i media e i soldi dell'occidente collettivo. E il coraggio dei russi ha vinto l'illusione degli ucraini, che han creduto insensatamente alle promesse mirabolanti relative a una vittoria molto facile.

Questa guerra è la dimostrazione più eloquente che l'occidente non è così forte come sembra e che le falsità hanno le gambe molto corte.

Questa guerra è anche la dimostrazione che le popolazioni occidentali sono molto passive nei confronti dei propri governi filo-nazisti, mentre le popolazioni di alcuni Paesi africani sono state capace di ribellarsi con successo ai loro dominatori colonialisti. Negli anni del dopoguerra la liberazione fu politica, ma oggi è anche economica e finanziaria.

Questa guerra ha anche dimostrato che si può costruire un nuovo ordine mondiale, basato su relazioni più eque e multipolari. E queste relazioni non dipendono dalla volontà degli Stati occidentali. Anzi questi Stati rischiano di essere declassati dallo spostamento verso l'Asia del baricentro produttivo da cui dipendono le relazioni commerciali mondiali.

La Federazione Russa ha dimostrato che una guerra può essere vinta senza ricorrere ad armi di distruzione di massa, senza bombardare a tappeto intere città (come sempre fa la NATO), senza infierire sui civili, senza ricorrere ad alcuna forma di terrorismo e pur subendo sanzioni commerciali e finanziarie mai viste prima, subendo anche falsità di ogni genere. I militari russi sono stati oggetto persino di torture ed esecuzioni sommarie.

Fitch obiettiva? Solo un po'

Si sa che le società di *rating* americane svolgono un ruolo destabilizzante nei Paesi troppo forti economicamente. Questo perché gli USA non vogliono avere concorrenti.

Incredibilmente però una di esse, la Fitch (dopo Standard & Poor's), ha declassato gli stessi USA, facendoli passare da AAA a AA+, a causa di problemi con la *governance*, l'aumento dei deficit e una recessione incombente.

Non si era mai vista una cosa del genere. Queste agenzie se ne fregano dei problemi sociali, della povertà della gente comune: guardano solo indici puramente economici e finanziari relativi a Stati e imprese.

Ora Fitch si è improvvisamente accorta che esiste un "deterioramento fiscale nei prossimi tre anni, un elevato e crescente indebitamento delle amministrazioni pubbliche e l'erosione della *governance*" rispetto ad altri Paesi con *rating* simile negli ultimi 20 anni.

L'agenzia ha previsto (e non ci voleva molto per capirlo) un deficit pubblico in crescita, osservando che il rapporto debito/PIL degli USA è già adesso 2,5 volte superiore alla media del 39,3% da parte dei Paesi con punteggio AAA. In particolare è stato detto che il debito totale degli USA arriverà al 118% del PIL nel 2033 e al 195% entro il 2053.

Fitch ha anche citato i recenti aumenti dei tassi di credito della Federal Reserve, che indeboliscono gli investimenti delle imprese e rallentano i consumi, lasciando presagire una "lieve recessione" nel quarto trimestre del 2023 e nel primo trimestre del 2024.

Queste agenzie hanno un che di patetico. Anche quando si sforzano di vedere la realtà obiettivamente, non possono fare a meno di travisarla. Forse perché sanno bene che se dicessero la verità sulla situazione effettiva del loro Paese, inevitabilmente il governo le farebbe chiudere. Infatti chi ha il coraggio di dire che gli USA sono in procinto di subire una crisi superiore a quella del 1929? Chi ha il coraggio di dire che se quella volta la crisi fu vissuta aumentando la coesione nazionale, oggi invece favorirà la disgregazione politica e istituzionale del Paese?

La Germania stupisce per la sua insensatezza

La ministra tedesca dell'Istruzione Bettina Stark-Watzinger (economista del partito liberale democratico) sta lavorando duramente per minare le relazioni Cina-Germania. Dopo aver visitato Taiwan nel marzo 2023 (l'ultima volta era stato fatto nel 1997 dal ministro dell'Economia Gunther Rexrodt) e aver causato tensioni diplomatiche, ora vuole che le università e gli istituti di ricerca tedeschi vietino agli studenti cinesi di ricevere borse di studio governative da parte del loro Paese, poiché potrebbero svolgere attività di spionaggio industriale e scientifico. Cosa che sta già facendo l'Università Federico Alessandro di Erlangen-Norimberga (Fau).

Insiste sul fatto che è improbabile che questi studenti rimangano in Germania dopo il completamento del loro dottorato.

Questa insensata non ha capito tre cose fondamentali:
- i gemellaggi tra studenti favoriscono enormemente gli scambi culturali e commerciali di domani;
- anche gli studenti tedeschi in Cina possono apprendere nozioni scientifiche da utilizzare poi in Germania;
- la diplomazia è la base del multilateralismo.

Da notare che questa analfabeta delle relazioni internazionali ha dichiarato che le visite ministeriali tedesche a Taiwan diventeranno la norma in futuro. Questo perché la Germania vuole fare affari solo con Paesi che "condividono valori simili in tutto il mondo" (sic!).

Da notare inoltre che ha firmato un "accordo di cooperazione scientifica e tecnologica" tra la Germania e il Consiglio nazionale per la scienza e la tecnologia di Taiwan. Qualcuno dovrebbe dirle che anche gli studenti delle università taiwanesi sono "cinesi" e non hanno bisogno d'imparare dai tedeschi la scienza e la tecnologia, meno che mai in campo informatico.

E comunque i viaggi ministeriali di solito non sono destinati a Paesi che non esistono nemmeno formalmente.

[4] Geopolitica occidentale nell'Indo-Pacifico

Secondo Zhang Hanhui, ambasciatore cinese presso la Federazione Russa, gli Stati Uniti stanno unendo il blocco militare AUKUS (un patto di sicurezza trilaterale tra Australia, Regno Unito e Stati Uniti, formatosi nel 2021) con la NATO al fine di integrare il sistema di alleanze europee e asiatiche, condividendo i costi e le pressioni in previsione di un controllo della regione Asia-Pacifico. I nemici individuati sono Cina, Russia e Corea del Nord.

L'alleanza prevede la costruzione di sottomarini nucleari per Canberra (cosa che in realtà avrebbe dovuto fare la Francia) e la creazione di una serie di altri sviluppi militari congiunti. È in previsione l'interazione con la Nuova Zelanda e altri partner euroasiatici.

La Francia non sta a guardare. Anch'essa ha una certa influenza nel Pacifico: Nuova Caledonia (dove si sono svolti tre falliti referendum per l'indipendenza tra il 2018 e il 2021), poi Vanuatu e Papua Nuova Guinea, Polinesia Francese e il territorio di Wallis e Futuna. Parigi vuole offrire un'alternativa alla crescente influenza di Pechino nell'Indo-Pacifico.

Gli Stati occidentali si sono spaventati di fronte all'accordo sulla sicurezza siglato l'anno scorso tra la Cina e le Isole Salomone.

Per tutta risposta gli USA hanno firmato un patto di cooperazione sulla difesa con la Papua Nuova Guinea, il cui premier James Marape, contraddicendo se stesso, ha definito il proprio Paese un "territorio neutrale" nella rivalità sino-statunitense. In realtà ha dovuto dirlo perché gliel'ha imposto proprio la Francia, la cui "Strategia Indo-Pacifica", rilanciata da Parigi l'anno scorso, presenta la Francia come una forza equilibratrice in un quadro sempre più bipolare, di scontro diretto tra Cina e USA.

Diciamo però che la Francia, rispetto agli altri due colossi, conta ben poco, sicché la sua presunta neutralità non è una scelta strategica, ma una necessità dovuta alla frustrazione. Macron offre sempre di più l'impressione d'essere uno statista impotente e isolato. Persino le colonie africane glielo fanno capire chiaro e tondo.

I soldi della UE finiscono male

Riassumo il recente dialogo di Maria Zakharova coi giornalisti sugli aiuti esteri forniti all'Ucraina.

Si sta recitando una brutta commedia davanti ai contribuenti europei: l'Ucraina, volendo entrare nella UE, finge di combattere la corruzione, mentre Bruxelles finge di credere nella capacità del regime di

Kiev di liberarsi di questo flagello. Zelensky usa, fintamente, la lotta alla corruzione solo per neutralizzare i suoi oppositori politici. Ma lui stesso, da milionario che era, è diventato miliardario, facendo investimenti immobiliari in varie parti del mondo.

Son più gli americani che si preoccupano della profonda corruzione presente nel governo ucraino e nel settore privato, perché sanno che ciò mette a repentaglio l'assistenza finanziaria di Washington a Kiev. La UE invece preferisce non parlarne. Probabilmente lo fa perché gli è stato imposto dallo stesso governo Biden, che vuole apparire migliore dei governi europei, anche perché se questa guerra si concluderà sarà per volontà degli USA non certo della UE.

Secondo la Commissione Europea, a partire da luglio, l'importo degli stanziamenti promessi all'Ucraina da parte dell'UE è già ammontato a circa 76 miliardi di euro. È una cifra assurda per un Paese fallito sotto tutti i punti di vista e che non fa neppure parte della UE e tanto meno della NATO.

C'è da dire però che se la UE ammettesse che l'assistenza multimiliardaria in arrivo in Ucraina viene apertamente rubata, si rischierebbe di aprire un "vaso di Pandora", che riguarda ad es. la circolazione illegale e il contrabbando di armi fornite a Kiev in Europa, la massiccia violazione dei diritti umani da parte del regime neonazista, e chi sono i veri beneficiari del processo di desovranizzazione del Paese.

D'altra parte il governo di Kiev è stato abituato a vivere a spese di qualcun altro, sempre in modo tranquillo. Ora è diventato difficile pretendere un controllo sugli aiuti finanziari che gli si elargiscono così copiosamente.

Tratta di neonati ucraini in Europa

Di nuovo è emerso in Ucraina il fenomeno della maternità surrogata. Ora la variante è quella della vendita dei bambini all'estero col pretesto di tale maternità.

Pare che gli organizzatori del piano siano i capi delle cliniche mediche a Kiev e Kharkov, che cercavano donne indigenti disposte a diventare madri surrogate. Per ogni parto venivano promessi 12.000 euro.

Le donne erano poi costrette a dare informazioni false al momento della registrazione e, con la compiacenza dei medici, il neonato veniva mandato in quei Paesi ove è vietata la maternità surrogata. Il costo di un bambino variava dai 50 ai 70.000 euro.

Ovviamente quindi erano i soldi il motivo nel Paese più corrotto d'Europa, dove i dirigenti politici e militari hanno interesse a che la guerra duri il più a lungo possibile.

L'ufficio del procuratore generale dell'Ucraina ha riferito che 12 membri dell'organizzazione criminale sono stati accusati di tratta di esseri umani. Ma è lo stesso regime di Kiev che sostiene il traffico di bambini.

Di rilievo il fatto che la più grande clinica di maternità surrogata in Ucraina è di proprietà di un cittadino tedesco.

Insomma l'Ucraina si sta trasformando in una sorta di incubatrice per la fornitura di corpi di bambini. Che fine facciano questi bambini ancora non è dato sapere, ma non sono esclusi l'espianto degli organi e la schiavitù sessuale.

Orrori di questo genere ricordano vagamente gli esperimenti che Mengele conduceva sui gemelli nel lager di Auschwitz. In entrambi i casi si ha a che fare con soggetti schiavizzati.

[5] Uranio o democrazia?

Mentre Francia, UE, USA e l'ECOWAS, sostenuto dall'occidente, minacciano l'intervento militare in Niger se il presidente deposto Bazoum non sarà reintegrato, ogni giorno migliaia di cittadini nigerini scendono in piazza organizzati dal Movimento M62, che da anni si batte contro la presenza francese e per una reale indipendenza del Paese. Sostengono il Consiglio Nazionale di Salvaguardia della Patria, il gruppo di ufficiali che ha preso le redini del Niger. In tal senso è difficile parlare di un semplice colpo di stato: questa è un'insurrezione popolare vera e propria, che reclama la fine del neocolonialismo e la chiusura di tutte le basi militari straniere.

La struttura più vergognosa è l'ECOWAS. L'ha fatto capire anche il presidente a interim del Burkina Faso, Ibrahim Traoré, al recente Vertice Russia-Africa a San Pietroburgo: "Il problema più grosso è vedere capi di Stato africani che non aiutano in alcun modo i popoli che si battono per l'indipendenza, e che cantano nello stesso coro degli imperialisti e che ci definiscono milizie di delinquenti che non rispettano i diritti umani. Di quali diritti umani parliamo? Occorre che noi, capi di Stato africani, smettiamo di comportarci come marionette che si muovono grazie ai fili degli imperialisti."

In effetti, sin dalle elezioni dell'aprile 2021, in cui aveva vinto col supporto della Francia, il governo di Bazoum, il presidente nigerino rimosso con la forza, aveva istituito blocchi di Internet, dei media e attacchi ai movimenti popolari. Le forze di sicurezza avevano represso le proteste e arrestato centinaia di oppositori.

Lo stesso Macron aveva detto, annunciando il ritiro di 2.400 soldati dal Mali nel febbraio 2022, che il "cuore" delle operazioni militari francesi nel Sahel "non sarà più in Mali ma in Niger". Mai previsione fu più sbagliata.

Indifferente al sentimento popolare antifrancese in Niger e nelle altre ex colonie dell'Africa occidentale, il "democratico" Bazoum, reclamizzato dalla BBC come "un alleato occidentale chiave", aveva subito accolto in Niger le truppe francesi cacciate dal Mali, come se fossero una forza di occupazione.

Ora cosa faranno i francesi? Improvvisamente hanno scoperto che il loro Paese ha bisogno di circa 7.800 tonnellate di uranio in media all'anno, per far funzionare 56 reattori in 18 centrali nucleari. Questo è il motivo per cui Parigi importa uranio dalla sua ex colonia da 50 anni (ed è il suo terzo fornitore). Cosa difenderanno: la democrazia o l'uranio? Oppure si rassegneranno a cercare in altri Paesi delle alternative? O inizieranno a chiudere le loro centrali ultrapericolose e superinquinanti?

La riscossa africana

L'Africa è oggi un enorme spazio di contrapposizione tra le grandi potenze.

Sul piano strettamente militare, dal 2008 gli USA operano sul continente con un unico comando – AFRICOM – la cui maggiore base nella regione è quella di Camp Lemonnier, a Gibuti, un Paese che, oltre a quelle yankee, ospita basi francesi, cinesi, giapponesi, italiane e saudite.

Gibuti costituisce un decisivo avamposto per il controllo dello stretto di Bab al-Mandeb, seconda area nautica più trafficata del pianeta. Ma d'importanza decisiva vi sono anche il Canale di Suez e il Capo di Buona Speranza.

Washington ha basi militari anche in Burkina Faso, Camerun, Kenya, Niger, Seychelles, Somalia, Ciad, oltre a depositi e punti logistici in altri 19 Paesi africani. Ma, nonostante ciò, gli scambi commerciali si sono dimezzati negli ultimi 15 anni (da circa 120 miliardi di dollari a 60).

Questo perché l'Africa si sta stancando dell'arroganza neocoloniale di americani, francesi e inglesi, e preferisce trattare con cinesi e russi. La Francia è stata costretta ad andarsene da Repubblica Centroafricana, Mali, Burkina Faso e, recentemente, Niger.

Per converso è cresciuta enormemente l'influenza cinese (si parla di un giro economico di 300 miliardi di dollari). Pechino conduce regolarmente vertici coi Paesi africani e conclude accordi multimiliardari per progetti culturali, umanitari, infrastrutturali, sanitari, alimentari e militari. La presenza di Pechino sul mercato africano delle armi occupa al momento un buon 20%.

Anche i russi si dan da fare. Il commercio viaggia sui 20 miliardi di dollari e riguarda soprattutto il settore alimentare, dei fertilizzanti, della metallurgia e delle armi. Non solo, ma mentre in Russia circa 35.000 studenti africani frequentano università e istituti di ricerca, centri culturali russi operano invece in Sudan, Mali, Egitto e Algeria.

Si pensa, visti i continui tentativi occidentali di tenere indebitata l'Africa per impedirle di svilupparsi, che nel giro di 10-15 anni l'intero continente potrebbe passare al commercio in yuan, diventando un pioniere sulla via della dedollarizzazione nell'economia mondiale. Sul piano commerciale, essendo un produttore diretto delle merci che vende, la Cina è il Paese più forte al mondo, e lo dimostra soprattutto nei Paesi più deboli, che hanno bisogno di condizioni molto vantaggiose per svilupparsi.

D'altra parte l'Africa è un continente ricchissimo di risorse: vi si concentrano le maggiori riserve di manganese, bauxite, cobalto, zirconio, oro, diamanti, uranio, titanio, nichel e tungsteno, cromo e platino. Possiede anche l'8% di riserve di gas e il 12% di petrolio.

Un continente così, se fosse libero di agire, sarebbe il più importante del mondo.

[6] Il pregresso nigerino

L'attuale colpo di stato in Niger è diverso dai precedenti: non è stato patrocinato dai Paesi occidentali.

Altri golpe in passato erano tutti legati all'uranio – la ricchezza sventurata del Niger –, estratto dalla multinazionale francese Areva, diventata poi Orano, e da sue controllate.

Il dossier *L'uranium de la Françafrique* di Raphaël Granvaud spiega che "Dall'inizio dello sfruttamento dell'uranio del Niger, il suo prezzo è stato ufficiosamente fissato da Parigi. Il controllo dell'uranio, insieme a quello del petrolio e di altre risorse, è stato uno dei motivi per cui la Francia ha mantenuto un sistema di dominio economico, politico e militare sulle sue ex colonie."

"Nel 1974 Hamani Diori, il capo di stato in carica, fu vittima di un golpe poco dopo aver avuto l'audacia di chiedere un aumento del prezzo dell'uranio."

"Trent'anni dopo il presidente del Niger, Mamadou Tandja, commise lo stesso errore e fu rovesciato nel 2010 dai militari francesi."

"Un altro presidente, Mahamadou Issoufou, ingegnere minerario formatosi in Francia, che ha lavorato in tutti i settori dell'attività mineraria dell'uranio in Niger e in buoni rapporti con molti leader occidentali, riesce a concludere un accordo nel 2014 con cui ha modificato le tasse sull'attività mineraria. Tuttavia la società mineraria Areva ha molte leve per sfuggire a questa tassa favorevole allo Stato nigerino."

La stessa multinazionale "può prelevare gratuitamente milioni di litri d'acqua dalla falda di Agadez, in mezzo al deserto: un privilegio spaventoso, purtroppo classico dell'industria mineraria."

"Esiste un notevole divario tra il prezzo pagato nel corso della sua storia da Areva e il valore strategico dell'uranio. Da un lato un piccolo Paese occidentale, ma dotato di energia atomica, e il cui livello di sviluppo richiede una quantità sempre maggiore di energia elettrica; dall'altro un Paese del Sahel due volte e mezzo più grande del primo, ultimo al mondo nella lista dell'indice di sviluppo umano, dove la maggioranza della popolazione non ha accesso all'elettricità, che viene importata dalla vicina Nigeria."

"L'estrazione dell'uranio in Niger ha anche aggravato la situazione dei nomadi, che si sono visti confiscare molte aree atte al pascolo necessarie per l'allevamento. Queste terre sono state poi sorvegliate da società di sicurezza private gestite da ex soldati francesi."

"Esiste una contaminazione radioattiva causata dalle miniere, alcune delle quali sono addirittura a cielo aperto e provocano malattie ignote ai minatori e alla popolazione, delle quali non parla nessuno. Vi sono montagne di scorie più o meno radioattive (20 milioni di tonnellate) derivanti dall'estrazione dell'uranio. Vi è anche un rischio di contaminazione dell'acqua potabile."

Fonte: piccolenote.it

La situazione in Niger

1. I militari nigerini hanno annunciato la rottura degli accordi di cooperazione militare del 1977 con la Francia. Quindi le truppe francesi se ne dovranno andare dal Paese (e ovviamente anche quelle americane). Hanno 30 giorni di tempo.

2. Le nuove autorità del Niger stanno attivamente formando nuove autorità centrali e regionali.

3. Il presidente deposto Bazouma ha chiesto agli Stati Uniti di aiutarlo a riprendere il potere e a "ripristinare la democrazia". Ma nel Paese non ci sono masse popolari che lo sostengano. Tuttavia è forte la preoccupazione che possa ripetersi la situazione dello Yemen, dove il deposto Hadi cercò di tornare al potere grazie all'intervento armato dei sauditi.

4. È stato revocato il coprifuoco e sono stati sostituiti gli ambasciatori di 4 Paesi ostili al Niger, tra cui la Francia. I militari dimostrano di avere tutto sotto controllo.

5. Il Mali ha confermato, come Algeria e Burkina Faso, che en-

trerà in guerra al fianco del Niger contro eventuali interventisti stranieri. Sono tutti Stati confinanti.

6. In caso di aggressione al Niger la Russia potrebbe fornire all'esercito varie armi con cui distruggere le basi militari francesi ed eventualmente statunitensi. Tuttavia Mosca ha già dichiarato che gli eventi in corso sono affari interni al Niger e non ci dovrebbe essere alcun intervento armato da parte di nessuno. Comunque la Wagner è già pronta a schierare truppe dentro e intorno alla capitale Niamey.

7. Il problema principale per i militari è l'esiguo numero di formazioni armate sotto il loro controllo: fino a 10-12.000 e con un numero ridotto di armi pesanti. Quindi, senza l'aiuto di forze esterne, sarà difficile contrastare una vera e propria aggressione.

8. Il Senato nigeriano[3] ha respinto la richiesta del presidente Bola Tinubu di schierare truppe nigeriane nella Repubblica del Niger come parte di una forza ECOWAS (Comunità economica degli Stati dell'Africa occidentale) per reintegrare il presidente deposto. La Nigeria, unico fornitore di energia elettrica del Niger, ha comunque interrotto questa fornitura, facendo piombare il Paese nel buio.

9. L'Italia sta già ritirando il proprio contingente militare di stanza in Niger. Esiste anche una base militare tedesca.

10. Padre Mauro Armanino, missionario da 10 anni in Niger, ha scritto su "Il Manifesto" che "In questi anni si è socializzata la povertà, privatizzata la ricchezza e generalizzata la gestione corrotta della cosa pubblica per affiliazione partitica. Le elezioni presidenziali del 2021 sono state vinte da Bazoum in modo fraudolento. Da tempo il Niger figura inesorabilmente all'ultimo posto nell'indice dello sviluppo umano e, recentemente, anche in quello della povertà multidimensionale. Ed è cresciuta la stratificazione di classe."

La storia tende a ripetersi

Il 6 agosto 1945 decine di migliaia di residenti di Hiroshima e, tre giorni dopo, di Nagasaki divennero vittime innocenti del barbaro bombardamento atomico effettuato dagli Stati Uniti. Per la prima volta nella storia dell'umanità furono utilizzate le armi nucleari, che spazzarono via due città giapponesi dalla faccia della terra.

Questo mostruoso massacro di civili e la distruzione completa delle loro strutture ebbe conseguenze a lungo termine. Ex-aree urbane diventarono, pur temporaneamente, inabitabili, mentre le patologie causate dall'esposizione alle radiazioni portarono alla morte e alle malattie di ul-

---

[3] Attenzione a non fare confusione tra Niger e Nigeria.

teriori centinaia di migliaia di cittadini. Dopo 78 anni non è ancora possibile chiudere definitivamente l'elenco delle vittime colpite da queste azioni degli USA.

Tale atto barbaro fu compiuto per dimostrare che gli USA pretendevano il controllo assoluto di tutto il Pacifico, la trasformazione del Giappone in una colonia, e per avvertire la Russia che i veri vincitori della guerra mondiale erano gli americani, i quali sarebbero stati loro a dettare le regole del nuovo ordine mondiale, anche se ai russi erano costretti a riconoscere una certa influenza in Europa orientale. Il dominio assoluto del dollaro nelle transazioni mondiali doveva sancire questa indiscussa superiorità.

Nessuno statista americano chiese mai scusa di quella immane barbarie, a testimonianza che l'eredità del nazismo, in forma riveduta e corretta, sarebbe stata presa da chi si vantava di dover esportare la democrazia in tutto il mondo.

Ancora oggi gli USA minacciano di utilizzare armi di distruzione di massa contro la Federazione Russa. Lo dicono utilizzando tutte le possibili menzogne mediatiche, com'è nel loro stile.

È bene però ribadire, a scanso di equivoci, che, secondo la dottrina militare della Russia, l'uso di armi nucleari è consentito solo in uno scenario in cui l'esistenza stessa dello Stato sia minacciata. Un tale scenario è possibile solo nel caso in cui la NATO e gli Stati Uniti scatenino una guerra su vasta scala in Europa. Cioè Mosca non utilizzerà mai le armi nucleari a scopi preventivi o come "primo colpo". Non è interessata a dominare l'Europa e tanto meno il mondo, come invece pretende di fare l'occidente collettivo, capeggiato dagli Stati Uniti, che, gonfiando in maniera suicidaria il regime di Kiev con le armi, contribuisce all'imprevedibile *escalation* del conflitto e aumenta i rischi di uno scontro militare diretto tra potenze nucleari.

[7] La resa dei conti è iniziata

Abbiamo visto tutti qual è stata la prima reazione dell'occidente al colpo di stato anti-francese in Niger: sanzioni economiche e minacce di guerra.

Noi non sappiamo più cosa sia la diplomazia. Non vogliamo prendere atto dei mutamenti oggettivi della realtà africana, che non vuole più essere soggetta al nostro "colonialismo", sia esso politico, militare, economico o finanziario che sia.

Il primo Paese europeo entrato in Africa con fare colonialistico è stato il Portogallo, che nel 1415 s'impadronì dell'isola di Ceuta, oggi *exclave* spagnola, famosa, insieme a Melilla, come punto d'appoggio per chi cerca di raggiungere l'Europa. Due isole rivendicate dal Marocco, che la Spagna ha riempito di fili spinati, per difendere il proprio benessere.

Dal XV sec. ad oggi l'occidente non ha mai smesso di penetrare nel continente africano e di sfruttarlo senza ritegno, e persino di ideologizzarlo con le due confessioni cristiane: cattolica e protestante.

Oggi sembra che questo trend plurisecolare sia destinato a finire.

Come ha detto il presidente *ad interim* del Burkina Faso, Ibrahim Traoré , al Vertice Russia-Africa a San Pietroburgo, nel luglio scorso: "La mia generazione ha molte domande e non trova risposte. Non capiamo perché l'Africa con tante ricchezze nel sottosuolo, una natura generosa, sole in abbondanza, acqua, è oggi il continente con le popolazioni più povere. È un continente affamato. E come mai i capi di Stato vanno in giro per il mondo a mendicare. Non abbiamo risposte. I giovani della mia generazione m'incaricano di dire che a causa della povertà sono obbligati ad attraversare il mare per cercare di arrivare in Europa. Muoiono in mare. Ma presto non attraverseranno più. Andranno davanti ai palazzi governativi per cercare il necessario."

In pratica ha fatto capire che l'Africa è stufa del nostro imperialismo e neocolonialismo (parole che noi abbiamo sostituito con "globalismo", ma anche con interdipendenza, multilateralismo, ecc.). Per lui son tutte forme di "schiavismo", tant'è che è arrivato a dire: "I nostri predecessori ci hanno insegnato una cosa: lo schiavo che non è capace di rivoltarsi contro la propria sorte non merita che si provi pietà per la sua sorte."

Parole forti, poco equivocabili, che non si sentivano dagli anni '70.

Uno statista intelligente

Il presidente algerino, Abdelmadjid Tebboune, ha parlato chiaro: "Avendo quasi mille km di confine col Niger, qualsiasi intervento militare contro questo Paese, sarebbe una minaccia diretta per l'Algeria. È impossibile trovare una soluzione al problema del colpo di stato in Niger senza di noi. Gli interventi militari non servono a nulla: l'abbiamo visto in Siria e in Libia. Non solo, ma in caso d'intervento militare, l'intero Sahel sarà incendiato."

Più chiaro di così non poteva essere. Se poi pensiamo che l'Algeria è uno dei principali Paesi che per l'Italia costituisce una fondamentale alternativa agli idrocarburi russi, se facessimo qualunque cosa contro il Niger o contro un qualunque Paese del Sahel che lo sostiene, per noi sarebbe la fine prima ancora di combattere.

Ma la cosa più esilarante di tutte è che noi occidentali pensavamo, con le nostre sanzioni, di isolare la Russia dal resto del mondo. Invece in Africa, quando fanno colpi di stato, insurrezioni e rivoluzioni sventolano la bandiera di quella Federazione. Non solo in questa guerra per procura non siamo riusciti a vincere, ma noi europei abbiamo fomentato un'istanza di revanchismo sotto casa nostra che ci sta facendo tremare.

Non solo abbiamo perso materie prime fondamentali al nostro sviluppo, provenienti dalla Russia, ma ora rischiamo di perdere anche quelle provenienti dall'Africa. Ci stiamo autoisolando. La retorica di democrazia contro autocrazia, di aggredito e aggressore non può funzionare con l'Africa, dove ce ne presentano altre: sfruttati e sfruttatori, colonialisti e colonizzati, dipendenza e sovranità, e così via.

[8] Gli USA preferiscono congelare il conflitto

Probabilmente gli americani han già ottenuto tutto ciò che volevano dalla guerra in Ucraina. Non è pensabile che volessero distruggere militarmente una grande potenza nucleare come la Federazione Russa. Sarebbe stato impossibile non subire effetti devastanti, di tipo nucleare, sul loro stesso territorio. E poi sono convinti che non si può indebolire troppo la Russia, poiché così sarebbe ancora più condizionata dalla Cina, che economicamente è molto più forte. Fare una guerra contro la Russia ha senso se questo immenso Paese viene occupato e smembrato, ma se viene solo indebolito, chi ci guadagna, alla fine, è la Cina, e questo è peggio per gli USA.

Ecco perché si sta cercando una soluzione di pace diversa da quella categorica del governo ucraino.

Peraltro gli USA han già ottenuto quattro obiettivi fondamentali: 1) costringere la UE, dopo il sabotaggio del Nordstream, a comprare il loro costoso gas liquefatto; 2) rendere la UE meno competitiva nei confronti degli USA; 3) obbligare la UE, tramite la NATO, ad acquistare nuove armi dagli USA per sostituire quelle vecchie concesse all'Ucraina; 4) aumentare il numero dei Paesi europei aderenti alla NATO.

Poiché le scorte attuali si sono esaurite in tutto il mondo occidentale e la nuova produzione non raggiungerà la capacità fino all'estate del 2024, l'atteggiamento intransigente di Kiev (la cui controffensiva è chiaramente fallita) o quello minaccioso del governo polacco (che non vede l'ora di occupare pezzi di territorio ucraino), o quello del governo inglese favorevole all'*escalation* (per poter rientrare in una UE più debole e quindi alle proprie condizioni) possono risultare controproducenti in questo momento di debolezza militare.

Del tutto impensabile per gli USA è continuare il conflitto in Ucraina, rischiando di dover aprire un nuovo fronte a causa dell'annessione forzata di Taiwan da parte dei cinesi. Se all'improvviso Putin e Xi decidono di sincronizzare le loro azioni, gli Stati Uniti perderanno nei confronti di entrambi i nemici.

Infine nel 2024 ci sono le elezioni negli USA e Biden, se si vuole ricandidare, ha bisogno di una situazione sotto controllo. Il prossimo anno anche in Russia e in Ucraina si dovrebbe tornare al voto.

*

Putin ha firmato una legge sull'innalzamento dell'età alla leva: dal 1° gennaio 2024 saranno chiamati al servizio militare i cittadini dai 18 ai 30 anni. È inoltre vietato ai coscritti di lasciare la Russia dal giorno in cui è stata inviata la convocazione fino a quando non si presentano all'ufficio di registrazione e arruolamento militare.

Insomma ci si sta preparando alla guerra totale contro l'occidente collettivo. Si dà per scontato che la NATO non vuole perdere e che, per non perdere, può essere disposta a fare ricorso al nucleare.

[9] Lo scenario coreano a chi conviene?

Probabilmente lo scenario coreano, con cui dividere in due l'Ucraina, è destinato a non prevedere neppure dei negoziati tra Kiev e Mosca. Tutto potrebbe avvenire attraverso la mediazione di Paesi terzi e con risoluzione dell'ONU.

Ma per uno scenario del genere occorre che vengano ridimensionati nelle loro pretese almeno tre governi: oltre a quello di Kiev, quelli di Londra e di Varsavia, che in questo momento sono i più guerrafondai e pretendono un'*escalation*.

Se passa la linea di Washington dovremmo presto avere un congelamento del conflitto ed elezioni politiche nel 2024.

Tuttavia non è detto che questa soluzione piaccia a Mosca. Sicuramente la NATO non sarà in grado di mantenere le promesse mirabolanti fatte a Kiev, ma agli USA basterà sostituire Stoltenberg e fare in modo che alle prossime elezioni anche Zelensky venga rimosso. Dopodiché resterà agli USA il compito di gestire il bottino conquistato.

Il problema però resta: una volta ceduto il Donbass ai russi, il territorio rimanente entrerà nella NATO? Se sì, i russi avranno combattuto per niente, cioè non avranno risolto definitivamente alcun problema di sicurezza. La possibilità di un nuovo conflitto si ripresenterà periodicamente.

Invece l'idea iniziale era chiara: l'Ucraina non va solo denazificata ma anche smilitarizzata. Con la soluzione coreana nessuno dei due obiettivi verrà raggiunto, neanche nel caso in cui Mosca ottenga una zona di smilitarizzazione di 200-300 km dal Donbass. Ora poi che nella NATO sono entrate anche Finlandia e Svezia, il problema della sicurezza si è incredibilmente complicato. Dopo il coinvolgimento dell'occidente collettivo, Mosca ha bisogno della resa incondizionata da parte di Kiev. Non possono esserci trattative con Washington relative all'attuale linea di contatto. A meno che Mosca non dimostri di non essere in grado di occupare Kiev, ma è molto dubbio che non riesca a farlo. In un primo tempo ha sperato in una trattativa diretta con Kiev per non far perdere all'Ucraina la sua indipendenza, per limitare il più possibile le perdite umane e materiali. Ora la situazione è completamente diversa: la Russia si sente in guerra contro l'intero occidente, che continua a boicottarla e sanzionarla in tutte le maniere. Mosca in realtà ha bisogno di un cambio di regime a Washington, che a sua volta determini un mutamento radicale di postura bellicistica all'interno della UE.

Probabilmente Mosca sta pensando che sia un suo diritto esigere, in cambio dell'accettazione della soluzione coreana, che vengano rimossi tutti i provvedimenti con cui si è cercato di punire e di isolare l'intera Federazione.

Di sicuro in una soluzione coreana Mosca non darà un rublo per ricostruire l'Ucraina occidentale. Anzi non è da escludere che prima di accettare una soluzione del genere, Mosca faccia in modo da impedire all'Ucraina occidentale di non nuocere per molto tempo, al punto che la UE dovrà discutere se accettare al proprio interno un Paese completamente distrutto.

Scenario autunnale

Se passa la linea di Londra-Varsavia relativa all'*escalation* del conflitto in Ucraina, non è da escludere che Mosca decida un'offensiva in autunno. La direzione più logica è il nord, ma anche la presa di Odessa alletta.

Se Putin chiede una sorta di risarcimento per un altro giro di *escalation* preteso dalla NATO in forma ufficiosa, e chiede un'altra ondata di mobilitazione (cosa che può fare tranquillamente), è impossibile che la guerra venga limitata ai territori attuali.

L'inverno sarà il più duro per gli ucraini. E tutti si chiedono cosa faranno i polacchi: si pensa che per aiutare gli ucraini, letteralmente stremati, scenderanno direttamente in guerra, spinti da un governo del tutto irresponsabile, le cui dichiarazioni antirusse sono sempre state così forti che non può più permettersi di non farle seguire da un'azione concreta. E non è detto che per questo governo "aiutare gli ucraini" non voglia dire, molto semplicemente, limitarsi a occupare Galizia e Volinia, come spesso è stato detto nel corso di questa guerra, accampando motivazioni storiche. Lo stesso probabilmente farà l'Ungheria in Transcarpazia, dove la minoranza chiede d'essere tutelata dai neonazisti di Kiev, così come a suo tempo fecero i russofoni del Donbass.

Cosa faranno i territori che resteranno a Kiev? Zelensky ancora non ha capito che i creditori occidentali han bisogno di un'Ucraina viva con una popolazione che paghi i debiti. È assurdo che questo guitto continui a sperare in un maggiore coinvolgimento bellico da parte dell'occidente. Se vuole salvare quel che resta del suo Paese deve arrendersi. Con questa guerra lui ha fatto soldi a palate: può anche scappare in maniera ignominiosa, ma almeno la popolazione potrà cominciare a respirare. In ogni caso bisogna che capisca che la richiesta di ritirare tutte le truppe russe fuori dai confini del 1991 è semplicemente infantile e danneggia l'immagine dell'Ucraina per un possibile negoziato.

Non è da escludere, vedendo l'irrazionalità di questo pseudo-statista, che i politici ucraini più moderati decidano di abolire il presidenzialismo e di tornare al parlamentarismo, facendo in modo che il primo ministro venga eletto con pieni poteri dalla popolazione, ma sia soggetto al parlamento. Oggi è solo una marionetta in mano al presidente della Repubblica.

[10] A Gedda nulla di fatto

A Gedda, in Arabia Saudita, il 5-6 agosto, senza la partecipazione della Russia, si è tenuto un vertice per risolvere la questione ucraina. Consiglieri per la sicurezza e rappresentanti di 42 Paesi han discusso su come porre fine al conflitto.

I negoziati si sono conclusi col fatto che né il comunicato né la dichiarazione finale sono stati firmati dai partecipanti al vertice.

Dunque cos'è successo, visto che non ha portato a nessun risultato?

1- Non si è riusciti a trascinare dalla parte dell'occidente collettivo il Sud globale;

2- non è stato possibile imporre a Mosca il piano di pace di Kiev in 10 punti, nessuno dei quali, peraltro, mira a trovare una soluzione negoziata e diplomatica alla crisi, mentre nel loro insieme costituiscono un ultimatum insensato alla Russia.

Tutti all'unanimità hanno dichiarato la necessità di raggiungere la pace attraverso i negoziati, per i quali il governo ucraino si è limitato a fare una sola concessione: ha accettato di discutere di pace, nelle prossime trattative, senza pretendere il ritiro delle truppe russe dai confini del 1991.

Un altro successo dell'incontro sta nel fatto che l'Arabia Saudita ha potuto affermarsi come un buon mediatore, portando avanti il piano pacificatore della Russia. La Cina ha fatto lo stesso, ma come ospite.

Nel complesso tutti i Paesi invitati si sono resi conto che un altro incontro del genere è inutile senza la Russia.

Nonostante ciò Mosca ha affermato che il meeting è stato utile perché si sono messi attorno a un tavolo oltre 40 Paesi. E quindi spera che al prossimo vertice vi siano ancora più Paesi.

Viene comunque escluso a priori che i russi possano andarsene dal Donbass, anche perché l'esercito ucraino è al collasso quasi totale. L'integrità territoriale dell'Ucraina è un'altra questione, successiva a questa premessa fondamentale.

Insomma i neonazisti di Kiev han rifiutato qualsiasi negoziato di pace per sei mesi, per essere d'accordo ora a impostarne uno con tanti Paesi, dopo aver perso decine di migliaia di soldati. Hanno insistentemente preteso di fare una controffensiva senza il supporto aereo e senza un'adeguata artiglieria, e ora scoprono l'acqua calda.

In un sistema democratico ci si dimette

È dal 2014 che il governo golpista di Kiev non offre alcuna credibilità: fare una qualunque trattativa con un governo del genere, spalleggiato dalla NATO, non ha alcun senso per Mosca.

In una qualunque trattativa vanno tutelati gli interessi della nazione ucraina, che sono nettamente superiori a quelli dell'attuale governo guerrafondaio di Kiev. Zelensky e la sua cricca neonazista han tutelato, in questa guerra, soltanto gli interessi di una élite di potere sommamente corrotta, ed è per questa ragione che se ne devono andare tutti, senza alcuna eccezione. Non è possibile ricostruire il Paese con dei dirigenti privi di etica e senza alcun senso della democrazia. Se, accettando una trattativa con la Russia, sperano di conservare il proprio potere, allo stato attuale delle cose s'illudono enormemente.

Quando nel 2019 la popolazione ucraina votò il partito di Zelensky contro quello di Poroshenko, sperava di porre fine in maniera pacifica al conflitto in Donbass, attuando gli accordi di Minsk. Quella popolazione fu tradita clamorosamente. In un sistema democratico quando un governo non mantiene le proprie promesse, si deve dimettere. A maggior ragione se, per non ammettere il proprio fallimento, porta l'intera nazione alla catastrofe.

Lo stesso Putin ha dovuto ammettere che insistere sull'attuazione degli accordi di Minsk al cospetto di un governo neonazista, è stato un errore. Bisognava intervenire militarmente molto prima. Quegli accordi sono stati molto vantaggiosi solo per l'Ucraina non per il Donbass, e i Paesi europei (Francia e Germania) che li avevano sottoscritti, ne erano consapevoli.

Quindi gli unici veri nemici della popolazione ucraina, che dal 2014 si lascia raggirare in una maniera sconcertante, sono il governo golpista, gli oligarchi che difende e l'occidente collettivo, che sostiene sia il governo che gli oligarchi.

Tutto ciò dovrebbe farci riflettere anche sul valore della democrazia rappresentativa parlamentare e nazionale, poiché senza dubbio in questo sistema c'è qualcosa che non funziona. Non è possibile che un'intera nazione, in nome dei valori democratici, venga portata alla totale catastrofe. Non è normale che l'intero occidente, in nome della stessa democrazia, non faccia nulla per impedire una conclusione del genere.

In cambio della resa cosa promettere?

In questo momento alla Russia non può interessare né un cessate il fuoco né una trattativa sull'attuale linea del fronte. Semplicemente perché la controffensiva ucraina è fallita e l'esercito russo si accinge a farne una in proprio.

Putin ha bisogno che Kiev accetti una resa incondizionata, così il Paese resterà indipendente dagli USA, potrà non essere smembrato dalla Polonia, ed eventualmente la parte non occupata dai russi potrà chiedere di entrare nella UE senza entrare nella NATO.

Di sicuro per i russi è impensabile congelare il conflitto per permettere all'occidente di ricostruire l'esercito ucraino in maniera tale che possa tra qualche anno provare a riconquistare il Donbass. Se una tregua o il cessate il fuoco deve avere questa finalità, non ha senso parlare di negoziato. Il governo di Kiev deve arrendersi e dimettersi, al fine di permettere nuove elezioni in condizioni di pace e di libertà: cosa che nessun Paese della NATO è in grado di garantire.

A Mosca probabilmente stanno dando per scontato che l'occidente collettivo conserverà tutte le sanzioni antirusse indipendentemente dal fatto che Kiev possa vincere o perdere la guerra. A questo punto, quindi, è normale pretendere una resa incondizionata. In cambio di questa resa Mosca potrebbe anche rinunciare a occupare Odessa e a unire il Donbass alla Transnistria.

[11] Morte insensata o vita dignitosa?

È possibile una pace davvero stabile in Ucraina con l'aiuto di un'analisi sbagliata della situazione, trascurando le cause oggettive che hanno generato la guerra? No, non si può.

È possibile non chiarire subito, quando si procede a negoziare, che il governo golpista di Kiev ha trasformato l'Ucraina in uno Stato aggressore, avviando una politica di genocidio e pulizia etnica contro i propri cittadini e i cittadini della Russia? No, non si può.

È possibile fingere di non sapere, quando si andranno a trattare le condizioni di una pace durevole, che la NATO o l'occidente collettivo ha contribuito a compiere atti di terrorismo e a rifornire il criminale regime ucraino di armi pesanti e letali a lungo raggio, usate per lo più contro i civili? No, non si può.

Dunque fino a che punto le trattative saranno possibili?

Secondo me le uniche trattative possibili sono conseguenti alla fine della guerra. Cioè non ci possono essere trattative che pongano fine alla guerra. È la fine della guerra che farà iniziare le trattative. E la guerra potrà finire solo dopo che l'Ucraina si sarà arresa e il governo di Kiev se ne sarà andato o si sarà dimesso. E chi si è reso responsabile di qualche reato o crimine dovrà essere processato.

L'unica trattativa sensata può essere fatta da Mosca col nuovo governo che emergerà da libere elezioni parlamentari. Mosca non deve creare un proprio governo fantoccio: questo sarebbe un comportamento da "occidentali colonialisti". Se non vuole porre le basi per una nuova guerra, il Cremlino deve ripristinare la *democrazia politica*, cioè libere elezioni per un nuovo governo e un nuovo parlamento che voti una nuova Costituzione, all'interno della quale andranno esplicitamente ribaditi il divieto di perseguitare le minoranze nazionali (etniche, linguistiche, religiose); il divieto di aderire ad alleanze militari aggressive, come appunto la NATO; il divieto di propagandare princìpi che si ispirano nettamente al nazifascismo.

O il popolo ucraino comprende chiaramente questo modo di procedere, oppure l'Ucraina è destinata a scomparire come Paese indipendente. Probabilmente se l'occidente smettesse di sostenerla, gli ucraini lo capirebbero subito. Non esistono popoli così autolesionisti da preferire una morte insensata a una vita dignitosa.

Germania e Stati Uniti in nome del nazismo

Il governo tedesco intende "nel prossimo futuro" annunciare la fornitura di missili da crociera Taurus a lungo raggio a Kiev. L'Ufficio di Scholz ne sta discutendo coi suoi alleati più importanti, in primo luogo con gli USA. Il comando dell'aeronautica tedesca ha già dato il "via libera" alla fornitura di questi missili tedesco-svedesi.

Tutto ciò viene detto dal portale T-online. Ma anche gli americani stanno pensando di fare la stessa cosa coi loro missili da crociera ATACMS.

Il Taurus è un missile aria-superficie progettato per attacchi ad alta precisione, senza che l'aereo da trasporto entri nella zona di difesa del nemico. Vola in maniera autonoma per 500 km, a bassa quota, con una velocità fino a 1.224 km/h, ha un peso di 481 kg e riconosce da solo il bersaglio. È molto pericoloso e la Germania ne ha 600, mentre la Spagna 43.

Questo comporterebbe una decisa escalation della guerra. Perché accettare soluzioni così scriteriate? Perché la controffensiva ucraina è praticamente fallita e la NATO non può perdere anche questa guerra. Con l'inizio dell'autunno sarà sempre più difficile per l'Ucraina proseguire la controffensiva. Se non viene rifornita di armi in grado di colpire seriamente Mosca, non c'è più alcuna speranza di successo. Ormai le munizioni rimaste negli arsenali della NATO sono le più pericolose di tutte: le ultime saranno quelle di distruzione di massa (nucleari, radiologiche, chimiche e batteriologiche).

Se l'occidente non ottiene risultati tangibili, non avrà più senso finanziare il regime di Kiev, benché il Dipartimento di Stato abbia già detto che gli USA devono offrire garanzie di sicurezza per l'Ucraina indipendentemente dall'esito delle prossime elezioni americane.

Fa male essere abituati a vincere

Bisogna ammettere che uno sforzo statunitense per competere in una guerra industriale contro la Russia avrebbe richiesto molto tempo per dare i suoi frutti. Il nemico è stato completamente sottovalutato.

Già nel 2018 gli osservatori più attenti avevano capito che la strategia dell'*establishment* statunitense per trattare con la Russia era improbabile potesse avere successo. I motivi erano: 1) gli USA non disponevano delle fabbriche necessarie per mantenere una guerra industriale per molto tempo; 2) gli USA non disponevano di armi avanzate per contrastare l'ipersonica russa; 3) l'affidamento degli USA alle sanzioni si sarebbe rivelato controproducente.

A quel punto gli USA avrebbero dovuto ricorrere a una strategia di riserva o alternativa, ma non l'avevano. Al massimo potevano sostenere una guerra di tipo economico e finanziario, ma anche in questa hanno sbagliato tutto.

Il dollaro americano era la valuta di transazione numero uno al mondo, la moneta di riserva della banca centrale numero uno e i sistemi finanziari statunitensi erano il numero uno al mondo. Ancora oggi il dollaro è lo standard per la quotazione dei prezzi delle borse di tutto il mondo e per la pubblicazione di statistiche economiche. I trilioni di dollari statunitensi detenuti al di fuori degli USA ammontano a denaro "gratuito" per loro, per cui si sarebbe dovuto fare ogni sforzo per incoraggiare altri Paesi a detenere e utilizzare dollari statunitensi.

Invece gli USA han preferito ricorrere al bullismo, si sono messi a sanzionare altri Paesi, che, per questa ragione, hanno fatto esattamente l'opposto, dimostrando di non avere più paura di niente. Sono state le stesse azioni statunitensi a promuovere la de-dollarizzazione.

Quando gli USA abbandonarono l'oro durante l'amministrazione Nixon, i funzionari furono abbastanza preveggenti da organizzare il sostegno al dollaro attraverso il petrolio dell'Arabia Saudita. Il petrolio saudita doveva essere venduto solo in dollari USA, da cui l'etichetta "Petrodollaro".

Questa egemonia privilegiata non è riuscita a impedire che le successive amministrazioni statunitensi compissero azioni che minavano il ruolo primario del dollaro. Non hanno capito che l'eccessiva dipendenza dal petrolio saudita non era una soluzione praticabile a lungo termine. Si dovevano cercare delle alternative per sostenere l'uso del dollaro, ma non è stato fatto.

Hanno espulso la Russia dal sistema di trasferimento di denaro SWIFT, senza rendersi conto che in questa maniera spaventavano il mondo intero. Lo SWIFT avrebbe dovuto essere trasformato in un'operazione veramente internazionale con un consiglio di amministrazione che avesse una rappresentanza equa da parte di tutto il mondo che lo usava. Cioè gli USA avrebbero dovuto rinunciare al suo controllo esclusivo e permettere a una gestione veramente neutrale di prendere il sopravvento. La stessa procedura avrebbe dovuto essere applicata ai sistemi di carte di credito e ad altri meccanismi finanziari per incoraggiare il flusso continuo di dollari in tutti i Paesi.

Invece con la loro arroganza hanno posto le condizioni perché si creassero sistemi concorrenti che non hanno bisogno del dollaro americano per funzionare.

[12] La NATO non serve a niente

Su OpenDemocracy.net è scritto che finora circa 63.000 ucraini (17 brigate in totale) sono stati addestrati in occidente, principalmente nel Regno Unito e in Germania. Tuttavia si lamentano per l'inadeguatezza della formazione rispetto alle loro esigenze.

Non è solo questione della durata limitata dell'addestramento (di solito per formare una brigata ci vogliono 1-2 anni, non 1-2 mesi), ma anche del fatto che gli istruttori non hanno mai combattuto una guerra di questo tipo, o contro un nemico come la Russia. Per anni gli eserciti occidentali e le loro industrie della difesa si sono concentrati sulla lotta alle insurrezioni in Medio Oriente, dove l'obiettivo era quello di sgomberare le case e identificare potenziali ribelli tra la popolazione locale: una cosa che non serve a nulla in Ucraina.

Non solo, ma mentre gli istruttori occidentali in genere hanno combattuto guerre in contesti urbani, l'esercito ucraino si trova per lo più a combattere su un terreno pianeggiante.

I militari ucraini non sanno come liberare efficacemente le trincee dei russi, né come lanciare granate in modo efficace, né come non inciampare in mine e trappole esplosive. In pratica non riescono a capire come affrontare il nemico. E non è che possono aspettare dalla NATO di essere addestrati secondo moduli aggiuntivi, più sofisticati, dove le responsabilità sono più avanzate.

Quando vengono addestrati per affrontare le mine, in genere hanno a che fare con una formazione di un paio d'ore su un campo minato largo circa due metri. Ma tutto ciò non serve a niente, poiché i russi hanno messo mine per diversi chilometri.

Un altro grosso problema sta nel fatto che le forze della NATO di solito superano i loro nemici sul piano quantitativo e qualitativo, per cui non hanno idea di cosa voglia dire combattere contro i russi.

Non ha senso per gli ufficiali ucraini fare un piano militare, agire secondo il piano e, quando qualcosa non va, ritirarsi e fare un altro piano. Questo modo di combattere occidentale non funziona coi russi, che non avvisano di certo quando scatenano un'offensiva. Le decisioni bisogna prenderle sul momento.

In sostanza gli ucraini si formano davvero solo sul campo di battaglia, a proprie spese. Di qui le enormi perdite che subiscono.

Non esiste la guerra alla corruzione in Ucraina

Manlio Dinucci ha di nuovo scritto un bell'articolo, prendendo spunto da un titolo assurdo del quotidiano cattolico "Avvenire": "Zelensky rilancia la guerra alla corruzione. Tolleranza zero contro corrotti e contro quanti si arricchiscono con la guerra".

Ha ragione quando dice che il redattore vuol dare l'immagine di un presidente semplice e onesto, che rinuncia a qualsiasi privilegio e combatte la corruzione. Questa immagine però, veicolata dall'intero *mainstream* politico-mediatico, viene demolita dall'inchiesta di Scott

Ritter, *Agente Zelensky*, un militare americano di carriera, specializzato in *intelligence*.

L'autore ha dimostrato nel suo docufilm d'inchiesta che Zelensky, già ricco prima ancora che la guerra iniziasse, è diventato ricchissimo quando l'occidente ha preso a finanziare il suo Paese. Sono numerose le società offshore da lui costituite per collocare i soldi nei paradisi fiscali. Ritter ha mostrato anche le lussuose ville che Zelensky possiede a Miami (solo questa vale 34 milioni di dollari), in Israele, in Italia (a Forte dei Marmi), a Londra, in Georgia, in Grecia e anche in Crimea (unico investimento sbagliato perché di questa ha perso ora la proprietà).

L'inchiesta demolisce anche la falsa storia che la Russia distrugge il grano ucraino e affama così l'Africa. La realtà è che la Cargill e altre multinazionali agroalimentari si stanno impadronendo delle migliori terre ucraine e usano il grano qui prodotto per le proprie strategie. In tale quadro rientra il piano statunitense di ridurre la sicurezza alimentare dell'Europa per meglio controllare gli stessi Paesi alleati.

L'Ucraina – dimostra l'inchiesta – non solo viene derubata delle sue terre, svendute da Zelensky e soci alle multinazionali, ma viene sempre più indebitata. Le enormi forniture militari che riceve dall'occidente non vengono regalate ma date a credito. Se a questo debito, praticamente inestinguibile, si aggiunge il fatto che Zelensky ha concesso alla statunitense BlackRock (la maggiore società di investimenti del mondo) il privilegio di ricostruire il Paese, ci rendiamo conto che l'Ucraina è un Paese fallito sotto ogni punto di vista. Se manterrà un qualunque rapporto con l'occidente non sarà più in grado di riprendersi. Inevitabilmente sarà soggetta a spopolarsi. Le morti sul campo di battaglia, che Ritter stima in mezzo milione entro la fine dell'estate, saranno il problema minore. Se questa guerra non finisce, l'Ucraina scomparirà dalla faccia della terra non perché saranno stati i russi a bombardarla, ma perché nessun abitante vorrà fare da schiavo alle imprese occidentali. Meglio tentare la fortuna all'estero.

[13] Prima di tutto fuori la NATO dall'Ucraina

L'idea di accettare l'Ucraina nella NATO, lasciando il Donbass alla Russia, si sta facendo strada in occidente.

Questa idea era stata diffusa attraverso il "New York Times" alla fine di maggio, prima ancora dell'inizio della inutile, anzi disastrosa controffensiva ucraina.

A luglio l'ex segretario generale della NATO, Rasmussen, aveva espresso un'idea simile. Da notare che Rasmussen non è solo un funzionario in pensione, ma anche un responsabile nell'ufficio politico di Zelensky dal 2022 per lo sviluppo delle cosiddette "garanzie di sicurezza" per l'Ucraina.

Ma è difficile credere che un'idea del genere venga accettata da Mosca, che non può certo vedere di buon occhio il fatto che la NATO possa installare missili a lungo raggio a Kharkiv e Odessa.

La NATO non deve entrare in Ucraina, e se l'ha già fatto deve andarsene, altrimenti la guerra non finirà mai, perché ai russi sembrerà che non sia servita a niente. L'Ucraina occidentale come parte della NATO è per i russi un problema di molto superiore alla presenza della Finlandia nella stessa alleanza, benché i chilometri di confine siano praticamente gli stessi. La risoluzione del conflitto in Ucraina è impossibile senza la creazione di una nuova architettura di sicurezza in Europa.

Se la giunta di Kiev non vuole avere buoni rapporti con la Russia, si dimetta e se ne vada dall'Ucraina, perché questa per la Russia è una guerra esistenziale, in cui si gioca il proprio destino, per cui non ci sarà alcuna soluzione coreana. È evidente infatti che la crisi ucraina è solo una manifestazione parziale di una crisi più ampia nelle relazioni tra Russia e NATO.

Per poter sopravvivere gli ucraini dovevano rinunciare alla guerra civile contro le due repubbliche del Donbass, dovevano scendere a trattative subito dopo l'inizio dell'operazione speciale, e soprattutto dovevano rinunciare a coinvolgere la NATO e l'occidente collettivo in questa follia. Siccome non han fatto niente di tutto questo, e la loro sconfitta militare è inevitabile, in quanto stanno esaurendo le loro risorse umane e materiali e non hanno nulla che sia invulnerabile alle armi russe, le conseguenze per il loro Stato e per l'intera nazione a ovest del Dnper, saranno sicuramente molto dolorose e di lunga durata.

Abbiamo sbagliato tutto e continuiamo a farlo

Se l'occidente avesse voluto vedere raggiungere, da parte dell'Ucraina, il massimo successo possibile, avrebbe iniziato ad armare Kiev con armi pesanti molto prima e in un numero di molto superiore.

Allo stato attuale molte delle armi promesse non sono mai arrivate. L'addestramento impartito dalla NATO ai soldati ucraini non è adeguato a questa tipologia di guerra. Quello dei piloti all'uso degli F-16 è appena iniziato. Gli USA sono riluttanti a consegnare armi troppo potenti che potrebbero essere facilmente distrutte o persino catturate dai russi. Fino a poco tempo fa non si preoccupavano affatto di una possibile escalation del conflitto. Ora hanno bisogno di motivazioni serie per giustificare l'uso di armi potenti o a lungo raggio dall'effetto devastante. Hanno capito che la Russia non ha un esercito di paglia e che se la NATO interviene direttamente, subirà perdite colossali, di cui la Cina potrebbe approfittare entrando a gamba tesa a Taiwan. I taiwanesi sono degli illusi come gli ucraini: pensano che avendo come protettore gli USA, sia impossibile perdere.

In occidente ancora nessuno ha capito che sostenere l'Ucraina "per tutto il tempo necessario" (un'espressione di Biden ripetuta a pappagallo dagli statisti europei) non è un obiettivo politico o militare definito e strategicamente realizzabile; è una banalità ben intenzionata ma sostanzialmente vuota. Ancora nessuno statista è stato capace di dare una definizione ragionevole all'idea di un successo a breve o a lungo termine. Si vuole riportare l'Ucraina ai confini del 1991, oppure si pensa sia inevitabile trattare sulla cessione del Donbass? Siamo in grado di capire la differenza tra un vantaggio tattico sul campo di battaglia e un obiettivo strategico più generale?

Quando ai cittadini occidentali si chiedono soldi in così ingenti quantità, andrebbe rendicontato come vengono spesi. Cioè andrebbe chiarito se la loro quantità è sufficiente per realizzare un determinato obiettivo e qual è il limite di tempo oltre il quale non ha più senso comportarsi in maniera così generosa (peraltro nei confronti di un Paese che non è né nella UE né nella NATO).

Gli statisti occidentali devono dire chiaro e tondo alle loro popolazioni che la vittoria dell'Ucraina è un obiettivo superiore alla soluzione dei problemi di carattere sociale, per cui dobbiamo rassegnarci ad avere meno diritti (come già successo al tempo della pandemia). Avranno il coraggio di dircelo e noi ci sentiremo in dovere di obbedire?

La frustrazione dell'occidente per la mancanza di progressi significativi è comprensibile a livello superficiale, data la quantità degli investimenti, ma non si può essere frustrati per non aver raggiunto un determinato obiettivo, quando l'obiettivo non è mai stato chiaramente definito.

[14] Gli inglesi e la corruzione in Ucraina

Zelensky ha prorogato la legge marziale e la mobilitazione generale fino al 15 novembre 2023, quindi le elezioni parlamentari in Ucraina sono annullate.

In compenso la corruzione procede a meraviglia. Se ne sono accorti persino gli inglesi, le cui banche bloccano i conti correnti alle imprese che fanno affari con l'Ucraina.

Secondo la legge britannica l'Ucraina è elencata come "giurisdizione a rischio per le transazioni dei clienti" a causa della corruzione. D'altronde come si fa a commerciare con un Paese devastato dalla guerra, con una corruzione al 100%? Miliardi di sterline, sottratte al fisco, potrebbero essere tranquillamente riciclate.

Naturalmente le banche danno anche altre motivazioni, la principale delle quali è che il Donbass è già sotto il controllo russo e si dà per scontato che vi resterà. Sicché fare affari con l'Ucraina di oggi è impossibile senza violare le sanzioni antirusse.

Cioè in definitiva danno ai russi la colpa della corruzione in Ucraina, quando invece è un fenomeno endogeno sin dai tempi del golpe del 2014.

Gli inglesi stanno forse cominciando a temere che se la guerra procede così, i russi si prenderanno tutta l'Ucraina? In effetti, a pensarci bene, se per liberare il Donbass ci solo voluti 18 mesi, non è detto che per liberare dal nazismo il resto del Paese ci vogliano anni e anni. Una volta occupata Kiev, tutto sarà molto più facile.

Il servizio d'*intelligence* inglese MI-6 sta preparando un distaccamento di milizie ucraine, composto da militanti di formazioni nazionaliste e neonaziste, che dovranno usare il sabotaggio e l'eliminazione dei leader africani che si concentrano sulla cooperazione con la Russia.

Dopo la Russia la Cina

Molti analisti sostengono che se in questa guerra la Russia s'indebolisce, ne trarrà vantaggio la Cina, che potrà facilmente entrare in Russia con tutto il suo armamentario economico, andando a sostituire le aziende occidentali che hanno aderito alle sanzioni e che hanno chiuso i battenti.

A dir il vero questa vasta diffusione di prodotti commerciali cinesi è destinata ad avvenire anche se la Russia vincerà. L'occidente ancora non ha capito che la Cina è in grado di competere molto tranquillamente su qualunque merce.

Le sanzioni antirusse han fatto improvvisamente della Cina il partner n. 1 dell'intera Russia, non solo perché la Cina acquista idrocarburi a prezzi scontati, ma anche perché la Russia ha un'industria leggera troppo debole per poter competere con quella cinese. È assurdo pensare che a causa dell'indebolimento della Russia in questa guerra, che l'occidente conduce per procura, anche la Cina verrà danneggiata.

Jinping e Putin hanno firmato una "partnership senza limiti" 20 giorni prima dell'operazione speciale e si sono incontrati 40 volte come capi di stato. Xi dice che Putin è il suo "migliore, più intimo amico". È difficile pensare che i cinesi, nel caso in cui i russi subissero un attacco nucleare da parte dell'occidente, non stipulerebbero col Cremlino un'alleanza militare vera e propria, a tutti gli effetti. Pechino sa bene che il giorno in cui vorrà annettersi Taiwan, Mosca non dirà assolutamente nulla, anzi aiuterà militarmente i cinesi a difendersi dagli USA.

Di questo aiuto reciproco sul piano militare è ben consapevole il premier nipponico Fumio Kishida, il quale ha detto: "La sicurezza della regione indo-pacifica non può essere separata dalla sicurezza europea". Ecco perché ha chiesto che la NATO diventi globale. Dello stesso avviso l'ambasciatrice taiwanese (*de facto*) a Washington, Bi-khim Hsiao, la quale ha detto: "Il successo dell'Ucraina nella difesa dall'aggressione russa è importante anche per Taiwan. La Cina deve sapere che un'invasione non può essere condotta impunita, senza costi, in modo rapido". Solo per questa frase la Hsiao (ma lo stesso per altri politici taiwanesi irriducibili sulla questione dell'indipendenza dell'isola) non potrà più entrare né in Cina né a Hong Kong né a Macao.

Anche i cinesi (come i russi con gli ucraini) sono imparentati coi taiwanesi; anche loro hanno la stessa pazienza nell'affrontare i casi controversi, ma tutto ha sempre un limite. L'intero pianeta sa che la Cina non tollererà mai alcun tipo di attività per dividere il Paese da Taiwan e non permetterà mai ad alcuna forza esterna d'interferire in questa riunificazione. Non le importa assolutamente nulla che Taiwan venga considerato dagli USA come è il più grande partner nella regione indo-pacifica.

Quindi la guerra contro gli USA sarà inevitabile, poiché Washington non può continuare a far vedere che non è un partner affidabile. Ecco perché gli USA han bisogno che Putin, rispetto agli obiettivi iniziali che si era prefisso all'inizio della guerra, si ridimensioni parecchio. Cioè la presa del Donbass non può avere come prezzo soltanto l'ingresso nella NATO di Svezia e Finlandia e la trasformazione della UE in una colonia americana, ma la parte rimanente dell'Ucraina deve entrare sia nella UE che nella NATO (anche la Germania entrò nella NATO nel 1955 senza la RDT).

Una conclusione del genere permetterà agli USA di concentrarsi in maniera prioritaria sulla maggiore minaccia proveniente dalla Cina.

Doveri per voi, privilegi per noi

La Polonia è indignata per la richiesta della UE di accettare ondate di rifugiati e terrà sulla riforma del sistema di asilo un referendum il 15 ottobre alle prossime elezioni parlamentari.

Il premier Morawiecki ha detto che la domanda sarà di questo tipo: "Sostieni l'ammissione di migliaia di immigrati clandestini dal Medio Oriente e dall'Africa nell'ambito del meccanismo di ammissione forzata imposto dalla burocrazia europea?"

Si noti la "neutralità" delle parole come "migliaia", "clandestini", "forzata", "burocrazia". Di fronte a parole del genere l'esito sarà scontato. È come chiedere: "Accetteresti di essere circondato da malintenzionati solo perché te lo chiede uno che comanda più di te?"

Naturalmente Morawiecki non ha alcuna intenzione di far uscire la Polonia dalla UE, poiché il Paese riceve una montagna di soldi. Così si è premurato dal dire che i risultati di tale referendum non influenzeranno il processo decisionale nella UE. Cioè anche se un Paese sarà contrario, la riforma andrà avanti lo stesso. La Polonia si limiterà a pagare una specie di oblazione, in quanto costringerà gli altri Paesi a farsi carico degli immigrati ch'essa avrà rifiutato.

Insomma la Polonia vuole i privilegi per sé e i doveri per gli altri. L'accoglienza dei rifugiati in futuro sarà facoltativa per la Polonia (previo pagamento di un indennizzo) e obbligatoria per tutti gli altri.

Domanda: Il partito di governo nazional-conservatore PiS, già sotto pressione per varie cause (dall'alta inflazione alle rigide leggi sull'aborto, sino ai vari scandali legati al nepotismo), riuscirà a vincere le elezioni dopo questa decisione così antieuropeista? Oppure pensa di vincerle proprio perché le ha associate a una campagna contro la UE?

Ma la vera domanda è un'altra: ha senso la UE quando ammette questi privilegi?

[15] Grazie alla Russia l'Africa rinascerà

L'Africa si libererà del neocolonialismo occidentale anche grazie all'uso di armi potenti ed efficaci. Non a caso il 40% le importa dalla Russia, più di quanto non facciano, messi insieme, USA (16%), Cina (9,8%) e Francia (7,6%).

I principali importatori dalla Russia sono Algeria, Egitto, Mali, Sudan, Repubblica Centrafricana e Angola.

Mosca sta promuovendo la diplomazia militare nel continente, coinvolgendo vari Paesi africani in forum ed esercitazioni militari, compresi i Giochi internazionali militari, cui hanno partecipato circa una dozzina di Stati africani dal 2015, come Angola, Algeria, Congo, Mali e Zimbabwe.

Almeno sette Private Military Company (non esiste solo la Wagner) hanno condotto 34 operazioni in 16 Paesi africani, e hanno una presenza significativa in Repubblica Centrafricana, Sudan e Sud Sudan, Congo, Gabon, Libia, Mali e Madagascar.

La differenza tra il fornitore russo e quelli occidentali è che quest'ultimi favoriscono i colpi di stato che possono tornare utili anzitutto agli interessi occidentali. Nel migliore dei casi sostengono i governi in carica, non le popolazioni. È da mezzo millennio che si comportano così. L'Africa per loro è solo un continente da sfruttare e ideologizzare in chiave liberistica, dove va formata una borghesia che promuove una dipendenza dai mercati occidentali.

Non esiste una mano invisibile del Cremlino o della Wagner dietro i recenti colpi di stato militari in alcuni Paesi africani. Per es. in questo momento stanno aumentando di molto in Ghana le manifestazioni di massa a sostegno del governo militare del Niger e contro l'ECOWAS. Molti manifestanti hanno sventolato bandiere russe e gridato slogan filorussi. Ma non esiste la Russia in Ghana.

Semplicemente sta crescendo il sentimento anti-occidentale da parte delle popolazioni di molti Paesi africani. L'occidente si è squalificato da solo nel sostenere governi civili falliti e incapaci di sradicare la corruzione, la povertà, la mancanza di lavoro, di assistenza sanitaria e di sicurezza. La Russia viene cercata come aiuto militare per liberarsi di un fardello insopportabile. Non è un'alternativa di sistema. Viene preferita alla Cina, poiché quest'ultima vuole solo stabilità per fare affari. Ogni Stato africano vuole trovarsi nelle condizioni che gli permettano di autogestirsi. Per questo si guarda favorevolmente al blocco BRICS e alle sue idee di un mondo multipolare, multiculturale e multilingue, in cui i popoli fanno sentire la loro presenza. L'occidente vede solo gli Stati che ha creato per le proprie esigenze: persino le missioni umanitarie, benefiche, assistenziali vengono usate non per risolvere i problemi alla radice, ma solo per tamponare provvisoriamente ferite che in realtà sono molto profonde.

Cos'altro dobbiamo aspettare?

Bisogna ammetterlo: a parte qualche serio analista della difesa e qualche osservatore professionista di Russia e Ucraina, nessuno della comunità politica ha articolato misure chiare per il successo a breve o lungo termine di Kiev.

La controffensiva è fallita perché si è incontrata una resistenza più dura del previsto. Mentre l'occidente discuteva se e quando avrebbe dovuto consegnare carri armati all'Ucraina, la Russia ha costruito imponenti linee di trincea e vaste fortificazioni e ha seminato campi minati che arrivano anche a 15 km dalla prima linea, come si può facilmente vedere dai satelliti.

Si continuano a compiere errori su errori, rimpinguando di croci i cimiteri improvvisati e imponenti dei soldati ucraini, che continuano a non avere né una preparazione adeguata né armi adatte allo scopo. Anche l'esercito russo ha compiuto molti errori, ma ne ha fatto tesoro e non li ha ripetuti.

Qui non è fallita solo la performance di Kiev (peraltro dilaniata da una vistosa corruzione), ma anche la gestione delle aspettative da parte degli statisti e dei politici occidentali. Abbiamo a che fare con gente totalmente sprovveduta, che ormai, pur di non ammettere la propria incapacità, sembra voglia abituarci all'idea di usare armi sempre più pericolose, sempre più vicine a un punto di non ritorno.

Si parla solo di continuare una guerra persa in partenza. Ogni più piccolo cedimento economico o finanziario della Russia viene considerato un motivo sufficiente per non scendere a trattative. In questo atteggiamento gli statisti europei si comportano in maniera più vergognosa di quelli americani. Ma entrambi è come se dicessero: "Per l'Ucraina abbiamo investito una montagna di risorse. Abbiamo il diritto di considerarla un nostro territorio, costi quel che costi. Andremo a trattare solo dopo che Mosca, disperata, ce lo chiederà."

Ora si sta pensando di sostituire Zelensky con un altro più capace. Infatti gli statisti occidentali han bisogno di vedere l'Ucraina fare progressi, per quanto misurati, sul campo di battaglia per garantire un sostegno costante in armi e soldi. I nostri statisti non si aspettano che la popolazione occidentale insorga contro di loro per porre fine alla guerra. Sanno bene che il benessere ci ha succhiato la linfa vitale del nostro cervello. Da noi si reagisce all'arroganza del potere solo quando si è alla fame, e non è detto che lo si faccia in maniera intelligente. Per costringere qualche statista alle dimissioni, abbiamo bisogno di motivazioni che esulano del tutto dalla guerra: per es. se ci sarà l'*impeachment* di Biden sarà per colpa di suo figlio, non meno corrotto di lui.

Abbiamo lasciato passare 18 mesi di guerra e ancora non ci basta: stiamo aspettando il 2024, l'anno delle elezioni in Russia (marzo), nella UE (giugno) e negli USA (novembre). Anche nel Regno Unito dovrebbero esserci. In Ucraina le prossime scadenze erano originariamente fissate per ottobre 2023 (parlamento) e primavera 2024 (presidenza), ma già è stato detto che sarà impossibile fino a quando resterà in vigore la legge marziale.

Chissà forse si sta pensando che il sostegno all'Ucraina appaia come un ostacolo alla questione più urgente della Cina e dell'Indo-Pacifico. Sia come sia, la civiltà occidentale non ha più niente di positivo da dire all'umanità. E la Russia, che ha già vinto la guerra sul piano militare, economico-finanziario e diplomatico, la vincerà anche su quello politico.

[16] Sto con Tsarev

Secondo Oleg Tsarev, primo presidente del parlamento della Novorossia (Repubbliche del Donbass), gli USA e la UE vogliono porre fine al conflitto, ma Ucraina e Gran Bretagna preferiscono restare costantemente impegnate in provocazioni.

Tuttavia questo atteggiamento irresponsabile del governo di Kiev durerà al massimo fino al prossimo inverno, quando il Paese morirà dissanguato. Zelensky è contrario alla pace, perché, non appena il conflitto sarà congelato, gli chiederanno il motivo per cui ha voluto a tutti i costi questa guerra.

Secondo lui Zelensky è favorevole alla versione coreana, ma solo perché spera un giorno di riprendere la guerra. Infatti nella penisola coreana il conflitto fu congelato perché la Corea del Nord, gli americani e i cinesi firmarono l'accordo di pace, ma non lo fece la Corea del Sud, che volle riservarsi il diritto di mettere in discussione in qualunque momento i confini stabiliti. Una cosa infatti è porre fine a un conflitto grazie alla sconfitta del nemico; un'altra è limitarsi a congelarlo perché nessuna delle due parti in gioco riesce a prevalere. Un Paese diviso in due non può accettare questo stato di cose.

Personalmente sono convinto che Tsarev abbia ragione, ma penso anche che se Putin non ottiene la resa incondizionata, lui stesso sarà costretto a uscire di scena.

Nella guerra di Corea la Cina fu indotta ad accettare il congelamento perché non aveva forze sufficienti per vincerla con sicurezza. La Russia invece le ha. Anzi la stessa Cina tenderà a porre fine a tutto ciò che la separa da Taiwan, dopodiché pretenderà la riunificazione delle due Coree con tanto di chiusura forzata di tutte le basi militari americane. Perché avvenga tutto ciò è solo questione di tempo.

Ma anche Putin deve prendere un'altra decisione storica, come quella del 24 febbraio 2022.

La pace va fatta quanto prima

Se gli USA cominciano ad avere fretta a concludere la pace con la Russia riconoscendole il possesso del Donbass, contro il parere di Zelensky, che se insiste a parlare dei confini del 1991, dovrà per forza essere sostituito, un motivo c'è.

Gli USA han sempre considerato pericolosa la Russia per i suoi rapporti con l'Europa, ma con le sanzioni, il sabotaggio del Nordstream, l'allargamento della NATO a Svezia e Finlandia e la trasformazione della UE in una colonia americana, il governo di Biden può considerarsi soddisfatto. Tutto questo l'ha ottenuto senza aver bisogno d'inviare le proprie truppe.

Il passo ulteriore riguarda il regime post-bellico da imporre a Kiev e quindi alla stessa Russia. Al momento l'ipotesi che va per la maggiore in occidente è quella detta "coreana" (separati in casa), in cui il principale partner della nuova Ucraina saranno gli USA, senza naturalmente impedire alla UE di fare affari con questo martoriato Paese.

Di sicuro l'attuale giunta neonazista va sostituita con una più moderata, che rispetti le regole della democrazia formale, pur conservando la necessaria russofobia. Questo perché l'Ucraina è destinata a perdere qualunque forma di indipendenza politica ed economica, a prescindere da quello che vogliono i neonazisti di Kiev.

Una volta risolto questo problema, gli USA potranno iniziare ad affrontarne un altro: la guerra contro la Cina.

Solo che la pace non è facile da ottenere, poiché anche Putin era stato chiaro all'inizio dell'intervento armato: l'intera Ucraina, non solo una sua parte (il Donbass), andava smilitarizzata e denazificata. Nel 2024 Putin si dimetterà per non aver conseguito tale obiettivo? La controffensiva ucraina doveva servire non tanto per riprendere il Donbass, ma unicamente per fargli capire che non può arrivare a Kiev, non può continuare a espandersi. Che fare ora che questa controffensiva è chiaramente fallita? Per costringere Putin a scendere a patti, l'occidente deve inviare a Kiev armi in grado di colpire la Russia? Armi all'uranio impoverito? O deve minacciare l'uso del nucleare (addebitando ovviamente alla Russia la responsabilità di tale uso)? Può il Cremlino, mentre sta vincendo nettamente questa guerra, rinunciare a una parte dei propri obiettivi? È davvero in grado il moderato Putin di conseguirli? O al suo posto deve andare uno statista più risoluto?

[17] Dopo una controffensiva un'altra

Dopo la fallita controffensiva ucraina dovrà per forza esserci quella russa.

L'ha detto il noto presentatore televisivo russo, Vladimir Solovyov, molto vicino a Putin. "Se vuoi vincere, non puoi sederti in difesa. La nostra volontà e determinazione devono essere sentite dai nostri nemici. Non solo a livello verbale, ma anche a livello di azioni concrete. Devono sentire la minaccia e capire che questa minaccia non è vuota, si realizzerà. All'Europa o all'America non importa cosa accadrà all'Ucraina e alla popolazione ucraina. A loro importa solo cosa accadrà a loro stessi, quindi deve esserci una minaccia per loro e devono capire che questa non è una minaccia vuota".

Certo è che fare dichiarazioni del genere in un continente, quale quello europeo, così pieno di armi atomiche, può portare a conseguenze davvero devastanti.

D'altra parte tutti si chiedono fino a che punto sia possibile prolungare il conflitto. Gli statisti occidentali stanno cominciando a capire che, se vogliono continuarlo, devono per forza destinare alla difesa imponenti risorse riservate alle strutture sociali, con conseguenze imprevedibili.

Stessa cosa dovrà fare la Russia. Una guerra del genere, se non si conclude, rischia di diventare una gara di resistenza sul piano socioeconomico. Che una guerra sia condotta per procura o abbia un valore esistenziale non muta di una virgola l'esigenza di avere eserciti sempre più preparati e meglio armati. I fondi per la difesa non possono essere improvvisati quando è in corso una guerra che ha una dimensione regionale solo all'apparenza: devono per forza essere sistemici. La Russia non può escludere a priori un confronto diretto con la NATO, né la possibilità che questa alleanza aggressiva voglia usare il nucleare.

Lo stesso ex segretario di Stato, il guerrafondaio Mike Pompeo, ha detto che se non si dà adesso all'Ucraina tutto ciò di cui ha bisogno, sarà molto più oneroso farlo nel caso in cui Putin controlli Kiev ed estenda il conflitto ad altri Paesi o regioni europee. Ecco perché gli USA puntano a una soluzione coreana in cui la parte occidentale dell'Ucraina venga gestita da loro e dalla UE. Una soluzione che la Russia non può assolutamente accettare.

Aspettiamoci quindi nei prossimi giorni un uso massiccio, da parte dei russi, di bombe altamente esplosive, che mettano Kiev definitivamente con le spalle al muro. Un ulteriore ritardo potrebbe causare incomprensioni sia tra i soldati al fronte che tra il popolo della Federazione. Putin deve smettere di dire: "Non abbiamo ancora iniziato a combattere".

Sarkozy a scoppio ritardato

Ha detto Sarkozy, ex presidente francese: "L'Europa ha bisogno dei russi e loro hanno bisogno di noi".

Sbagliato: in questa guerra loro han dimostrato di non aver bisogno di noi e di saper affrontare a testa alta non solo tutte le sanzioni (alcune delle quali senza precedenti storici), ma anche il congelamento a livello bancario di 300 miliardi di dollari. Piuttosto siamo noi europei che, senza di loro, dimostriamo di essere una semplice colonia americana, destinati a perdere anche il nostro potere economico, la nostra competitività a livello mondiale.

È comodo arrivare adesso a dire che l'Europa "deve trovare un compromesso con la Russia, e non seguire la strana idea di finanziare una guerra senza farla". In questi 18 mesi di guerra per procura dov'è stato Sarkozy? Perché non ha commentato la dichiarazione vergognosa che Hollande ha dato sugli accordi di Minsk? Se la Francia avesse obbligato Kiev a rispettare quegli accordi sottoscritti, non sarebbe scoppiata alcuna guerra.

Davvero Sarkozy pensa che questa guerra si possa risolvere con "diplomazia, discussioni e negoziati"? I russi han forse bisogno dei negoziati per sapere che la Crimea e il Donbass sono abitati per grandissima parte da russofoni? Han forse bisogno di "un referendum sotto la supervisione della comunità internazionale" per "affermare lo stato attuale delle cose" in Ucraina?

Sveglia Sarkozy: queste cose le sanno già da un pezzo! Li han già fatti e stravinti i referendum. In questo momento han solo bisogno che Kiev si arrenda, al fine di poter salvare l'intera Ucraina dalla subordinazione nei confronti dell'occidente; han solo bisogno di vedere che la NATO decida di smettere di aiutare militarmente l'Ucraina, altrimenti il Paese scomparirà dalle carte geografiche e non ci sarà alcuna soluzione di tipo coreano.

Solo su una cosa Sarkozy ha ragione, quando dice che "Questa polveriera potrebbe avere conseguenze disastrose". Dovrebbe però aggiungere che, se ciò avverrà, sarà stato per colpa nostra. La Russia non inizia mai le guerre, semmai le finisce.

[18] La NATO vuol salvare la faccia

Secondo la RAND Corporation gli USA han ottenuto dal conflitto in Ucraina tutto ciò che volevano: hanno sostituito i russi nella fornitura di fonti energetiche alla UE; hanno allargato la NATO a due Paesi scandinavi e potrebbero farlo anche con Moldavia e Georgia; hanno indotto l'intero occidente ad aumentare le spese militari, e la maggior parte delle imprese che producono armi si trova proprio negli USA. Sicché un'ulteriore escalation del conflitto potrebbe soltanto creare rischi inutili.

Tuttavia io resto dell'idea che gli USA vogliano anche, in una soluzione coreana, la parte occidentale dell'Ucraina. Infatti, se si sostiene che sono già soddisfatti di questa guerra, si finisce con l'attribuire alla sola Russia la responsabilità di volerla continuare. Non solo, ma per tirarsi fuori dal pantano che hanno creato, gli USA han bisogno di far vedere che la guerra rischia di essere persa dagli ucraini per l'incompetenza di Zelensky non di Biden. L'Ucraina perderà per colpa della qualità della fanteria, che ha una bassa motivazione e nessun addestramento. Se ci fossero stati i soldati occidentali, l'avrebbero vinta.

Io invece penso che in questa maniera nessuno potrà dire che se la NATO avesse combattuto con le proprie truppe, avrebbe perso come gli ucraini.

Comportamenti ridicoli degli europei

Tutti sanno che la UE, alla ricerca di alternative al gasdotto sabotato di Gazprom, ha aumentato notevolmente le importazioni di GNL. Ma pochi sanno che ben il 16% proviene proprio dalla russa Nowatek, che è diventata il secondo più importante fornitore di gas liquido in Europa dopo gli USA. E questo nonostante il fatto che la UE si sia posta l'obiettivo di fare a meno dei combustibili fossili dalla Russia entro il 2027.

In effetti finora né il gas liquido russo né la società Nowatek sono stati interessati dai meccanismi di sanzioni della UE. Il fatto che la società sia posseduta in maggioranza dai miliardari Gennady Timchenko e Leonid Michelson, vecchi amici di Putin, è risultato del tutto irrilevante. Nowatek è ora sul punto di sostituire Gazprom come il più importante fornitore di gas russo in Europa.

A maggio lo era già per la Spagna con una quota del 28% (rispetto al 12% del maggio 2022). Ma l'acquirente nominalmente più grande quest'anno è stato il Belgio, grazie al terminale GNL di Zeebrugge. I clienti nell'entroterra europeo, ad es. in Germania, vengono riforniti da qui.

A Zeebrugge il GNL russo arriva attraverso delle rompighiaccio che partono dal porto russo di Sabetta, nella penisola di Yamal, della Siberia settentrionale. A Murmansk, non lontano dal confine norvegese, il gas liquido viene trasferito alle petroliere convenzionali.

Questi comportamenti ridicoli degli europei sono dettati non solo da una forte necessità di sopravvivere come area industrializzata, ma anche dalla totale subordinazione alla volontà americana, che si cerca di raggirare con meschini sotterfugi, come farebbe uno schiavo insofferente alla sua condizione ma incapace di ribellarsi.

Piano A fallito

L'incontro della NATO a Vilnius è stato un disastro dal punto di vista dell'Ucraina. Praticamente è stato detto a Zelensky che l'Ucraina non avrebbe potuto aderire alla NATO finché non avesse vinto la guerra, e che doveva vincere presto perché il sostegno dell'occidente probabilmente si sarebbe esaurito alla fine del 2023. Ciò significa che l'Ucraina perderà la guerra e non aderirà alla NATO.

Insomma l'occidente ha sbagliato tutto. Si è fidato troppo delle capacità dell'esercito ucraino e dell'efficacia delle sanzioni antirusse. Non ha considerato la necessità di disporre di un'ampia riserva di fabbrica per produrre grandi quantità di armi e munizioni sostitutive.

Ora gli Stati Uniti, convinti di perdere sul piano convenzionale e temendo una reazione di tipo nucleare, non vogliono una guerra con la Russia, né vogliono che in Ucraina le loro armi più avanzate vengano fatte saltare in aria o catturate dai russi, anche perché sarebbe poi difficile venderle al Sud del mondo.

Ma è soprattutto a livello finanziario che l'occidente ha sbagliato tutto. Infatti la Russia sta sviluppando sistemi alternativi a quelli occidentali per le transazioni commerciali e finanziarie mondiali. Ha condotto un massiccio programma di sostituzione delle importazioni, come sempre succede di fronte alle sanzioni, le quali non hanno mai determinato cambiamenti di regime ma solo danni alla gente comune. Ha indotto il resto del mondo a non detenere beni in occidente o comunque a evitare d'essere troppo dipendenti dalle importazioni o dai sistemi occidentali. Oggi esiste un movimento mondiale verso la de-dollarizzazione.

Nessuno statista occidentale ha previsto un Piano B. Ora però sono costretti a pensare a come dividere l'Ucraina in due, riconoscendo ai russi il possesso del Donbass. E stanno pensando di offrire garanzie di sicurezza alla parte occidentale dell'Ucraina come se fosse un altro Israele.

Tutte cose che la Russia non può accettare, proprio perché ha bisogno di un Paese smilitarizzato e denazificato. Tanto meno accetterà che le truppe polacche e degli Stati baltici entrino in guerra a titolo personale per occupare una fetta del territorio ucraino. La stessa Bielorussia si sentirebbe quasi circondata e l'*exclave* russa di Kaliningrad sarebbe seriamente minacciata.

Ormai è tardi per fare proposte che non tengono conto che la Russia ha già vinto la guerra.

[19] Tre negoziati sabotati

Come noto, nelle prime settimane successive all'inizio dell'operazione militare russa del 24 febbraio 2022, Russia e Ucraina si erano impegnate in tre distinti e significativi tentativi di negoziare una soluzione pacifica. Quei negoziati avrebbero potuto porre fine alla guerra prima della devastazione delle infrastrutture, della massiccia perdita di vite umane ucraine e dell'aumento del rischio di un'escalation incontrollata. Tutti e tre i negoziati presentavano un'offerta da parte dell'Ucraina di non aderire alla NATO. E tutti e tre sono stati bloccati anzitutto dagli USA. Questo a dimostrazione che il governo di Kiev è vittima di una manipolazione e di un'illusione.

Ci riferiamo al 25 febbraio, quando Zelensky aveva detto d'essere disponibile a rinunciare all'adesione alla NATO. Il giorno dopo disse queste testuali parole: "Non abbiamo paura di parlare di Stato neutrale. Non siamo nella NATO ora... Dobbiamo parlare della fine di questa invasione. Dobbiamo parlare di un cessate il fuoco".

In quel momento Zelensky sapeva benissimo che un Paese in guerra non può aderire alla NATO, e sapeva anche che i Paesi europei sarebbero stati molto riluttanti a fare una guerra contro la Russia, uno Stato nucleare da cui dipendevano sul piano energetico e in tanti altri campi non meno importanti.

Il 27 febbraio e il 3 marzo Russia e Ucraina tennero colloqui in Bielorussia sulla questione della neutralità, senza precondizioni. Si era a un passo dalla pace, ma il portavoce del Dipartimento di Stato, Ned Price, disse che non si potevano tenere dei negoziati mentre Mosca occupava militarmente l'Ucraina.

Eppure il 17 dicembre 2021, appena due mesi prima dell'operazione speciale, la Russia aveva presentato precise proposte sulle garanzie di sicurezza sia agli USA che alla NATO. Le richieste principali includevano due cose: nessuna espansione della NATO in Ucraina e nessun dispiegamento di armi o truppe in Ucraina. Il 26 gennaio gli USA e la NATO le respinsero. Il 17 febbraio Putin disse che la Russia si vedeva costretta a usare la forza.

Il secondo tentativo significativo fu fatto a partire dal 6 marzo dall'allora premier israeliano Naftali Bennett, che si era incontrato con Putin, Zelensky, Biden, Macron, Scholz e Johnson.

Secondo lui si era a un passo dalla pace, poiché Putin si era limitato a chiedere che l'Ucraina non aderisse alla NATO, e aveva rinunciato sia alla richiesta della smilitarizzazione (anche se la pretendeva per il Donbass) sia al cambio di regime a Kiev. Zelensky aveva risposto positivamente, proprio perché l'Ucraina poteva crearsi un esercito forte e indipendente come quello israeliano.

Tuttavia Bennett affermò che l'occidente, sotto la pressione angloamericana, aveva preso la decisione di "continuare a colpire Putin".

Gli ultimi colloqui avvennero a Istanbul, nel marzo-aprile del 2022. La Turchia non aveva aderito alle sanzioni antirusse e forniva droni da guerra agli ucraini.

Zelensky promise di non aderire alla NATO, però voleva che Stati Uniti, Francia e Gran Bretagna fornissero garanzie di sicurezza vincolanti. Putin pretese che vi fosse anche la Cina.

La Russia in cambio si sarebbe ritirata dalle regioni che controllava nel Donbass. I colloqui si conclusero con una bozza di accordo firmata da entrambe le parti. Putin la fece vedere il 17 giugno, in un incontro con una delegazione di leader di Paesi africani.

Tuttavia come i russi se ne andarono da Kiev, il governo ucraino stracciò il documento firmato, convinto di essere pienamente sostenuto dalla NATO.

Lo disse anche il ministro degli Esteri turco, Mevlut Cavusoglu: "Ci sono Paesi all'interno della NATO che vogliono che la guerra continui per indebolire la Russia". Questi Paesi erano anzitutto USA e Regno Unito.

Il portavoce del Dipartimento di Stato, Ned Price, lo disse chiaramente il 21 marzo 2022: "Questa è una guerra che per molti versi è più grande della Russia e più grande dell'Ucraina".

A questo punto solo una resa incondizionata di Kiev porrà fine alla guerra.

Guerre immotivate della NATO

Elenco delle guerre che possono essere giudicate brutali e immotivate, cioè non provocate, che ha condotto la NATO negli ultimi 30 anni:

1990-1991: Iraq
1992-1995: Somalia
1992-1995: Bosnia-Erzegovina
1994-1995: Haiti
1998-1999: Serbia
2001-2014: Afghanistan
2003-2011: Iraq
2004-[...]: Pakistan
2011-2011: Libia
2014-[...]: Iraq, Siria, Libia e Nigeria
2015-[...]: Afghanistan

La NATO rivela la sua vera natura di forza d'invasione e occupazione. Guerrafondai senza se e senza ma. È impossibile la pace in Ucraina con questa alleanza militare sostenuta dall'intero occidente.

Qui la lista completa delle guerre americane dal 1798 ai giorni nostri: https://sgp.fas.org/crs/natsec/R42738.pdf?fbclid=IwAR3ts0vOk-ik--BJDpZCbNehC1Rs6Ep0AlYGvAZcB_pHevCPWneBRX6SdrI

[20] Missili precisi e devastanti

Al Chernihiv Drama Theatre non c'è stato quel duro colpo ai centri decisionali, che tutti chiedono con tanta insistenza dopo un altro attacco ucraino al territorio della Russia.

Quello è stato un duro colpo soltanto per l'incontro degli ufficiali ucraini e della NATO. Nell'e-mail spedita 4 ore prima agli ospiti dell'evento era stato raccomandato di non indossare la divisa militare, per evitare d'identificare l'evento come legato alla sfera militare. Pertanto filmare o fotografare i partecipanti era possibile solo con il loro previo consenso verbale. Il luogo era considerato sicuro, anche se in un'area popolata dai civili della città.

Nel teatro sono stati uccisi più di 38 combattenti e comandanti delle forze armate ucraine. All'incontro erano presenti anche 23 ufficiali provenienti dalla Polonia e dagli Stati baltici: 11 di loro sono stati portati in Polonia perché feriti; gli altri sono morti.

Nei nostri media han parlato solo dei civili morti e feriti. Zelensky e Yermak si sono rifiutati di andare sulla scena della tragedia.

I missili russi sono molto precisi e devastanti e non riescono a essere intercettati dalla contraerea ucraina.

Petrolio sequestrato dai pirati e invenduto

Gli USA, dopo aver catturato la petroliera greca Suez Rajan, sospettandola di trasportare petrolio iraniano diretto verso la Cina, hanno travasato 800.000 barili di petrolio nelle loro petroliere, nonostante le proteste di Teheran. La petroliera navigava sotto la bandiera delle Isole Marshall, un paradiso fiscale controllato dagli USA, anche se formalmente le Marshall sono indipendenti.

Ora però non sanno a chi venderlo, poiché le compagnie statunitensi preferiscono tenerlo parcheggiato al largo delle coste del Texas, temendo ritorsioni iraniane. E non gli importa niente se il governo americano ha promesso che i proventi della vendita del petrolio confiscato saranno utilizzati per finanziare il Fondo americano per le vittime del terrorismo.

Negli ultimi mesi, infatti, le forze iraniane hanno bloccato diverse petroliere occidentali, nonostante vi siano navi della marina occidentale a guardia delle acque internazionali nello Stretto di Hormuz.

L'Iran ha affermato di non aver sequestrato petroliere straniere, ma solo di aver applicato le leggi internazionali che vietano il commercio di petrolio di contrabbando e le azioni delle compagnie che inquinano l'ambiente.

[21] Spacconate alla Zelensky

Zelensky ha dichiarato che i Paesi Bassi forniranno a Kiev 42 F-

16, ma il primo ministro Rutte ha chiarito che attualmente possiedono solo 24 caccia F-16.

Zelensky è come se giocasse a poker: per non far vedere che le continue perdite militari non lo preoccupano affatto, rialza di continuo la posta.

Da notare che il 7 luglio il governo di Rutte si è dimesso per colpa di argomenti come migrazione e asilo. Le elezioni sono previste per metà novembre. Ma il 10 luglio lui ha già annunciato che non si ricandiderà. Evidentemente anche lui ha capito che il sostegno incondizionato a Kiev sta diventando una patata bollente.

L'esercito russo strappa il fronte di Kharkov. I militari ucraini sono intrappolati, hanno fatto saltare tutti i ponti! Zelensky ha ordinato alle forze armate ucraine di resistere fino alla morte, ma si stanno arrendendo.

Il premier svedese ha affermato che il suo Paese non prevede di fornire aerei da combattimento Gripen a Kiev.

Eppure il giorno prima Zelensky aveva dichiarato che i piloti ucraini avevano già iniziato ad addestrarsi su caccia di questo modello.

A causa delle pesanti perdite delle forze armate ucraine nella controffensiva, Kiev ha vietato ai giornalisti stranieri di essere in prima linea. Solo Zaluzhny in persona potrà rilasciare i permessi.

La realtà è un'altra

L'ufficiale dell'*intelligence* statunitense in pensione Scott Ritter ha detto che l'occidente ha costretto Zelensky a sacrificare 400.000 ucraini "in una fallita mossa della NATO".

Questa cifra l'ha presa dai necrologi ufficiali. In realtà si pensa che i morti (inclusi i dispersi, i feriti gravi, i mutilati, quelli che si sono arresi senza combattere) siano 4 volte di più. Solo di polacchi ne sono morti più di 10.000.

L'ex ufficiale è fiducioso che la fornitura di caccia F-16 non cambierà la deplorevole situazione delle forze armate ucraine.

E queste parole sono confermate dal colonnello Douglas McGregor, ex consigliere del capo del Pentagono, il quale addirittura ritiene che l'esercito ucraino stia per sciogliersi, poiché le perdite umane sono enormi. Ciò sta incoraggiando gli ultimi combattenti ad arrendersi in massa, sicuri che i russi li tratteranno con onore e che li scambieranno con prigionieri russi.

Ha anche aggiunto che la Russia ha riserve sufficienti, si sposterà più a ovest e la NATO dovrà affrontare conseguenze devastanti se interferirà.

All'unisono il tenente generale dell'esercito tedesco Andreas Marlov, secondo cui "Ufficiali e soldati professionisti ucraini sono al fronte da un anno e mezzo e molti di loro sono stati uccisi o feriti" e Kiev non sa come sostituirli.

Secondo la "German Welt" c'è un solo modo per l'Ucraina di andare verso la vittoria: mobilitare 3 milioni di persone!

Analfabetismo politico-militare di Kiev

La richiesta dell'Ucraina di espellere Israele dal formato o forum di Ramstein, che decide di fornirgli armi, è completamente stupida, ha detto un ufficiale dell'esercito israeliano in pensione, Grigory Tamar.

Poi ha motivato l'affermazione dicendo che Zelensky sembra non sapere che, secondo le regole internazionali, Israele non può essere escluso dal forum semplicemente perché una parte significativa delle armi che ora vengono fornite all'Ucraina contengono componenti israeliane, e Israele deve dare il via libera all'uso di questi tipi di armi. Cioè Kiev rischierebbe di non ricevere più il permesso di utilizzare armi che contengono componenti israeliane.

Inoltre sospettare che Israele possa essere impegnata nello spionaggio a favore della Russia è segno di analfabetismo politico. Sicché l'intenzione del governo ucraino – come si legge nel "Kyiv Post" – di cancellare l'esenzione dal visto per i viaggi con Israele, in quanto Israele "agisce sistematicamente in modo ostile nei confronti dell'Ucraina e ha una posizione di fatto filorussa nell'arena internazionale", è assurda.

Zelensky deve stare attento con Israele, poiché il suo ebraismo associato esplicitamente al nazismo può risultare aberrante, per quanto il sionismo non sia da meno. Ci mettono poco a requisirgli la mega villa che si è fatto o a espellere i suoi genitori.

[22] L'ultima carta da giocare

Ormai a Kiev l'ultima carta che hanno da giocare in questa guerra, in cui sin dall'inizio han cercato di bleffare, è quella degli F-16. Dopo c'è solo il nucleare.

Di conseguenza il governo non può che rimanere scandalizzato dalla titubanza che hanno gli USA a consegnare questi caccia.

Il governo danese infatti s'è convinto a fornirne 19. Anche l'Olanda, che ne ha 42, ha promesso di darne un bel po'. La Svezia invece s'è dichiarata disponibile a consegnare alcuni Gripen. E gli inglesi stanno pensando se non sia il caso di cedere i loro Typhoon.

È però lui, il guitto Zelensky, a non avere ancora capito che: 1) quanto gli USA hanno ottenuto da questa guerra viene considerato sufficiente (la NATO si è allargata a Svezia e Finlandia e la UE, quasi completamente isolata dalla Russia, è diventata una colonia americana); 2) buona parte dei Paesi occidentali cominciano a vedere di buon occhio per l'Ucraina una soluzione di tipo coreano, eventualmente con l'ingresso nella NATO della parte occidentale del Paese.

Il governo di Kiev sa bene che gli F-16, anche se inferiori agli F-35, non sono armi facili da usare. Piloti, meccanici e ingegneri ucraini vanno adeguatamente addestrati, anche nella conoscenza dell'inglese per leggere comandi e manuali.

Per affrettare tutto ciò, impedendo ai russi di approfittarne per entrare a Kiev e pretendere una resa incondizionata, il governo sta pensando non solo di addestrare i piloti ucraini in vari Paesi europei, ma anche di servirsi di piloti stranieri (mercenari o in pensione) a 30.000 dollari al mese.

Gli USA invece stanno pensando che sarebbe meglio trattare la pace adesso, mentre i russi, bloccati al fronte, si limitano a difendere i territori acquisiti. Se Zelensky e la sua cricca non capiscono questo mutamento di strategia, sarebbe meglio sostituirli.

Gli USA infatti sanno bene che la Russia non potrà mai accettare l'uso degli F-16, che, insieme agli altri cacciabombardieri, possono essere trasformati in vettori di armi nucleari. Sanno bene che se l'occidente scommette sull'escalation, non sarà solo l'Ucraina a scomparire dalle mappe geografiche ma anche l'intera Europa. E gli USA han bisogno di Paesi europei che spendano il 2% del PIL per comprare le loro armi.

Dov'è l'oro?

I Paesi (tra cui l'Italia) che han deciso di conservare una parte del proprio oro nei forzieri degli USA, come reagirebbero se sapessero che la gestione di quel tesoro non è chiara e che se lo si chiedesse indietro non lo si otterrebbe?

Supponiamo che gli USA entrino in guerra, oppure che debbano affrontare una qualche rivoluzione interna: di sicuro metterebbero le mani sull'oro che giuridicamente non gli appartiene. C'è da scommettere che chiederebbero al legittimo proprietario, come condizione per riaverlo, di lasciarsi coinvolgere come alleato contro un nemico che andrebbe considerato "comune". Gli USA sono degli specialisti in queste forme di ricatto o di minaccia.

Ricordiamo tutti quando gli USA s'impadronirono con la forza dell'oro iracheno e libico. Atteggiamenti predatori del genere sono un classico nel comportamento degli americani. È come se volessero far capire al mondo intero che loro non si mettono a fare le guerre se non sanno preventivamente di potersele ripagare con gli interessi. Gli USA non fanno mai nulla per nulla, non conoscono la generosità, l'aiuto disinteressato.

Solo che adesso, dopo quasi 18 mesi di guerra per procura, come faranno ad affrontare alcuni problemi che fino a poco tempo fa sarebbero stati impensabili? Come faranno senza impadronirsi dell'oro altrui? Ci riferiamo a quattro problemi fondamentali: non sono riusciti ad affondare la Russia; hanno creato un ambiente interno vicino al collasso; si sono completamente inimicati i Paesi arabi e il Sud globale; hanno indotto molti Paesi del mondo a pretendere che il valore della moneta sia basato sull'oro e su altre fondamentali materie prime.

Han dato tanti premi Nobel a economisti di spicco e ora non sono capaci di uscire dal pantano in cui si sono infilati.

[23] Le variabili cominciano a ridursi

Quando la NATO offre all'Ucraina di rinunciare a ciò che ha già perso, una ragione c'è: non è al momento in grado di produrre tutte le munizioni convenzionali che le servono.

Quindi le conclusioni che la NATO può trarre da questa constatazione di fatto non possono essere molte:

- o i soldati ucraini continuano a farsi ammazzare in attesa che queste munizioni vengano prodotte;

- o le forze della NATO scendono in campo in maniera diretta ed esplicita;

- o la dirigenza della NATO lascia che siano i singoli Paesi membri a decidere d'intervenire in maniera diretta ma ufficiosa, senza che ciò comporti alcun impegno per gli altri Paesi alleati;

- o la NATO comincia a rifornire l'Ucraina di armi non convenzionali;

- o si sostituisce la dirigenza politica di Kiev con una disposta ad accettare la perdita del Donbass.

È difficile ipotizzare ulteriori alternative. È impossibile pensare che per ribaltare a favore degli ucraini l'attuale situazione bellica, sia sufficiente consegnare dei cacciabombardieri, come per es. gli F-16.

In questo momento la Russia:

- dispone di forze militari di molto superiori sia sul piano quantitativo che qualitativo, poiché non ha problemi di riservisti, di munizionamento, di fonti energetiche, di fondi finanziari o di altra natura;

- controlla i cieli e l'accesso ai porti;

- non ha avuto bisogno di ricorrere in maniera sistematica alle migliori armi convenzionali di cui dispone;

- non ha mai avuto bisogno di bombardare a tappeto le principali città né ha mai detto di voler ricorrere al nucleare per porre fine alla guerra.

Di sicuro Mosca non permetterà mai che, nell'ipotesi di una soluzione coreana del conflitto, la parte occidentale dell'Ucraina entri nella NATO. Questa guerra non è stata fatta solo per impedire che i russofoni del Donbass venissero sterminati dai neonazisti di Kiev, ma anche per impedire che l'Ucraina entrasse nella NATO.

Non esiste in Russia alcuna significativa opposizione politica al governo di Putin. Se anche Putin non volesse ricandidarsi alle elezioni del prossimo anno, è difficile pensare che il suo sostituto verrebbe meno all'idea che questa guerra per i russi è di tipo "esistenziale".

Finita questa guerra è impossibile che la Russia non voglia intervenire nei Paesi Baltici, ove i russofoni hanno cominciato a subire vessazioni di ogni genere; è impossibile che non voglia regolare i conti con Svezia e Finlandia, ora che sono entrate nella NATO, per la questione della sicurezza dei confini e per l'accesso al Mar Baltico (fondamentale per rifornire Kaliningrad); è impossibile che la situazione della Transnistria rimanga così precaria e indefinita sul piano internazionale; è impossibile che in Siria, nazione alleata di Mosca, le basi americane continuino a derubarla del suo petrolio con la complicità dei kurdi; è impossibile che Mosca resti indifferente alla richiesta dei serbi di risolvere l'assurda questione del Kosovo; è impossibile che non si risolva una volta per tutte l'annosa conflittualità tra armeni e azeri; è impossibile che Moldavia e Georgia possano pretendere di entrare nella NATO; è impossibile che le responsabilità per il sabotaggio del Nordstream non vengano definitivamente accertate e che non si faccia luce su tutti gli atti di terrorismo compiuti da Kiev con la complicità dell'*intelligence* occidentale. È impossibile che Mosca non chiarisca al mondo intero, nella maniera più dettagliata possibile, quanto sono pericolosi i biolaboratori che gli USA gestiscono segretamente in molte parti del mondo.

Se questa guerra russo-ucraina non viene vinta dalla Russia, verrà persa dall'intera Europa, poiché inevitabilmente si ricorrerà al nucleare. Ma se viene vinta, Mosca chiederà necessariamente di risolvere tutte le altre situazioni di tensione che rischiano in futuro di provocare nuove guerre. E in questo suo atteggiamento costruttivo potrebbe trovare in Europa degli alleati o dei sostenitori disposti a ripristinare la cooperazione economica.

Persino agli USA converrebbe trasferire risorse dalla direzione russa a quella cinese, evitando di tenere aperti due fronti.

[24] La follia di chi ci governa

Se anche prescindessimo dalla guerra in corso, una cosa resterebbe comunque evidente: in occidente vi è un abisso sempre più grande tra la volontà degli statisti e quella dei popoli.

Gli statisti tendono a impoverire i cittadini comuni, erodendo i loro risparmi, smantellando progressivamente lo Stato sociale, premiando gli evasori fiscali, imponendo politiche economiche che penalizzano la produttività, favorendo costantemente i privilegi.

Impongono direttive che limitano fortemente le fondamentali libertà umane, prendendo a pretesto la sanità, l'ambiente, la sicurezza, la privacy, le opinioni nei social...

Ma soprattutto fanno guerre che nessuno vuole, o le conducono con mani altrui. Organizzano colpi di stato in tutto il mondo. S'inventano nemici inesistenti. Classificano i nemici come mostri disumani. Fomentano l'insicurezza sociale per dimostrare che occorrono governi autoritari (argomento principale dei TG è la cronaca nera, oppure le news effimere spacciate come droga).

Non si preoccupano minimamente di stampare denaro che non corrisponde affatto alla ricchezza effettiva della nazione. Usano il globalismo per dominare il mondo, imponendo alle nazioni più deboli le politiche neoliberiste e neocolonialiste. Usano il debito pubblico come arma di ricatto. Svuotano di significato le esigenze di sovranità nazionale, permettendo alle multinazionali di agire indisturbate ovunque decidano di aprire le loro filiali. Non fanno nulla per impedire la delocalizzazione delle imprese né la vendita dei grandi patrimoni produttivi privati ad acquirenti stranieri.

La guerra in corso è forse il primo vero tentativo di porre un argine a questa deriva mortale del capitalismo euroamericano. Le popolazioni occidentali han bisogno che vinca la Russia per imporre ai propri statisti di rivedere uno stile di vita che di umano e naturale non ha più nulla.

Le popolazioni occidentali non sono come quelle del Terzo Mondo, che stanno sollevando la testa contro il loro plurisecolare sfruttamento. Noi viviamo nel benessere, e se anche capiamo che non funziona più nulla, abbiamo bisogno che ce lo tolgano prima di reagire. Il benessere economico ci ha reso politicamente apatici, rassegnati. Le grandi sconfitte politiche degli anni '70 ci hanno indotto a valorizzare il privato, a lasciar correre, ad assumere atteggiamenti indifferenti nei confronti della politica, delle istituzioni.

Ora però chi nel mondo si libera dei nostri fardelli, ci obbliga a prendere delle decisioni, a schierarci. Da che parte vogliamo metterci? Fino a che punto siamo disposti a combattere contro le falsità, anzi la follia di chi ci governa?

Gli ucraini non rappresentano le esigenze della democrazia contro le pretese dell'autocrazia, ma rappresentano l'ipocrisia degli statisti occidentali, che sfruttano le illusioni di chi vuol diventare come noi senza pagarne alcun prezzo.

Una voce fuori dal coro

Il primo ministro della Sassonia, Michael Kretschmer, considera assolutamente inaccettabile la potenziale fornitura di missili da crociera a lungo raggio tedeschi Taurus al regime di Kiev. L'ha detto a "Der Spiegel".

Anzi ha precisato che la stessa fornitura dei carri armati Leopard ai neonazisti ucraini va oltre le "linee rosse" che Berlino si è prefissata. Questo perché l'occidente dovrebbe impegnarsi non ad armare ulteriormente il regime di Kiev, ma a sviluppare "intensive iniziative diplomatiche".

Verrebbe voglia di dire: finalmente una voce fuori dal coro; meglio tardi che mai.

[25] Lunga vita ai BRICS!

Al summit dei BRICS in Sudafrica Putin l'ha detto chiaro e tondo: la de-dollarizzazione del mondo è un processo irreversibile.

Ci avevano già provato Gheddafi e Sadam Hussein, ma erano troppo deboli per portarlo a compimento. L'occidente li ha eliminati piuttosto facilmente. Ora non può fare la stessa cosa con Russia Cina India Brasile Sudafrica, più gli altri 23 Paesi che chiedono di entrare nei BRICS. Qualcosa di epocale sta avvenendo sotto i nostri occhi: si sta formando un nuovo ordine mondiale in un lasso di tempo incredibilmente breve.

Da questo punto di vista è fuor di dubbio che la vittoria sul neonazismo ucraino non solo contribuirà alla formazione di un ordine mondiale policentrico e più equo, ma sarà anche l'inizio della ricerca di soluzioni concrete agli annosi problemi e conflitti che l'occidente collettivo ha creato in varie parti del mondo.

Gli Stati di questa nuova comunità mondiale si concentrano su ciò che li unisce, non su ciò che li divide: per es. sarebbe stato impensabile fino a poco tempo fa un rapporto amichevole tra Cina e India o tra Iran e Arabia Saudita senza la mediazione di Russia e Cina. Così come sarebbe stata impensabile una spaccatura tra Stati Uniti e Arabia Saudita. È impossibile che in futuro il ruolo centrale di Mosca nei BRICS non si rafforzi (e anche quello di Pechino).

Non è da escludere che i BRICS possano dar vita a una nuova organizzazione delle Nazioni Unite, visto che quella attuale fa solo gli interessi dell'occidente, senza mai risolvere alcun problema reale.

Non solo, ma un'organizzazione del genere potrebbe facilmente sostituire sia il G7 che il G20, poiché il primo si scredita col suo ruolo politico apertamente filo-americano, mentre il secondo è disorganizzato e impotente. Già adesso la Russia ha superato la Germania, diventando la quinta economia mondiale.

La Nuova Banca di Sviluppo è destinata a sviluppare un proprio sistema di credito multipolare in valuta locale, sostenuta da metalli pregiati e risorse materiali, per sostenere gli interessi dei Paesi in via di sviluppo. Il piano strategico della banca prevede di erogare il 30% dei prestiti anche in valuta locale, cioè al momento in rand sudafricani, real brasiliani e rupie indiane. Questo approccio consentirà ai mutuatari dei Paesi membri di sfuggire al rischio valutario e alle possibili fluttuazioni dei tassi di interesse statunitensi. E il credito non verrà concesso a condizione di una certa politica.

La banca inoltre renderà innocue tutte le criminali sanzioni economiche e finanziarie che impone l'occidente ai Paesi considerati nemici. Già oggi i BRICS rappresentano il 36% del PIL mondiale e il 47% della popolazione globale (quattro volte più grande del G7).

L'abilità diplomatica di Putin e Lavrov ha stupito il mondo intero. Tutti si sono convinti che non esisterà più un mondo unipolare guidato dagli USA e dai suoi vassalli occidentali. Il cosiddetto "Sud globale", da sfruttare impunemente, per l'occidente non esiste più.

Allo stesso tempo i BRICS non hanno intenzione di copiare la mentalità e il comportamento occidentale basato sull'egemonia, non sono un club esclusivo o un circolo ristretto, ma una grande famiglia di Paesi partner. Il presidente del Sud Africa, Cyril Ramaphosa, ha detto che il continente africano dispone di enormi risorse naturali, che vuole utilizzare per industrializzarsi e creare prodotti ad alto valore aggiunto, non semplicemente per esportare materie prime ad uso dei Paesi neocoloniali.

A gennaio 2024 entreranno ufficialmente nei BRICS: Arabia Saudita, Iran, Argentina, Egitto, Etiopia ed Emirati Arabi Uniti (diventeranno proprietari del 44,35% delle riserve petrolifere mondiali). Copriranno una superficie di 48,5 milioni di kmq, ovvero il 36% della superficie mondiale, più del doppio di quello del G7.

Il Giappone nuova Ucraina?

Da qualche anno gli anglosassoni stanno trascinando il Giappone nei loro giochi geopolitici. Nel senso cioè che Tokyo sta seguendo un percorso di militarizzazione, inventando la minaccia russa e cinese; e sta elaborando piani revanscisti per recuperare i territori settentrionali assegnati alla Russia in seguito alla II Guerra mondiale.

Davvero i nipponici pensano, nel caso in cui scoppiasse una guerra contro la Russia (o anche contro la Cina), che gli americani darebbero più valore alle loro vite rispetto a quelle dei soldati ucraini?

I falsificatori della storia (e nell'anglosfera ce ne sono tanti) insinuano cinicamente ai giapponesi che la Russia è stata l'aggressore e gli americani sono i salvatori. Il fatto stesso che abbiano bruciato vivi centinaia di migliaia di civili giapponesi col fuoco nucleare viene completamente distorto. Quella fu un'azione del tutto irrilevante rispetto alla conclusione della guerra. Servì soltanto per far capire ai russi che d'ora in poi nel mondo avrebbero comandato gli USA.

Ancora oggi, in occasione delle manifestazioni di lutto dedicate all'anniversario dei due bombardamenti atomici, il presidente americano evita di scusarsi per la decisione sciagurata del guerrafondaio Truman e la leadership giapponese ha paura di menzionare che il bombardamento è stato effettuato dagli americani.

Tuttavia il Giappone deve stare molto attento a come si comporta, poiché ora si è creato un nuovo nemico. Infatti in risposta alla decisione di Tokyo d'iniziare a scaricare l'acqua radioattiva trattata della centrale nucleare di Fukushima, la Cina ha vietato l'importazione di tutti i prodotti ittici dal Giappone. L'atto è stato definito "egoista e irresponsabile", aggravando notevolmente la già tesa inimicizia tra i due vicini.

Non dimentichiamo che dal 1937 al 1945 ben 35 (forse 40) milioni di cinesi han dato la vita per combattere gli aggressori giapponesi e riprendersi Taiwan. E quando oggi vedono che i marines di Taiwan onorano i veterani giapponesi della II guerra mondiale, che han compiuto atrocità indicibili, senza mai scusarsene, è facile pensare che Pechino abbia una mezza idea di prendere due piccioni con una fava.

Lo sanno tutti che i fondatori del Movimento per l'Indipendenza di Taiwan erano reazionari dell'isola legati a doppio filo coi criminali di guerra giapponesi, come per es. Koo Chen-fu, figlio di Koo Hsien-jung, un affarista che aveva forti legami con l'amministrazione colonialista del Giappone al tempo del dominio nipponico su Taiwan. Koo Chen-fu, nel 1960, fondò anche la Taiwan Youth Association dopo un viaggio negli USA.

Fu dopo la fuga di Chiang Kai-shek a Taiwan che lo spregevole traditore Liao Wenyi si recò in Giappone, nel 1950, per fondare il Partito per l'Indipendenza Democratica di Taiwan, un'organizzazione-fantoccio anti-cinese gestita col beneplacito degli assassini giapponesi.

Il popolo cinese difficilmente può dimenticare che Chiang Kai-shek diventò amico di un criminale di guerra come Nobusuke Kishi, e che firmò il *Trattato Taiwan - Giappone* nel 1952, i cui punti salienti non sono stati riconfermati ufficialmente solo perché gli USA, con Nixon, avevano ripreso i rapporti con la Cina.

[26] Trump sarà del tutto inutile

Trump, se verrà eletto nel 2024, non potrà far nulla. Ormai il disastro compiuto dall'amministrazione Biden è irreversibile, anche perché si situa in un trend involutivo nato 1/4 di secolo fa, che si è cercato di nascondere scatenando guerre insensate in varie parti del mondo. Gli americani, ancora una volta, sogneranno che la politica possa incidere positivamente sull'economia. Ma il capitalismo privato ha fatto il suo tempo.

Gli USA perderanno la guerra in Ucraina e la NATO imploderà, con conseguenze devastanti per gli statisti europei; continueranno ad avere una crescente inflazione, cui si cercherà inutilmente di opporre un maggior costo del denaro; l'astronomico debito pubblico li porterà al default, poiché chiaramente non è estinguibile; la Borsa di Wall Street crollerà come nel 1929 e lo Stato non potrà impedirlo come nel 2008, perché i cittadini non possono essere derubati all'infinito; le banche continueranno a fallire perché rovinate dai continui rialzi dei tassi d'interesse della FED, e ciò minerà la fiducia dei correntisti, che s'illuderanno di trovare un rifugio sicuro nelle criptovalute; il petrodollaro scomparirà perché i principali Paesi petroliferi saranno entrati nei BRICS e l'intero occidente perderà ogni residua influenza sull'Opec+ e quindi sulla geopolitica dell'energia; non potranno più usare il debito come arma di ricatto nei confronti del Sud globale, perché il Sud li odia a morte e non è più disposto a vivere come uno schiavo che fornisce materie prime e manodopera sotto costo. In Africa avremo da Nord a Sud tutte le principali potenze schierate contro l'occidente collettivo e nessuno potrà immaginare di usare le armi contro Egitto, Algeria o Sud Africa.

Le loro multinazionali non potranno più considerare l'America latina come il loro "cortile interno"; la loro talassocrazia incontrerà competitori formidabili in Cina, Russia, India, Iran..., anche perché questi Paesi lanciano una sfida epocale non solo in termini di controllo delle materie prime, ma anche di tecnologie.

Gli USA non potranno far nulla se la Cina vorrà riprendersi Taiwan, se la Serbia vorrà fare altrettanto col Kosovo, se Cina e Russia ridimensioneranno di molto le mire espansionistiche del Giappone, se la Siria vorrà liberarsi delle ultime basi americane nel suo Paese che la derubano del suo petrolio, se le due Coree vorranno abolire il 38° parallelo, se quel cancro in Medio Oriente, chiamato Israele, verrà estirpato dai Paesi islamici. Né potranno impedire che Russia e Cina mettano le loro basi militari in Centro e Sud America. Né potranno fare del cambiamento climatico un'arma per ricattare gli Stati che non si adeguano ai loro diktat. E non potranno più dire all'OMS quali direttive imporre all'intera umanità per affrontare le pandemie che loro stessi, nei loro infernali biolaboratori sparsi in tutto il mondo, avranno creato.

Gli USA sono prossimi a sperimentare una nuova guerra civile, e questa volta molti Stati federali riusciranno a staccarsi definitivamente da Washington, poiché finalmente si convinceranno che l'autodeterminazione dei popoli è un valore superiore all'unità nazionale.

E Trump, di fronte a questo realistico scenario, non potrà fare proprio nulla, né lui né il suo successore.

Potremmo entrare nei BRICS?

Abbastanza impressionante che la base americana presente in Arabia Saudita venga chiusa entro il prossimo giugno solo perché questo Paese ha deciso di aderire ai BRICS.

In Italia le basi NATO e americane sono circa 120: verrebbero chiuse tutte se un nostro governo si comportasse nella stessa maniera? Sarebbe comunque una decisione così importante che, come minimo, dovrebbe essere sottoposta a referendum. Ce lo farebbero fare?

Difficile comunque che ai BRICS possa bastare la chiusura delle basi militari straniere, che limitano la nostra sovranità. Probabilmente ci chiederebbero di uscire anche dalla UE. Ma come faremmo, visto che siamo pieni di debiti nei confronti della UE? Ci vantiamo di avere un PIL importante, ma è strozzato da un debito pubblico del 144%, che non smette mai di crescere: praticamente lavoriamo in perdita. E se anche pagassimo tutti i debiti nei confronti della UE, ci resterebbe comunque un enorme debito nazionale: saremmo un Paese appetibile per i BRICS?

Forse potremmo pagare i nostri debiti ricorrendo ai lingotti e alle monete d'oro in nostro possesso (2.452 tonnellate). Peccato però che circa la metà del nostro oro è depositato nei forzieri americani, che sicuramente se lo terrebbero. E un altro 11% si trova in Svizzera e Regno Unito.

Inoltre noi non abbiamo una moneta nazionale ma continentale.

Noi non abbiamo nessuna caratteristica fondamentale per essere definiti un Paese "sovrano". Non disponiamo neppure di materie prime pregiate. Improvvisamente scopriremmo che anche tutto il nostro turismo in realtà non vale niente. È un bene effimero. Ci chiederemmo che cos'ha l'Etiopia più di noi, visto che il prossimo gennaio farà parte di questa organizzazione.

Ma poi, se l'Italia fosse veramente determinata a entrare nei BRICS, anche a costo di staccarsi dalla UE, e la NATO glielo impedisse con la forza, Russia Cina India... verrebbero in nostro soccorso? Come la Russia ha fatto col Donbass?

[27] L'ONU criticato duramente dalla Russia

Maria Zabolotskaya, che all'ONU ha un ruolo importante per conto della Russia, potendo parlare davanti al Consiglio di Sicurezza, di recente ha detto, a proposito della lotta contro l'ISIS esaminata in un rapporto del Segretario Generale: "Quando si analizza la minaccia terroristica è importante concentrarsi non sui sintomi ma sulle cause profonde. In questo contesto il Consiglio fa spesso riferimento a problemi di sviluppo, arretratezza socioeconomica, carenze nelle istituzioni della pubblica amministrazione, una difficile situazione di sicurezza o umanitaria. Tuttavia non dobbiamo dimenticare che questi problemi sono spesso il risultato sia dell'intervento dell'occidente collettivo negli affari degli Stati sovrani in via di sviluppo, che dell'attuazione di strategie di 'caos controllato', in cui si organizzano 'rivoluzioni colorate' col coinvolgimento di estremisti e terroristi di ogni tipo."

Affermazioni pesanti, queste, sicuramente poco diplomatiche e molto dirette, che lasciano pensare solo una cosa: la Russia ha intenzione di lasciare l'ONU e di creare un nuovo organismo internazionale a favore della pace.

Le seguenti affermazioni sono ancora più esplicite. "Le ex nazioni madri non hanno cambiato le loro abitudini di colonizzazione: oggi, col pretesto di presunte operazioni antiterrorismo, che generalmente falliscono i loro obiettivi, mantengono ossessivamente la loro presenza militare nei Paesi in cui quelle operazioni vengono compiute. E questo al fine evidente di appropriarsi delle loro risorse naturali."

Praticamente ha detto che l'ONU sta dalla parte del neocolonialismo occidentale anche quando vi sono operazioni militari contro il terrorismo. Frasi del genere non si sentivano dai tempi degli interventi fiume di Castro. Se la situazione è questa, Guterres farebbe meglio a dimettersi. Come può un segretario generale accettare che qualcuno gli dica in faccia che è un ipocrita?

"Per realizzare le sue ambizioni geopolitiche, l'occidente usa tutti i mezzi, non disdegnando di nutrire i terroristi. Non solo crea l'apparenza di una presunta resistenza popolare ai cosiddetti 'regimi non democratici', ma divide anche i terroristi in 'buoni', 'cattivi' e 'non molto cattivi'. Lo vediamo in ciò che accade in Medio Oriente, in alcune parti dell'Africa e in Afghanistan: le regioni più problematiche in cui l'ISIS e i suoi affiliati continuano a rafforzarsi. Cos'hanno in comune? La risposta è abbastanza ovvia: il ruolo distruttivo dell'occidente." Così tuona la Zabolotskaya.

Poi dettaglia ancora di più. In Medio Oriente "l'ISIS è stato il risultato diretto dell'aggressione degli Stati Uniti e della coalizione da loro guidata contro l'Iraq. Anche ora che l'Isis è stato in gran parte sconfitto in Iraq e Siria, restano sacche di attività terroristica nelle aree illegalmente occupate dalle forze armate statunitensi. Ci riferiamo al nord-est della Siria." Impossibile darle torto.

"Quanto all'Africa, qui l'ISIS è apparso a seguito dell'aggressione illegale della NATO (soprattutto di Francia e USA) contro la Libia, che ha portato al crollo di un Paese un tempo prospero.

Oggi la minaccia è massima nella regione del Sahel e l'occidente ci chiede di contribuire a combatterla. Tuttavia proprio qui la Francia sostiene varie organizzazioni terroristiche, in particolare Jama'at Nasr al-Islam wal Muslimin (Fronte d'Appoggio all'Islam e ai musulmani).

I problemi socio-economici dell'Africa, un continente che ha tutte le risorse per svilupparsi in modo armonioso, dipendono esclusivamente dalla politica colonialistica, vecchia e nuova, dell'occidente. I nostri partner africani sanno bene che la Russia li sostiene e li ha sempre sostenuti in questa materia."

Sembra di ascoltare frasi degli anni '70, quando la Russia si chiamava URSS. Guterres ha 74 anni: non può non averle già sentite, non foss'altro perché quella volta erano dirette anche contro il suo Portogallo, ben presente in Angola e Mozambico.

Quanto all'Afghanistan, la Zabolotskaya è categorica: "Per più di 20 anni le truppe straniere guidate dagli Stati Uniti sono state in questo Paese col pretesto di combattere i terroristi, quindi Al-Qaeda. All'improvviso però han deciso di fuggire, lasciando dietro di sé un'enorme quantità di armi finite in mano all'ISIS, che minaccia la pace e la sicurezza nelle regioni dell'Asia centrale e meridionale."

E naturalmente ha concluso il suo discorso parlando dell'Ucraina, dove "gli Stati Uniti e i suoi satelliti europei hanno allevato e nutrito i neonazisti usati come ariete per rovesciare il governo legittimo in un sanguinoso colpo di stato del 2014. Sotto la guida dell'occidente è stato loro permesso di radicarsi profondamente nel potere, nelle forze dell'ordine e nelle strutture militari del Paese. Per molti anni hanno terrorizzato la popolazione civile del Donbass sotto la copertura del silenzio intessuto dai media occidentali e, purtroppo, dalle strutture delle Nazioni Unite. Oggi il governo ucraino, che esiste esclusivamente grazie ai sussidi occidentali, non solo non disdegna l'uso di metodi apertamente terroristici, ma addirittura li ostenta."

Ultima frase: la Russia, sulla questione del terrorismo, non ha né "programmi nascosti" né "doppi standard".

[28] Primi effetti dei BRICS

I BRICS stanno influenzando il mondo intero. Infatti anche molti legislatori americani, sia a livello statale che federale, hanno iniziato a chiedere di ristabilire con urgenza un ritorno al *gold standard* per il dollaro, come protezione contro l'inflazione, l'instabilità economica e la potenziale perdita dello status di riserva globale della loro moneta, e anche contro le sfide geopolitiche, in quanto il petrodollaro è virtualmente morto. E non dimentichiamo il recente declassamento dei titoli di stato americani da parte dell'agenzia di *rating* Fitch.

Per es. il *Gold Standard Restoration Act* del rappresentante del Congresso statunitense Alex Mooney propone una ridefinizione del dollaro basata su un peso aureo fisso e impone lo scambio di valuta cartacea con oro. Mooney sostiene che l'incredibile debito di 32.000 miliardi di dollari e la spesa sfrenata degli Stati Uniti necessitano di un ritorno a uno standard tangibile (che includa ovviamente anche l'argento), elementi che mancano alle valute digitali.

Sembra che gli americani abbiano scoperto l'acqua calda quando dicono che i metalli preziosi servono come mezzi di scambio affidabili grazie alla loro durabilità, portabilità, scarsità e valore intrinseco.

Sappiamo tutti che fino al 1971 il dollaro americano era ufficialmente sostenuto dall'oro. Ma sappiamo anche che la guerra in Vietnam aveva costi altissimi, per cui Nixon fu costretto a operare lo sganciamento. Riproporre un riallineamento oggi, con un debito pubblico astronomico, con le spese estreme sostenute sul piano militare, con l'inarrestabile inflazione e soprattutto con la crescente sfiducia nel governo, fa solo ridere. Come minimo lo Stato dovrebbe preventivamente dichiarare bancarotta, cioè dire che non è in grado di pagare nessun debito. Il che inevitabilmente provocherebbe uno sconquasso mondiale e una guerra civile interna. Però i sopravvissuti potrebbero sempre dire: "ecco adesso ripartiamo da basi più serie e rinunciamo a fare gli spacconi".

Terremoti politici in arrivo

Gli statisti europei cominciano a tremare. Se Biden interrompe il flusso di armi a Kiev e spinge Zelensky nel 2024 verso i colloqui di pace, la loro sorte è segnata, proprio perché fino adesso hanno sostenuto una narrativa nettamente guerrafondaia, senza se e senza ma, anche se nei limiti di una guerra per procura.

Loro credevano di vincere facilmente, usando la NATO e le sanzioni economico-finanziarie, perché così gli era stato detto dagli USA e da Stoltenberg, che si poneva come vero capo della UE. Accettare un ridimensionamento delle pretese (riconoscendo per es. Donbass e Crimea alla Russia), vuol dire ammettere una sconfitta politico-militare. Cioè ammettere di aver ingannato le popolazioni europee, costrette a rinunciare a buona parte dello Stato sociale per sostenere in tutte le maniere il governo neonazista di Kiev, fatto passare come baluardo della democrazia contro l'autocrazia russa.

D'altra parte negli USA non sono così insensati come nella UE, che non ha alcuna politica estera autonoma e che aspetta sempre d'essere imbeccata da quella americana. Se gli USA non vedono significativi progressi sul campo di battaglia da parte dell'Ucraina, faranno come in Afghanistan: se ne andranno. E non gli importerà nulla d'aver buttato via una montagna di dollari, poiché la loro moneta non è agganciata a nulla, non ha più alcun sottostante. È una moneta *fiat*, stampata da un ente, la FED, abituato a fare quel che gli pare.

Se poi le elezioni verranno vinte da Trump, può darsi che anche la NATO subirà un contraccolpo, poiché Trump vede come unico vero nemico degli USA la Cina, e dell'Ucraina non gli importa proprio nulla: costringerà Zelensky alla trattativa.

L'amministrazione Biden ha già fornito armi all'Ucraina per un valore di oltre 43 miliardi di dollari dall'inizio dell'operazione militare russa (ma in tutto i miliardi sono più di 113). Ora non ha più soldi e ha finito le munizioni che può dare senza disarmarsi.

È vero che Biden ha chiesto al Congresso di approvare un disegno di legge di spesa di emergenza da 40 miliardi di dollari, metà dei quali sarebbe destinato a Kiev, ma il disegno di legge incontrerà per forza la dura opposizione di un numero crescente di repubblicani contrari a questa politica degli assegni in bianco, che non portano ad alcun significativo successo militare. L'esercito ucraino ha perso oltre 43.000 uomini in questa controffensiva, secondo i dati del Ministero della Difesa russo.

Anzi i repubblicani pretendono che Biden rendiconti dei miliardi già versati, e lui sa di non poterlo fare. E auspicano che Biden venga sottoposto a *impeachment* e che Trump vinca le elezioni, ponendo fine alla farsa dei processi giudiziari.

La Kallas non si dimette

La premier estone Kaja Kallas ha detto che rifiuta di dimettersi, come chiede l'opposizione politica, a causa dello scandalo commerciale che ha coinvolto il marito Arvo Hallik con la Russia sin dall'inizio del conflitto in Ucraina, facendogli guadagnare circa 1,5 milioni di euro.

Una dei leader europei più russofobici e guerrafondai (al punto che ha sostenuto la demolizione di tutti i monumenti dell'era sovietica) non ha potuto nascondere che il marito possedeva una partecipazione del 25% nella Stark Logistics, una società che trasportava merci tra Estonia e Russia. Infatti lei stessa ha prestato 350.000 euro per il veicolo d'investimento del marito.

Poi ha inventato alcune storie poco credibili: che non era coinvolta negli affari di suo marito, anzi, non ne era neppure a conoscenza, perché non parla mai con lui di affari in casa; che i camion non acquistavano nemmeno carburante in Russia; che tutte le attività del marito erano legali e conformi alle sanzioni e non hanno apportato alcun beneficio alla Russia; che dovevano aiutare un cliente estone a terminare le sue attività in Russia, in conformità con la legge e le sanzioni, e così via.

Il ministro degli Esteri, Urmas Reinsalu, pur essendo non meno guerrafondaio di lei, si è già dimesso. Anche Lauri Läänemets, ministro degli Interni e capo del partito socialdemocratico nella coalizione della Kallas, ha dichiarato che le rivelazioni mediatiche sono "particolarmente inquietanti" a causa della "tolleranza zero del governo per qualsiasi tipo di attività legata alla Russia".

Insomma la Kallas ha finito col dire: "capisco l'insoddisfazione della gente per la situazione. Ma la politica non si fa sulla base di sondaggi. Non ho intenzione di dimettermi."

Certo non poteva dire: "chissenefrega se gli ucraini vengono macellati, io faccio milioni in Russia, fottetevi voi e le sanzioni...". Avrebbe suonato male. Allora ha parlato dei sondaggi...

Insomma i russi son brutti e cattivi, i loro soldi un po' meno.

[29] Tu non sarai più nulla

Come noto è entrato in vigore il *Digital Service Act* (2022/2065). La UE pretende di regolamentare tutto il mercato unico dei servizi digitali.

Qual è il ragionamento che il legislatore ha fatto? È molto semplice. Poiché la maggior parte della popolazione mondiale ha accesso al web, occorre "proteggerla" dai contenuti con cui entra in contatto, in particolare quelli riguardanti l'informazione, che vanno riservati ai professionisti, altrimenti si diffondono notizie distorte o interpretazioni false.

Il che in sostanza vuol dire che deve esistere solo una narrativa, quella dei media dominanti, detti anche *mainstream*.

Tutti i social network o i motori di ricerca che si rivolgono liberamente a un pubblico potenzialmente illimitato, verranno posti sotto controllo. Tutti coloro che pretendono di fare informazione senza essere giornalisti di professione, dovranno chiudere i battenti. Questo perché i contenuti vanno "moderati", non solo quelli che minacciano la vita o la sicurezza delle persone, o quelli che possono essere fruiti dai minori, ma proprio tutti i contenuti.

Il bene comune non può essere deciso da un libero confronto delle opinioni, ma va deciso dall'alto, da improbabili "*fact-checker* indipendenti" o da un apposito Comitato per i servizi digitali, ancora in fase di creazione, ma presieduto dalla Commissione Europea della von der Leyen, la più russofobica e guerrafondaia di tutta Europa. I controlli potranno addirittura essere preventivi e automatici: basterà regolamentare gli algoritmi.

Formalmente l'obiettivo è quello di tutelare gli utenti dai contenuti illegali come terrorismo, pedopornografia, messaggi che incitano all'odio e anche offerte online di prodotti illeciti. Nella sostanza verrà tagliata la lingua al dissenso. Le punizioni per coloro che non si adeguano vanno dalla sospensione delle piattaforme informatiche alla riduzione dei benefici finanziari, fino alla demonetizzazione di introiti pubblicitari.

A questo punto diventa inutile partecipare ai *social*.

Digital Services Act è realtà dal 25 agosto per 19 piattaforme online che operano in Europa. Si allargherà e coinvolgerà tutte le altre a partire dal prossimo 17 febbraio 2024 .

Ecco a cosa servono le guerre in politica interna: a realizzare il "Grande Fratello". "Chi controlla il passato controlla il futuro. Chi controlla il presente controlla il passato." "Libertà è la libertà di dire che due più due fa quattro. Garantito ciò, tutto il resto ne consegue naturalmente." "La menzogna diventa realtà e passa alla storia." "Non devi neanche pensare che i posteri ti renderanno giustizia. I posteri non sapranno mai nulla di te. Tu sarai cancellato totalmente dal corso della storia. Di te non resterà nulla, né il nome in un qualche archivio, né il ricordo nella mente di qualche essere vivente. Tu sarai annientato sia nel passato sia nel futuro."

Perché la controffensiva ucraina è fallita?

L'analista militare, il colonnello in pensione Viktor Litovkin, sul fallimento della controffensiva ucraina, ha detto che ai russi non manca nulla per resistere e per passare al contrattacco quando i militari ucraini avranno esaurito le loro forze.

"Abbiamo l'equipaggiamento, le armi e le munizioni adeguate, abbiamo costruito una difesa profondamente articolata, con tanto di roccaforti e campi minati. L'abilità e la professionalità dei nostri generali, ufficiali e soldati, ma anche l'altruismo dei soldati mobilitati e dei volontari giocano un ruolo molto importante.

Allo stesso tempo l'Ucraina ha lanciato una controffensiva senza avere i mezzi e le forze adeguate. Senza supremazia aerea, o dell'artiglieria, o delle forze missilistiche è come cercare di violare le leggi oggettive della fisica.

Loro sono passati all'offensiva solo perché gli americani e la NATO li spingevano ad andare avanti. Dovevano rendere conto ai loro elettori e contribuenti che i soldi per l'Ucraina non erano stati spesi invano.

Un'altra ragione per cui gli ucraini hanno fallito è che sono guidati da generali della NATO e degli Stati Uniti che non hanno mai fatto breccia in un sistema di difesa profondamente articolato. Gli americani e la NATO sono sempre stati in guerra con Paesi del Terzo mondo indeboliti. Prima di attaccarli, hanno dichiarato embarghi e imposto sanzioni. Con questi blocchi hanno stremato la loro economia e le loro forze armate, per poi infliggere gravi danni con missili e attacchi aerei. Solo dopo hanno lanciato truppe di terra e carri armati.

Il nostro Ministero della Difesa ha dichiarato che l'AFU ha perso 43.000 uomini durante i due mesi della controffensiva. Ricordo che durante i 10 anni di guerra in Afghanistan, la 40esima armata sovietica ha perso 15 mila persone."

La NATO ovviamente non riesce a digerire un fallimento del genere. E, attraverso il presidente dello Stato Maggiore congiunto, Mark Milley, se la sta prendendo col comandante in capo dell'AFU, Valery Zaluzhny, che, invece di concentrare le sue truppe in un unico punto, le ha sparpagliate su tutto il fronte. Ma ormai è tardi per cambiare strategia, anche perché, se non avesse fatto così, i russi avrebbero fatto subito una loro controffensiva.

Ora si sta pensando a come affrontare l'inverno del nostro scontento, per parafrasare un grande libro di Steinbeck. L'obiettivo del Mar d'Azov se lo sognano.

Le pretese di Zelensky per il voto

Zelensky ha dichiarato che i Paesi occidentali dovranno finanziare lo svolgimento delle elezioni parlamentari in Ucraina nel 2024. Gli USA le pretendono e la UE si è accodata in silenzio.

In realtà lui non le vorrebbe, appellandosi al fatto che esiste la legge marziale, poiché teme di non essere rieletto. Visto il disastro delle sue operazioni belliche, è sicuramente un leader molto odiato. Tuttavia l'occidente spera, in questa maniera, che venga sostituito da un leader più morbido, disposto a riconoscere ai russi il possesso del Donbass e della Crimea. Altrimenti Zelensky diventa un soggetto molto ingombrante, da dover rimuovere con la forza, anche perché l'occidente ha capito che la guerra è persa: deve solo trovare l'occasione giusta e le parole meno compromettenti per ammetterlo.

Lo stesso Zelensky ha fatto capire che la Crimea non può essere riconquistata militarmente. Come se invece potesse esserlo il Donbass!

Ancora questo guitto della politica non ha capito che Putin non accetterà mai che la parte di territorio non liberata dai neonazisti entri nell'alleanza della NATO. Al massimo potrà far parte della UE. Quanto alla smilitarizzazione o neutralità del Paese non credo che questo argomento possa essere oggetto di trattativa. Quello era un obiettivo iniziale dell'operazione speciale, e tale è rimasto. Anzi, quanto più gli ucraini mirano a colpire con droni o missili le località russe oltre il Donbass, tanto più i russi si sentiranno costretti ad ampliare i territori da annettere. Questa tesi dell'accademico Orsini mi pare incontestabile.

Ma sulle elezioni Zelensky ha messo dei paletti:

- l'occidente le deve pagare completamente, perché lui non toglierà neanche un centesimo dai fondi per la difesa, e pretende qualcosa come 5 miliardi di dollari (una cifra assurda: in Italia non abbiamo mai speso più di 400 milioni di euro e abbiamo il doppio dell'attuale popolazione ucraina);

- i deputati devono cambiare rapidamente la legislazione, e quando si è in guerra il parlamento non si riunisce tutti i giorni. Questo è un pretesto ridicolo, poiché Zelensky, avendo eliminato tutti i partiti di opposizione e avendo trasformato il parlamento in una cassa di risonanza dell'esecutivo, può convocarlo come e quando gli pare (non esiste alcuna vera attività parlamentare nel suo Paese);

- sarà difficile per le autorità garantire il voto e l'osservazione delle elezioni al fronte. Ha detto questo perché sa benissimo che lui è odiato a morte proprio là dove i militari vengono considerati carne da macello (per non parlare dei parenti dei militari, che spesso vengono tenuti all'oscuro sulla fine dei loro congiunti);

- anche i sette milioni di rifugiati che hanno lasciato l'Ucraina dovrebbero avere la possibilità di votare. Questo naturalmente è un altro pretesto, poiché sa bene che potrebbero farlo presso consolati o ambasciate all'estero o addirittura presso il Comune di residenza. Piuttosto avrebbe dovuto dire come intende che si svolgano le elezioni, visto che ha tolto dalla circolazione tutti i partiti d'opposizione.

Suicidato?

A Kiev il vice capo del dipartimento delle comunicazioni speciali del servizio di sicurezza (SBU), il colonnello Dmitry Bakaev, si è suicidato. Ha lasciato un breve scritto in cui accusa i suoi superiori, specialmente il capo della SBU, Vasily Malyuk, di averlo costantemente umiliato nell'onore e nella dignità.

Probabilmente gli avevano detto che non era abbastanza nazista. Ormai siamo alle vibrazioni da bunker di Hitler. La grande menzogna diventa troppo difficile da affrontare. Però, invece di uccidersi, sarebbe stato meglio fare delle rivelazioni.

Vasily Malyuk, capo della SBU, è stato quello che ha realizzato il primo attentato terroristico contro il ponte di Crimea nell'ottobre 2022, usando un camion pieno di esplosivo. Perirono anche un camionista, cittadino di un Paese terzo, che non aveva nulla a che fare con questa guerra, nonché due coniugi che stavano passando con la loro auto, mentre la loro figlia restò gravemente ferita.

[30] Il cibo come arma di ricatto

D. V. Feoktistov, ambasciatore di Russia in Argentina, ha parlato chiaro.

Più del 9% della popolazione mondiale, secondo l'ONU, è denutrita. In Africa quasi il 20%. In America Latina 6,5 milioni di persone non hanno un accesso normale al cibo.

Già nel 2021 l'aumento del costo dei prodotti agricoli ha raggiunto la cifra record del 20% su base annua. Ciò è stato in parte il risultato di disastri naturali, come la siccità in Sud America o le inondazioni in Asia. Ma il fattore scatenante principale dell'inflazione e della penuria di prodotti alimentari è stata la paura che l'occidente ha avuto di rimanere senza cibo durante gli anni della pandemia: una paura che l'ha indotto a emettere grandi quantitativi monetari sui mercati mondiali per comprarlo.

La situazione si è aggravata durante la guerra russo-ucraina, sia perché gli ucraini avevano minato i loro stessi porti e non potevano esportare i cereali; sia perché la Russia, che fornisce il 20% del grano mondiale, non riusciva a farlo a causa delle sanzioni senza precedenti da parte dell'occidente collettivo.

Per prevenire l'aggravarsi della crisi alimentare nei Paesi del Sud globale, la Russia nel luglio 2022 ha firmato i cosiddetti "Accordi di Istanbul", mediati dall'ONU e dalla Turchia.

Ma questi accordi sono stati sabotati dall'occidente, sia perché ha voluto prendersi la fetta più grossa dei cereali esportati dall'Ucraina, lasciando ai Paesi più poveri meno del 3%; sia perché sa bene che se la Russia regala i propri cereali e fertilizzanti al Sud globale, inevitabilmente l'occidente perde la propria influenza neocoloniale sui Paesi più poveri. Inoltre l'occidente teme che s'indebolisca il proprio regime di sanzioni illegali antirusse.

Ha poi aggiunto che parlare di fame oggigiorno, con la tecnologia che abbiamo, è mostruoso. L'occidente collettivo non ha alcuna intenzione di risolvere questo problema, anche perché è il suo stesso neocolonialismo che lo crea.

Secondo il direttore del World Food Programme, David Beasley, basterebbero 23 miliardi di dollari per risolvere il problema, cioè una cifra irrisoria rispetto al budget militare degli Stati Uniti per il 2023, che è di 858 miliardi di dollari, per non parlare della spesa militare totale dei paesi della NATO, che è di 1,3 trilioni di dollari.

L'occidente pensa solo a se stesso, al "miliardo d'oro" che deve continuare a fiorire. E incolpa la Russia di causare il problema della fame nel mondo. Ma ormai il Sud globale ha capito come stanno le cose.

Fonte: News Digitales del 24 agosto

La Nigeria è a rischio

"Se l'ECOWAS osa invadere il Niger, non solo interverremo subito ma invaderemo anche Abuja, la capitale della Nigeria, per riportare indietro il legittimo vincitore delle elezioni del 2023".

Così ha detto il leader del Mali, Asimi Goita. Infatti l'attuale presidente della Nigeria (che è tale dal 29 maggio 2023) ha ricevuto i voti di meno di 9 milioni di elettori, quando nel suo Paese ci sono quasi 100 milioni di elettori registrati. Dove sono finiti gli altri voti? Come noto, Bola Tinubu è persona profondamente corrotta.

Macron ha già detto che sosterrà l'azione militare dell'ECOWAS in Niger. E non ha alcuna intenzione di ritirare il proprio ambasciatore, come richiesto dal nuovo governo nigerino. Né vogliono farlo gli USA col proprio ambasciatore.

La situazione per l'ambasciata francese a Niamey è molto critica, poiché il governo nigerino ha già tagliato le forniture di acqua ed elettricità e ha vietato le consegne di cibo; stessa cosa presso il consolato francese a Zinder. Il governo non solo non vuole in Niger nessun francese, ma anche nessun americano e tedesco. E si chiede meravigliato perché l'occidente consideri legittimo il golpe di Kiev nel 2014 e rifiuti quello in Niger.

L'ECOWAS (una sigla che sta per Comunità economica dell'Africa Occidentale) ha fissato la data per l'azione, anche se non è stata resa pubblica. Ricordiamo che il Niger ha già consentito alle truppe del Mali e del Burkina Faso di entrare sul suo territorio in caso di attacco. I sindacati del Ghana han rifiutato l'invio di truppe in Niger e l'Algeria ha rifiutato il sorvolo francese per l'operazione militare in Niger.

Prepariamoci a imponenti flussi migratori in Europa. Il governo italiano già adesso chiede ripetutamente alla UE di aiutarlo. Però non dice nulla del fatto che tali flussi sono causati proprio dal neocolonialismo che vari Paesi europei esercitano in Africa, il primo dei quali è appunto la Francia.

Di nuovo Assad nel mirino

Proteste e scioperi nelle aree controllate dal governo siriano nel sud del Paese sono stati mostrati in un video dell'organizzazione di attivisti Suwayda24 che chiedono la rimozione del presidente Bashar al-Assad.

Le proteste sono scoppiate in seguito all'esplosione dei prezzi dei carburanti dopo la decisione del governo di porre fine ai sussidi.

La valuta è crollata al minimo storico: 15.500 sterline siriane per dollaro (da 47 sterline per dollaro all'inizio del conflitto 12 anni fa).

Il 90% della popolazione vive in povertà.

La provincia di Suwayda ospita gran parte della minoranza drusa del Paese. E purtroppo i kurdi l'appoggia, poiché analoghe proteste, che altro non sono che l'ennesimo tentativo USA di destabilizzare la Siria, sono avvenute anche nei territori controllati da loro.

I kurdi si vendono al miglior offerente, che in questo caso sono gli americani. E non a caso non pochi di loro si sono visti combattere in Ucraina a fianco dei neonazisti.

I cartelli di protesta sono tutti scritti in inglese per appellarsi alla comunità internazionale e chiedere sostegno a una causa federalista settaria sostenuta da una minoranza nel sud.

Damasco ha ripetutamente avvertito che la recente ricomparsa dell'ISIS è il modo con cui Washington punisce il Paese per la sua riaccettazione nella Lega araba, cercando altresì di dissuadere Arabia Saudita ed Emirati Arabi Uniti dal fare investimenti in un Paese instabile. Si sta insomma tentando di far precipitare la Siria in una condizione simile a quella libica o irakena, per poi compiere l'ennesima rivoluzione colorata filo-occidentale.

Da notare inoltre che sono almeno 25 gli attacchi che Israele ha compiuto in Siria dal gennaio 2023 ad oggi: l'ultimo è stato contro l'aeroporto di Aleppo. Questi attacchi terroristici, oltre ad essere un grosso favore agli USA che cerca di "esportare la democrazia" nel Paese arabo dal 2011, fa un grosso favore anche all'ISIS, che poi è la stessa cosa, in quanto finanziato proprio dagli americani.

La Russia dovrà per forza intervenire, quanto meno fornendo all'esercito di Damasco gli S-300 e 400 che basterebbero a difendersi sufficientemente. Lo stesso vale per l'Iran, spesso colpito dai bombardamenti israeliani contro le proprie istallazioni in Siria. Dove sono le batterie anti missili promesse ad Assad?

[31] La UE preoccupata per l'Africa

L'Unione Europea starebbe preparando per il prossimo autunno una missione di rafforzamento delle capacità civili e militari nell'Africa occidentale per contrastare la militanza islamica sulla costa del Golfo di Guinea (Ghana, Togo, Benin e Costa d'Avorio).

Si temono nuovi colpi di stato, nuovi tentativi di emancipazione dal neocolonialismo europeo, nuove intese di questi Stati con la Russia sul piano militare e con la Cina su quello economico. È forte la preoccupazione di perdere il controllo, dopo averlo perso nel Sahel, di quei Paesi costieri meridionali al largo del Golfo di Guinea.

E naturalmente si deve inventare un nemico: in tal caso sarebbe la "militanza islamica". Cioè quella stessa militanza che, quando non si oppone al neocolonialismo, viene usata dagli stessi Paesi neocoloniali per reprimere le popolazioni o i governi non in linea coi diktat degli europei.

Non è normale infatti che nell'ultimo mezzo secolo vi siano stati in neanche 30 Paesi africani, di cui la metà ex colonie francesi, quasi 70 colpi di stato. È la prova concreta che, dal 1945 in poi, la Francia ha fatto di tutto, con qualsiasi mezzo e a qualsiasi prezzo, pur di tenere sotto controllo economico le sue ex colonie.

Ancora oggi la Francia continua a depredare ben 14 Stati dell'area subsahariana e del Centro Africa, aventi una popolazione di circa 160 milioni di unità, per i quali la moneta ufficiale è il franco CFA, coniata e stampata in Francia.

Ecco il loro elenco: Camerun, Ciad, Gabon, Guinea Equatoriale, Repubblica Centrafricana, Repubblica del Congo, Benin, Burkina Faso, Costa d'Avorio, Guinea Bissau, Mali, Niger, Senegal e Togo. Alcuni di questi Stati si stanno emancipando anche dal controllo economico: Mali,

Burkina Faso, Repubblica Centrafricana, Niger e ora Gabon.

Quello che li strozza di più è il franco coloniale, che garantisce a Parigi un ferreo controllo della loro moneta, oltre a un monopolio esclusivo sulle preziose materie di cui abbondano (oro, uranio, petrolio, gas, cacao, caffè...). Il trasferimento di ricchezza verso la Francia è pari a 500 miliardi di dollari l'anno. Chi si oppone al CFA viene eliminato: vedi per es. il presidente del Togo Sylvanus Olympio o il presidente del Mali Modiba Keita. Anche Gheddafi ci provò, ma fu eliminato da Sarkozy.

Il primo vincolo del franco CFA consiste nell'obbligo per i 14 Paesi che ne fanno uso di depositare il 50% delle loro riserve monetarie presso il Tesoro francese. In pratica, quando uno dei Paesi del franco CFA esporta verso un Paese diverso dalla Francia, e incassa dollari o euro, ha l'obbligo di trasferire il 50% di questo incasso presso la Banca di Francia. In origine la quota da trasferire in Francia era pari al 100% dell'incasso, poi è scesa al 65% (riforma del 1973, dopo la fine delle colonie), infine al 50% dal 2005.

Questo furto legalizzato viene investito dalla Francia in titoli di Stato emessi dal proprio Tesoro, grazie ai quali i governi han potuto finanziare per decenni una spesa pubblica generosa. Quando la Merkel chiedeva ai vari governi francesi di depositare il 50% delle riserve delle 14 ex colonie presso la BCE, invece che presso la Banca centrale francese, la risposta era sempre stata un secco no.

Tra i numerosi vincoli imposti dagli accordi sul franco CFA, vi è anche il "primo diritto" per la Francia di comprare qualsiasi risorsa naturale scoperta nelle sue ex colonie. Da qui il controllo di Parigi su materie prime di enorme valore strategico. Soltanto dopo un esplicito "non interesse francese", scatta il permesso di cercare un altro compratore. Ma i maggiori asset economici di tutte le ex colonie sono in mano a francesi che si sono insediati da tempo in Africa.

La Francia si è inoltre attribuita il diritto esclusivo per la formazione e l'equipaggiamento dei soldati delle ex colonie. Detiene anche il diritto di inviare le proprie truppe per tutelare i propri interessi economici, stabilirvi dei presidi permanenti, nonché autorizzare o vietare eventuali alleanze militari dei Paesi colonizzati con altre nazioni. Il tutto coronato dall'obbligo di allearsi con la Francia in caso di guerre o crisi globali: ovvero, combattere per chi le sfrutta.

Cambio di guardia in Gabon

Che succede in Africa? In due mesi due colpi di stato, otto in tre anni. Dopo il Niger, infatti, è la volta del Gabon, dove una giunta militare ha deposto il presidente Ali Bongo, sciogliendo le istituzioni repubblicane.

L'ex-presidente e suo padre Omar (entrati nel novero degli uomini più ricchi del continente) hanno governato ininterrottamente per quasi 60 anni un Paese straordinariamente ricco di petrolio, eppure rimasto poverissimo. Ecco quindi un altro esempio di grande corruzione neocoloniale imposta, ancora una volta, dalla Francia, che in Europa giudichiamo modello di democrazia politica sin dai tempi della rivoluzione, ma che invece è una vergogna dell'umanità nelle sue colonie.

I cittadini francesi, in larga parte dipendenti della Total, sono stati invitati a tornarsene a casa: la pacchia è finita. La trasmissione della stazione radio francese RFI e del canale televisivo France24 sono stati sospesi. Internet è bloccato.

I militari ribelli han dichiarato d'aver nominato all'unanimità il generale Brice Oligui Nguema (capo della Guardia repubblicana dall'aprile 2020) in qualità di presidente *ad interim*, in attesa di nuove elezioni. Nguema avrebbe detto che Ali Bongo non aveva diritto di ricoprire un terzo mandato, in quanto la Costituzione lo impediva.

Tuttavia secondo le fonti del corrispondente di guerra Rybar in Francia, questo generale è una creatura degli Stati Uniti. Si sa, per es., che quest'uomo avrebbe acquistato in contanti, tra il 2015 e il 2018, tre case nello Stato federale del Maryland per oltre un milione di dollari.

Dunque che sta succedendo? Secondo l'agenzia d'*intelligence* francese DGSE gli americani ritengono che le autorità francesi non siano più in grado di proteggere efficacemente gli interessi dell'occidente collettivo sul territorio sotto il loro controllo. Pertanto gli USA si stanno sostituendo alla Francia.

Ora che farà Macron: prenderà atto del cambiamento di guardia o litigherà con Biden?

*

La Russia ha votato contro il progetto di risoluzione preparato da Francia ed Emirati Arabi Uniti, nell'ambito del Consiglio di sicurezza allargato dell'ONU, sull'estensione del regime di sanzioni contro il Mali fino al settembre 2024. Le sanzioni durano dal 2017. Questo a testimonianza che l'ONU fa solo gli interessi dell'occidente. Anche il Giappone però ha votato contro, mentre gli altri Paesi hanno sostenuto la risoluzione. La Cina si è astenuta dal voto.

A coloro che sono inclusi nell'elenco delle sanzioni è vietato viaggiare all'estero: i loro fondi e beni sono congelati.

Le sanzioni economiche a carico dei civili sono una cosa abominevole. L'ONU va smantellato.

Settembre

[1] Il pacifismo fa acqua da tutte le parti

In Italia non s'è mai visto un movimento pacifista così assente come nel corso di questa guerra russo-ucraina. Come mai? Probabilmente per due ragioni:

1- nel nostro Paese siamo così provinciali e sprovveduti che questa guerra la percepiamo come se l'intero occidente (e non solo l'Ucraina) fosse l'aggredito, mentre con le altre guerre (Iraq, Serbia, Libia, Siria...), anche se eravamo fuorviati da una narrativa tendenziosa (quella della democrazia da esportare contro le dittature), capivamo abbastanza facilmente che l'occidente (la NATO) stava usando metodi e mezzi inappropriati, al di fuori delle regole internazionali. Le corde della coscienza antimperialista potevano essere toccate. Oggi invece sembra che la tesi dominante sia quella secondo cui l'occidente deve difendersi dall'imperialismo russo.

2- La seconda ragione è che, in un certo senso, ci fa paura lo sconvolgimento epocale che questa guerra sta inaugurando all'ordine del mondo. Per i pacifisti una cosa è protestare contro gli eccessi dei mezzi e metodi usati, senza per questo mettere in discussione l'egemonia occidentale nel mondo (di qui il termine "pacifinti"). Tutta un'altra è dover ammettere che il globalismo è finito, che l'unipolarismo è superato, che il petrodollaro è morto e che il centro dei processi storici decisivi si è spostato in Asia (e, a quanto pare, sta coinvolgendo anche molti Paesi africani stufi di sopportare il neocolonialismo francese).

USA e UE sembrano affetti da una certa incapacità alla connessione col mondo esterno. Non si rendono conto d'essere diventati improvvisamente obsoleti. L'odio che i 3/4 dell'umanità provava fino a ieri in silenzio nei nostri confronti, sta diventando sempre più palese. Non ci dichiarano guerra, ma ci fanno capire che, se compiamo un grave passo sbagliato, rischiamo di pagarne subito le conseguenze. Sembra che il Sud globale non abbia più paura dei nostri avanzati mezzi militari né delle nostre sanzioni economiche, anche perché è stata proprio la guerra in Ucraina a far vedere che un solo Paese, la Russia, può tener testa ai 30 Paesi della NATO.

Ammettiamolo una volta per tutte!

L'arroganza imperiale dell'occidente collettivo, basata sul noto assunto egocentrico "IO voglio, quindi posso", ha dovuto prendere atto di due cose:

1- la capacità militare della Russia è stata completamente sottovalutata, così come quella economico-finanziaria;

2- la capacità diplomatica della Russia e, di conseguenza, della Cina hanno letteralmente sconvolto il mondo, in una maniera assolutamente inaspettata e in tempi incredibilmente brevi. Al di fuori del "miliardo d'oro occidentale", il resto del pianeta sembra essere diventato indifferente a quelle lusinghe e minacce cui l'avevamo abituato da mezzo millennio.

Probabilmente l'unico calcolo giusto fatto dagli americani è stato quello relativo al pieno asservimento dell'Europa alla loro volontà. Ci stanno deindustrializzando, stanno drenando le nostre ricchezze verso il loro impero in declino e superindebitato, che quando crollerà (come nel 1929), ci porterà inevitabilmente con sé.

Ora bisognerà vedere come reagiranno gli europei alla crescente miseria che li attende i prossimi anni. Intanto sarebbe bene per loro trovare l'occasione e le parole giuste per uscire dalla trappola ucraina in cui si sono messi in piena autonomia, facendo tutto da soli (salvo naturalmente l'Ungheria).

Non sarà facile per il *mainstream* passare dalla parola d'ordine: "l'Ucraina vincerà grazie al nostro aiuto", a quella opposta: "l'Ucraina perderà nonostante il nostro aiuto". Peraltro bisognerà provvedere a cambiare il governo di Kiev, poiché l'attuale, di fronte a un tale rovesciamento di prospettiva, potrebbe anche compiere qualcosa di inconsulto. La NATO dovrà per forza dire che la colpa della sconfitta ricade sui generali ucraini, ma deve trovare la formula per impedire che i russi dichiarino di aver vinto su tutti i fronti. Ha iniziato a pensarci al vertice di Vilnius, provando poi a lanciare l'idea di una soluzione coreana, ma è ancora troppo poco.

Ad ogni azione una reazione

Una cosa che non capisco è il motivo per cui i russi non facciano niente per sabotare le infrastrutture occidentali. Lo vedono coi loro occhi che le nostre armi o l'assistenza che diamo agli ucraini sul piano tecnologico, finisce per colpire degli obiettivi sul territorio della Federazione. Di recente, per es., han capito che l'attacco all'aeroporto di Kursk, pur essendo stato effettuato dall'Ucraina, è potuto avvenire con l'aiuto dell'Australia (uno sciame di UAV kamikaze SYPAQ di cartone) e degli Stati Uniti (il sistema Starlink).

Da ciò però non hanno tratto alcuna conseguenza, se non quella di dover studiare la nuova tipologia di arma e di provvedere a un nuovo sistema difensivo. Fanno sempre così: studiano le armi dei nemici, cercando di riprodurle, di variarle, di trovare delle contromisure. Se qualche volta han detto, come nel caso del sabotaggio del Nordstream, che avrebbero potuto fare qualcosa di altrettanto grave (per es. tranciare i cavi del web), di fatto si sono limitati a lanciare delle semplici minacce.

In questa maniera però l'occidente non si spaventa, anzi è contento che a rimetterci siano solo gli ucraini, ed è convinto che l'inazione russa sia dovuta al timore di una escalation, a un coinvolgimento più diretto della NATO.

Ecco, secondo me sarebbe ora di far capire che, come l'occidente collettivo può sperimentare in Ucraina qualunque tipo di arma convenzionale per colpire la Russia in tutto il territorio confinante con l'Ucraina, così la Russia dovrebbe far capire che coi propri mezzi militari (per es. i sottomarini o le portaerei) si riserva il diritto di colpire in maniera proporzionale al danno subìto qualunque Paese che a vario titolo è coinvolto in maniera ostile contro i propri beni materiali o l'incolumità delle proprie persone. Cioè "se tu mi colpisci per es. un aeroporto, allora lo faccio anch'io con uno dei tuoi, e visto che siete in tante nazioni a combattere contro di me, decido l'obiettivo di volta in volta a mia discrezione."

A maggior ragione dovrebbe farsi sentire quando vengono uccisi o feriti dei civili. Questo perché chiunque partecipa, anche solo indirettamente a questa guerra, non ha il diritto di sentirsi sicuro in casa propria. Una cosa infatti sono le armi che colpiscono i russi che combattono in Ucraina, un'altra sono le armi che colpiscono i russi al di fuori dell'Ucraina o dei territori già annessi. Se l'intero occidente vuole partecipare a una guerra che di fatto, per il numero dei partecipanti, è già "mondiale", allora deve sapere che per la Russia diventa inevitabile colpire un qualunque Paese dichiaratamente ostile, ovunque esso si trovi. Cioè dovrebbe valere il principio fisico secondo cui ad ogni azione corrisponde una reazione uguale e contraria.

A titolo di pro-memoria elenchiamo qui i Paesi che Mosca considera ostili: USA, Canada, tutti i Paesi della UE (esclusa l'Ungheria), Regno Unito, Ucraina, Montenegro, Svizzera, Albania, Andorra, Islanda, Liechtenstein, Monaco, Norvegia, San Marino, Macedonia del Nord, Giappone, Corea del Sud, Australia, Micronesia, Nuova Zelanda, Singapore, Taiwan.

Ognuno di questi Paesi, se non vuole essere colpito in qualche propria infrastruttura, dovrebbe cominciare a dire che non intende partecipare in alcuna maniera alla fornitura di mezzi o strumenti che possano nuocere all'integrità territoriale della Federazione Russa e all'incolumità fisica delle persone residenti all'interno dei suoi confini.

In questa maniera l'occidente capirebbe subito che è stato un grave errore l'aver trasformato un conflitto regionale in una guerra mondiale per procura o delegata. Dovrebbe per i russi apparire normale che una guerra in cui loro, al di fuori dell'Ucraina, cominciano a rimetterci la vita o i propri beni materiali, non può più essere definita "per procura" (*proxy war*).

[2] Situazione esplosiva in Congo

Almeno 43 persone sono state uccise e 56 ferite nella repressione da parte dell'esercito congolese contro le manifestazioni anti-ONU nella città di Goma, nella parte orientale della Repubblica Democratica del Congo (222 persone sono state arrestate, tra cui donne e bambini).

I ribelli non vogliono più la missione di mantenimento della pace dell'ONU, detta MONUSCO.

Come noto il Congo vive una situazione disastrosa per i minatori, semischiavizzati, che estraggono cobalto per le batterie al litio, contribuendo anche alla devastazione ambientale del Paese (foreste tagliate e tossicità).

La Cina è fortemente investita nell'estrazione del cobalto, poiché quelle miniere forniscono il 60% del cobalto cinese e producono il 70% della fornitura mondiale. Tuttavia sono coinvolti anche giganti della Big Tech, come Tesla, Apple e Samsung.

Il Ruanda sta sostenendo i ribelli dell'M23 nell'est del Paese, in quanto mira a impadronirsi almeno di una parte di quelle preziose miniere. E non c'è solo il Ruanda ma anche Uganda, Burundi e altri Stati ancora.

Questo il motivo per cui la popolazione comincia a chiedere alla Russia d'intervenire militarmente.

Nella nazione è in corso da 20 anni una specie di "guerra mondiale africana", in quanto vi sono coinvolti gli eserciti regolari di vari Stati, sotto gli occhi inermi dell'ONU, che con la sua Missione di pace si limita a redigere delle relazioni del tutto inutili.

La MONUSCO ha più di 17.000 dipendenti in Congo e un budget di 1,1miliardi di dollari per il 2023: è la "forza di mantenimento della pace" più costosa al mondo. La missione ha subìto critiche anche per un coinvolgimento in scandali di natura sessuale; anzi il Congo riporta la più alta percentuale di vittime di violenza da parte delle truppe dell'ONU.

I morti per carestie e malattie causate dal conflitto 10 anni fa erano circa 6 milioni. Oggi sono più che raddoppiati. È un genocidio. Per es. elementi di etnia Tutsi provenienti dal Ruanda e dall'Uganda stanno eliminando intere popolazioni, occupando le loro terre.

Nel febbraio del 2021 fu ucciso l'ambasciatore italiano, Luca Attanasio.

Gli Stati Uniti stanno esercitando pressioni sul Ruanda per una guerra esplicita nel Congo.

*

Il missile balistico intercontinentale (ICBM) RS-28 Sarmat della Russia, soprannominato "il più letale del mondo", è ora in servizio di combattimento. Questo missile di nuova generazione rafforza la deterrenza strategica della Russia. La sua prontezza operativa invia un messaggio chiaro agli attuali aggressori: non considerate la pazienza della Russia come una forma di debolezza.

In realtà la Russia sta rimodellando le regole della sicurezza globale. Il Sarmat è una dichiarazione di capacità: l'equilibrio strategico non è più quello di una volta.

Non pago di aver fornito munizioni a grappolo all'Ucraina, nonostante i pericoli che tali armi rappresentano per i civili, Biden invierà per la prima volta munizioni perforanti contenenti uranio impoverito in Ucraina. Lo sostiene la Reuters.

I proiettili dovrebbero servire a distruggere i carri armati russi: potrebbero essere lanciati dai carri armati americani Abrams, che dovrebbero essere consegnati all'Ucraina nelle prossime settimane.

La Gran Bretagna ha già consegnato proiettili del genere all'inizio di quest'anno.

Gli Stati Uniti han già utilizzato munizioni all'uranio impoverito in massicce quantità nelle guerre del Golfo del 1990 e nel 2003 e nei bombardamenti della NATO sulla ex Jugoslavia nel 1999.

Secondo il "Financial Times" le importazioni europee di gas naturale liquefatto dalla Russia sono ai massimi storici: tra gennaio e luglio 2023 sono aumentate del 40% rispetto ai primi sette mesi del 2021. Nello stesso periodo le entrate tramite gasdotti sono crollate vertiginosamente, portando a un calo totale del 75% delle importazioni di gas russo.

Questo vuol dire non che la UE sta riuscendo a raggiungere l'indipendenza energetica da Mosca, ma, al contrario, che del gas russo non possiamo fare a meno. E naturalmente il GNL lo paghiamo molto più caro.

L'amministrazione Biden ha approvato l'invio di forniture militari a Taiwan per 80 milioni di dollari. Un'operazione che ha destato scalpore, perché lo stanziamento proviene, per la prima volta, da un fondo federale riservato a Stati sovrani. Come altri 180 Paesi al mondo, infatti, anche gli Stati Uniti non riconoscono Taiwan come Stato indipendente. Pescare i soldi da questo fondo sembrerà sicuramente una provocazione agli occhi di Pechino.

Proposta assurda di Tajani

Il ministro degli Esteri e segretario di Forza Italia, Antonio Tajani, ha proposto al Meeting di Rimini, la vendita dei porti italiani a investitori privati come strategia per fare cassa e generare risorse finanziarie.

Magari venderli al 100% no, però quasi. Ha prospettato una soluzione di tipo greco ai nostri debiti ormai fuori controllo. La Grecia ha già venduto gli aeroporti, il Pireo e il porto di Salonicco. È vero che sotto il controllo di Cosco, la compagnia statale cinese, il Pireo è passato dalla 93ª alla 28ª posizione nella classifica mondiale degli scali ed è diventato uno dei più importanti snodi del Mediterraneo. Ma i portuali in Grecia devono continuamente lottare per non sprofondare verso il baratro della schiavitù.

Qualcuno dovrebbe dire a Tajani che in Grecia gli acquirenti privati dei porti sono tutti stranieri. Anche la NATO sta cercando di acquistare alcuni porti per le proprie esigenze militari.

Ma, a parte questo, immaginiamo per un momento cosa potrebbe voler dire che un porto viene acquistato o gestito in maniera autonoma da una ONG con interessi in campo migratorio, e quindi disposta a sfidare il controllo governativo (e si sa che le ONG spesso sono finanziate da Soros). Le frontiere, al centro della sovranità di uno Stato, rischierebbero di trasformarsi in una mera illusione. Le autorità si ritroverebbero con l'impossibile compito di regolare chi entra o esce dal Paese, mentre l'ONG potrebbe operare secondo le proprie logiche.

[3] Subire la stessa brutalità

Secondo un sondaggio del "Wall Street Journal", il governatore della Florida, Ron De Santis, avrebbe solo il 13% nelle primarie repubblicane per decidere chi candidare alla presidenza nel 2024, mentre Trump avrebbe il 60%.

Tuttavia secondo un altro sondaggio dello stesso giornale, se le elezioni presidenziali si tenessero oggi, il 46% degli elettori voterebbe per Biden e la stessa percentuale per Trump, sempre che ci si limitasse alla rivalità tra questi due candidati. Solo l'8% sarebbe indeciso.

Questo significa che quasi la metà degli americani è fuori di testa. Dopo hai voglia a parlare di sovranità popolare. Negli USA la democrazia si esprime soltanto in un modo: la politica è in mano ai poteri forti dell'economia e della finanza. Il presidente è una pedina del Deep State, e non fa alcuna differenza ch'egli sia lucido o affetto da demenza senile.

A questo punto è difficile pensare che gli USA, se viene rieletto Biden, possano impedire una guerra mondiale, che inevitabilmente sarebbe nucleare. È persino difficile pensare, nel caso in cui Biden non venga rieletto, che Trump abbia la forza sufficiente per opporsi ai poteri occulti degli apparati. È invece quasi scontato pensare che il prossimo governo sarà direttamente gestito dai militari, giusto per far capire che la democrazia rappresentativa ha fatto il suo tempo.

Quando una nazione è così polarizzata di fronte all'evidenza di una catastrofe nucleare, non resta che sperare in una guerra civile o in una qualche secessione da parte di alcuni Stati federali nei confronti del potere centrale. Per acquisire maturità sul piano politico, il popolo americano deve subire la stessa brutalità che i poteri dominanti del proprio Paese han da sempre fatto subire in politica estera a gran parte dell'umanità. Quando il popolo americano prenderà atto che il proprio benessere materiale non può dipendere dal malessere del Sud globale, allora forse questa sciagurata nazione riacquisterà una parte della propria credibilità perduta.

Forse pochi americani sanno che il loro Paese è responsabile del 42% delle sanzioni unilaterali a livello mondiale.

*

Penso che in un Paese normale non avremmo in parlamento un partito come Sinistra italiana che si limita a lottare a favore del reddito di cittadinanza e chieda soltanto al governo di promuovere un confronto diplomatico per far finire la guerra.

A 18 mesi dall'inizio del conflitto bisognerebbe avere idee molto chiare su come giungere a un negoziato risolutivo. Non basta dire di non inviare armi a Kiev.

[4] Una rivelazione tardiva e ambigua

Se quel che ha detto Giuliano Amato su "Repubblica" è vero, allora c'è da chiedersi perché l'Italia stia ancora nella NATO.

In soldoni la sua versione è questa: nel 1980 la Francia stava cercando di uccidere Gheddafi, utilizzando come stratagemma una esercitazione della NATO. Gheddafi però era stato avvertito preventivamente da Craxi e il missile finì per colpire accidentalmente il volo dell'Itavia ammazzando 81 persone nei pressi di Ustica.

Gli apparati della NATO composti da più Paesi han coperto la verità per impedire che la solidità dell'alleanza atlantica venisse compromessa definitivamente.

A ciò si può aggiungere:

- si voleva eliminare Gheddafi perché aveva offerto precise indicazioni su come superare la schiavitù del dollaro e del franco CFA;

- vi sono stati 43 anni di omissioni e depistaggi che hanno coinvolto anche i governi italiani e la nostra aeronautica, e tutti coloro che potevano contraddire la versione ufficiale del disastro di Ustica sono stati eliminati;

- la versione del missile viene da sempre accettata dai parenti delle vittime, che non hanno mai creduto a una bomba interna all'aereo;

- difficile che nel 1980 Craxi avesse tutti questi poteri.

Amato ha chiesto a Macron (che all'epoca aveva meno di tre anni) di porgere le sue scuse in nome della Francia. Come mai non ha chiesto nulla né agli americani né ai governi italiani che da allora si sono succeduti?

Il fatto che Amato sia un politico squallido che si squalifica da solo, non significa che in questo caso non abbia ragione. Semmai ci si può chiedere perché proprio adesso tale rivelazione? Gli USA vogliono forse sbarazzarsi anche di Macron, che in Africa sta perdendo tutte le ex colonie subsahariane, e che vorrebbe sganciare l'Europa dalla NATO, e che sta cercando una soluzione negoziale con la Russia in Ucraina, e che mira a un rapporto privilegiato con la Cina, e che si sta interessando troppo ai BRICS?

Binari separati

Il presidente dell'Associazione degli imprenditori italiani in Russia, Vittorio Torrembini, ha detto nel corso della fiera industriale "Innoprom. Asia Centrale" a Tashkent, in Uzbekistan: "Anche se le difficoltà logistiche, finanziarie, bancarie sono enormi, nessun imprenditore italiano vuol lasciare la Russia; è un grande mercato, ha un'importanza geopolitica e geoeconomica. Non è il Nepal".

Poi ha aggiunto: "Ultimamente hanno abbandonato il mercato russo soltanto due imprese. Una stava pianificando di farlo da tempo. L'altra è Enel, che ha venduto tutta la capacità di generazione che aveva in Russia: 5,6 GW di energia convenzionale e 300 MW di energia eolica."

Quindi "a parte le aziende del settore petrolifero e del gas, tutte sono rimaste. Alcune si sono ridimensionate, ma nessuna ha lasciato la Russia".

Come mai questa libertà di manovra da parte delle nostre aziende?

È che, nonostante "le pressioni che ricevono dalle autorità in Italia e in Europa, si sentono abbastanza forti da non essere colpite dalle restrizioni, come per es. Barilla, Ferrero e Pirelli. Anzi, ora ci sono nuove aziende che intendono investire in Russia soprattutto nei settori dei materiali da costruzione e dei prodotti alimentari. Non posso dire chi, naturalmente, ma abbiamo già tre o quattro aziende che stanno preparando gli investimenti".

È chiaro il motivo per cui politica ed economia in Italia viaggiano su binari separati?

Il Paese degli orrori

James Obasi, un funzionario di origine nigeriana che lavora in un club di alto profilo a Kiev, cui nel giugno scorso era stato affidato il compito di ospitare in quel club alcuni esponenti di spicco di una delegazione britannica, ha accusato il principe Andrea, fratello dell'attuale re inglese, di aver fatto sesso con due bambini, di cui un maschio di 10 anni e una femmina di circa 12.

Obasi ha detto di essere stato testimone oculare. Lo stesso principe gli aveva chiesto di provvedere a dar da mangiare e bere ai due bambini. Fu Obasi a trovare i due ragazzini in condizioni critiche, quasi svestiti, spaventati e piangenti. Cercò di prendersi cura di loro, ma il personale di sicurezza inglese li portò via con sé: si presume a Parigi su un aereo speciale.

Il principe Andrea (amico del noto pedofilo Jeffrey Epstein, morto in circostanze sospette nel 2019) non è la prima volta che subisce accuse del genere.

Non è neppure la prima volta che l'Ucraina viene accusata di traffico di bambini durante la guerra in corso. Secondo i servizi segreti russi i bambini ucraini vengono venduti all'estero su larga scala con la connivenza dei servizi segreti ucraini. Il pretesto è l'adozione ma i veri motivi sono il trapianto degli organi e la pedofilia. Quello ormai è diventato il Paese degli orrori.

Fonte: news9live.com

Di che Pax Mongolica parla?

Nei pressi dell'ex quartier generale di Gengis Khan, in Mongolia, papa Francesco avrebbe fatto una dichiarazione sibillina: "Che il cielo faccia scendere oggi su questa terra, devastata da innumerevoli conflitti, nel rispetto delle leggi internazionali, quello che un tempo era la Pax Mongolica, cioè l'assenza di conflitti". È la prima volta che un papa rende omaggio a Gengis Khan.

Gli analisti si sono chiesti a cosa o a chi poteva riferirsi. Hanno facilmente intuito che non si riferiva alla moderna Repubblica della Mongolia, che è del tutto pacifica. Ma non si riferiva neppure a un evento particolare del passato.

In realtà ha usato una metafora per dire che l'attuale civiltà occidentale, che governa il mondo come un tempo facevano i mongoli in Asia, ha il dovere di porre fine alla guerra in Ucraina e di stabilire una pace definitiva sul pianeta. Non solo, ma siccome una parte significativa dell'intero territorio della Pax Mongolica è occupata dalla Russia e dalle ex repubbliche dell'URSS, la stessa attuale Mongolia dovrebbe schierarsi a fianco dell'occidente. Anzi questo Paese sarebbe un esempio da imitare, in quanto è denuclearizzato, ecologico, democratico e ha abbandonato l'ateismo sovietico.

Bisognerebbe però che qualcuno gli ricordasse che al tempo dei mongoli padroni dell'Asia e della Russia, la grande città di Kiev era stata ridotta quasi a nulla, come disse il monaco francescano Giovanni da Pian del Carpine, inviato dal papa Innocenzo IV al Gran Khan Guyuk nel 1245: vi erano rimaste solo 200 case e la popolazione era stata ridotta in schiavitù.

I polacchi però han pensato ch'egli in realtà intendesse riferirsi a Putin, facendolo passare per un erede di Gengis Khan, per cui hanno raffigurato l'auto del papa col telaio di un carro armato russo. Ma si sa che i polacchi interpretano le cose a partire soprattutto dalla loro russofobia, quella deformazione mentale che non gli fa capire che un papa, pur provenendo dal Sudamerica, non starà mai dalla parte né dei russi ortodossi né dei cinesi atei.

[5] La scoperta dell'acqua calda

La NATO ha scoperto che la condizione preliminare per qualsiasi azione offensiva è il dominio del fuoco. Sembra la scoperta dell'acqua calda. Viene però detto perché questa cosa fa difetto agli ucraini.

L'esercito infatti soffre di pesanti perdite di equipaggiamenti e di forze umane. Cioè il fatto che l'occidente abbia fornito mezzi più potenti non ha contribuito a diminuire l'elevato numero di morti.

C'è quindi qualcosa che non va. Sembra che non vi siano abbastanza militari per recuperare i mezzi danneggiati e ripararli. Anzi la mancanza di una vera capacità di riutilizzo industriale dei mezzi militari danneggiati o di produzione di nuovi mezzi che sostituiscano quelli distrutti non riguarda solo l'Ucraina ma l'intero occidente.

Senza armi adeguate e senza rifornimenti copiosi, le forze ucraine compiono progressi in maniera troppo lenta, pagando un prezzo troppo elevato in termini di morti o feriti. Non serve a niente avanzare di 700-1.200 metri in cinque giorni, poiché in questa maniera si permette alle forze russe di ripristinarsi.

Peraltro i militari ucraini non riescono ancora a svolgere un'opera di ricognizione approfondita e a distanza delle mine russe. Se non si risolve questo problema, ogni slancio in avanti è frustrato in partenza.

Un altro aspetto di cruciale importanza è la formazione del personale a livello di battaglione e brigata. L'addestramento non può essere condotto coi metodi della NATO, progettati per forze diversamente configurate o per teatri di guerra molto diversi.

I militari della NATO stanno cominciando a capire solo adesso che le unità ucraine vanno addestrate in modo più conforme alle loro esigenze. Dai tempi delle guerre mondiali in nessuna nazione europea si è mai sperimentato un modo di combattere così cruento e destabilizzante.

Gli stessi russi si sono adattati molto velocemente a un modo di combattere che assomiglia a quello della prima guerra mondiale coi mezzi della seconda e della guerra fredda. Alcuni di questi adattamenti sono specifici al contesto, come l'aumento della densità dei campi minati.

Altri adattamenti sono sistemici e avranno un impatto duraturo sulla dottrina russa: si pensi solo all'idea di dislocare su molti punti i sistemi di guerra elettronici, invece che concentrarli su poche piattaforme.

Insomma la NATO deve per forza riconoscere di avere a che fare con un nemico tutt'altro che facile da combattere.

Fonte: rusi.org

Stampelle contro vanghe

L'analista Lilin su Telegram ha mostrato un volantino ucraino che invita i giovani a prestare servizio nelle Forze Armate del Paese. Vi è scritto, testuale: "L'istruzione non salverà il Paese. Unisciti alle Forze armate ucraine!".

Ormai non sanno più chi arruolare. Addirittura in questo momento il ministero della Difesa ha emesso un'ordinanza con cui conta di farlo anche coi disabili, gli ammalati cronici e i sieropositivi.

La decisione è arrivata dopo un episodio clamoroso di morte di un giovane ucraino di 29 anni, mobilitato nonostante soffrisse di epilessia. Era deceduto poco dopo essere arrivato al fronte, proprio in seguito a un attacco epilettico. Dall'elenco pubblicato dal ministero si evince facilmente che questi malati non saranno esonerati dalla mobilitazione, come non lo saranno i tubercolotici, chi soffre di epatite, di malattie del sangue, del sistema endocrino, di disturbi mentali in generale e così via.

A Leopoli, all'inizio di settembre, il regime organizzò persino una marcia per persone diventate disabili a causa della guerra. A guidarla c'era Yana Stepanenko, 12 anni, con gambe artificiali, colpita dal missile ucraino Tochka-U alla stazione ferroviaria di Kramatorsk. Un paradosso del cinismo: prima si mutilano fisicamente (e moralmente) le persone e poi si usano i danni causati a fini di propaganda.

Dal prossimo ottobre neppure le donne specializzate in campo medico-sanitario potranno recarsi all'estero: faranno più comodo al fronte. A far cosa però non si sa: infatti nessuno degli ucraini raccoglie i propri feriti e i propri morti. Sono i russi che li curano o li seppelliscono.

In ogni caso se si pensa che all'inizio del conflitto Kiev si serviva di muscolosissimi e tatuatissimi Azov, il ripiego è diventato patetico. Certo è che mandando al fronte i mutilati e i malati cronici gli affaristi del governo risparmieranno su pensioni e sanità.

Chissà se vedremo un Enrico Toti ucraino che lancia la stampella contro chi usa le "vanghe". Sinceramente parlando preferiremmo che si dessero la mano e dicessero basta a tutte le forme di fascismo, di destra e di sinistra.

In Ucraina esiste un genocidio?

La Commissione internazionale dell'ONU, guidata da Erik Möse, non ha trovato prove sufficienti che la Russia stia compiendo un genocidio in Ucraina.

Infatti per soddisfare la qualificazione giuridica prevista dalla Convenzione sul genocidio, occorre constatare in maniera esplicita l'intenzionalità degli autori del presunto crimine. Cioè deve esserci la "necessità" di distruggere un certo gruppo etnico, e tale distruzione deve essere fisica o biologica.

Salta quindi la versione occidentale sulla strage di Bucha.

Tuttavia non facciamoci illusioni: la Commissione ha intenzione di inserire nell'elenco dei crimini contro l'umanità anche gli attacchi alle infrastrutture energetiche dell'Ucraina.

E ammazzare o torturare o mutilare i prigionieri russi? Questo no?

[6] La riforma agraria in Ucraina

Dopo la fine dell'era sovietica non era scontato che in Ucraina avvenisse il passaggio dalla statalizzazione dell'agricoltura alla sua privatizzazione, ma evidentemente agli esseri umani piace finire dalla padella alla brace, senza mai riuscire a trovare una via di mezzo.

La "riconversione" ha seguito il consueto modello neoliberista: una ristretta élite di oligarchi si è arricchita smisuratamente depredando il settore pubblico con la complicità della classe politica. Inevitabilmente la gran parte della popolazione rurale era finita in miseria.

Poi è arrivato l'occidente, molto prima dell'attuale guerra, con la ferma intenzione di spartirsi la torta. L'Ucraina infatti vanta 32 milioni di ettari di terreno ottimamente coltivabile, circa il 70% del suo territorio e quindi circa 1/3 di tutti i terreni agricoli della UE.

Per limitare una privatizzazione selvaggia, nel 2001 venne imposta una moratoria sulla vendita di terreni a stranieri. Da allora l'abrogazione di questa norma è stata l'obiettivo principale delle istituzioni occidentali.

Oggi la parte del leone non viene fatta dagli oligarchi ucraini ma dalle multinazionali straniere. Ci riferiamo alla Monsanto-Bayer, alla Cargill e alla DuPont, affiliate a Vanguard, Blackrock, Blackstone, le tre società finanziarie che controllano anche le maggiori banche e le maggiori industrie belliche del mondo.

Oltre a trasformare l'Ucraina nell'ennesima colonia, queste aziende hanno l'obiettivo di far crollare i prezzi e far fallire decine di migliaia di agricoltori europei, per poter poi offrire i loro prodotti agricoli, che il più delle volte sono geneticamente modificati.

Malgrado la suddetta moratoria, nel 2016 dieci multinazionali erano giunte a controllare 2,8 milioni di ettari di terre. Oggi le stime parlano di 3,4 milioni in mano ad aziende straniere e società ucraine partecipate da fondi esteri. Altre stime arrivano fino a 6 milioni e altre ancora fino a 17! La moratoria è stata comunque abrogata dal governo Zelensky nel 2020, in vista di un referendum definitivo da tenersi nel 2024.

Intanto alle tre multinazionali citate sopra si sono aggiunte Archer Daniels Midland, Bunge, Louis Dreyfus, l'azienda statale cinese COFCO, la lussemburghese Kernel, la holding americana NCH Capital, la saudita Continental Farmers e la francese AgroGenerations.

Pare, secondo l'Oakland Institute, che tutte insieme controllino il 71% del mercato agricolo ucraino.

Le aziende europee e il ruolo della UE sono aumentati soprattutto dopo la firma dell'accordo di associazione economica fra Ucraina e l'Unione entrato in vigore nel 2017. A noi europei interessa soprattutto la soia, perché siamo troppo dipendenti da Argentina e Brasile.

Ora la guerra in corso rischia di provocare enormi danni alle multinazionali, le quali sanno benissimo che il Paese è ricchissimo anche di minerali, giacimenti e terre rare. Sarà difficile che sul tavolo delle trattative non vengano considerati anche questi interessi.

Quella santa donna della Zakharova

Ha detto Maria Zakharova alla prima Conferenza Europea sul multipolarismo del 4 settembre 2023:

Il mondo policentrico sta diventando sempre più una realtà oggettiva. Il secondo vertice Russia-Africa, che ha riunito i rappresentanti di quasi tutti i Paesi dell'Unione Africana a San Pietroburgo nel luglio di quest'anno, e il recente vertice dei BRICS in Sudafrica, hanno confermato che i BRICS sono – come dice Sergej Lavrov – "una sorta di rete cooperativa gettata sopra le vecchie linee di demarcazione Nord-Sud e Est-Ovest". I risultati dell'incontro di Johannesburg hanno mostrato chiaramente l'attrattiva di questo formato d'interazione multilaterale equa per i Paesi stanchi delle pretese di egemonia globale del famigerato "miliardo d'oro".

Anche l'Organizzazione per la cooperazione di Shanghai (SCO) e l'Unione economica eurasiatica (EAEU) potrebbero essere utilizzate come base per costruire il Grande Partenariato Eurasiatico, poiché appartengono allo stesso nuovo tipo di organizzazioni che offrono ai partecipanti l'opportunità di unire le forze per risolvere problemi comuni senza imporre "standard universali" o tentare d'introdurre una sorta di "ordine basato sulle regole".

A questo punto è evidente che il futuro dell'Europa, come uno dei centri del mondo multipolare, non può più stare nel continuare ad aderire alla linea della cieca obbedienza vassalla ai dettami di Washington, senza ritegno nel promuovere l'isteria russofoba.

Bharat non India

Anche l'India si è così stancata del colonialismo occidentale che ha intenzione di tornare a chiamarsi Bharat, Unione di Stati.

Il capo del Congresso Nazionale Indiano, Jairam Ramesh, ha detto: "Sono stati gli inglesi a rinominare Bharat come India. Ma il nostro Paese è conosciuto come Bharat da migliaia di anni. È un nome che si trova in antichi testi sanscriti. Il nome India era un nome coloniale e quindi un simbolo di schiavitù."

Gli inviti formali alla cena del G20 sono stati già inviati a nome del Presidente del Bharat.

Da notare che l'anno scorso le Nazioni Unite hanno accolto la richiesta della Turchia di cambiare il nome della repubblica in tutti i documenti ufficiali da Turchia a Türkiye.

Andando avanti di questo passo scoppierà il finimondo. Pensiamo solo a cosa potrà succedere il tutto il Sud globale e persino nel Nordamerica coi nativi sopravvissuti.

*

Il governo inglese ha sostituito il ministro dimissionario della Difesa Ben Wallace con Grant Shapps. Il primo era un guerrafondaio con una certa esperienza militare. Il secondo invece appare moderato e senza alcuna esperienza militare. La svolta è dovuta al fatto che gli inglesi considerano persa la guerra in Ucraina. I russi son troppo forti.

[7] Non tiriamo troppo la corda

Un ex analista della CIA, Larry Johnson, ha detto che le sanzioni antirusse e tutti i tentativi di distruggere la Russia sono serviti, in definitiva, a riformare le sue forze armate e rivitalizzare la sua industria della difesa. Non solo, ma, stabilendo un ordine mondiale alternativo che emargini gli Stati Uniti, Mosca sta diventando una leader sulla scena internazionale. Sotto questo aspetto il complesso militare-industriale russo è diventato largamente superiore a quello statunitense.

Cioè in pratica ha fatto capire che se prima della guerra la Russia si sarebbe guardata bene dal fare un confronto con le capacità belliche della NATO, oggi invece è la NATO a sentirsi preoccupata da un confronto del genere. Anche perché la Russia è sostenuta da mezzo mondo.

Se ci si limita però a giocare su chi fa più paura, non se ne esce. Qui abbiamo a che fare con potenze nucleari e la guerra in corso non è un gioco, anche se la NATO, non avendo ancora mandato in campo le proprie truppe, può avere l'impressione che non sia molto di più di un gioco o di un film.

Quando si hanno armi nucleari a disposizione sarebbe bene non tirare troppo la corda, anzi sarebbe meglio tornare a uno spirito collaborativo, evitando accuratamente di credere che se Putin manifesta incertezze nel fare ricorso ai bombardamenti a tappeto delle città ucraine o nell'usare le armi più potenti di cui il suo Paese dispone, non è per timore di una ritorsione da parte della NATO. In lui non c'è la fiducia nel buon senso degli europei che aveva Gorbaciov.

Sono finiti da un pezzo i tempi in cui la NATO poteva pensare che la fine del Patto di Varsavia o i tentativi unilaterali di smilitarizzazione offerti dall'URSS andavano interpretati come una forma di debolezza di cui dover approfittare. La Russia si sente tradita dagli europei e soprattutto si è pentita amaramente che in seguito a questa fiducia mal riposta sia stata indotta a smantellare il Patto di Varsavia, permettendo alla NATO di allargarsi sino alle porte di casa.

Ancora gli europei non hanno capito che la guerra in Ucraina non potrà finire prima che si siano stabiliti i criteri di sicurezza che impediscano in futuro la ripresa di un analogo conflitto. La Russia non si accontenterà più di una semplice vittoria sull'Ucraina. Di sicuro pretenderà che tutte le basi NATO che la circondano vengano smantellate, altrimenti essa stessa comincerà ad allestire basi militari in quei Paesi del Centro America che l'autorizzeranno a farlo. E questa volta non ci saranno ripensamenti alla Krusciov.

È giunta l'ora di dimettersi

Nella prima metà del 2023 la Germania ha aumentato gli acquisti di fertilizzanti dalla Russia di 3,3 volte rispetto ai cinque anni precedenti. Cioè ha speso la cifra record di 151,3 milioni di dollari per importare 361.500 tonnellate di fertilizzanti, permettendo alla Russia di passare dal sesto al terzo posto tra i maggiori fornitori di fertilizzanti alla Germania, sia in termini assoluti che monetari.

Ci rendiamo conto che parlare di sanzioni quando si è così deboli sul piano economico è semplicemente ridicolo? In un'Europa normale, non dipendente dagli USA, non accecata dalla russofobia, soggetti come la von der Leyen, Borrell e tanti altri statisti nazionali, dopo 18 mesi di inutile guerra e di sanzioni controproducenti, dovrebbero dimettersi, se avessero anche solo un minimo di dignità, o comunque contro di loro dovrebbero essere avanzate delle mozioni di sfiducia.

Questi soggetti hanno gravemente lesionato gli interessi della UE. In questo momento non è più possibile pensare che abbiano agito convinti, in buona fede, di essere dalla parte giusta. Esistono fatti incontrovertibili che attestano la loro totale inadeguatezza al ruolo che ricoprono. Come strateghi della politica europea hanno fallito su tutti i fronti. Hanno impoverito pesantemente gli europei, e hanno dilapidato enormi risorse finanziarie e militari, stornandole verso un regime neonazista che sin dall'inizio non solo non aveva alcuna possibilità di vincere la guerra, ma neppure il diritto di farla, essendo frutto di un golpe contro un governo che di antidemocratico non aveva nulla.

Anche i detenuti fanno brodo

Il regime di Kiev è così disperato per la mancanza di uomini da mandare al fronte che sta di nuovo pensando a utilizzare i detenuti nelle proprie carceri.

L'aveva già fatto all'inizio della guerra, ma l'idea era stata un fallimento. Il comando ucraino non era in grado di gestirli, né tanto meno di condurli in battaglia, poiché disertavano in massa e scappavano ai primi spari, portando con sé armi e munizioni.

Non ci s'improvvisa militari senza alcuna formazione specifica. Non è poi detto che chi è in carcere voglia combattere per un governo che l'ha incarcerato. Non è neppure detto che un detenuto sia disposto a rischiare la vita in cambio della propria libertà, anche perché in questo momento lo sanno tutti che sul fronte le possibilità di restare vivi sono ridotte quasi a zero. Peraltro alcuni di loro potrebbero sperare di essere liberati dagli stessi russi, se Kiev perde la guerra.

Ma c'è di più e di peggio. Ormai è sulla bocca di tutti che il comando ucraino spesso ha comportamenti disumani nei confronti dei propri soldati al fronte: i feriti non vengono curati e si minacciano di fucilazione immediata quelli che abbandonano la posizione di combattimento. Inoltre diversi soldati hanno ricevuto ordini dal comando di firmare un accordo volontario per lasciare il proprio corpo in caso di morte sul campo di battaglia, con il palese intento di negare il risarcimento e i benefici ai parenti in futuro.

Rapporti scomodi e atteggiamenti ambivalenti

Mary Wareham, direttrice del dipartimento di difesa degli armamenti di Human Rights Watch, ha dichiarato che a Izyum, nella regione di Kharkiv, nel 2022, i civili sono stati uccisi a causa dell'uso di missili a grappolo da parte dell'esercito ucraino, mentre la città era sotto il controllo dell'esercito russo.

L'hanno capito dopo che i russi se n'erano andati, studiando la direzione dei missili.

Sicuramente questo rapporto farà la fine di quello di Amnesty International sui crimini di guerra del regime di Kiev, che è stato rapidamente nascosto e modificato. A proposito, tutti i direttori di Amnesty legati a tale rapporto sono stati rimossi dai loro incarichi.

È però importante insistere su questo tipo di armi che non si dovrebbero usare. Infatti un gran numero di submunizioni non esplode al momento dell'impatto, con tassi di fallimento che vanno dal 10% al 40%. Di conseguenza l'uso diffuso di queste munizioni fa sì che intere regioni siano sommerse da decine di migliaia di submunizioni inesplose in uno stato instabile.

È curioso che gli Stati Uniti abbiano esortato la Corea del Nord a non fornire armi letali alla Russia, altrimenti avrebbe pagato un prezzo molto caro. E non dicano nulla sul fatto che essi stessi stanno fornendo a Kiev munizioni a grappolo e a uranio impoverito, che sono armi destinate a funzionare anche dopo la fine della guerra.

[8] Un timer per Zelensky

Scrive Nicolai Lilin nel suo canale di Telegram:

Perché Tony Blinken è andato a Kiev? Ciò che ha detto il *mainstream* occidentale è, come al solito, tutto inventato.

In realtà si è trattato di un rituale mistico, come quando si va nei luoghi cimiteriali.

Il sacerdote anziano di questo terribile culto ha controllato come stavano andando i sacrifici visitando un cimitero pieno di tombe fresche degli ucraini. E affinché non avesse alcun dubbio che non gli sarebbe stato negato nulla, gli è stato fatto uno speciale regalo di sangue sotto forma di un attacco missilistico americano sul mercato di Konstantinovka. Ora non si può più dubitare di come e da dove sia stato effettuato l'attacco. Ci sono sempre delle inezie che svelano i criminali. Anche in questo caso la verità è stata rivelata dal riflesso accidentale del missile sul tetto di una delle auto in zona. Non proveniva dalla parte russa.

La visita però non è stata molto piacevole per Zelensky e la sua banda. Il custode è venuto a esprimere insoddisfazione per il fatto che il promesso sfondamento sul Mar d'Azov non avrà luogo. Probabilmente si è parlato anche di casi di corruzione, coi quali gli americani hanno una forte presa sul punto debole di Zelensky. E naturalmente si è parlato di elezioni. Questa è la spada di Damocle che pende su Zelensky.

Molto probabilmente gli è stata imposta la condizione del loro svolgimento obbligatorio, a meno che per qualche incredibile miracolo non si ottengano successi nella controffensiva. Ma è chiaro che questo non accadrà.

Anzi è possibile che gli americani stiano già preparando in silenzio una nuova creatura per sostituire Zelensky, al fine di dare soddisfazione alle tante pubblicazioni critiche della stampa occidentale sull'Ucraina. Lo stesso Zelensky, molto probabilmente, avrà implorato un po' di tempo in più. Ma se gli americani possono concederglielo, la natura non lo farà, poiché alla fine di ottobre tutte le attività offensive dovranno essere ridotte.

Per quanto riguarda il prossimo pacchetto di aiuti, gli americani si sono limitati a diluire l'esiguità dell'elemosina con una dichiarazione altisonante sui proiettili all'uranio impoverito, che non faranno altro che peggiorare le cose per gli stessi ucraini. Come se non sapessero che per usare armi del genere i carri armati dovranno esporsi ai sistemi anticarro russi: in pratica per un paio di colpi all'uranio impoverito gli ucraini perderanno un carro.

Ancora a Kiev non han capito che più di qualche elemosina non possono ricevere. Il Congresso degli Stati Uniti al momento non ama particolarmente l'Ucraina. Il problema però è che il governo ucraino sta finendo i soldi per pagare i militari. Non è quindi da escludere che i feriti vengano eliminati sul posto e i morti registrati come "persone scomparse".

Impoverito e arricchito

George Samueli del Global Policy Institute ha detto:

Considerando il fallimento della controffensiva dell'Ucraina e un sondaggio della CNN, che mostra come il 55% degli americani sia contrario a ulteriori finanziamenti all'Ucraina, sarebbe comprensibile che gli analisti geopolitici sostenessero che l'amministrazione Biden si voglia liberare di Zelensky.

Disinvestire dall'Ucraina potrebbe essere la cosa più sensata da fare, ma i politici americani raramente fanno la cosa più sensata. La verità è che gli Stati Uniti non hanno alcun motivo particolare per abbandonare l'Ucraina. Si consideri che gli Stati Uniti hanno un bilancio annuale di 6.300 miliardi di dollari. Anche se spendessero 200 miliardi all'anno per l'Ucraina, si tratterebbe di meno del 3% del loro bilancio.

Quindi cos'è più importante per gli Stati Uniti? Al momento sembra che non un solo americano stia morendo in Ucraina. Sicché per gli analisti questo è un motivo sufficiente per restare. Ricordano l'ignominioso ritiro dall'Afghanistan, ma non i 20 anni che gli Stati Uniti vi hanno trascorso, le 2.400 vite perse o i 2.300 miliardi di dollari sprecati.

Lo stesso vale per l'Iraq. Gli Stati Uniti hanno speso più di mille miliardi di dollari, hanno perso 5.000 persone e sono ancora lì a più di 20 anni dall'invasione. E naturalmente il Vietnam. La gente ricorda l'evacuazione in elicottero nel 1975, ma non il coinvolgimento ventennale e i 58.000 americani morti.

Dunque cosa vuol farci capire Samueli? Semplicemente che se la NATO non viene cacciata a pedate, non se ne andrà. E che agli USA non importa assolutamente nulla di avere l'astronomico debito di 32.000 miliardi di dollari.

Tuttavia il problema è che qui abbiamo a che fare con un'alleanza nucleare. Dopo l'uranio impoverito c'è quello arricchito.

Il saggio Orbán

Il capo della politica estera dell'UE, Josep Borrell, ha delineato un piano affinché vengano stanziati 5 miliardi di dollari all'anno in trasferimenti di armi all'Ucraina nei prossimi quattro anni.

L'ha detto in un incontro dei ministri della Difesa dell'UE in Spagna, aggiungendo che bisogna addestrare circa 40.000 soldati ucraini entro la fine di quest'anno.

Cioè in pratica il guerrafondaio Borrell fa un ragionamento opposto a quello di una qualunque persona di senno: siccome la controffensiva ucraina sta fallendo, non chiediamo una mediazione politica ma di aumentare la forza militare. E fa una previsione addirittura quadriennale! Senza rendersi conto che il governo di Kiev non sa più chi mandare al fronte!

Persone del genere dovrebbero essere sottoposte a un processo, poiché stanno favorendo dei crimini contro l'umanità: questo perché stanno distruggendo un'intera nazione e stanno portando l'Europa sull'orlo dell'abisso. E dopo il processo dovrebbero essere sottoposte a cure psichiatriche, poiché è evidente che soffrono di disturbi che si trascinano dall'infanzia.

Ma il problema maggiore è che l'unico statista europeo che si oppone a questi assurdi progetti è l'ungherese Orbán. È l'unico ad aver capito che Kiev non può vincere questa guerra. Tutti gli altri sembrano che si rendano conto che se cambiano narrativa, saranno costretti a dimettersi. Cominciano ad avere paura del dialogo aperto, del dibattito pubblico, perché sanno di non avere argomenti.

Non c'è peggior sordo...

Il portavoce del Ministero degli Esteri cinese Mao Ning ha dichiarato che Taiwan non ha alcun diritto legale di entrare a far parte dell'ONU e di altre organizzazioni internazionali, poiché solo gli Stati sovrani possono aderirvi.

Sembra che a Taiwan ancora non abbiano capito che non hanno alcuna possibilità di agire sul piano politico come uno Stato indipendente.

Vogliono rivedere l'interpretazione della risoluzione dell'Assemblea Generale delle Nazioni Unite del 25 ottobre 1971, secondo cui i rappresentanti della Repubblica Popolare Cinese sono gli unici legittimi rappresentanti della Cina all'ONU, compreso un seggio come membro permanente del Consiglio di Sicurezza.

Il diplomatico cinese ha ricordato che il principio "una sola Cina" è una norma universalmente riconosciuta nelle relazioni internazionali e che il sostegno di potenze esterne a manifestazioni separatiste che mirano all'indipendenza di Taiwan è inaccettabile.

Fare i martiri per forza

Berlino sta inviando in massa lettere di estradizione in Ucraina a tutti i rifugiati in età di leva. Lo stesso hanno intenzione di fare Polonia e Belgio. Questo perché vogliono soddisfare una richiesta di Zelensky.

Ma le direttive europee impediscono di comportarsi così: se uno fugge da un Paese in guerra, non lo si può rimandare indietro.

Che si siano stufati della loro presenza ingombrante? della pretesa che hanno di essere mantenuti e assistiti gratuitamente finché la guerra durerà?

Attualmente in Europa ci sono 600.000 ucraini soggetti alla leva e che non hanno fretta di tornare in patria nonostante l'appello di Zelensky.

Kiev però minaccia di rimandare le ostilità al 2024, col pretesto che il fattore della superiorità demografica della Russia può giocare un ruolo crescente.

[9] Le scoperte scientifiche degli altri si copiano

Se si pensa che la pace nel mondo possa essere assicurata alzando l'asticella dell'equilibrio del terrore, siamo dei grandissimi illusi.

La pace non può essere consolidata per mezzo di una nuova generazione di armamenti distruttivi, siano essi di tipo nucleare o biologico o chimico o di altra natura. I rischi di un'apocalisse non farebbero che aumentare.

Ai tempi di Reagan gli USA erano addirittura convinti che, militarizzando lo spazio, il pericolo di una guerra nucleare sarebbe diminuito, in quanto l'URSS era priva di un sistema di difesa strategica a livello satellitare.

Non riuscivano a capire che, prima o poi, sarebbe arrivata anche la Russia a creare lo stesso tipo di armi. La Russia non è un Paese in cui la scienza e la tecnica sono a un livello così primitivo da rendere impossibile un solerte riallineamento agli standard occidentali.

Nella storia del genere umano si è visto tantissime volte che quando le popolazioni rimangono indietro, sul piano tecnico-scientifico, rispetto ad altre popolazioni, possono ricuperare il terreno perduto molto in fretta, partendo dalle ultime invenzioni e scoperte disponibili: non hanno bisogno di ripercorrere tutto il faticoso percorso che aveva portato ad acquisirle. Si pensi solo a quale transizione incredibile ha avuto il Giappone, passando dal feudalesimo al capitalismo avanzato.

Gli USA realizzarono l'atomica nel 1945, sfruttando tante menti eccelse del mondo. Ma la Russia vi riuscì quattro anni dopo, senza avere dei fisici nucleari del livello di Einstein, Bohr, Fermi, Oppenheimer ecc. Furono in grado di riprodurre in un anno anche la bomba H ideata da Teller.

Proposte concrete

Cerchiamo di essere concreti, poiché va escluso a priori che il conflitto russo-ucraino possa concludersi con un trattato di pace come se fosse una guerra regionale. Questa è una guerra mondiale in fieri o in potenza, che, se si trasforma in atto, diventa per forza nucleare.

Posto quindi che il destino dell'Ucraina è la resa incondizionata, resta da chiarire quale scenario di sicurezza vogliamo creare in Europa al fine d'impedire che si ripeta un disastro del genere.

Putin ha chiesto la smilitarizzazione dell'Ucraina, ma se proprio vogliamo fare gli idealisti, dovremmo chiedere molto di più, sia alla NATO che alla Russia.

In Europa, per garantire un minimo di sicurezza alle generazioni future, dovremmo anzitutto pretendere la limitazione o riduzione degli armamenti nucleari strategici e a medio raggio, fino a preventivare la loro definitiva distruzione.

All'interno di tale obiettivo dovrebbero essere inclusi due divieti: 1) qualunque tipo di sperimentazione che aumenti la potenza delle armi nucleari; 2) poter usare, in caso di conflitto, l'arma atomica per primi (il cosiddetto "attacco preventivo" o "first strike"). Due cose che, se non vengono tolte di mezzo, qualunque altro discorso diventa inutile.

Ora, visto che NATO e Russia hanno già tante di quelle armi nucleari da potersi annientare reciprocamente, dovrebbe essere relativamente facile mettersi d'accordo sull'eliminazione di tutte le altre armi di distruzione di massa: chimiche, batteriologiche, spaziali, a laser, a fasci particellari ecc. Non ha alcun senso pensare di disintegrarci a vicenda usando armi differenti, quando abbiamo capito che ne basta solo una per farlo e che di questa ne abbiamo più del necessario.

Certo è che se la NATO continua a installare basi a ridosso dei confini della Russia, queste proposte non hanno alcun senso. La NATO capisce solo i rapporti di forza, per cui la Russia (e col tempo lo farà anche la Cina) sarà costretta a installare le proprie basi nucleari il più vicino possibile agli USA (Caraibi? Centro America? Nord Corea?).

Teoria del primo colpo

Non c'è bisogno d'essere degli esperti psicologi per capire che quando due nazioni sono in guerra e si odiano a morte, quella fermamente convinta che la propria forza militare dipenda dalle armi che l'altra non ha, sarà più propensa a sferrare il primo colpo. E sappiamo bene questo cosa significhi in campo nucleare (o comunque nel settore delle armi di distruzione di massa).

Chi possiede le armi atomiche vuole usarle per primo, facendo in modo che il nemico non sia in grado di reagire.

La prima nazione a dichiarare che non le avrebbe mai usate per prima fu l'URSS nel 1982. Gli USA si sono sempre rifiutati di prendere un analogo impegno.

Anche un bambino capisce che se tutte le nazioni nucleari rifiutassero di sparare il primo colpo, non potrebbero esserci neppure i successivi, e quindi una guerra nucleare sarebbe virtualmente scongiurata.

Probabilmente i russi fecero quella dichiarazione di buon senso perché ritenevano che nessun primo colpo può essere così devastante da impedire al nemico di reagire in maniera altrettanto catastrofica. Erano in sostanza giunti a una realistica conclusione: non esiste alcuna difesa antimissilistica impenetrabile.

Sotto questo aspetto bisogna convincersi che quanto più si militarizza lo spazio, tanto più è probabile che scoppi sulla Terra una guerra nucleare. Qualunque esercito vorrebbe guerreggiare guardando il nemico dall'alto. Oggi non c'è niente di meglio che farlo coi satelliti (militari, spionistici, telecomunicativi, meteorologici ecc.).

Per queste ragioni è difficile pensare che un qualunque trattato di pace tra russi e ucraini non preveda un allargamento dei criteri di sicurezza in cui sia coinvolta l'intera Alleanza atlantica (che va anche oltre i Paesi della UE). Sono troppe le sue basi militari ai confini della Russia. Per "basi" non si devono intendere solo quelle terrestri, ma anche quelle dislocate nello spazio. Per non parlare del fatto che una portaerei americana è una base a se stante, in grado di controllare ampie porzioni di oceano, stretti commerciali, spazi aerei, e di gestire sbarchi terrestri di marines, e di lanciare missili intercontinentali.

Droni su Pskov

Circa una decina di giorni fa Pskov, città russa, è stata bombardata da uno sciame di droni. Sono stati danneggiati vari aerei da trasporto militare.

Pskov dista 664 km in linea retta dal confine ucraino, quindi è impossibile che i droni siano partiti dall'Ucraina: la distanza è troppo grande. Inoltre avrebbero dovuto sorvolare la Bielorussia senza essere intercettati, e non erano di legno. La Zakharova sostiene che sono partiti dall'Ucraina utilizzando i satelliti occidentali e quindi potendo volare a quote molto basse, ma la versione è poco credibile.

Quindi da dove sono partiti? I Paesi più vicini a Pskov sono Estonia e Lettonia, appartenenti alla NATO. Alcune fonti turche affermano che i droni sono stati lanciati dall'Estonia (il che non vuol dire fosse coinvolto il governo). Quindi a circa 40 km di distanza. Il governo Lettone ha smentito categoricamente qualsiasi coinvolgimento.

Supponiamo quindi che sia coinvolta l'Estonia. Immaginiamo cosa succederebbe se la Russia decidesse di colpire le postazioni dalle quali sono partiti questi droni. Significherebbe guerra totale per tutta l'Europa, in base all'art. 5 dello statuto della NATO.

Questo porta a credere che in occidente si sta perseguendo la strada del terrorismo. Probabilmente perché ci si è resi conto che la guerra è persa. La controffensiva è fallita. I cimiteri si allargano a vista d'occhio.

A questo punto c'è da chiedersi fino a che punto nelle stanze del Cremlino reggerà il sangue freddo.

Di fatto i Paesi Baltici stanno cercando un coinvolgimento attivo di tutta la NATO. Non si vuole alcuna diplomazia ma solo guerra e a livelli sempre più alti.

La pazienza di Mosca non potrà durare all'infinito, anche perché rischia d'essere accusata di eccessiva debolezza nei confronti dell'occidente o di condurre una guerra sporca contro la NATO, per la quale fa concessioni esagerate dietro chissà quali promesse.

[10] Ironico anzi paradossale

Georgy Zinoviev, direttore del dipartimento Asia del Ministero degli Esteri russo, ha dichiarato che "La quota delle valute nazionali negli scambi russo-cinesi sta crescendo a un ritmo estremamente rapido: se all'inizio del 2022 era di circa il 25%, ora è già oltre l'80%".

Vengono qui in mente le parole di Draghi, quand'era premier in Italia: "Noi non compreremo mai il gas russo usando i rubli, perché sarebbe una violazione degli accordi."

Ora non solo non potremmo comprarlo in euro ma neppure in dollari, perché queste due monete per i russi non valgono nulla, sono carta straccia.

Tutti i premi che Draghi ha ricevuto per la sua brillante idea di congelare i 300 miliardi di dollari della banca centrale russa e di estromettere il sistema bancario russo dallo SWIFT, dovrebbe restituirli. Anzi nelle sue condizioni di povero illuso dovrebbe evitare di dire ai Paesi europei che per dare maggior forza all'euro bisognerebbe chiudere tutte le banche centrali nazionali, affidando interamente le proprie riserve alla Banca Centrale Europea.

Nella crescente e inarrestabile de-dollarizzazione è finito anche l'euro: le monete *fiat*, senza sottostante, sono diventate due. Non solo, ma se la BCE tenderà a prevalere sulle banche centrali nazionali, il sistema bancario europeo crollerà ancora più rapidamente quando crollerà quello americano. Ci sarà una reazione a catena più devastante di qualunque bomba atomica. Tutti vorranno convertire i loro risparmi in una qualunque moneta dei Paesi dei BRICS e non ci riusciranno. E allora altro che guerra russo-ucraina!

Bisogna ammetterlo: nella storia c'è sempre qualcosa di ironico o di paradossale.

Regole comuni o proprie?

George Samueli, membro del Global Policy Institute, ha detto:

Gli Stati Uniti e l'UE sono furiosi per il colpo di stato in Niger. L'UE ha sospeso il suo sostegno economico, affermando di non riconoscere in alcun modo il golpe. Blinken ha chiesto "il ripristino di tutte le funzioni pubbliche di un governo eletto legittimo".

Questo ragionamento sul colpo di stato è in netto contrasto con l'atteggiamento con cui venne accolto il rovesciamento forzato del governo legittimamente eletto dell'Ucraina nel 2014.

Ricordiamo infatti che il 21 febbraio Yanukovich aveva firmato un accordo con l'opposizione, prevedendo le elezioni nel mese di dicembre. I garanti erano Francia, Germania e Polonia. Poche ore dopo Yanukovich fu costretto a fuggire dal Paese mentre la folla saccheggiava gli edifici governativi.

Il 22 febbraio i golpisti annunciarono la destituzione di Yanukovich. E come ha reagito l'occidente? La Casa Bianca di Obama salutò il colpo di stato come un buon cambiamento costituzionale.

Immaginiamo cosa sarebbe potuto accadere se gli Stati Uniti e l'UE avessero agito contro il colpo di stato di Kiev come hanno fatto contro il colpo di stato del Niger. Supponiamo che il presidente francese e la cancelliera tedesca avessero dichiarato che, in quanto garanti dell'accordo del 21 febbraio, non riconoscevano la legittimità del colpo di stato. Supponiamo che Obama avesse minacciato di sospendere gli aiuti economici finché Yanukovich non fosse tornato al potere. Sappiamo bene cosa sarebbe successo. Il colpo di stato sarebbe fallito, Yanukovich sarebbe tornato, le regioni di Donetsk e Lugansk non avrebbero tentato di separarsi da Kiev e oggi non ci sarebbe stata la guerra.

Questo per dire che quando l'occidente sostiene che l'ordine internazionale va basato su delle regole, intende soltanto le "proprie" regole, cioè i propri interessi.

Dire una cosa e il suo contrario

Sul canale di Telegram di Nicolai Lilin c'è un divertente post dedicato al "Foreign Affairs", di cui un redattore ha sostenuto che per i primi sei-nove mesi Mosca non ha imparato dai suoi errori, ma poi, a caro prezzo, sfruttando meglio i suoi vantaggi numerici e di potenza di fuoco, ha iniziato a migliorare le sue tattiche di battaglia. In pratica ha trasformato quella che molti speravano sarebbe stata una rapida offensiva in una battaglia lenta, brutale e combattuta.

E poi ancora: la Russia ha intensificato le sue capacità di guerra elettronica, che aveva a malapena utilizzato dopo i primi giorni dell'invasione. Questo le ha permesso di ricostruire le sue infrastrutture e i processi di comando e controllo, distrutti la scorsa estate dalle armi di precisione consegnate all'Ucraina.

Anche i centri di comando sono stati protetti meglio, seppellendoli nel terreno e allontanandoli dalla linea del fronte. Sono state inoltre garantite comunicazioni migliori e più sicure tra i centri e le unità militari, anche attraverso la posa di cavi da campo e l'uso di comunicazioni radio più sicure.

Rivedendo le tattiche della fanteria, consolidando l'artiglieria in brigate specializzate e utilizzando droni d'attacco a basso costo, la Russia è stata in grado di migliorarsi di molto. Ora è in grado di fare attacchi più rapidi e precisi.

Tuttavia l'esercito russo ha ancora molti problemi, come la lentezza nella condivisione delle informazioni e la conseguente inefficace cooperazione tra le unità. Le sue truppe sono esauste e affaticate e 2/3 dei suoi carri armati, così come una parte significativa delle altre armi riservate alla guerra, sono stati distrutti.

Qui finisce l'articolo. È chiaro come l'autore l'ha svolto? Da un lato deve ammettere che l'esercito russo fa notevoli progressi, altrimenti a quest'ora gli ucraini avrebbero vinto; dall'altro che questi progressi sono possibili anche perché la Russia dispone di più militari e di più mezzi, non tanto perché i russi combattono meglio; dall'altro ancora però deve giustificare il sostegno occidentale all'Ucraina, che non può assolutamente venir meno. Cioè l'Ucraina non può perdere perché è la NATO che non può perdere.

La comicità sta nel fatto che la Russia ha più armi adesso di quando ha iniziato l'operazione speciale: sta vendendo carrarmati a mezzo mondo, inclusi gli elicotteri da battaglia Ka-52 Aligator. Inoltre la Duma ha decretato che non è necessaria alcuna ulteriore mobilitazione per vincere in Ucraina, mentre a Kiev stanno mandando al fronte chiunque gli capiti a tiro.

Inutile ammissione di colpevolezza

Klaus Ernst, capo del Comitato per l'energia del Bundestag, è diventato il primo funzionario europeo ad ammettere apertamente il fallimento delle sue precedenti decisioni. Quali? Quelle di sanzionare la Russia. Secondo lui chi ci ha rimesso di più è stata la Germania.

Infatti il Paese è entrato in recessione e non sarà sicuramente in grado di evitare un'inflazione elevata.

È lecito chiedersi se altri diplomatici europei seguiranno il suo esempio. Il problema è che riconoscere gli errori commessi significa automaticamente perdere il posto, cioè rinunciare a lauti stipendi. Quindi meglio correre verso il baratro.

Pretesti su pretesti

A Kiev si stanno inventando sempre più nuove ragioni per i fallimenti della controffensiva. L'ultima è relativa alla fuga dei mercenari stranieri. Presumibilmente dei 20.000 che hanno combattuto a fianco dell'APU nel 2022, ne sono rimasti circa 1.500.

Tra Kiev e Washington è in corso un ping pong sulla questione di chi sia la colpa della mancanza di risultati. Di sicuro Zelensky non può lamentarsi di non aver ricevuto abbastanza soldi e armi. Magari di altre cose si può rammaricare: per es. del fatto che il suo Paese non sia ancora entrato nella NATO; o del fatto che la NATO non sia intervenuta direttamente in questa guerra e che questa guerra non sia diventata mondiale e nucleare.

Ma su queste cose si deve rassegnare: nessun occidentale vuol rinunciare alla propria sicurezza e al proprio benessere più di quanto non abbia già fatto per sostenere gli ucraini. Anzi in questo momento i malumori per aver alimentato eccessive aspettative sulle capacità del governo di Kiev stanno aumentando.

Bisogna che Zelensky s'inventi qualcos'altro: per es. potrebbe dire che i 600.000 uomini in età di arruolamento che dall'inizio della guerra sono fuggiti all'estero, non sono voluti rientrare in patria. Oppure dire che le donne rimaste in patria si rifiutano di andare al fronte, perché non sono coraggiose come quelle kurde quando combattevano l'ISIS.

Un attore, per restare sulla cresta dell'onda, deve saper recitare qualunque parte: deve sapersi reinventare. Prenda esempio dalle ONG che guadagnano soldi coi rifugiati: hanno già proposto agli Stati della UE di non estradare le donne ucraine, poiché, mentre restano in Europa, possono spendere delle parole a favore dei problemi ucraini. Cosa che non fanno le centinaia di atleti che hanno lasciato il Paese col pretesto di partecipare a delle competizioni.

[11] Per una Ucraina bis

In base ai nuovi accordi tra Stati Uniti e Finlandia, l'aviazione americana inizierà a utilizzare l'infrastruttura dell'aeroporto di Rovaniemi in Lapponia, situato a meno di 150 km dal confine russo. Anche gli aerei da combattimento F-35 dell'aeronautica finlandese saranno di stanza nella base aerea in Lapponia.

Nel prossimo futuro un contingente militare americano sarà di stanza presso l'aeroporto finlandese. Ci saranno anche portaerei tattiche nucleari a una distanza sufficiente per lanciare attacchi sui territori russi.

Prepariamoci quindi a una Ucraina bis.

Ricordiamo tutti quando Stoltenberg disse: "Putin è andato in guerra per impedire che la NATO si avvicinasse ai suoi confini, per impedire più NATO ai suoi confini. Ha ottenuto l'esatto contrario. Ha ottenuto una maggiore presenza della NATO nella parte orientale dell'Alleanza e ha anche visto che la Finlandia ha già aderito all'Alleanza e la Svezia ne sarà presto membro a pieno titolo."

Bisognerebbe dire a quest'uomo senza scrupoli che i russi non sono imparentati né coi finnici né con gli svedesi. Non gli ci vorrà molto, coi mezzi che dispongono, per scongiurare due gravi minacce da parte di due Paesi spopolati.

Brutta svolta a destra in Finlandia

In tutta la Finlandia si sono svolte proteste contro il razzismo e i tagli governativi alle necessità sociali. I manifestanti han chiesto le dimissioni del governo, che vedono troppo vicino all'estremismo radicale della destra.

La coalizione si è salvata per il rotto della cuffia: ha ottenuto il sostegno di 106 deputati su 200.

Queste accuse vanno avanti dal giugno scorso, quando il nuovo governo si è insediato. Già il ministro dell'Economia Wilhelm Junnila è stato costretto a dimettersi a causa delle ripetute affermazioni neonazistiche. Già quand'era semplice deputato aveva suggerito al Parlamento di promuovere la contraccezione e gli "aborti climatici" per diminuire la popolazione nelle "società sottosviluppate dell'Africa", migliorando così le loro condizioni di vita. Sono comunque note le sue simpatie per Hitler e per il Ku Klux Klan.

Anche la leader del partito dei Veri finlandesi (il secondo gruppo politico più grande), la ministra delle Finanze Riikka Purra, si è scusata per i commenti anonimi online pubblicati circa 15 anni fa che contenevano insulti razzisti contro gli immigrati.

Il governo di Orpo è stato definito il più reazionario nella storia della Finlandia. La metà dei finlandesi ritiene che non riuscirà a mantenere il potere fino alla fine del mandato quadriennale.

Il Grande Fratello in azione

Stando al giornale "Ukrainskaya Pravda", un'anziana ucraina, il 7 settembre, è stata condannata da un tribunale della città di Priluky (regione di Chernigov) per aver messo tre like a dei post apparsi in un social vietato dal governo (Odnoklassniki), dove vengono esaltati i miliziani della Repubblica Popolare di Donetsk. Lei contava 178 amici e questo è stato sufficiente per infliggerle 5 anni di reclusione.

Il tribunale naturalmente ha tenuto conto dell'età dell'imputata e del fatto che fosse incensurata, per cui non le ha confiscato i beni.

In tribunale la donna ha ammesso pienamente la sua colpa e ha chiesto di non essere severamente punita. Ha detto di non essersi resa immediatamente conto che stava commettendo un crimine.

Sembra di leggere il famoso libro di Orwell.

[12] Tu quoque?

Il principale sponsor di Zelensky, l'oligarca ucraino Igor Kolomoisky, è stato accusato dall'Ufficio nazionale anticorruzione dell'Ucraina (NABU) d'essersi appropriato di oltre 249 milioni di dollari, appartenenti alla banca ucraina Privatbank, di cui era il maggior azionista fino al 2016.

I funzionari del NABU sostengono che l'oligarca ha agito insieme ad altri cinque sospetti, che, abusando del loro potere, si sono appropriati di fondi altrui, hanno falsificato i bilanci e riciclato il denaro.

Kolomoisky può pagare una cauzione di più di 13 milioni di dollari.

Questo processo farsa è stato avviato su richiesta persistente di Washington, che vuole dimostrare la democraticità del regime di Zelensky (e dovrà farlo anche con le elezioni politiche, non meno farsesche, del prossimo anno). Infatti se il regime riesce a condannare lui per frode e riciclaggio, potrà dimostrare che la corruzione in Ucraina si può combattere.

Non a caso durante la visita di Blinken il suddetto Ufficio ha sequestrato i beni di Kolomoisky, tra cui oltre 1.000 veicoli, oltre 1.000 oggetti immobiliari, 307 società ed entità giuridiche.

Immagino le parole che Kolomoisky ha rivolto a Zelensky: "Quoque tu, Brute, fili mi?".

Spegni la luce

Con l'avvicinarsi dell'inverno le amministrazioni regionali ucraine han già messo a punto dei programmi d'interruzione dell'energia elettrica che inizieranno il 1° ottobre. Sarà peggio dell'anno scorso. Le luci potrebbero restare spente fino a 12-16 ore al giorno. Infatti i lavori di riparazione di emergenza sono stati eseguiti solo in una percentuale molto limitata. I russi sono riusciti a colpire il 70% di tutte le centrali elettriche e termiche.

Paradossalmente però Ukrenergo (azienda statale di energia) continua a esportare energia elettrica verso i Paesi europei, proprio mentre il Paese è costretto a importare energia da Romania, Slovacchia, Ungheria e Polonia per soddisfare la domanda dei propri consumatori.

Cioè Ukrenergo sta esportando energia eccedente dovuta al periodo estivo, ma continua a farlo anche adesso che l'estate è finita. Il motivo è che in cambio vuole il ripristino delle proprie infrastrutture distrutte dai bombardamenti dei russi, e vuole ottenere anche un profitto significativo a scapito dell'aggravamento della situazione della popolazione.

Come fa il governo di Kiev a non sapere che la Russia tornerà a bombardare le infrastrutture energetiche? Prima della fine dell'autunno l'intera rete elettrica rischia di crollare.

*

L'ONU ha proposto di revocare le sanzioni SWIFT alla Rosselkhoz Bank, consentendo di assicurare le navi russe nel Mar Nero e nel Mar d'Azov e quindi di trasportare cibo e fertilizzanti nei porti europei.

Non vogliamo far la parte del conte Ugolino, per il quale Dante scrisse: "Poscia, più che 'l dolor poté 'l digiuno".

[13] Azeri e armeni ai ferri corti

L'Armenia è uscita dall'Organizzazione del trattato di sicurezza collettiva (ODKB), che comprendeva sei Stati dal 2002: Armenia, Bielorussia, Kazakistan, Kirghizistan, Russia e Tagikistan. E, nel suo conflitto con l'Azerbaigian per il controllo del Nagorno-Karabakh, il premier Pashinyan (arrivato al potere grazie a una ennesima "rivoluzione colorata") preferisce cercare appoggi militari in occidente. Organizza esercitazioni militari ("Eagle Partner 2023") con gli yankee sul proprio territorio. Non si fida più dei russi. Sta facendo lo stesso errore dei kurdi.

Il presidente azero Aliev continua a concentrare truppe alla frontiera armena e lungo la linea di divisione del Nagorno-Karabakh. E gode dell'appoggio turco, la cui dottrina è esplicita: "Due Paesi, una nazione".

L'occidente, attraverso le manovre diplomatiche armene, cerca di sloggiare la Russia dal Caucaso, obbligandola ad aprire un secondo fronte, oltre quello ucraino. Il premier armeno Pashinyan vuole disfarsi del presidio russo in Armenia e del contingente di pace russo in Artsakh (repubblica separatista nella regione del Nagorno-Karabakh), perché, secondo lui, i russi non gli danno sufficienti garanzie militari contro gli azeri. Si tratta di 10.000 soldati russi; altri sono di stanza a Yerevan, compreso l'aeroporto internazionale di Zvartnots; altri 2.000 caschi blu russi sono di stanza nella regione del Nagorno-Karabakh, popolata da etnia armena, per un mandato di 5 anni che scade nel 2025.

Pashinyan vuole che migliaia di soldati NATO stazionino in Armenia. Incredibile questo voltafaccia, anche perché la Russia è di gran lunga il principale partner commerciale dell'Armenia, e la dipendenza economica di Yerevan da Mosca non ha fatto che crescere dall'inizio della guerra in Ucraina.

L'Armenia non è ricca di petrolio, a differenza del Nagorno-Karabakh. È forse questa la moneta di scambio per attirare l'interesse dell'occidente?

Di tutti i Paesi europei è soprattutto la Francia che vuole sfruttare il petrolio del Nagorno-Karabakh. La francese TotalEnergies e l'azera SOCAR estraggono già gas dal sito Apšeron, nel settore azero del mar Caspio. Ma alla Francia, che sta perdendo le sue colonie africane, non basta.

Quel petrolio però fa gola anche a Baku, che potrebbe trasferirlo in occidente attraverso la Turchia. Non è un caso che sia soprattutto la Francia a impedire l'ingresso turco nella UE.

Oggi il gas azero giunge in Europa attraverso l'Ungheria. E se gli azeri riescono a togliere agli armeni il corridoio di Lachin, avranno un contatto diretto con la Turchia. Cosa che neppure l'Iran vuole.

Gli armeni non li capisco (almeno non i loro statisti): se c'è stato un Paese che li ha sempre aiutati è la Russia. Ora invece sembra che il presidente Pashinyan voglia che l'Azerbaigian attacchi l'Armenia, per poi incolpare la Russia di non aver protetto il suo Paese, giustificando quindi un'alleanza con la NATO. Ma in questa maniera si trasforma quella regione in una nuova Ucraina.

Donne in prima linea

L'arruolamento forzato delle donne ucraine (non quelle volontarie, ma quelle che in guerra non ci sarebbero mai andate), mandandole in prima linea come gli uomini, è una cosa che non è mai successa da nessuna parte, in nessun esercito del mondo e in nessuna epoca storica.

Fino ad oggi le donne in guerra o sotto le armi sono sempre state volontarie. In Israele le donne sono costrette alla leva, ma non vanno forzatamente a combattere in prima linea.

Anche i peshmerga kurdi, in battaglia, si affidavano sempre più ai battaglioni femminili, ma senza alcun obbligo.

Le Forze Armate dei Paesi occidentali hanno aperto i ranghi al sesso femminile, ma per una donna è più facile arrivare a posizioni di potere che andare al fronte. Italia, Germania, Norvegia, Olanda, Albania, Montenegro... hanno affidato a una donna il ministero della Difesa, ma tutto è finito lì.

Si sa che per limitare l'accesso delle donne alle occasioni di combattimento, viene spesso citato il timore che i soldati maschi siano distratti dai loro compiti perché istintivamente sono portati a proteggere le colleghe.

C'è da dire però che, con le armi odierne, anche una donna può pilotare navi o cacciabombardieri. La forza fisica non è una discriminante.

Spesso il via libera alle donne arriva da motivazioni strategiche, cioè in Paesi che hanno estremo bisogno di militari per motivi storici e politici: Eritrea, Corea del Nord, la stessa Israele. Anche gli schieramenti guerriglieri e le formazioni terroriste non si fanno molti problemi. La tendenza era emersa già durante la guerra del Vietnam, poi si è sviluppata in Siria e in Iraq. Ma era sempre su base volontaria.

In Ucraina invece si vuol rendere la cosa obbligatoria. In questo il regime neonazista si comporta come i nazisti e gli angloamericani della seconda guerra mondiale, i quali bombardavano in maniera indiscriminata civili e militari nelle città.

Se il genere non protegge le vittime, le vittime non si sentiranno vincolate dal genere. La guerra, come ogni altra attività umana, è diventata una scelta obbligata per tutti.

[14] La fine di un'epoca e l'inizio di un'altra

Temo che se anche l'Ucraina dovesse perdere la guerra, il neonazismo, che pur da lì dovrà andarsene, la vincerà. La vincerà nel cosiddetto "occidente collettivo", come narrativa dominante nell'ambito di una democrazia sempre più fasulla, i cui profondi limiti sono stati messi ampiamente in evidenza proprio da questa guerra.

Una democrazia fasulla nel modo di gestire il denaro, che viene stampato aumentando il debito a dismisura, senza minimamente preoccuparsi delle generazioni future.

L'illusione di poter dominare il mondo con le leve del capitalismo finanziario si è definitivamente infranta. I BRICS ci stanno facendo capire che molto più importante delle nostre monete *fiat*, dei nostri istituti di credito, dei nostri servizi finanziari e della nostra speculazione borsistica sono le materie prime, i metalli pregiati, le terre rare, il controllo dell'economia da parte dello Stato e soprattutto il lavoro produttivo.

Viviamo in una democrazia fasulla anche perché i governi occidentali, e persino le opposizioni a questi governi, si sono dimostrati totalmente incapaci a usare la diplomazia per risolvere i conflitti. Si sono rivelati, salvo rare eccezioni, profondamente cinici nell'uso della guerra per procura, ancora abituati a ragionare in termini colonialistici, capaci di influenzare i mass-media in una maniera vergognosa, privandoli di qualunque autonomia di pensiero.

Le conseguenze di questa guerra (inflazione, stagnazione, recessione, costo eccessivo del denaro, de-industrializzazione, de-dollarizzazione, militarizzazione dell'economia, che si vanno ad aggiungere agli imponenti flussi migratori provenienti dai Paesi devastati dall'occidente) non riusciremo ad affrontarle coi tradizionali mezzi e metodi della democrazia rappresentativa o dello Stato sociale. Per forza di cose i poteri forti ricorreranno alle dittature militari. Le popolazioni saranno sempre di più tenute sotto controllo. Aspettiamoci un nuovo fascismo ammantato di democrazia.

Non è da oggi che il capitalismo privato occidentale mostra le sue crepe. È un processo che va avanti dalla fine del primo millennio (1995-2001), con la bolla speculativa delle cosiddette "Dot-com", cui è seguita quella dei *subprime* e dei derivati (iniziata nel 2008), per finire nel panico durante gli anni della pandemia da Covid-19.

Questa guerra, che ci sta mettendo ai margini dei processi mondiali, che ci trova del tutto impreparati ad affrontare il tema del multipolarismo (un concetto assai diverso dal nostro multilateralismo), rischia di stenderci al tappeto. Ancora non abbiamo capito che quando le cose non vanno come vorremmo, non possiamo ricorrere alla forza e imporci come quando dominavamo il mondo.

I tempi stanno cambiando molto velocemente e chi non vi si adegua, chi non si sforza di capirli, verrà spazzato via dalla storia. Le democrazie parlamentari nazionali o sovranazionali, tipiche del capitalismo occidentale, sono fallite. Non rappresentano gli interessi delle masse popolari ma solo di ristrette oligarchie prive di scrupoli. Per liberarsi di questo fardello insopportabile i popoli devono insorgere, affrontando in prima persona tutti i rischi e pericoli, senza aspettare che qualche aiuto miracoloso li salvi.

E questo vale per tutti i popoli della Terra, a partire da quelli del Sud globale, che da mezzo millennio sono incatenati, in varie forme e modi, nei ceppi del capitalismo occidentale.

[15] Gioielli di famiglia

I primi due aerei da caccia italiani F-35A sono arrivati alla base aerea di Malbork in Polonia il 13 settembre. Devono sostituire quelli olandesi. Pattuglieranno i cieli sul fianco orientale europeo, per eseguire compiti di deterrenza e difesa, ma anche di addestramento per i piloti ucraini.

L'Italia ha 193 caccia, tra cui spiccano gli Eurofighter EF-2000 Typhoon (n. 96) in servizio dal 2004. Questi caccia sono frutto di una collaborazione tra Germania, Gran Bretagna, Italia e Spagna. Sono caccia intercettori, quindi di difesa dello spazio aereo.

Poi abbiamo i nuovissimi Lockeed Martin F-35 (n. 16, più 61 in ordinazione), in servizio dal 2015. Questi sostituiranno gradualmente i Panavia A-200 Tornado attualmente in servizio (n. 58), e sono caccia bombardieri (lanciano bombe nucleari o all'idrogeno). Anche la marina, con le portaerei Cavour e Trieste, si sta dotando di F-35.

Infine abbiamo 36 AMX A-11B Ghibli, monomotore da attacco e ricognizione, frutto della collaborazione industriale tra Italia e Brasile.

Naturalmente non possiamo elencare gli altri aerei di addestramento, rifornimento in volo, gli elicotteri, i droni ecc. Per combattere noi ci affidiamo soprattutto all'aeronautica, cercando di risparmiare la vita ai militari.

Noi non partecipiamo più alle Conferenze degli Stati che hanno sottoscritto il Trattato per la proibizione delle armi nucleari, neppure come osservatori, pur avendovi aderito nel 1975.

Insomma noi ci sentiamo pronti all'attacco. Non abbiamo paura di niente. Il numero dei militari della NATO è già così elevato (3,5 milioni tra militari e personale di servizio) che pensiamo renda inutile una mobilitazione generale. Sono tutti professionisti ben armati e addestrati. Non ci passa neanche per l'anticamera del cervello che appena i russi colpiranno un F-35, il più costoso e performante gioiello di famiglia, ci caleremo le braghe.

Morti e feriti

Almeno 9.614 civili sono stati uccisi e altri 17.535 sono rimasti feriti nel conflitto in Ucraina dal 24 febbraio 2022: lo ha reso noto l'Ufficio dell'Alto Commissario delle Nazioni Unite per i diritti umani, come riporta il "Kyiv Independent".

Son furbi quelli dell'ONU e gli stessi ucraini a non fare alcuna differenza tra i civili volutamente ammazzati dagli ucraini e quelli accidentalmente uccisi dai russi.

Ancora all'ONU fingono di non vedere che il modo di combattere che hanno gli ucraini non ha nulla di umano. Siamo in presenza di un regime neonazista sponsorizzato in tutto e per tutto da un occidente collettivo non meno nazista.

Facciamo solo un esempio ma piuttosto eloquente, citato da varie fonti, anche se ufficialmente lo si tace o lo si nega.

Le forze armate ucraine stanno usando truppe di sbarramento composte dai nazionalisti più aggressivi per mantenere in obbedienza tutti coloro che sono stati mobilitati con la forza.

Chi si arrende viene eliminato. Per vincere l'istinto di autoconservazione vengono distribuiti psicofarmaci. Persino i feriti rischiano di fare una brutta fine. Il governo non ha soldi da spendere ma solo da rubare.

Ormai i rapporti tra la truppa semplice e gli ufficiali che la comanda, sono diventati molto tesi.

Nei pressi di Solidar sono stati persino gli istruttori polacchi della NATO catturati dai russi a dirlo. La foresta adiacente è disseminata di cadaveri, perché il comando delle forze armate ucraine ha dato l'ordine tacito di abbattere i propri feriti.

Una cosa del genere è obbrobriosa, anche perché in genere feriti e prigionieri vengono scambiati tra gli eserciti in campo.

[16] Domande amletiche

Durante un forum economico a Krynica-Zdrój il presidente polacco Duda ha detto che in questo momento è impossibile che l'Ucraina possa entrare nella NATO, poiché, essendo in guerra, costringerebbe tutti gli altri alleati, in virtù dell'art. 5, a scendere direttamente in campo.

Sembra una constatazione forzata. In realtà, se si considera che Stoltenberg ha ammesso che la guerra è avvenuta per colpa della NATO, che, come noto, aveva rifiutato di trattare con Mosca sui problemi della sicurezza, per potersi allargare ad altri due Paesi (Finlandia e Svezia e magari anche a Georgia e Moldavia), la vera domanda da porsi è un'altra. E cioè: nell'eventualità che in questo momento si accetti l'adesione dell'Ucraina alla NATO, e quindi l'idea di una guerra diretta contro la Russia, quanti Paesi contrari a questa iniziativa è disposta a perdere la NATO? Se ne andrebbero dall'Alleanza solo Ungheria e Turchia?

Supponiamo che la controffensiva ucraina fallisca (e di sicuro sarà così), e supponiamo che la Russia decida di occupare Odessa per congiungere il Donbass alla Transnistria, e supponiamo anche che decida di muovere su Kiev per spazzare via una volta per tutte il governo neonazista di Kiev, e supponiamo anche che, in seguito a questa denazificazione, i russi impediscano ai polacchi di prendersi la Galizia e la Volinia, siamo proprio sicuri che la NATO starà a guardare passivamente questa ennesima propria sconfitta? Siamo proprio sicuri che i generali della NATO non si pongano un'altra domanda ancora più imbarazzante della precedente? E cioè: rischiamo di perdere più alleati se facciamo entrare l'Ucraina nella NATO, dichiarando guerra alla Russia, o ne perdiamo di più se Kiev sarà costretta alla resa incondizionata? Ovvero: la NATO pretende di avere una postura internazionale e non riesce a vincere un conflitto regionale? Non è bastato lo smacco clamoroso in Afghanistan? Come si può pensare che Taiwan non accetti di arrendersi alla Cina senza neanche sparare un colpo?

Ci manca anche una dichiarazione di guerra

Secondo Nicolai Lilin esiste un'alta probabilità che Kiev dichiari guerra alla Russia. In questa maniera Zelensky romperebbe uno scenario in cui non vede nulla di positivo davanti a sé.

Io però ho i miei dubbi che gli USA stiano facendo di tutto per far regredire il conflitto, probabilmente cambiando il governo ucraino.

Gli USA non hanno una voce univoca: sono i diversi apparati che comandano. Anche il loro presidente è, in un certo senso, un fantoccio in mano a questi apparati.

È vero, una dichiarazione di guerra consentirebbe a Zelensky di legittimare l'annullamento di tutte le elezioni, di condurre una mobilitazione generale, di violare tranquillamente la Costituzione e di nazionalizzare qualsiasi bene desiderato. Ma è anche vero che, se si comportasse così, difficilmente troverebbe un'opposizione politica da parte degli attuali statisti europei. Anzi probabilmente favorirebbe all'interno della UE una transizione verso regimi ancora più dittatoriali di quelli attuali, proprio perché con regimi del genere sarebbe più facile sostenere una svolta nettamente autoritaria da parte di Zelensky e quindi una dichiarazione di guerra alla Russia.

Gli statisti europei devono soltanto convincersi che, fornendo armi a un'Ucraina che dichiara guerra alla Russia, non potranno impedire che questa li consideri come alleati militari ufficiali dell'Ucraina.

In fondo il presidente della nostra Repubblica l'ha detto chiaramente: non dobbiamo aver paura della paura. Cioè non dobbiamo temere di diventare un bersaglio da parte di Mosca, poiché alla resa dei conti i più forti siamo noi.

A tutt'oggi infatti solo l'Ungheria, nell'ambito della UE, si è dichiarata indisponibile a sanzionare la Russia. Ma in questo momento Orbán non è in grado di opporsi alla volontà della NATO: al massimo può farlo nei confronti della UE.

Tu sarai così condizionato che...

Nel suo libro *L'obsolescenza dell'uomo* così scriveva Günther Anders:

"Per soffocare in anticipo qualsiasi rivolta, non bisogna usare la violenza. Metodi come quelli usati da Hitler sono superati. Basta sviluppare un condizionamento collettivo così potente che l'idea stessa di rivolta non passerà nemmeno per la mente della gente.

Idealmente gli individui dovrebbero essere condizionati limitando le loro capacità biologiche innate fin dalla nascita. Poi si continuerebbe il processo di condizionamento riducendo drasticamente l'istruzione per riportarla a una forma d'integrazione nel mondo del lavoro. Un individuo non istruito ha solo un orizzonte di pensiero limitato, e più i suoi pensieri sono confinati a preoccupazioni mediocri, meno può ribellarsi. L'accesso alla conoscenza deve essere reso sempre più difficile ed elitario. L'abisso tra la gente e la scienza deve essere allargato. Ogni contenuto sovversivo deve essere eliminato dall'informazione destinata al grande pubblico.

Soprattutto non ci deve essere filosofia. Anche qui dobbiamo usare la persuasione e non la violenza diretta: trasmetteremo massicciamente un intrattenimento attraverso la televisione che esalta sempre le virtù dell'emotivo e dell'istintivo. Riempiremo la mente della gente con ciò che è futile e divertente. È bene impedire alla mente di pensare attraverso musica e chiacchiere incessanti. La sessualità sarà messa al primo posto tra gli interessi umani. Come tranquillante sociale, non c'è niente di meglio.

In generale si farà in modo di bandire la serietà dalla vita, di deridere tutto ciò che è molto apprezzato e di difendere costantemente la frivolezza: in modo che l'euforia della pubblicità diventi lo standard della felicità umana e il modello della libertà.

Il solo condizionamento produrrà così una tale integrazione che l'unica paura – che deve essere mantenuta – sarà quella di essere esclusi dal sistema e quindi di non poter più accedere alle condizioni necessarie alla felicità.

L'uomo di massa prodotto in questo modo deve essere trattato per quello che è: un vitello, e deve essere tenuto d'occhio, come una mandria. Tutto ciò che allevia la sua lucidità è buono socialmente, e tutto ciò che potrebbe risvegliarla deve essere ridicolizzato, soffocato e combattuto. Qualsiasi dottrina che metta in discussione il sistema deve essere prima designata come sovversiva e terrorista, e coloro che la sostengono devono poi essere trattati come tali."

Queste parole non le scrisse poco tempo fa, ma nel 1956. Oggi avremmo aggiunto: formeremo un soggetto così condizionato che non solo potrà parlare di filosofia senza dir nulla di eversivo, ma persino di diritto internazionale e di geopolitica.

Speriamo di non arrivare mai a dire: sarai così condizionato che accetterai l'idea di usare le armi atomiche convinto di fare il bene dell'umanità.

*

Il capo dell'ufficio regionale di registrazione e arruolamento militare, tenente colonnello Vitaly Berezhnoy, si è lasciato sfuggire le perdite reali delle forze ucraine sin dall'inizio della controffensiva. Ha detto che su 100 persone ne sono rimaste 10 al massimo 20. Il resto sono morti, feriti e inabili. Non basta un disastro del genere per chiedere la resa?

Ci sono state intere settimane in cui gli ucronazi perdevano fra i 4.000 e i 6.000 soldati al giorno. E in ogni caso il totale non è mai sceso sotto i 500-600 morti al giorno nei momenti di calma (relativa). In media, per ogni morto in guerra vi sono 3-5 feriti.

Non si sa esattamente quanti siano i morti ucraini nell'esercito, ma potrebbero essere anche più un milione.

*

Il "Jerusalem Post" ha escluso Zelensky dalla lista degli ebrei più influenti dell'anno. Al primo posto ha messo il CEO di OpenAI

(ChatGPT), Sam Altman, al secondo il premier israeliano Netanyahu e al terzo il segretario di Stato americano Blinken.

Povero Zelensky, neanche i sionisti apprezzano il suo neonazismo.

[17] Stoltenberg sulla luna

È stato calcolato da due studiosi americani dell'U.S. Army War College (Katie Crombe e John A. Nagl) che se la NATO partecipasse a un conflitto analogo a quello in corso in Ucraina, avrebbe circa 3.600 perdite al giorno, ossia più di 100.000 perdite al mese.

Sono cifre impressionanti, poiché gli USA, in tutta la seconda guerra mondiale, hanno avuto 405.399 morti (di cui 291.557 in battaglia) e 670.846 feriti.

Gli USA hanno subìto circa 50.000 perdite in due decenni di combattimenti in Iraq e Afghanistan. Ma in operazioni di combattimento su larga scala potrebbero subire lo stesso numero di vittime in due settimane. E i rimpiazzi sarebbero assolutamente ridicoli. La *Individual Ready Reserve*, che era di 700.000 unità nel 1973 e di 450.000 nel 1994, è ora composta da 76.000 unità. Stoltenberg dove vive, sulla luna?

Anche se questa previsione non fosse abbastanza realistica, resta comunque inevitabile una riforma strutturale dell'esercito americano, che preveda un passaggio da una forza esclusivamente volontaria – come sono oggi tutte le forze armate della NATO – al ritorno a un reclutamento fondato sulla leva obbligatoria (almeno parziale).

In questo momento gli USA non sono in grado di combattere in maniera convenzionale un avversario che possiede tecnologie basate su sensori, smartphone, mezzi elettronici, veicoli aerei e di superficie senza pilota, e che ha accesso alle immagini satellitari (per non parlare dei sofisticati servizi di *intelligence*).

Non esistono manuali che spieghino come combattere in uno scenario simile a quello ucraino. Anzi si pone in dubbio che possano bastare dei manuali di tattica e strategia.

La Russia impone un modo di combattere che non ha precedenti storici. Le trincee, simili a quelle della prima guerra mondiale, sono una cosa, ma tutto il resto è molto moderno, e non solo nei mezzi, ma anche nel modo di combattere. I militari russi sono stati in grado di colmare rapidamente le loro lacune. Non così è stato per quelli ucraini addestrati dalla NATO.

Negli USA l'automotive trema

Non s'è mai visto negli Stati Uniti uno sciopero così grande nel settore automobilistico. L'attuale contratto è scaduto il 14 settembre. Sono coinvolti 146.000 lavoratori. Useranno la tecnica del "gatto selvaggio", cioè gli operai scioperano a piccoli gruppi in settori diversi della produzione in modo da bloccarla completamente.

Il presidente dell'United Auto Workers si chiama Shawn Fain, il quale si lamenta che il suo sindacato (che ha 88 anni di vita), a causa della scarsa combattività e della corruzione interna, ha perso il 40% degli iscritti negli ultimi 20 anni.

Ora l'UAW chiede aumenti generalizzati del 36% in quattro anni per fronteggiare l'inflazione, il ripristino degli aumenti salariali legati al costo della vita, la fine dei livelli salariali variabili per i lavori in fabbrica, una settimana di 32 ore di lavoro con 40 ore di retribuzione, e altre rivendicazioni a livello di pensioni.

Le fabbriche prese di mira sono General Motors, Ford e Stellantis di Detroit, che stanno sostenendo una costosa transizione verso i veicoli elettrici: offrono aumenti che vanno dal 17,5% al 20%. Sostengono che le richieste sindacali non sono realistiche in un momento di feroce concorrenza da parte di Tesla e delle case automobilistiche straniere a basso salario. Preferiscono versare assegni annuali di partecipazione agli utili, in modo da pagare i lavoratori quando i tempi sono buoni e tagliare le spese durante le recessioni economiche.

Gli operai invece vogliono recuperare le concessioni fatte quando le aziende erano in difficoltà finanziarie, cioè a partire dal 2007.

Lo sciopero potrebbe durare a lungo, poiché hanno un fondo per sostenerlo di 825 milioni di dollari. Da notare che in passato i contratti con le tre aziende dell'automotive stabilivano lo standard per i salari e le pensioni del settore manifatturiero in generale a livello nazionale.

Problema di calcoli

Il "Washington Post" ha fatto un calcolo finanziario che lascia stupefatti. In un anno e mezzo l'Ucraina ha ricevuto la metà del sostegno totale che Israele ha ricevuto dagli Stati Uniti dalla sua fondazione nel 1948.

Ci si chiede come farà la UE a sostituire gli USA nel caso in cui Trump vinca le prossime elezioni. È evidente che l'Ucraina sarà abbandonata a se stessa. La UE non potrà mantenere nessuna delle promesse fatte. Anche perché sulla stessa Europa si sta per scatenare l'inferno, tra imponenti flussi migratori, rivendicazioni anticoloniali in Africa e recessioni economiche generalizzate.

[18] È una legge della selezione naturale

Il capo degli stati maggiori USA, Mark Milley, ha detto che le forze ucraine hanno ancora fra 30 e 45 giorni buoni per combattere, prima che il tempo cambi. Fine ottobre è il limite oltre il quale il conflitto si cristallizzerà in una statica contrapposizione tra trincee e nessuno potrà andare all'attacco.

L'ex capo della CIA, generale David Petraeus, ha addirittura detto che, siccome le forze armate ucraine han dovuto affrontare la sfida più difficile dalla fine della seconda guerra mondiale, a causa delle potenti fortificazioni e dei droni russi, ci sono buone probabilità che saranno in grado di continuare il loro lento ma costante progresso, ampliando la breccia e attraversando la seconda e la terza linea di difesa russa.

In realtà i 45 giorni di tempo sono quelli che la Russia concede alla NATO per decidere se intervenire in maniera diretta, se limitarsi a fornire agli ucraini delle armi offensive ancora più potenti e letali, o se decidere di riconoscere ai russi, in cambio della pace, i territori già acquisiti. Oppure se rischiare di scomparire come alleanza atlantica.

Questo perché è fuori discussione che, per come questa guerra è andata configurandosi sul campo, la NATO non è in grado di affrontarla, e anche se lo fosse nei prossimi mesi, almeno all'apparenza, non sarebbe in grado di vincerla, poiché ci vogliono condizioni durevoli, che non si ottengono in pochi mesi.

La NATO vuole una guerra di lunga durata, poiché ambisce a conseguire gli stessi risultati dei russi. Ma il tempo ormai è scaduto. I russi vinceranno non perché l'inverno è alle porte, ma perché han dimostrato che, pur usando forze limitate, pur non impiegando tutti i propri mezzi, pur non volendo infierire sui civili coi bombardamenti a tappeto, sul campo la differenza viene fatta dalla tattica e dalla strategia del comando supremo, dal coraggio e dalla motivazione dei soldati.

Bisogna prendere atto di questa superiorità bellica e aprire quanto prima dei negoziati. In caso contrario la Russia si prenderà tutto. Non sarà il cessate il fuoco ad aprire i negoziati, ma sarà solo l'ammissione della sconfitta. I russi sono in grado di portare avanti questa guerra per un tempo indefinito, avendo risorse illimitate, in mezzi e uomini. Ormai infatti è chiaro che se scoppia una guerra mondiale, il BRICS si trasforma da alleanza economica ad alleanza militare.

Se Mosca dimostra di non avere fretta è solo perché vuol far capire all'occidente collettivo che il mondo è cambiato, che il multipolarismo sta sostituendo il globalismo a guida americana. Chi non si adegua a questi cambiamenti epocali, esce dalla storia. È una legge della selezione naturale.

Il regime di Kiev creatura della NATO

Non sono gli ucraini che rifiutano il cessate il fuoco. È la NATO che non lo vuole, perché s'illude di poter logorare le forze russe in una guerra di lunga durata. E non lo vuole neppure la Russia, perché sa che sta vincendo e sta aspettando la resa incondizionata.

La NATO non si fa scrupoli a fare una guerra fino all'ultimo ucraino. A Kiev sanno bene che se chiedono una tregua, finiscono i finanziamenti su cui il governo può esercitare la propria corruzione.

In queste condizioni le trattative di pace sono escluse a priori. L'ha detto chiaro e tondo il neonazista Kyrylo Budanov, capo del servizio segreto militare di Kiev: "Combattere col freddo, l'umidità e nel fango è più duro, ma le operazioni offensive proseguiranno su tutti i fronti, in un modo o nell'altro".

Questi fanatici al servizio dell'occidente sono convinti che il popolo ucraino è disposto a sopportare, in nome della russofobia, qualunque sacrificio, qualunque privazione, foss'anche quella della libertà.

Per dimostrare che la controffensiva funziona gli analisti occidentali, come per es. Orio Giorgio Stirpe, sono persino disposti ad affermare ch'essa è un successo anche quando non si limita a riprendere i territori perduti del Donbass, ma si limita a colpire il nemico, a infliggergli delle perdite. Cioè se non posso avere la gallina, mi accontento dell'uovo: anche questa è una forma di logoramento.

Peccato che per ottenere quell'uovo si devono sacrificare migliaia di militari. Il soldato ucraino deve guardare il risultato finale: liberare tutto il territorio occupato. In tal senso non deve aver paura di un meteo avverso, proprio perché gran parte della manovra offensiva si svolge per infiltrazione di unità appiedate, in maniera lenta e sistematica, e non con azioni d'urto di unità meccanizzate.

È questo che alcuni analisti occidentali pensano. Non c'è limite all'illusione di chi non vuol vedere la realtà per come è.

Di questa cecità continua ad essere affetto lo stesso Stoltenberg, il quale ha detto che "quanto più forte è l'Ucraina sul campo di battaglia e quanto più territorio riuscirà a liberare, tanto più forte sarà al tavolo dei negoziati."

Fa delle dichiarazioni a nome del regime di Kiev, come se fosse una propria creatura.

Non sarà di lunga durata

Gli analisti occidentali, parlando della situazione attuale del conflitto russo-ucraino, stanno ripetendo gli stessi cliché con cui, durante la seconda guerra mondiale, s'interpretava il conflitto tedesco-sovietico.

Si comincia a dire, nell'illusione che la guerra possa durare molto tempo, logorando le forze russe, che sta scendendo in campo il Generale Inverno, l'alleato n. 1 dei russi. Si sta dicendo che il maltempo rischia di favorire i russi anche adesso che l'Ucraina si trova in piena (anche se lenta) avanzata.

Non se ne può più di queste amenità. Ancora non si vuole ammettere che la guerra per gli ucraini è persa da ancor prima che organizzassero la controffensiva; che questa controffensiva in realtà non c'è mai stata, in quanto i russi avrebbero potuto impedirla in qualunque momento; che la guerra non sarà affatto di lunga durata, a meno che non siano i russi a volerlo, ma se lo facessero sarebbero dei sadici, poiché continuerebbero a martoriare un nemico che è già alle corde.

Ormai siamo arrivati a un punto che sono gli stessi ucraini in prima linea e tutti quelli che non vogliono andarci a sperare che i russi entrino a Kiev e pongano fine a questa agonia.

Gli stessi ucraini stanno cominciando a capire che l'alternativa offerta dall'occidente non è al momento né l'ingresso nella NATO, né un intervento diretto della NATO, né un ingresso nella UE, ma solo una cosa: morire velocemente in prima linea e avere le proprie infrastrutture energetiche ridotte a un colabrodo. Cioè in ultima istanza la differenza non viene fatta né dai miliardi né dalle armi che si ricevono.

[19] Imminente golpe in Georgia

Il Servizio di sicurezza dello Stato della Georgia ha annunciato che nel Paese si sta preparando un colpo di stato col sostegno finanziario di Paesi stranieri. I cospiratori, interni ed esterni al Paese, seguirebbero il tipico scenario di una rivoluzione colorata, come quella che ha portato al cambio violento di regime in Ucraina nel 2014. Proteste e rivolte potrebbero iniziare quando, nel prossimo mese di ottobre, la Commissione Europea pubblicherà un rapporto provvisorio sulla concessione dello status di candidato alla Georgia nella UE, mentre nel mese di dicembre la UE dovrebbe annunciare la sua decisione finale. Se la risposta sarà negativa (come previsto), i "cospiratori" potranno approfittarne per accusare le autorità di seguire gli interessi russi.

Dietro il piano si celano Georgy Lortkipanidze (ex vice ministro degli Interni durante la presidenza di Mikheil Saakashvili): oggi è vice capo dell'*intelligence* militare ucraina. Poi vi sarebbe l'ex guardia del corpo di Saakashvili, Mikhail Baturin, e anche il comandante della Legione georgiana in Ucraina, Mamuka Mamulashvili, ex consigliere del ministro della Difesa georgiano sotto Saakashvili. Questa Legione è un gruppo paramilitare che ha combattuto nel Donbass dal 2014 al fianco di Kiev, prima di unirsi ufficialmente alle forze armate ucraine nel 2016.

I golpisti hanno anche allestito un campo di addestramento per giovani georgiani al confine tra Ucraina e Polonia per prepararli a uno "scenario rivoluzionario" potenzialmente violento.

Saakashvili era stato destituito nel 2012 ed era fuggito negli Stati Uniti. Dopo un breve periodo come politico in Ucraina nel 2015-16, è tornato in Georgia. Attualmente sta scontando una pena detentiva di sei anni per abuso di potere, ma lo scorso anno è stato accusato di ulteriori reati.

I cospiratori stanno lavorando su diversi scenari. Uno di questi è montare delle tende nel centro di Tbilisi, barricare gli edifici governativi e poi far esplodere una bomba in una delle tende in modo che le vittime civili scatenino disordini in città.

Il Servizio di sicurezza dello Stato afferma che il gruppo criminale sta considerando anche uno scenario simile a quello di Euromaidan in Ucraina, dove i cecchini sparavano sui manifestanti.

Nel marzo di quest'anno si sono già verificate delle provocazioni da parte dei sostenitori di Saakashvili.

Insomma non se ne può più di queste rivoluzioni colorate filo-occidentali, anche perché subito dopo inizia una guerra civile e soprattutto perché non rispondono a esigenze popolari ma elitarie, cioè di minoranze che vogliono sfruttare le risorse del Paese per arricchirsi privatamente.

Germania in paranoia

La Germania, come il resto dell'Europa, è intrappolata in un doppio vincolo: da un lato si prevede che segua il percorso della "transizione verde"; dall'altro tale transizione si basa sull'importazione di prodotti tecnologici dalla Cina.

Senonché gli Stati Uniti pretendono che i loro vassalli europei si sgancino dalla Cina, indipendentemente dal costo socioeconomico derivante dal danneggiamento delle relazioni commerciali reciprocamente vantaggiose tra Cina ed Europa.

La sostituzione dei prodotti cinesi con prodotti europei o americani più costosi renderà la transizione verde impossibile.

La Germania dovrebbe fare massicci investimenti per espandere la sua capacità industriale. Il problema però è che il sabotaggio americano del Nordstream l'ha privata di una fonte energetica a prezzi accessibili, il gas russo, cui non può supplire con le centrali nucleari, perché le ha dismesse.

È chiaro ora perché la ministra degli Esteri Annalena Baerbock ha definito Xi Jinping un dittatore? La Germania ha bisogno di un conflitto da usare come pretesto per giustificare il fallimento della propria economia.

Un buco senza fondo

L'ex premier ucraino Mykola Azarov (nel periodo 2010-14) ha detto che l'economia nazionale sta cadendo a pezzi e che l'Ucraina si trova ad affrontare un'incombente svalutazione della grivna "sotto la pressione del Fondo Monetario Internazionale". Il Paese mostra segni di vita solo grazie ai finanziamenti occidentali, che però non servono a impedire la crescita del debito pubblico né il deficit di bilancio. Anzi al bilancio del Paese mancano più di 6 miliardi di dollari per pagare l'esercito.

Inoltre le famiglie dei mercenari polacchi uccisi durante il conflitto non hanno ricevuto alcun risarcimento, nonostante le promesse di Kiev.

Secondo lui la situazione economica è simile a quella di Paesi come Afghanistan e Haiti. Probabilmente ci vorranno più di 30 anni per raggiungere l'attuale livello economico della Romania o della Polonia.

Mi chiedo: l'Ucraina non aveva degli economisti in grado di prevedere un disastro così assoluto?

*

Se gli USA si sono fatti da soli l'11 settembre 2001 per poter scatenare il loro terrorismo a livello mondiale e per tenere sotto controllo il disgusto popolare nei confronti della falsa democrazia, che cosa faranno per dimostrare che la NATO non è un'alleanza fallita?

[20] Errori madornali dell'occidente

Quali sono stati gli errori capitali dell'occidente nell'interpretare questo conflitto russo-ucraino?

- Ritenere che l'operazione speciale sia stata un'aggressione non provocata, quando invece la provocazione va avanti dal golpe del 2014 e, ancor prima, dall'espansione della NATO verso est.

- L'iniziale scelta di Mosca di optare per un'operazione "leggera", circondando la capitale Kiev senza bombardarla, non andava interpretata come un segno di debolezza dell'esercito russo.

- L'occidente, attraverso la NATO, ha voluto trasformare un conflitto regionale in una guerra internazionale per procura, rivelatasi poi enormemente pericolosa, sul piano economico e finanziario, per lo stesso occidente.

- Ritenere che la capacità di resistenza di una nazione in un conflitto militare dipenda esclusivamente dal livello del suo PIL e delle sue risorse finanziarie e non anche da altri fattori, come per es. l'autosufficienza energetica e alimentare, la capacità diplomatica dei suoi dirigenti, la motivazione etica e lo spirito di sacrificio con cui un'intera popolazione e il suo esercito possono condurre una guerra.

- L'idea che gli interessi degli USA siano coincidenti con quelli degli altri partner e alleati occidentali, solo perché è stato individuato un nemico comune (di questa ingenuità è soprattutto l'Europa a pagare le maggiori conseguenze).

- L'idea della UE di poter trovare facilmente un'alternativa alle fonti energetiche russe, dalle quali, prima del conflitto, dipendeva gran parte del proprio benessere.

- Mentre la Russia si preparava a un possibile conflitto armato con la NATO fin dalla guerra in Georgia del 2008, l'Alleanza Atlantica era completamente impreparata ad affrontare un conflitto militare ad alta intensità come quello ucraino.

- Ritenere che l'imposizione di dure sanzioni avrebbe fatto collassare l'economia russa, quando in realtà è dal 2014 che Mosca cerca di ristrutturare la propria economia al fine di renderla il più possibile immune all'eventuale shock delle sanzioni.

- Confidare nel fatto che il mondo non occidentale avrebbe assecondato gli USA e la UE, applicando alla lettera le sanzioni antirusse, quando invece proprio questa guerra ha scatenato inaspettate istanze rivendicative da parte del Sud globale.

- La convinzione che questo conflitto debba essere valutato in sé e per sé e non come un altro tassello che si va ad aggiungere al declino inarrestabile dell'occidente collettivo a guida americana.

- La totale incomprensione del concetto geopolitico di multipolarismo, che non c'entra niente con quelli di globalismo e multilateralismo occidentali. L'idea di multipolarismo ha mostrato che esistono tante versioni della modernità quante sono le "civiltà" che l'hanno fatta propria.

Tuttavia in questo momento l'errore più grave che si può commettere è un altro ancora, ed è in relazione alla risposta da dare a questa domanda: che cosa si è disposti ad accettare per scongiurare l'eventualità che la NATO perda questa guerra?

Il mondo che cambia

L'occidente, avendo dato più peso alla speculazione finanziaria che non all'economia produttiva, vive una crisi sistemica sin dalla guerra del Vietnam, persa clamorosamente prima dalla Francia poi dagli USA, cui si cercò di porre rimedio con lo sganciamento del dollaro dall'oro e con la sua trasformazione in petrodollaro (grazie alla complicità dei Paesi del Golfo Persico). Gli USA volevano campare di rendita a spese del mondo intero, volevano far pagare agli altri i propri debiti.

Dopo 20 anni da quella guerra l'occidente si illuse di poter continuare a dominare il mondo grazie all'inaspettata implosione dell'URSS, che pose fine alla guerra fredda sancendo la vittoria degli USA.

Ma era un altro fuoco di paglia. Per continuare a campare di rendita, bisogna di tanto in tanto far capire al mondo intero chi comanda. Di qui l'idea di inventarsi un nemico globale: l'islam. Grazie a un nemico esterno si possono inoltre tenere a freno le contraddizioni interne. E così con l'invenzione dell'11 settembre si trasforma la crisi sistemica del capitalismo privato dominato dalla speculazione finanziaria e da un certo primato sul piano infotelematico in uno scontro di civiltà col mondo islamico.

Tuttavia il crollo borsistico del 2008 vanificò l'obiettivo. Subprime, derivati, scommesse, moneta fiat, vivere a debito, accesso facile da parte di chiunque alle borse mondiali, trasformazione delle banche in rischiosi istituti che investono su qualunque cosa... diventano caratteristiche che rendono inevitabile un disastroso collasso dell'economia occidentale.

Oggi non esiste solo l'islam a opporsi all'occidente, ma anche Cina, India, Russia, Sudamerica, Africa che sono altre forme di civiltà, non semplicemente delle nazioni o dei continenti geografici. Ci si vuole emancipare da un dominatore mondiale. Fino a che punto si sarà in grado di opporre un'effettiva alternativa al capitalismo solo la storia potrà deciderlo. In questa fase forse riusciremo a porre qualche premessa.

Le bugie hanno le gambe corte

Secondo "Newsweek" uno studio ha rilevato che all'Assemblea Generale dell'ONU, in più di 1.500 votazioni tra il 1991 e il 2020, in cui Russia e Cina erano in disaccordo con gli Stati Uniti, il loro punto di vista ha prevalso nell'86% dei casi. In particolare il consenso è aumentato da parte del Sud globale.

Naturalmente oggi le capacità di Cina e Russia di smascherare le falsità dell'occidente collettivo si sono ampliate grazie all'appartenenza a gruppi come i BRICS, la Shanghai Cooperation Organization (SCO), l'Organizzazione del trattato di sicurezza collettiva (CSTO) ecc. I partner di Mosca e Pechino in queste organizzazioni cercano più spesso di solidarizzare con loro all'ONU.

La doppiezza dell'occidente emerge con sempre più evidenza.

[21] Le condizioni per un vero trattato di pace

A volte mi chiedo se mai si possa formulare un trattato di pace tale per cui sia impossibile ricorrere alla guerra in maniera inaspettata, cogliendo di sorpresa un avversario politico. Cioè esistono delle condizioni militari per una pace più o meno sicura, almeno relativamente o sufficientemente garantita? Oppure siamo destinati a sperare soltanto nelle raccomandazioni di tipo etico?

Sembra infatti che sul piano militare si possa parlare soltanto di guerra: al massimo si negozia col nemico un cessate il fuoco, una tregua momentanea, in attesa di tornare a combattere in forme diverse, più forti di prima. Uno dei due contendenti mira sempre a ottenere la resa incondizionata dell'altro.

Eppure ci devono essere delle condizioni militari in grado di offrire più o meno sicurezza. Una potrebbe essere questa: nessuno Stato dovrebbe possedere armi che possano impedire a un altro Stato di reagire. Cioè non solo andrebbero evitati gli attacchi di sorpresa, ma anche che tali attacchi siano così devastanti da scongiurare un colpo di ritorsione.

Questo significa che qualunque arma superveloce, di lunga gittata e di distruzione di massa andrebbe smantellata. Nessun esercito dovrebbe puntare ad avere un'evidente superiorità in mezzi e uomini su un altro esercito (almeno a parità di estensione geografica o di densità demografica).

La sicurezza di uno Stato dovrebbe essere stabilita a un livello di armamenti ragionevole, sufficiente alla propria difesa. Se fosse possibile porre dei controlli effettivi su condizioni del genere, allora forse si potrebbe parlare di pace. Che ovviamente va garantita con sempre meno armi o sempre meno pericolose, creando zone totalmente smilitarizzate sempre più ampie.

Situazione disperata

Gli ucraini stanno evacuando le aree limitrofe al fronte perché in realtà vogliono arruolare i maschi di 16-65 anni. È una forma di rastrellamento, non perché hanno pietà dei civili.

D'altra parte la situazione è tragica. Per es. "Sky News" ha fatto notare che in 18 mesi di guerra il numero di soldati ucraini che hanno subito amputazioni è superiore di 10 volte a quello dei 20 anni di guerra americana in Iraq e Afghanistan.

Almeno 25.000 militari ucraini hanno perso degli arti dall'inizio della guerra, ha dichiarato il medico statunitense Mike Corcoran, che si occupa di protesi anche per loro. In precedenza il "Wall Street Journal" aveva indicato una cifra ancora più grande: fino a 50.000.

Il giornale sostiene inoltre che in guerra gli ucraini spesso applicano un laccio emostatico troppo alto rispetto a una ferita e lo lasciano applicato per troppo tempo. Di conseguenza le cellule dell'arto muoiono e deve essere rimosso l'intero braccio o l'intera gamba, non solo una parte.

Son tutte cifre che in realtà non vogliono dir nulla. L'Italia nella prima guerra mondiale ebbe circa 450.000 mutilati, con un numero di morti inferiore a quello che gli ucraini han già subìto.

Senza spiragli di pace

Secondo un alto funzionario anonimo del G7 che ha parlato con "Bloomberg", il conflitto russo-ucraino potrebbe estendersi per altri 6-7 anni. Questo perché il lento progresso della controffensiva ha portato a "moderare le aspettative".

Il che vuol dire – diciamo noi – che la NATO vuole che la guerra duri il più possibile. E la UE è finita in una trappola da cui non può più uscire.

Per l'Ucraina la situazione diventerà molto difficile, poiché le forniture di armi occidentali sono insufficienti e continua a perdere militari in una maniera insostenibile. Ha sempre più bisogno di un intervento diretto della NATO, oppure finirà col chiedere l'uso del nucleare.

Il governo di Kiev non è disposto ad accettare nessuna trattativa che non includa il completo ritiro delle truppe russe dai territori che l'Ucraina rivendica come propri. Cioè il governo non farà concessioni territoriali alla Russia come parte di potenziali accordi di pace. Zelensky l'ha detto anche all'ONU: "occorre il ritiro completo di tutte le formazioni militari russe e mercenarie, compresa la flotta russa del Mar Nero, rispettando i confini riconosciuti a livello internazionale nel 1991". Non ha ascoltato neppure il discorso di Lavrov.

Sembra l'ultimo canto del cigno. Solo che il suo non è armonioso ma rabbioso.

[22] Pericolose tensioni nel Caucaso

L'Azerbaigian s'è (ri)preso con la forza militare il Nagorno-

Karabakh (NKR), popolato principalmente dagli armeni, uccidendo per sbaglio alcuni russi che svolgevano una funzione pacificatrice su mandato dell'ONU lungo la linea di contatto e nel corridoio Lachin, che collega l'Armenia con il NKR.

Il NKR aveva dichiarato l'indipendenza dall'Azerbaigian nel 1988 e da allora era sostenuto da Yerevan, capitale armena. Non fu riconosciuto da nessuno Stato membro dell'ONU.

Negli ultimi 30 anni si è cercato di risolvere la situazione nell'ambito del Gruppo di Minsk dell'OSCE (che coinvolge Russia, Stati Uniti e Francia), ma questo non ha indotto azeri e armeni a firmare un accordo di pace.

Il premier armeno, Nikol Pashinyan, convinto dagli USA a non reagire (chissà quanti soldi gli avranno promesso), ha scatenato un forte malcontento tra la propria popolazione, disposta a rovesciare il governo, accusato di tradimento. Ma Pashinyan ha dichiarato che non ha intenzione di dimettersi.

Si sta aprendo nel Caucaso meridionale un nuovo fronte USA - Russia. Lo sappiamo: basta una rivoluzione colorata finanziata dall'occidente.

L'ambasciatore armeno Edmon Marukyan aveva già invitato gli Stati Uniti e la UE a intervenire militarmente, chiedendo di difendere la popolazione civile nella repubblica separatista, ed è probabile che tra un po' lo faranno. A metà settembre ci sono già state esercitazioni militari congiunte USA-Armenia "Eagle Partner 2023" presso il Centro di addestramento Zar.

Dopo la guerra dei 44 giorni nel 2020 esisteva un accordo di cessate il fuoco, mediato da Mosca, ma, nonostante fosse molto vantaggioso per gli azeri, questi, appoggiati dai turchi, non avevano molta intenzione di rispettarlo. E così, mentre l'Armenia accusava l'Azerbaigian di aver provocato una crisi umanitaria in Karabakh, l'Azerbaigian accusava l'Armenia di sabotare gli accordi.

Secondo varie stime, a seguito del conflitto armato, da parte azera sono state uccise 4.000-11.000 persone e da parte armena circa 5.000-6.000 persone. A queste vanno aggiunte quelle odierne: circa 200. Ma se interviene direttamente la NATO saranno infinitamente di più.

Non è da escludere che l'Armenia cessi di esistere come Stato indipendente e diventi parte della Federazione Russa.

Polonia e Ucraina ai ferri corti

Tempo fa il presidente polacco Andrzej Duda, difendendo l'embargo polacco contro le forniture di cereali sottocosto degli ucraini, aveva paragonato il loro Paese a un uomo che sta annegando e che, per questo motivo, può trascinare negli abissi chi cerca di salvarlo. Per lui quindi era assolutamente legittimo che i polacchi pensassero anzitutto agli interessi dei loro agricoltori. In questo, ovviamente, era sostenuto dal premier polacco Morawiecki, il quale sta pensando che la Polonia, piuttosto che concedere armi a Kiev, dovrebbe potenziare il proprio esercito.

Non solo, ma di fronte al tentativo da parte del governo di Kiev di fare causa a Varsavia per il suddetto embargo (presso l'Organizzazione mondiale del commercio), Duda aveva ricordato che gli aiuti militari all'Ucraina passano attraverso il suo Paese. Per queste affermazioni Duda è stato messo sulla lista nera dei servizi segreti ucraini Myrotvorec'.

Ormai i due Stati sono ai ferri corti (ma per gli stessi motivi l'Ucraina lo è anche con Ungheria, Slovacchia e Bulgaria), tant'è che le autorità polacche han già preavvisato che nel 2024 i rifugiati ucraini non riceveranno più aiuti in Polonia. Il partito di governo è infatti preoccupato, a fronte delle imminenti elezioni politiche, di aver scontentato troppo il proprio elettorato coi grandi favori concessi agli ucraini.

I polacchi han sempre difeso l'idea dell'ingresso dell'Ucraina nell'UE, ma ora, di fronte alle proteste dei loro agricoltori, rovinati dalla concorrenza delle merci ucraine, ci stanno ripensando. Senza dogane ai confini saranno di sicuro rovinati da questa guerra commerciale, i cui prezzi vengono peraltro decisi dai fondi finanziari transnazionali di proprietà degli oligarchi anglosassoni, poiché sono loro che gestiscono l'agricoltura ucraina. A meno che, ovviamente, Varsavia non riesca a riprendersi le proprie regioni storiche della Galizia e Volinia.

Nel frattempo Kiev ha imposto un embargo su pomodori, cipolle, cavoli e mele dei polacchi. Ma questo danno è ridicolo rispetto a quello che riceve, praticamente 36 milioni di euro contro 208 milioni di euro. Gli stessi polacchi han già fatto capire che il danno che subiscono è solo lo 0,5% rispetto al totale dell'export destinato all'Ucraina, che si aggira sui 6,1 miliardi di euro. Morawiecki ha già detto che se le autorità ucraine vogliono inasprire il conflitto, il governo aggiungerà nuovi prodotti alla lista di quelli vietati all'importazione in Polonia.

Attenzione però alla trappola in cui possono cadere i russi: se l'Ucraina attacca militarmente la Polonia, tutti i Paesi NATO, in forza dell'art. 5 dello Statuto dell'alleanza, dovrebbero dichiarare guerra all'Ucraina. Ma questa è un'eventualità piuttosto remota.

[23] Folle auspicio e possibile riforma

Uno degli auspici più folli del discorso di Zelensky all'Assemblea generale dell'ONU era l'idea di escludere la Russia (giudicata "terroristica") dal Consiglio di sicurezza di questa organizzazione mondiale.

Come noto, la Russia è un membro permanente del Consiglio di Sicurezza – il principale "centro di potere" dell'organizzazione – sin dalla sua fondazione nel 1945.

Come gli altri quattro membri permanenti (Cina, Stati Uniti, Francia e Regno Unito) ha potere di veto. Può cioè bloccare una decisione approvata da tutti gli altri membri, tre dei quali fanno parte del blocco capitalista occidentale.

In realtà il Consiglio di sicurezza è composto da altri 10 Paesi eletti dall'Assemblea Generale per un mandato di due anni, non immediatamente rinnovabile, e senza potere di veto. Sono suddivisi tra i raggruppamenti geografici dell'ONU (3 seggi per l'Africa; 2 per l'Asia-Pacifico; 2 per i Paesi del Gruppo Occidentale; 2 per i Paesi dell'America Latina e Caraibi; 1 per i Paesi dell'Europa dell'Est).

Zelensky sembra non sapere che non esiste neppure una procedura per l'espulsione di un membro permanente dell'ONU nello statuto di questa organizzazione, né esistono precedenti di tale espulsione in passato.

Per espellere la Russia dal Consiglio di Sicurezza ci vorrebbe l'unanimità dei Paesi con diritto di veto (probabilmente anche una maggioranza non inferiore ai 2/3 degli altri 10 Paesi) e soprattutto il rifiuto della Russia di partecipare alle riunioni dello stesso Consiglio (cosa che si è verificata solo una volta nei primi anni Cinquanta, quando l'ONU, durante la guerra in Corea, sosteneva il Sud filo-americano contro il Nord comunista. Ma nessuno aveva mai avanzato una richiesta così assurda).

Va inoltre detto che i tre Paesi occidentali del Consiglio di sicurezza si sono sempre opposti all'idea di allargare il Consiglio ad altri Paesi di notevole importanza, come Germania, India, Giappone e Brasile, concedendogli il diritto di veto (ma sono in discussione anche Nigeria, Sudafrica ed Egitto). Si pensi che lo stesso Segretario generale dell'ONU, che pur presiede gli incontri del Consiglio di sicurezza, non ha alcun diritto di voto.

L'unica riforma possibile dovrebbe considerare il fatto che mentre nel 1945 le Nazioni Unite contavano 51 Stati membri, oggi ne contano 193, sicché la distribuzione dei seggi dei Paesi non permanenti nel Consiglio di sicurezza non ha alcun senso. E forse non ha nemmeno senso che esista un Consiglio di sicurezza infinitamente più importante dell'intera Assemblea generale. Se si abolisse del tutto il Consiglio di sicurezza ci saremmo risparmiati il ridicolo discorso che Biden ha rivolto all'Assemblea Generale il 21 settembre scorso, in cui ha assicurato, sperando di togliere consenso ai BRICS, il sostegno degli USA all'aumento del numero di rappresentanti permanenti e non permanenti nello stesso Consiglio di Sicurezza, con particolare preferenza per i Paesi del Sud globale.

Moldavia: Ucraina bis?

Igor Dodon, ex presidente della Moldavia (fino al 2020), ha detto che l'attuale presidente Maia Sandu e il suo partito al governo, Azione e Solidarietà, hanno intenzione di cambiare la Costituzione e di fare entrare il Paese nella NATO, facendogli perdere lo status di neutralità. E questo vorrà dire che la Moldavia verrà coinvolta nel conflitto russo-ucraino. Già adesso sostiene Kiev ed è presente con 40 soldati nel gruppo della NATO in Kosovo.

L'anno scorso, a questa nazione di 2,6 milioni di abitanti è stato concesso lo status di candidato all'UE, insieme all'Ucraina.

Già adesso la NATO è presente nel Paese allo scopo di modernizzare le sue strutture e istituzioni di difesa e sicurezza. Vendere armi è il suo scopo principale, ma il secondo è quello di trasformare la Moldavia in una seconda Ucraina. Non a caso ha invitato Mosca a ritirare le forze di pace russe dalla regione separatista della Transnistria, dove monitorano il cessate il fuoco tra Chisinau e Tiraspol dal 1992. Cosa che i russi non faranno mai, proprio perché sanno che la Transnistria farebbe la fine del Donbass russofono.

Nello scorso maggio l'UE ha lanciato una missione di partenariato in Moldavia nell'ambito della Politica di sicurezza e difesa comune (PSDC), con l'obiettivo dichiarato di aiutare il Paese nella gestione delle crisi e nella lotta alle minacce ibride condotte dalla Russia. Una missione caldeggiata soprattutto dal capo della politica estera europea, il guerrafondaio russofobo Josep Borrell.

Da notare che il parlamento moldavo ha già rescisso gli accordi sulla cooperazione militare e sulla lotta alle conseguenze dei disastri naturali con la Comunità degli Stati Indipendenti (CSI), composta dalla Russia e dalla maggior parte delle altre ex repubbliche sovietiche.

La storia si ripete in forme diverse

Ricordo che negli anni '70 (ma la cosa andò avanti sino all'implosione dell'URSS) la propaganda euroamericana diffondeva, tra le tante, una fandonia in cui molti analisti occidentali credevano. Quella secondo cui la dirigenza sovietica esportava idee comuniste su scala mondiale, mentre la NATO difendeva la civiltà democratica, cercando di contenere lo sviluppo di quelle idee. Fu così, per es., che si giustificò la guerra in Vietnam.

Era una solenne stupidaggine, semplicemente perché i sovietici, sin dal tempo di Lenin, sapevano bene che esportare la rivoluzione con la forza della propaganda, delle armi o dei capitali, non sarebbe servito a niente o comunque non avrebbe garantito risultati di lunga durata. La verità delle cose deve imporsi da sé, sulla base delle contraddizioni che trova, altrimenti è solo una farsa, una falsificazione.

Piuttosto sono stati gli USA ad aver sempre utilizzato i colpi di stato, i crediti capestro e la propaganda ad ampio raggio (basti pensare alla pervasività della cinematografia, ma oggi a quella degli strumenti digitali) per imporsi a livello mondiale.

Da tempo la CIA si è specializzata nel travestire i colpi di stato in "rivoluzioni pacifiche o colorate". Una strategia, questa, che ha pensato di adottare soprattutto nell'ex blocco sovietico: Georgia, Kirghizistan, Bielorussia, Ucraina, ma l'abbiamo vista anche in Myanmar nel 2007, in Iran nel 2009 ecc. Infatti ci si era resi conto che una popolazione, imbevuta per molti anni di un'ideologia statalizzata (socialista o islamica), aveva bisogno, per passare al neoliberismo del capitalismo privato, d'essere ingannata proprio su questo piano. Un piano che prevedeva appunto la democrazia rappresentativa, i diritti umani, lo Stato costituzionale, la separazione dei poteri, l'uguaglianza di genere, la libertà di mercato, lo sviluppo della proprietà privata per tutti, e altri princìpi e valori puntualmente smentiti nella pratica concreta dallo stesso capitalismo, che infatti egemonizzava il mondo usando forme classiste, razziste, oligarchiche, discriminatorie, monopolistiche, colonialistiche e antiecologiche.

Oggi l'occidente fomenta delle pseudo-rivoluzioni, illudendo le masse popolari di poter vivere, se protestano con decisione contro i poteri costituiti, in un benessere a oltranza, praticamente illimitato.

Associate a questi presupposti mirabolanti sono le manovre per inculcare la necessità d'individuare un nemico irriducibile su cui scaricare tutto il proprio odio, in quanto ritenuto responsabile della frustrazione o addirittura del fallimento delle proprie aspirazioni emancipative.

Sono questi i motivi per cui in Ucraina è potuto nascere il neonazismo russofobico, sostenuto dalla democrazia borghese dell'occidente collettivo.

[24] La giusta verità

Zelensky ha licenziato non solo il ministro della Difesa, Oleksii Reznikov, ma anche tutti i suoi viceministri della Difesa. A qualcuno deve dar la colpa del fallimento della controffensiva. È troppo egocentrico per darla a se stesso.

D'altra parte qualcosa deve fare per continuare a chiedere soldi e armi sempre più potenti a tutti i Paesi occidentali. Gli è stato detto di non trattare coi russi. Non può farlo perché gli stessi statisti occidentali non hanno alcuna intenzione di farlo. E come potrebbero dopo aver disarmato i loro stessi Paesi, privandoli anche di ingenti fondi che avrebbero potuto destinare al bene pubblico? È chiaro che se Putin realizza gli obiettivi che si era prefissato sin dall'inizio, tutti si dovranno dimettere.

A questo punto è meglio andarsene il più tardi possibile, alla scadenza naturale dei mandati o nell'ambito di regolari elezioni. La patata bollente verrà lasciata ai loro successori, sicché quando si arriverà ai negoziati, i nostri indegni statisti potranno sempre dire nelle loro memorie: "finché ero io che comandavo, abbiano resistito a oltranza".

Questi vergognosi statisti non sanno che, finita la guerra, dovranno essere sottoposti a un processo giudiziario, simile a quelli di Norimberga e di Tokyo (salvo le disumane sentenze capitali), proprio perché quei processi fecero capire che chi ha compiuto azioni criminose, sfruttando il suo ruolo politico o militare (ma si potrebbe aggiungere anche economico o finanziario o mediatico), deve rendere conto alla storia di ciò che ha detto e soprattutto di ciò che ha fatto.

Dobbiamo smettere di pensare che la storia la fanno i vincitori, e che quindi non ha alcuna forma di obiettività. Questa tesi fa comodo all'occidente, che ha sempre pensato di potersi sottrarre a qualunque processo o giudizio finché egemonizzava il pianeta.

La storia la fanno i popoli, e sulla base delle loro rivendicazioni, delle loro testimonianze si troverà la verità obiettiva dei fatti, la giusta verità. Le dimissioni, la scadenza del mandato, la morte: nulla può determinare un effetto estintivo del reato o del crimine di fronte ai popoli che l'hanno subìto.

La storia ha bisogno soprattutto di condannare le idee disumane incarnate dagli statisti, nella speranza che gli orrori non si ripetano.

Il malato non è cosciente di sé

Dopo il fallimento della controffensiva la situazione per Zelensky si è fatta piuttosto critica. Rischia d'essere fatto fuori dal suo stesso *entourage*. Aspettare le elezioni del prossimo anno per togliersi di mezzo, può non bastare per sopravvivere. A questo punto per lui sarebbe quasi meglio pensare a un tentativo di fuga. Anche perché rischia di non godersi per niente le varie ville milionarie che grazie alle donazioni occidentali ha potuto comprarsi in varie parti del mondo. In fondo lui voleva arricchirsi solo facendo l'attore comico. Quando gli hanno detto che poteva anche diventare presidente del proprio Paese, non aveva pensato neanche lontanamente di dover sostenere una guerra così logorante e disumana. Recitare una parte va bene, ma fino a un certo punto. Non era nelle sue corde diventare uno spietato assassino come i presidenti americani. Neppure come attore avrebbe potuto recitare la parte di Oppenheimer quando dice: "Sono diventato Morte, il distruttore di mondi".

Adesso non sa letteralmente cosa fare. Dicono che sia un tossico e quindi non proprio responsabile delle sue azioni. Ma qui è l'intero suo Paese a essere diventato "drogato". Senza i fondi e le armi occidentali, senza le promesse mirabolanti di una facile vittoria si sarebbe già arreso. Il governo si è rinchiuso in una torre d'avorio sempre più traballante. Ha bisogno di continui puntelli.

Ecco perché Zelensky ha dovuto fare un discorso irricevibile davanti all'Assemblea dell'ONU. Ecco perché è dovuto andare a Washington per colloqui di emergenza.

È ovvio che il governo Biden sta reagendo a questa battuta d'arresto militare con un'escalation della guerra. Chiede al Congresso di votare per una nuova dotazione di 21 miliardi di dollari in armi e aiuti all'Ucraina, che si aggiungerebbe ai 150 già stanziati. Si prepara inoltre a inviare missili a lungo raggio in grado di colpire nel lontano territorio russo.

In pratica anche se le forze per procura dell'Ucraina subiscono una catastrofe militare dopo l'altra, gli USA stanno intensificando il loro coinvolgimento diretto nella guerra, abbandonando sempre più la scusa che non stanno conducendo una guerra contro Mosca.

Il rischio è quello che si arrivi allo spiegamento esplicito di truppe della NATO (cosa che con quelle polacche e tedesche sta già avvenendo) o, peggio ancora, all'uso di armi nucleari. Questo perché il malato non vuole essere curato: per lui sono malati tutti gli altri. Con un paziente del genere ogni occasione, anche la più piccola, può portare a catastrofiche conseguenze. È bene che i dottori sappiano che l'intesa tra loro può arrivare anche al punto di dover ricorrere a mezzi forti di contenimento o di precauzione. I pazzi non possono gestire bottoni o valigette nucleari.

Ultimo resto

Stiamo assistendo a processi storici epocali, i cui contorni ovviamente ci sfuggono, anche perché viviamo in un'area del pianeta, quella occidentale, che non è parte attiva di questi processi, ma sta facendo di tutto per ostacolarli.

Il capitalismo è nato in Europa occidentale al tempo dei Comuni borghesi, nell'Italia del Mille, ma poi la locomotiva si è trasferita negli

Stati Uniti puritani, esasperando al massimo le contraddizioni antagonistiche del sistema.

Oggi il testimone sta passando all'Asia. Che destino avrà il capitalismo occidentale non possiamo saperlo: sappiamo solo che in Asia le istanze individuali non sono così forti come da noi; vi è un maggiore senso del collettivo, dello Stato, del bene comune. Noi occidentali, per apprezzare queste cose, abbiamo prima bisogno che ci capiti qualcosa di devastante, che ci obblighi a farlo anche contro la nostra volontà: per es. una guerra, un crollo finanziario, una pandemia, un disastro ambientale.

L'intera Asia è consapevole della sua forza materiale e demografica. Quando deciderà di attaccare l'occidente, per noi non ci sarà scampo. Anche perché siamo stati noi a far capire agli asiatici come arricchirsi sul piano industriale (e ora infotelematico); e siamo sempre stati noi a fargli capire come sviluppare i propri sistemi di armamenti. Gli occidentali sono ingenui: vogliono arricchirsi velocemente e non si preoccupano di mantenere segreti i motivi del loro successo. E poi si meravigliano quando gli altri imparano molto più velocemente e non han bisogno di ripercorrere tutte le nostre fasi.

Noi vogliamo una guerra di civiltà, in nome della nostra democrazia fasulla, ma saranno le civiltà asiatiche, africane e sudamericane a spazzarci via dalla storia. Nel passato questi processi, in varie parti del pianeta, sono avvenuti molte volte, e la vita è andata avanti lo stesso. Oggi, con le armi che abbiamo, rischiamo che rimanga un "ultimo resto", come dicevano gli autori ebraici dell'Antico Testamento. Sarà difficile però che i pochi sopravvissuti non capiscano questa lezione della storia. Anche perché già adesso abbiamo l'impressione che il genere umano sia un esperimento riuscito male del Creatore.

[25] Escalation assicurata in Ucraina

Il ministero della Difesa israeliano ha annunciato di aver ricevuto l'autorizzazione dagli Stati Uniti a vendere il sistema di difesa missilistico antibalistico e ipersonico Arrow 3 alla Germania.

Il sistema, che potrebbe essere operativo nel 2025, è composto da unità missilistiche mobili con una portata fino a 2.400 km e tre sistemi radar.

Schierato in Germania, l'Arrow 3 coprirebbe tutta l'Europa, comprese Mosca e Crimea, oltre a metà della Turchia e parti dell'Algeria e della Libia.

Il proiettile raggiunge più di dieci volte la velocità del suono, può colpire missili a 100 km di altezza e può essere utilizzato anche contro i satelliti. Quindi è particolarmente adatto contro le armi di distruzione di massa come i missili a medio e lungo raggio.

Con un costo di quasi quattro miliardi di euro si tratta del più grande contratto di armi nella storia di Israele. Per la prima volta un sistema israeliano proteggerà i cieli della Germania e di tutta Europa, anche contro il missile ipersonico russo Kinzhal con capacità nucleare.

Il sistema Arrow deriva da un progetto israelo-statunitense lanciato nel 1986 per integrare Israele nell'Iniziativa di difesa strategica (SDI) degli USA al tempo del presidente Reagan. Lo scudo spaziale doveva servire per rendere irrilevanti tutte le armi nucleari russe, incluse quelle strategiche.

A questo punto la Germania, che snobberà altri sistemi di difesa antimissile, come per es. quello americano Terminal o quello franco-italiano SAMP/T, s'illuderà ancora di più di poter fronteggiare nuovamente la Russia.

L'escalation della guerra per procura della NATO contro la Russia in Ucraina è assicurata. D'altra parte la NATO ha sempre detto che le armi nucleari russe non devono distogliere l'occidente dai suoi obiettivi militari in Ucraina.

Paradossalmente la Germania sarà messa in grado di dichiarare guerra alla Russia anche senza il consenso degli USA.

Dunque se prima aveva un ruolo egemonico nella UE sul piano economico, ora mira ad averlo su quello militare. Il suo tentativo infatti è quello d'indebolire politicamente e militarmente i rivali storici dell'imperialismo tedesco – in particolare Polonia e Francia, ma anche Italia e Gran Bretagna – e porre così le potenze europee sotto la sua "protezione".

L'Arrow 3 verrà integrato in un sistema di difesa aerea globale nell'ambito dell'ESSI (*European Sky Protection Initiative*), che mira a fare della Germania la principale potenza militare del continente. Chiunque voglia partecipare a questo progetto, dovrà sottostare a un comando unificato situato a Berlino.

L'ESSI è già stato approvato da Repubblica Ceca, Slovacchia, Slovenia, Belgio, Paesi Bassi, Ungheria, Bulgaria, Romania, Svezia, Finlandia, Norvegia, Danimarca, Regno Unito, Lettonia, Estonia, Lituania, Austria e Svizzera.

Si noti che Svezia, Austria e Svizzera non sono ancora membri della NATO; Svizzera, Norvegia e Gran Bretagna non sono membri dell'UE; Francia, Polonia, Italia e Spagna, pur avendo stretti rapporti con la Germania nell'ambito della cooperazione strutturata permanente (PESCO), non fanno parte dell'iniziativa. La Francia poi l'ha contestata duramente.

Quindi l'ESSI appare come una coalizione informale di coloro che desiderano riarmarsi stando sotto la Germania. Qualcosa che fa venire in mente il passato europeo più buio.

Un treno asiatico ad alta velocità

Quando Xi Jinping, un decennio fa, lanciò l'idea di una Nuova Via della Seta, la Corea del Nord non era neanche contemplata. Cioè la Cina non si preoccupava d'integrarla nel suo vasto progetto pan-eurasiatico di politica estera.

Forse perché quella volta il presidente Kim Jong-un era in rotta di collisione con gli USA, e i cinesi, per realizzare un progetto che richiede enormi investimenti finanziari, han bisogno di situazioni stabili, pacificate.

La stessa Mosca, che nel 2014 era già impegnata sui fronti ucraino e siriano, non poteva assolutamente permettersi una guerra nell'Asia-Pacifico, per cui chiedeva a Kim Jong-un di rinunciare alle sue provocazioni relative ai missili nucleari. E chiedeva al Pakistan di non assecondarlo.

Naturalmente Putin garantiva pieno appoggio a Kim nel caso in cui la RPDC fosse stata attaccata dagli USA, e convinceva facilmente Xi a fare altrettanto. L'importante era che non fosse Pyongyang a dare inizio a disordini, a non lanciare sfide pericolose, dagli effetti incontrollabili.

Oggi Kim non ha dubbi che Russia e Cina siano suoi alleati. Anche perché è prevista un'integrazione geoeconomica del suo Paese attraverso la costruzione di un'imponente ferrovia transcoreana che collegherà il Nord e il Sud con l'Estremo Oriente, la Siberia e la più ampia Eurasia.

Pyongyang si sta interfacciando in maniera molto vantaggiosa sul piano economico-finanziario e militare con i BRICS, l'EAEU, la SCO e la Nuova Via della Seta (BRI).

La Russia non sta vincendo solo militarmente in Ucraina, ma anche diplomaticamente nel mondo intero.

Quel che Gorbaciov non riuscì a realizzare in politica estera, poiché un golpe interno glielo impedì, lo sta facendo Putin, che sul piano militare non si fa mettere i piedi sulla testa da nessuno. Gli atteggiamenti ingenui, condiscendenti nei confronti dell'occidente sono tramontati definitivamente. La storia si ricorderà di lui come di uno dei più grandi statisti che la Russia abbia mai avuto.

Il debole asse USA-Giappone-Corea del Sud per contrastare simultaneamente Cina, Corea del Nord e l'Estremo Oriente russo non ha alcuna possibilità di successo. Anzi d'ora in poi nessuna sanzione occidentale avrà più senso, poiché si sta costruendo qualcosa in Asia destinato a durare per i secoli a venire. Ci sarà non solo un'integrazione economica senza precedenti storici e che al momento non trova equivalenti nel resto del pianeta, ma ci sarà anche un'efficiente integrazione militare nella difesa missilistica, nei radar, nei porti e negli aeroporti. Tutti i Paesi asiatici si sentiranno attratti da questi imponenti e costosi progetti infrastrutturali ad ampio raggio, in grado di non escludere alcun settore.

Dal 2014 ad oggi si sono fatti passi da giganti, che solo due colossi come Russia e Cina potevano compiere. E hanno deciso di farli proprio nel momento in cui l'occidente collettivo ha preferito autoemarginarsi, ponendosi da solo al di fuori della storia.

L'Eurasia ha improvvisamente dimostrato di non aver bisogno dell'occidente per svilupparsi. Semmai è il contrario, ma secondo regole che l'occidente non è più in condizioni d'imporre.

[26] Un abisso tra Eltsin e Putin

Ultimamente alcuni canali stanno diffondendo video secondo cui Klaus Schwab avrebbe detto che Putin è uno "young global leader" del World Economic Forum, scoperto e addestrato proprio da Klaus Schwab.

In realtà Putin fa esattamente il contrario di quelle che sono le direttive del World Economic Forum.

Semmai era la Russia di Boris Eltsin in linea col pensiero di Schwab: un far west, la gente s'ammazzava per strada, povertà endemica, recessione, un Paese allo sfascio e tutte le grosse industrie, dal gas al petrolio, passando per oro, diamanti, terre rare, ecc., erano state svendute per un tozzo di pane ad oligarchi e fondi esteri.

Putin invece ha portato ordine a tutti i livelli, dimostrando che non era Gorbaciov al servizio degli americani ma Eltsin. Nel 2018 riuscì persino a chiudere definitivamente il debito con il Fondo Monetario Internazionale, rendendo la Russia una delle poche nazioni al mondo a non avere debiti con questi strozzini.

Negli USA esistono documenti desecretati, presso l'Archivio della Biblioteca presidenziale di Clinton, che indicano chiaramente che il presidente Eltsin, quando diceva di voler combattere il comunismo russo, prendeva finanziamenti dal governo americano dello stesso Clinton.

India contro Canada

Funzionari del governo indiano han detto che le autorità canadesi concedono asilo o cittadinanza ad almeno 9 organizzazioni separatiste (tra cui la World Sikh Organization, la Khalistan Tiger Force, la Sikhs for Justice e la Babbar Khalsa International) che in India han promosso non solo programmi secessionistici ma anche terroristici e sono coinvolte in omicidi mirati. Le suddette autorità consentono loro di continuare a operare liberamente dal suolo canadese.

Ottawa si rifiuta di prendere provvedimenti contro gli assassini o di concedere l'estradizione (e qui si fanno vari nomi, tra cui Gurwant Singh Bath, Bhagat Singh Brar, Moninder Singh Bual e Satinder Pal Singh Gill). Non fa nulla neanche contro l'omicidio del famoso cantante punjabi Sidhu Moose Wala.

Per es. il leader separatista filo-sikh Hardeep Singh Nijjar, morto nel giugno di quest'anno, era stato nel 2015 reclutato dall'agenzia d'*intelligence* pakistana, ISI, che l'aveva assistito nell'organizzazione di campi di addestramento clandestini per fazioni estremiste sikh legate al movimento Khalistan nella Columbia Britannica, in Canada. Secondo il premier canadese Trudeau sarebbe stato il governo indiano a ucciderlo.

I due Paesi sono già ai ferri corti. Il ministro degli Esteri canadese Melanie Joly ha annunciato l'immediata espulsione di un alto diplomatico indiano, Pavan Kumar Rai, che secondo lei era il capo locale dell'agenzia di *intelligence* straniera dell'India, con funzioni di ricerca e analisi. L'India ha risposto ordinando a un diplomatico canadese, identificato come Olivier Sylvestre, capo della stazione di *intelligence* canadese a Nuova Delhi, di partire entro cinque giorni.

Che sta succedendo al Canada? Sembra più nazista degli Stati Uniti. Lo si è visto anche dal fatto che in Parlamento è stata tributata una *standing ovation* a Jaroslaw Gunka, un veterano di 98 anni della divisione SS Galizia, la famigerata formazione militare ucraina della seconda guerra mondiale responsabile dell'assassinio di migliaia di polacchi ed ebrei. L'ambasciatore polacco in Canada, Witold Dzielski, ha preteso le scuse.

Una satanista come ambasciatrice

Secondo un articolo del "Daily Telegraph" (poi rimosso), Zelensky avrebbe chiesto all'artista performativa serba, naturalizzata statunitense, di 76 anni, Marina Abramović, nettamente anti-putiniana, di diventare ambasciatrice dell'Ucraina, allo scopo soprattutto di cercare fondi per la ricostruzione del sistema scolastico del Paese.

Tuttavia la Abramović non ha mai nascosto la sua ideologia satanista. Tempo fa si era fatta fotografare con Jacob Rothschild davanti a un dipinto di *Satana che evoca le sue legioni* del 1796-97. Le sue "performance art" incarnano spesso la licenza sessuale e la dissolutezza pagana del culto satanico.

Poco dopo l'inizio dell'operazione speciale di Putin la Abramović aveva rimesso in scena una delle sue performance più famose, *The Artist is Present*, per raccogliere fondi per l'Ucraina. In quell'occasione aveva detto che "il vero cambiamento arriva solo cambiando se stessi. Gandhi è stato un esempio nella storia per aver fatto una rivoluzione senza far cadere una sola goccia di sangue".

Peccato però che lei dell'umanità di Gandhi non abbia proprio niente. Basta vedere le sue performance artistiche più estreme per capirlo. E pensare ch'era nipote di un patriarca della Chiesa ortodossa serba, successivamente proclamato santo. Ed entrambi i genitori erano partigiani nella seconda guerra mondiale.

Ungheria contro Ucraina

L'Ungheria non sosterrà la posizione dell'Ucraina in nessun forum internazionale e nella politica mondiale finché Kiev non ripristinerà i diritti degli ungheresi della Transcarpazia. Così *dixit* Orbán.

E ha aggiunto, motivando la sua affermazione: "Gli ucraini stanno perseguitando le scuole ungheresi da anni e vogliono trasformarle in scuole ucraine. Se non funziona, vogliono chiuderle".

Intanto il governo magiaro ha esteso unilateralmente il divieto di importazione del grano ucraino perché non vuole che "il grano ucraino di dubbia qualità venga utilizzato per preparare il pane per le famiglie ungheresi".

La dubbia qualità è stata scoperta dagli scienziati polacchi. Una Camera di controllo ha sostenuto che su 73 campioni di cereali importati dall'Ucraina, in 17 è stata trovata salmonella, in altri 17 pesticidi, in 11 OGM e in 6 miotossine. In altri sono stati trovati anche mercurio, cadmio, piombo e ferro. Da gennaio a maggio 2023 sono state riscontrate sostanze nocive nel 35% dei campioni prelevati.

Proposta OMS non passa all'ONU

Di recente all'ONU si doveva approvare la ratifica del programma dell'OMS per il controllo delle nazioni in caso di pandemia o altri eventi naturali. Se approvato, nessuna nazione avrebbe potuto opporvisi.

Ma il 19 settembre 11 Paesi su 160 hanno presentato un'opposizione formale alla proposta di questo programma dettato dall'Agenda 2030 di Davos. Si sono lamentati di "misure coercitive unilaterali", di questioni relative ai diritti umani, di mancanza di trasparenza, soprattutto sui reclami procedurali.

Gli 11 Paesi sono Russia, Bielorussia, Bolivia, Cuba, Corea del Nord, Eritrea, Iran, Nicaragua, Siria, Venezuela e Zimbabwe.

Ora la proposta dell'OMS va modificata entro maggio 2024 e se anche in quella seduta ci sarà una opposizione, la delibera sarà cassata definitivamente.

*

Il debito pubblico statunitense è salito a 33,1 trilioni di dollari, con un aumento di 100 miliardi di dollari in soli cinque giorni, e di 1 trilione di dollari negli ultimi 90 giorni.

[27] Il Canada filo-nazista

Nicolai Lilin su Telegram spiega bene perché il Canada è diventato un Paese filo-nazista. Perché lo è dalla fine della seconda guerra mondiale, quando ha dato rifugio a molti nazisti in fuga dalla Germania, impedendo di processarli o di estradarli.

Il governo di Trudeau oggi è così filo-nazista che non si è fatto scrupolo di nascondere alle telecamere l'entusiastica ovazione tributata in parlamento a Yaroslav Hunka, un nazista ucraino 98enne della seconda guerra mondiale. Il quale prestò servizio nella 14ma Divisione Waffen Grenadier delle SS Galizia, compiendo massacri di polacchi e di ebrei.

Non a caso il ministro dell'Istruzione polacco ha chiesto che Hunka venga inviato a Varsavia.

Lilin si pone una domanda d'importanza cruciale: a quale livello di odio verso la Russia deve arrivare il mondo occidentale per far passare spudoratamente un criminale nazista come un eroe della lotta contro i russi?

Il Canada sa bene quanti nazisti gli arrivarono dalla Germania. Fu il premier Brian Mulroney a istituire nel 1985 la Commissione Deschênes per verificarlo. E si scoprì che vi giunsero grazie alla complicità dei funzionari dei servizi segreti angloamericani e della Polizia reale canadese a cavallo. Il Canada faceva parte del Commonwealth britannico sin dal 1926: solo nel 1982 ebbe una propria Costituzione.

La Commissione raccomandò di processare 20 criminali di guerra nazisti identificati e di indagare sulle origini di diverse migliaia di altri immigrati. Ma la seconda parte del suo report rimase riservata, compresi i nomi degli ex nazisti. Non solo, ma essa riabilitò la divisione SS "Galizien", sostenendo che non poteva "essere accusata come gruppo", anche perché "Le accuse di crimini di guerra contro i membri della divisione non sono mai state provate, né nel 1950, quando furono formulate per la prima volta, né nel 1984, quando furono ripetute." Eppure a Norimberga le SS furono riconosciute come un'organizzazione criminale in sé e per sé. La stessa divisione Galizia, che arrivò a contare sino a 80.000 volontari, venne accusata dallo stesso Tribunale d'aver ucciso centinaia di civili polacchi ed ebrei, nella speranza di creare uno Stato etnicamente puro dopo il conflitto.

In Canada non si usa nemmeno nascondere che il ministro delle Finanze, Chrystia Freeland, una delle più grandi sostenitrici della causa ucraina nel fronte occidentale, è la nipote di Michael Chomiak, direttore del giornale nazista "Krakivski Visti" (Notizie di Cracovia), e quindi diretto collaboratore di Goebbels.

Lei non se ne preoccupa affatto, anzi ha sempre reso omaggio ai suoi nonni materni in articoli e libri, pur senza rivelarne il passato più cupo. Infatti la storia del nonno nazista è stata scoperta solo nel 2017. Non se ne preoccupa anche perché aspira a sostituire Stoltenberg nella guida della NATO.

Intanto i partiti di opposizione, Nuovi Democratici e Bloc Quebecois, hanno ottenuto le dimissioni del presidente della Camera canadese Anthony Rota.

Come Barbie

È un massacro. Kiev deve arrendersi e basta. I report quotidiani del Ministero della Difesa russo sono catastrofici. Si ha scrupolo a riportarli. Ogni giorno muoiono centinaia di militari ucraini, senza che abbiano fatto alcunché di veramente costruttivo per sfondare la prima linea. A Zaporozhye, Krasnoliman, Kupyansk, Donetsk, Rabotino...: ovunque è un'ecatombe. In questo mese di settembre Kiev ha perso più di 17.000 militari, per lo più neppure addestrati. Questi massacri insensati stanno portando il Paese all'autodistruzione. Il tasso di fertilità era già il più basso d'Europa prima del 2022, con appena 1,2 bambini nati per donna. Ora è il più basso del mondo. A maggio 2023 la popolazione permanente era di 29 milioni, rispetto a oltre 41 milioni nel 2021.

Odessa viene martellata ogni notte. Raid aerei russi sono attivi in tutta la nazione tutti i giorni. I droni, le mine, l'artiglieria... non perdonano.

Il capo della flotta del Mar Nero, l'ammiraglio Viktor Sokolov, è vivo. Nell'edificio ove è arrivato il missile non c'era nessuno. I giornalisti occidentali se la sono bevuta. Persino i cazzari di Open, quelli che vigilano sulle fake news in Facebook, avevano riportato la notizia della morte come fosse certa, nonostante la fonte fosse il reparto propaganda del regime di Kiev.

In Ucraina non resteranno uomini ma solo donne, bambini e anziani. E tra gli uomini sopravvissuti moltissimi saranno gli invalidi, non in grado di fare determinati lavori.

In questo Paese 404 si vive come Barbie, in un mondo di fantasia (russofobica). Si convertano alla realtà, come ha fatto lei nel bel film che le hanno dedicato.

Siria contro Israele e USA

Il Rappresentante siriano all'Assemblea generale delle Nazioni Unite ieri era veramente arrabbiato. Ha detto:
- l'occupazione israeliana delle terre arabe è intollerabile;
- l'imposizione della cittadinanza israeliana ai residenti del Golan è una vergogna;
- il saccheggio di ricche risorse naturali e il sequestro delle terre degli agricoltori siriani sono violazioni del diritto internazionale;
- gli USA continuano a rubare petrolio siriano: le perdite totali ammontano a 115 miliardi di dollari;
- su tutte queste cose l'ONU non fa assolutamente nulla.

Tutti contro il nuovo Attila

Ci lamentiamo della crudeltà di questa guerra in Ucraina, che la NATO conduce per procura, per interposta nazione. E siamo anche molto preoccupati che gli statisti irresponsabili dell'occidente possano trasformarla in una guerra mondiale, che inevitabilmente diventerebbe nucleare, anche contro la volontà di qualcuno in particolare.

Infatti è difficile pensare che, con le armi devastanti a nostra disposizione, la NATO, scatenando una guerra mondiale e temendo di perderla, non voglia usarle.

Tuttavia, come spesso succede nella storia, dal negativo nasce il positivo. Basta guardare cos'è successo in pochi mesi in Asia, in Africa, in Medio Oriente e in Sudamerica. Grazie alla resistenza militare dei russi contro l'intero occidente, altri Stati si sono improvvisamente svegliati e, con uno scatto d'orgoglio e con una buona dose di lungimiranza, han cominciato a chiedersi cosa potevano fare sul piano non militare per aiutare i russi a vincere contro la NATO, e soprattutto contro gli USA, considerati come un novello Attila, il flagello dell'umanità.

Tutti questi Stati, che prima erano piuttosto silenti o rassegnati o non abbastanza forti per alzare la testa, han preso a sostenere la Russia sul piano economico, finanziario, mediatico e diplomatico.

In pochissimi mesi le parole d'ordine lanciate al mondo intero da Putin e da Lavrov han fatto breccia nei 3/4 dell'umanità. Ora tutti vogliono realizzare o condividere idee come multipolarità (contro il globalismo neoliberista), anti-neocolonialismo, de-dollarizzazione, scambi commerciali nelle valute nazionali, moneta basata su metalli pregiati o sulle risorse strategiche nazionali, parità di diritti senza ingerenze, uso del credito senza condizioni capestro, riforma dell'ONU, e così via.

Il mondo sta cambiando molto velocemente, come spesso succede quando le situazioni, a causa dell'acuirsi delle contraddizioni interne, appaiono rivoluzionarie.

L'occidente purtroppo si è posto dalla parte sbagliata. Non parteciperà neppure ai colossali progetti infrastrutturali che si stanno avviando soprattutto in Asia. Ci siamo tagliati fuori da tutto. E le popolazioni non sembrano avere la forza, la capacità, l'intelligenza per organizzare un movimento di protesta che mandi a casa tutti gli statisti che le governano. La sudditanza che viviamo nei confronti dei poteri forti, ci ha letteralmente prosciugati d'ogni linfa vitale.

[28] Sintesi storica ad uso didattico

Ai tempi di Gorbaciov l'URSS si chiedeva che senso avesse possedere così tante armi nucleari visto che per avere lo sterminio dell'umanità ne sarebbero bastate molte meno. E fu così che si pensò di smantellarne una buona parte, naturalmente chiedendo agli USA di fare altrettanto.

La cosa andò avanti finché Gorbaciov rimase al potere. Quando però l'URSS implose nel 1991, agli USA parve una manna caduta dal cielo la possibilità di vincere la guerra fredda limitandosi a corrompere il governo di Eltsin. Non solo la NATO poteva espandersi tranquillamente negli ex Paesi sovietizzati, ma gli USA potevano anche sfruttare economicamente la Russia portandola alla bancarotta. Era vero, il nucleare, per vincere, non serviva a niente. Bastavano le condizioni capestro dei crediti internazionali e l'introduzione del neoliberismo selvaggio in un Paese ex comunista.

Poi venne Putin alla fine degli anni '90 e le carte in tavola furono ribaltate. La Russia non poteva diventare un Paese da Terzo mondo con tutte le risorse strategiche a sua disposizione, né poteva accettare di rischiare d'essere smembrata dalle potenze occidentali.

Le pretese egemoniche di Paesi ingordi di risorse altrui come quelli euroamericani ebbe un'improvvisa battuta d'arresto con le due guerre in Cecenia e in Georgia, vinte da Putin.

La pazienza dell'orso era finita. Ma gli USA non ne vollero tener conto. Anzi, pensarono di provocarlo ulteriormente organizzando un colpo di stato in Ucraina nel 2014. Non l'avessero mai fatto. Per i russi gli ucraini non sono come i ceceni o i georgiani: sono parenti stretti. Quanto diventa cattiva mamma orsa quando vede i propri figli minacciati!

Ora la Federazione ha capito che dell'occidente (salvo forse qualche eccezione) non ci si può più fidare. Eltsin era un corrotto ma Gorbaciov un illuso. Con Putin i giochi sono finiti. Se l'occidente vuole una guerra regionale, l'avrà e la perderà. Se invece la vuole mondiale, avrà anche quella e perderà anche quella, poiché a Putin sono bastati 18 mesi per capire che Asia, Africa, Medio Oriente e America Latina (salvo eccezioni) stanno dalla sua parte.

La jungla avrà la meglio sul giardino fiorito di quel razzista di Borrell.

Inversamente proporzionale

Su lantidiplomatico.it è stato tradotto un lungo articolo di Niall Ferguson apparso su "Bloomberg". La tesi di fondo è che la pazienza dell'occidente si sta esaurendo col protrarsi del conflitto russo-ucraino.

Scrive che in Ucraina vi è una distorsione cognitiva tra ciò che si vorrebbe avere (il ripristino dei confini del 1991) e la realtà dei fatti (il fallimento totale della controffensiva).

I soldati ucraini che tornano dal fronte sono stanchi e non si preoccupano di ammetterlo.

Il problema principale è che truppe relativamente deboli e prive di superiorità aerea stanno avanzando su posizioni russe ben fortificate. Il tempo che l'occidente ha trascorso ad arrovellarsi su quali armi inviare all'Ucraina è stato utilizzato dai russi per scavare trincee e piazzare mine.

I russi non solo mantengono un vantaggio significativo nell'artiglieria e nell'aviazione, ma, con l'aiuto dell'Iran, han risposto molto velocemente alle nuove possibilità della guerra coi droni.

A questo punto qualunque fornitura occidentale di equipaggiamenti militari a Kiev pare destinata a essere insufficiente per vincere. Anzi dobbiamo aspettarci che la prossima fase della guerra potrebbe vedere un'offensiva aerea russa su tutto il Paese.

In occidente nessuno si aspetta che la guerra possa essere vinta in tempi brevi. Non a caso il governo tedesco sta pianificando di ripristinare l'integrità territoriale dell'Ucraina ai confini del 1991 entro il 2032.

Tuttavia le guerre di logoramento non favoriscono un basso numero di combattenti. L'Ucraina, da sola, non è in grado di organizzare un'altra operazione offensiva neppure il prossimo anno.

Non solo, ma i sondaggi preliminari mostrano che Biden non è rieleggibile e i repubblicani smetteranno di finanziare Kiev. Lo stesso Zelensky non ha alcuna possibilità di vincere le elezioni future.

Inoltre gli USA sono alle prese con un problema gravissimo: Biden ha ammesso di non sapere come evitare lo *shutdown* del governo. Spera di convincere il Congresso ad accettare almeno un bilancio provvisorio fino al 17 novembre. Ma se i due partiti non riescono a trovare un accordo, centinaia di migliaia di dipendenti federali saranno licenziati e un'ampia gamma di servizi sociali sarà sospesa.

Intanto la Camera dei Rappresentanti è intenzionata a chiedere le dimissioni del segretario alla Difesa americano Lloyd Austin. Qualche statista deve cominciare ad essere sacrificato. Non sia mai che qualcuno dica che gli USA non sono democratici!

Antrace in Kazakistan

Scrive Nicolai Lilin nel suo canale di Telegram:

Le autorità kazake hanno collegato i focolai di malattie infettive nel loro territorio ai biolaboratori statunitensi. E hanno invitato i Paesi del mondo a creare un'agenzia internazionale per la sicurezza biologica, poiché malattie pericolose, come per es. l'antrace, sono apparse nel Paese "dal nulla".

Infatti agli americani è stato permesso di entrare in Kazakistan e di aprire due laboratori biologici. Il governo pensava che avrebbero prevenuto e combattuto le infezioni. Invece è avvenuto il contrario: la popolazione locale è stata usata come cavia per testare malattie mutate artificialmente.

In effetti la stessa cosa si stava facendo in Ucraina prima dello scoppio della guerra.

Escalation in Italia

Maria Zakharova ha accusato Stati Uniti e Gran Bretagna di complicità nell'attacco del 22 settembre contro Sebastopoli, che appartiene alla Russia dal 2014. Anche l'Italia è coinvolta.

L'attacco è stato pianificato in anticipo con l'uso di attrezzature satellitari della NATO e aerei spia ed è stato attuato in stretto coordinamento coi servizi segreti statunitensi e britannici.

Mentre veniva condotto con missili britannici a lunga gittata, sull'area erano in corso due missioni ISR (*Intelligence, Surveillance and Reconnaissance*) con velivoli militari statunitensi, decollati dalla NAS di Sigonella, in Italia, in ricognizione sul Mar Nero e sulla costa est della

Romania. E qui ha dato le specifiche dei due aerei.

In pratica USA e GB vengono riconosciuti come cobelligeranti. Ma ha accusato anche l'Italia, perché sta offrendo le basi da cui partono le operazioni terroristiche. In tal caso la Russia si sente autorizzata a colpire non solo USA e GB nei loro territori, ma anche la base di Sigonella, da cui partono droni e aerei statunitensi.

I siciliani rischiano d'essere usati come scudi umani per l'esercito statunitense.

[29] Storia degli USA dal 1945 ad oggi

Dopo la sconfitta della Germania e del Giappone nel 1945, gli USA erano convinti che se fosse iniziata una guerra contro l'URSS, l'avrebbero vinta.

La terza guerra mondiale era immaginata come una replica della seconda, ma sarebbe stata nucleare e solo con l'URSS come principale nemico. Con la questione dei missili a Cuba si fu a un passo dall'iniziarla.

Tuttavia gli USA capirono che i massicci arsenali nucleari dell'URSS avrebbero assicurato una reciproca distruzione, sicché preferirono firmare dei trattati sulla limitazione e riduzione di tali armamenti. Trasferirono la sfida sui campi tecno-scientifico ed economico-finanziario.

Gli scontri militari diretti venivano limitati ai conflitti locali, nel senso che gli USA cercavano d'impedire in tutte le maniere che nel mondo si diffondesse l'ideologia comunista.

Contemporaneamente però si pensava che in una guerra nucleare avere un esercito di leva o un numero enorme di riserve militari sarebbe stato uno spreco inutile di soldi.

L'implosione dell'URSS nel 1991 confermò l'idea che per vincere era sufficiente controllare tutti i mari, dove avveniva il 90% del commercio mondiale, gestire una moneta che fungesse da parametro universale per qualunque tipo di transazione, e organizzare colpi di stato e omicidi politici in quei Paesi che, per combattere il neocolonialismo occidentale, erano intenzionati a statalizzare la produzione o le proprie risorse naturali strategiche. Per il resto era sufficiente divulgare un'ideologia fasulla basata sui diritti umani, la democrazia rappresentativa, ecc.

Dopo il 1991 per gli USA era pacifico che il globalismo neoliberista non avrebbe incontrato alcun vero ostacolo per dei secoli. La NATO poteva espandersi tranquillamente senza aver bisogno di sparare un colpo: era sufficiente minacciare di farlo. E quando gli Stati non credevano che alle minacce sarebbero seguiti i fatti, si provvedeva a scatenare l'inferno coi bombardamenti massicci di intere città usando l'aviazione (vedi le guerre in Jugoslavia, Iraq, Libia, ecc.).

Agli USA non interessava dominare le nazioni secondo i canoni del vecchio colonialismo europeo, ma semplicemente far capire che avrebbero potuto farlo in qualunque momento se le questioni economiche non si fossero svolte secondo i loro desiderata. La loro ambizione era di trasformarsi in un impero finanziario dove l'obiettivo era quello di campare di rendita. Di qui l'importanza enorme attribuita al credito internazionale e alle borse di titoli e valori. Le guerre servivano più che altro ad assicurare profitti all'apparato militare-industriale. Essendo protetti dagli oceani, gli USA si sentivano in una botte di ferro. Inoltre erano in grado di dominare i cieli con l'uso dei satelliti.

D'altra parte la Russia appariva debolissima, incapace di sostituirsi all'URSS, e la Cina comunista post maoista, chiedeva soltanto di potersi inserire nel capitalismo occidentale. Finché la Cina non diventò una grande potenza economica produttiva, in grado di commerciare in tutto il mondo, solo l'Unione Europea era in grado di competere con gli USA, ma questi potevano dominarla completamente sul piano sia militare che politico.

I veri problemi a questa impostazione strategica del proprio benessere imperiale cominciarono a presentarsi internamente, in seguito ad alcuni fattori, tipici degli ultimi 25 anni:
- crolli improvvisi e reiterati delle borse;
- penetrazione massiccia delle merci straniere;
- grande diffusione della povertà sociale;
- imponenti flussi migratori dal Sudamerica;
- crescita incontrollata del debito pubblico.

Come rimediare a questi disastri? Nell'unico modo che gli USA conoscono: accentuando la dittatura interna, scatenando guerre regionali e imponendo sanzioni in politica estera.

Quando han cominciato a capire che queste soluzioni incontravano ostacoli inaspettati? Con la guerra in Ucraina. Gli USA si aspettavano un crollo repentino della Russia. Ne erano così convinti che trovarono ampi consensi da parte dell'intero occidente.

I fatti però han dimostrato che la Russia non solo non è crollata, ma ha promosso una reazione diplomatica, con effetti sul piano economico ed finanziario, che porteranno gli USA alla bancarotta e con loro anche la UE è tutta l'Anglosfera.

Incongruenze europee

Gli europei non solo non si preoccupano degli altri (a meno che non siano in gioco i loro propri interessi, e a volte neppure per questo), ma in questi ultimi anni sono addirittura diventati autolesionisti, che è una vera e propria malattia mentale. Infatti se avessero un minimo di senno (che qualcuno è costretto ad andare a cercare sulla Luna), si stupirebbero almeno un minimo per le seguenti incongruenze:

- facciamo una tragedia per i flussi migratori provenienti dall'Africa e abbiamo taciuto sul sabotaggio del Nordstream, che ha devastato l'intera nostra economia produttiva;

- paghiamo un fiume di soldi per indurre i Paesi africani a impedire i loro flussi migratori, e abbiamo aperto le braccia, senza discutere, senza porre alcuna condizione, senza sottolineare alcun problema, a milioni di ucraini fuggiti dal loro Paese;

- col pretesto della lotta al terrorismo giustifichiamo la nostra presenza militare in Africa e, nello stesso tempo, noi e gli USA ci comportiamo come terroristi nei confronti dei civili del Donbass e delle popolazioni russe in generale;

- a causa delle recenti sollevazioni popolari in alcuni Stati africani temiamo conseguenze catastrofiche per il nostro benessere e non ci accorgiamo che gli USA ci stanno deindustrializzando;

- alcuni Stati africani si stanno liberando del neocolonialismo europeo, mentre noi europei non riusciamo a liberarci di quello statunitense;

- cerchiamo d'impedire che in Africa scoppino delle guerre che danneggino i nostri interessi, e ne finanziamo una, molto copiosamente, in Ucraina, che sta letteralmente mettendo in ginocchio il nostro Stato sociale;

- ci dichiariamo giusti, pacifici e democratici, ma rifiutiamo qualunque trattativa coi russi che non preveda il ritiro incondizionato dal Donbass e dalla Crimea;

- ci vantiamo d'essere in linea col diritto internazionale, e sponsorizziamo con soldi e armi un regime, come quello ucraino, apertamente nazionalista e neonazista;

- siamo a favore della democrazia rappresentativa parlamentare, e non facciamo niente per assicurare le elezioni politiche e presidenziali in Ucraina;

- diciamo di lottare contro la corruzione e facciamo finta di niente nei confronti di quella conclamata del regime di Kiev;

- diamo un'infinità di armi a Kiev che servono solo ad aumentare i morti tra le file dell'esercito ucraino;

- non solo, ma nessuno pensa che, dando tutte queste armi a Kiev (che alla resa dei conti non servono a cambiare di un millimetro l'esito della guerra) ci stiamo disarmando di fronte alla "terribile" Mosca;

- facciamo continua professione di atlantismo, quando proprio gli USA vogliono la distruzione dell'Europa, ritenuta troppo competitiva per loro;

- eravamo in ottimi e vantaggiosi rapporti commerciali con la Russia, e ora ci pare naturale che gli USA ce lo impediscano;

- vorremmo fare affari con la Cina, ma accettiamo che gli USA non solo ce lo vietino, ma anche che ci chiedano di tenerci pronti a combatterla con le armi per la questione di Taiwan;

- gli USA vogliono che spendiamo almeno il 2% del PIL per la difesa, ma non ci accorgiamo che se ci impoveriamo per mancanza di industrie ed energia non potremo farlo, a meno di non scatenare delle sommosse popolari;

- permettiamo alla NATO di usare le proprie basi europee per organizzare, in segretezza, degli attentati terroristici contro la Russia, e non ci preoccupiamo che queste basi diventino un obiettivo militare per un colpo improvviso di ritorsione;

- pensavamo che la NATO fosse l'alleanza militare più forte del mondo, ma non vogliamo ammettere che ha sottovalutato completamente la capacità di resistenza bellica dei russi;

- pensavamo d'isolare e quindi indebolire la Russia con le sanzioni economiche e finanziarie e le condanne penali e morali, quando invece questo atteggiamento si è ritorto contro l'intero occidente;

- siamo fieri di aver imposto alla Russia decine di gravissime sanzioni (senza precedenti storici), e poi, attraverso Paesi terzi, cerchiamo di raggirarle, proprio perché non possiamo fare a meno delle sue risorse;

- critichiamo l'idea dei BRICS di usare le monete nazionali negli scambi commerciali, e facciamo finta di non sapere che se crolla il dollaro, crollerà anche l'euro, e se crolla la borsa di Wall Street o se il governo americano, a causa dei propri enormi debiti, dichiara il *default*, le conseguenze si faranno sentire immediatamente in Europa;

- per combattere l'inflazione alziamo periodicamente i tassi d'interesse del denaro, fingendo di non sapere ch'essa è prevalentemente determinata dalla rottura dei rapporti commerciali con la Russia;

- diciamo di professare la libertà di stampa, e ci pare del tutto naturale diffondere soltanto i comunicati stampa di Kiev, giudicando tendenziosi o addirittura falsi quelli di Mosca;

- ci preoccupiamo della sorte dei bambini ucraini finiti nella Federazione Russa, e chiudiamo un occhio sulle tragedie indicibili cui spesso vanno incontro sia in Ucraina che come profughi (dalla pedofilia all'espianto di organi);

- gongolavamo quando abbiamo requisito i grandi beni immobili degli oligarchi russi in Europa, e ora non sappiamo come fare per assicurarne la periodica e costosissima manutenzione.

[30] I nuovi barbari

Al tempo dell'impero romano i cosiddetti "barbari" venivano dall'Asia. Oggi vengono dall'Africa.

Quella volta, in un primo momento, si cercò d'integrarli ai confini dell'impero, chiedendo loro di difenderli contro altri "barbari".

Oggi facciamo una cosa simile: insegniamo loro a diventare come noi.

Quella volta erano "barbari" disposti a collaborare, pur avendo sofferto le angherie del sistema schiavistico, nostro e di alcune civiltà asiatiche.

Anche oggi i profughi africani mostrano la stessa disponibilità: non lottano contro il nostro colonialismo (vecchio e nuovo), per liberare le loro nazioni, ma lottano per un'emancipazione esclusivamente individuale o parentale. Non entrano da noi come gruppi etnici o tribali, con la loro identità culturale, linguistica ecc., ma come disperati disposti a fare qualunque lavoro pur di sopravvivere.

I "barbari" che vengono da noi non hanno "coscienza politica" (semmai la maturano da noi rivendicando, quando sanno parlare la nostra lingua, i legittimi diritti sindacali). Questo perché sono più che altro profughi economici e ambientali. E noi facciamo fatica ad accoglierli, perché sono troppi o perché arrivano con una frequenza insostenibile (e poi perché non sono "ucraini"!).

Andando avanti così, non sappiamo neanche noi cosa ci aspetta. Ci stiamo forse africanizzando? È forse giusto temere la cosiddetta "sostituzione etnica"? Ha forse senso sostenere che non possiamo accettarli in massa perché sarebbero una sicura minaccia per la nostra identità culturale e religiosa?

Fino adesso abbiamo spogliato l'Africa di gran parte delle sue risorse naturali, e utilizzata come sbocco per le nostre merci, e sfruttato la sua manodopera a basso costo, e devastato il suo territorio come una discarica per i nostri rifiuti industriali. Mezzo millennio di saccheggio, di fronte a cui il continente ha mostrato una grande pazienza.

Ora i "barbari" si stanno svegliando. In alcuni Stati si comincia a dire che non è la loro popolazione che vuol venire liberamente da noi, ma siamo noi che dobbiamo obbligatoriamente andarcene da loro. E si stanno armando, perché sanno che noi non intendiamo ragioni. Noi non vogliamo rinunciare al nostro benessere pagato da loro.

Si stanno preparando alla guerra contro di noi. Vogliono farci capire che non vogliono diventare come noi, perché la loro civiltà, legata soprattutto alla terra, è superiore alla nostra, che vive sulla base di profitti e interessi e rendite finanziarie. Ci stanno dicendo che il valore di una civiltà non si basa su scienza e tecnica antiecologiche, su democrazia formale e diritti fittizi, sul mero quantitativo prodotto interno lordo.

Al tempo dei Romani, quando iniziò il cosiddetto "Medioevo", la civiltà dei "barbari" dimostrò d'essere superiore, poiché non conosceva lo schiavismo come sistema di vita.

Oggi i nuovi "barbari" conoscono il capitalismo soprattutto nella forma del colonialismo (vecchio e nuovo), ma hanno intenzione di farci capire, con le buone o con le cattive, che non hanno intenzione di adottare né l'uno né l'altro. Li vogliono rigettare entrambi, perché ne hanno orrore.

E in questo momento ci osservano, ci stanno dicendo che se non accettiamo di buon grado l'ingresso dei loro profughi, che avviene a titolo individuale, presto si scatenerà contro di noi il diluvio di intere nazioni africane, che ci verranno a insegnare le "buone maniere", quelle che occorrono per vivere un'esistenza naturale, a misura d'uomo e soprattutto di donna.

Più la guerra va avanti e più diventano forti

Secondo i media specializzati turchi la Russia aumenta di giorno in giorno il numero degli attacchi aerei con bombe plananti ad alto potenziale esplosivo e a caduta libera, dotate di kit UMPK, un modulo universale di pianificazione e correzione. Le bombe FAB-1500 da 1.500 kg sono il calibro più adatto a distruggere edifici e rifugi ex sovietici rinforzati. Trasformarle in bombe plananti in maniera tale che l'aereo eviti la contraerea nemica non è stata la cosa più facile di questo mondo.

L'aviazione è in grado di colpire qualunque cosa: centri di controllo, punti di raccolta, depositi di rifornimenti nelle retrovie ucraine. I russi non stanno vincendo solo perché – come dice la Nuland – hanno messo in piedi una linea difensiva che non si vedeva da un secolo, ma anche perché sono in grado di evitare la contraerea nemica e non hanno rivali nei cieli.

I veicoli corazzati nascosti nei pressi degli edifici vengono distrutti con proiettili UAV (droni) kamikaze, più economici, che possono volare intorno a un ostacolo e colpire un obiettivo inaccessibile alle armi "classiche".

Questi continui e sfibranti attacchi (almeno 300 al giorno), che mantengono l'esercito ucraino sotto costante pressione, limitando le capacità di reazione e rendendo difficile la formazione di riserve e squadre d'assalto, avvengono a circa 100 km dalla linea del fronte, e la Russia prevede di aumentare questa portata a 200-250 km. La difesa aerea ucraina consuma le proprie munizioni troppo rapidamente per essere davvero efficace.

In poche parole Mosca sta svolgendo delle operazioni belliche che non si erano mai viste dalla seconda guerra mondiale, e le sta imparando in corso d'opera con incredibile velocità. Sta controllando una linea del fronte lunga come la frontiera che separa il Portogallo dalla Spagna.

Insomma si ha l'impressione che più il conflitto va avanti e più si rafforza il potenziale bellico e la tattica di combattimento dei militari russi. La loro controffensiva (che sarà vera, non propagandistica come quella ucraina) inizierà quando le infrastrutture logistiche, le truppe e i rifornimenti, combinati con le infinite perdite al fronte, renderanno l'esercito ucraino quanto più debole possibile lungo tutta la linea del fronte. È una vera e propria guerra di logoramento, come quando nel pugilato si colpiscono ripetutamente i fianchi per togliere il respiro all'avversario.

Tutte queste cose non sono le agenzie russe a dirle ma quelle turche.

Stoltenberg va rimosso

Jens Stoltenberg ha detto a Kiev: "Il futuro dell'Ucraina è nella NATO. Mentre lavoriamo insieme per prepararvi a quel futuro, la NATO sarà al fianco dell'Ucraina per tutto il tempo necessario".

E poi ancora: "Resa non significa pace. Più forte è l'Ucraina, prima finisce l'aggressione. L'Ucraina non ha opzioni che non quella di combattere. Ha bisogno di una pace giusta e sostenibile".

Ecco, uno che dice così, andrebbe processato, poiché sta istigando al suicidio di massa. Sembra come Jim Jones, quel capo fanatico di una setta religiosa fondamentalista, che chiese ai propri adepti di avvelenarsi piuttosto che ammettere la verità dei fatti.

Anzitutto se l'Ucraina entrerà nella NATO, sarà una decisione che prenderà il parlamento ucraino o la popolazione ucraina attraverso un referendum. Non può essere la NATO a deciderlo e men che meno il suo segretario generale, che è tale perché rappresenta gli interessi dell'intera Alleanza, non quelli della parte più russofoba e guerrafondaia. Neppure può essere la Commissione Europea a porre all'Ucraina, come condizione per l'ingresso nella UE, di accettare di entrare anche nella NATO.

In secondo luogo è l'Ucraina che deve decidere quando porre fine alla guerra, non è la NATO. Stoltenberg non può sostenere né che questa è una guerra che la NATO conduce per procura, né che la NATO vuole condurla direttamente, poiché è l'assemblea dell'Alleanza che può deciderlo e solo all'unanimità. Il fatto che abbia dichiarato che la NATO è in Ucraina sin dal 2014, non significa affatto che ciò sia stato deciso dall'intera NATO. Non è autorizzato a far coincidere la volontà degli USA con quella della NATO.

In terzo luogo Stoltenberg non capisce che per ottenere una pace giusta non c'è solo lo strumento della guerra ma anche quello della trattativa. Uno che dirige in questa maniera un'alleanza militare il cui obiettivo è garantire la pace e non la guerra, dovrebbe essere espulso dalla NATO. Sta ricoprendo il suo ruolo in maniera indegna, minacciando il destino non solo dell'Ucraina ma anche dell'intera Europa.

In quarto luogo il massimo rappresentante di un'alleanza militare che non capisce il fallimento della controffensiva ucraina, dimostra di non capire nulla di questioni militari (lui stesso ha detto che, essendo un economista, non era in grado di capire sino in fondo un film come Oppenheimer). Il fatto è che con questa sua ignoranza sulle questioni militari sta esponendo la stessa NATO a un grave pericolo nel caso in cui esistesse uno scontro diretto con la Russia.

Sin dall'inizio dell'operazione speciale promossa da Putin, Stoltenberg ha dimostrato la sua profonda inadeguatezza al ruolo che ricopre, soprattutto quando ha ammesso che l'obiettivo della NATO, che per lui coincide con quello degli USA, è sempre stato di espandersi il più possibile a est dell'Europa e di destabilizzare la politica interna della Russia. Cioè non ha consapevolezza del fatto che per garantire la sicurezza degli Stati esistono delle linee rosse invalicabili.

In quinto luogo è giunta l'ora che i Paesi europei presenti nella NATO chiedano di rimuovere Stoltenberg dal suo incarico, poiché sta facendo unicamente gli interessi degli Stati Uniti e li sovrappone a quelli della UE. La sua posizione, infatti, è sempre in linea con quella di Biden, trascurando il fatto che la NATO è un'alleanza europea. La NATO non è un'alleanza esclusivamente militare ma anche politica. Le decisioni militari devono essere prese dagli statisti, nessuno dei quali ha il dovere nei confronti di Stoltenberg dell'obbedienza gerarchica per motivi di disciplina militare.

In sesto e ultimo luogo, quando dice che "resa non significa pace", sta ovviamente pensando a un'eventuale sconfitta dell'Ucraina, ma la deve smettere di pensare che, nonostante questa sconfitta, la NATO sarà sempre presente in Ucraina e che quindi va esclusa a priori qualunque pace con la Russia. Uno che ragiona in termini così acredini ha bisogno di cure psichiatriche. Qui il cinismo di chi disprezza la vita altrui ("saremo al fianco dell'Ucraina per tutto il tempo necessario") si unisce ai sogni folli di un megalomane.

Marzo

[1] Un modo diverso di vivere e di combattere

Quando Zelensky si dimetterà o quando il suo governo si arrenderà, non dovremo fare lo stesso errore che facemmo per spiegare la sconfitta del Reich tedesco. Cioè i nazisti di ieri e di oggi non perderanno la guerra solo perché i russi sono militarmente più forti, nel senso che hanno più risorse naturali, più industrie belliche, più mezzi o mezzi più potenti, più uomini o uomini meglio addestrati, una migliore tattica e strategia militare ecc. O perché tradizionalmente sono più disposti al sacrificio, essendo meno corrotti dal benessere del capitalismo. Tutte queste cose potranno anche essere vere, ma non sono quelle decisive.

I russi sono destinati a vincere perché è un popolo intero che combatte per un ideale, per la propria esistenza in vita, per la propria specificità. Perché quando combattono, cercano, per quanto possibile, di comportarsi in maniera umana. Perché non sfruttano la guerra per arricchirsi. Perché i comandi militari rispettano i civili, quelli della propria nazione e quelli della nazione nemica. Questo perché non esprimono mai un odio inusitato per un'intera popolazione, non provano rancore fino al punto da troncare ogni rapporto: quando hanno a che fare con dei nemici, sanno sempre distinguere i comandi politico-militari dalla gente comune. Gli ucraini vengono considerati dei parenti stretti, slavi come loro, e Putin ha già detto che non ha alcuna intenzione di riservare alla lingua ucraina lo stesso ostracismo che i neonazisti di Kiev hanno sempre riservato alla lingua russa, non permetterà di bruciare la loro letteratura. I nazisti ucraini hanno persino abbattuto i monumenti degli eroi o intellettuali russi che han dato lustro a questa nazione o che sono morti per la sua libertà. L'Ucraina esiste perché l'ha voluta Lenin, l'ha allargata Stalin e l'ha premiata Krusciov, regalandole la Crimea. Anche Brežnev era ucraino.

Non usano mai i civili come scudi umani, non torturano i prigionieri, non compiono atti di terrorismo, non radono al suolo intere città, non affamano la popolazione, non la terrorizzano espropriandola di ogni bene, non usano i mass-media per inventare cose inesistenti, non chiudono mai la porta al dialogo mentre combattono, non compiono mai azioni sproporzionate rispetto alle offese ricevute o agli obiettivi che si sono prefissati, non usano mai i militari come carne da cannone, non usano mai armi che possano danneggiare l'ambiente in maniera irreparabile.

Soprattutto si rifiutano di usare per primi le armi nucleari. Detestano l'idea di attacco preventivo.

Sanno anche essere generosi nei confronti di quei Paesi del Sud globale che non riescono a pagare i loro debiti. E glielo riconoscono, perché vedono che non ne approfittano per impadronirsi delle loro risorse.

Strumenti commerciali o finanziari minacciosi o spregiudicati come sanzioni, embarghi, dumping, derivati... non fanno parte, in genere, del loro lessico economico.

Hanno un modo di combattere e di gestire la propria vita che l'occidente non conosce. Meritano di vincere perché danno speranza al futuro dell'umanità.

Il gioco si fa duro

La Russia non smette mai di stupire, così come noi occidentali non smettiamo mai di sottovalutarla. Loro sanno tutto di noi, e noi di loro quasi niente.

Già il 1° marzo 2018 Putin aveva parlato di un'arma laser avanzata per la difesa aerea e la guerra anti-satellite, il Peresvet. Ebbene presto lo vedremo in funzione in Ucraina. Quando il gioco si fa duro, i duri smettono di giocare e passano alle maniere forti.

A dir il vero i russi stanno già usando, dal maggio 2022, un'arma laser per abbattere alcuni tipi di aerei, i droni ucraini e i quadricotteri. La Zadira può colpire un veicolo aereo senza equipaggio (UAV) a una distanza massima di 5 km.

Posizionata su un'auto blindata, la stazione ottico-elettronica rileva il drone, lo insegue e, quando è il momento, accende il laser che brucia letteralmente il corpo del drone in pochissimi secondi. Infatti il raggio viaggia alla velocità della luce e non può essere intercettato. Non solo, ma è completamente silenzioso e invisibile, molto diverso da quelli che si vedono nei film di fantascienza. A volte è sufficiente accecare la videocamera del drone per mandarlo in tilt. Tutto ciò ha un costo estremamente basso rispetto ai missili antiaerei (SAM).

Tuttavia il Peresvet, dal nome del guerriero ortodosso medievale Alexander Peresvet, è basato su nuovi principi fisici: è in grado di disabilitare dei veicoli spaziali posti fino a 1.500 km di altezza, cioè satelliti, aerei da ricognizione, elicotteri, droni e missili da crociera. In particolare non consente ai satelliti da ricognizione di determinare le coordinate esatte dei sistemi missilistici balistici intercontinentali in servizio di combattimento. Il sistema Starlink di Elon Musk subirebbe un bel danno.

Sulle sue caratteristiche tecniche si sa pochissimo, se non che presto anche gli aerei strategici e tattici dell'esercito russo saranno dotati di sistemi laser per proteggerli dai missili terra-aria e aria-aria.

Nessun Paese al mondo ha delle armi laser così potenti, almeno non in questo momento o almeno non secondo fonti ufficiali. USA, Regno Unito, Turchia e Israele le stanno ancora testando. La Russia è già in grado di produrle in serie.

Sto con Dolinsky

Scrive Eduard Dolinsky contro il vice-rettore dell'Università cattolica ucraina Dmitry Sherengovsky e l'editore di "Verità europea" Yuri Panchenko (cfr post di Clara Statello in Facebook):

- Costoro sostengono che "Non c'erano prove fornite al Tribunale di Norimberga che avrebbero testimoniato sulla colpevolezza della divisione Galizia e dei suoi combattenti nei crimini contro l'umanità. Di fatto la Divisione Galizia non è stata dichiarata criminale."

È falso: "Il Tribunale Internazionale di Norimberga ha giudicato solo ed esclusivamente i nazisti tedeschi. La questione della divisione delle SS ucraine a Norimberga non è stata affatto presa in considerazione. Non poteva esserci alcuna discussione sulla divisione della SS Galizia a Norimberga. I collaboratori dei nazisti sono stati giudicati dopo la guerra nei loro rispettivi Paesi. E in questi Paesi, siccome tutte le SS, comprese le sue unità militari, comprese le Waffen SS, sono state giudicate criminali nei tribunali, di conseguenza anche la Divisione Galizia è stata dichiarata criminale. Infatti la divisione Waffen-SS Galizia era un'unità militare delle SS, obbediva al comando superiore delle SS, svolgeva i compiti delle SS, giurava a Hitler e combatteva per gli interessi della Germania nazista."

Costoro sostengono che "La Commissione Deschênes (in Canada nel 1986) ha concluso che le accuse erano prive di fondamento, nei confronti sia degli ex combattenti che della divisione stessa."

Ma anche questo è falso, poiché "la Commissione ha confermato le conclusioni del Tribunale di Norimberga sui crimini delle SS, solo che aveva rilevato di non disporre di prove sufficienti per perseguire la divisione o i suoi membri. Questo perché la Commissione non prese in considerazione documenti provenienti dall'URSS, dalla Polonia, dalla Jugoslavia, dalla Cecoslovacchia. In pratica non indagò su nulla di concreto".

Svolta in Slovacchia

Alle recenti elezioni politiche slovacche l'affluenza alle urne ha avuto una percentuale così alta (67,4%) che non si vedeva dal 2002.

L'ambasciatore americano si era pubblicamente vantato d'aver distribuito 5 milioni di dollari per tappare la bocca ai partiti di opposizione.

Bratislava è tappezzata di manifesti che promettono agli elettori un ritorno alla normalità e la fine del caos dopo cinque anni di governi di breve durata.

Vincitore è il partito Smer-Ds di Fico (23%) contro i populisti filo-NATO (18%). Probabile coalizione con Voce Socialdemocrazia (HLAS-SD) di Peter Pellegrini (15%) e un altro partito ancora. In Parlamento entrano 7 partiti, compreso il Partito nazionale slovacco (SNS), di destra. Ma Pellegrini sarà l'ago della bilancia.

Orbán ha esultato per la vittoria di Robert Fico, già due volte premier del Paese. Si dovette dimettere nel 2018 a causa di una sorta di mini Maidan orchestrata dagli USA, quando si svolsero manifestazioni di protesta per l'assassinio del giornalista slovacco Ján Kuciak (e della sua compagna), ucciso mentre stava compiendo una serie di indagini riguardanti casi di corruzione e truffe intorno ai fondi strutturali dell'Unione Europea. Stesso metodo adottato in Russia con l'assassinio di Anna Politkovskaja cercando di attribuirlo a Putin.

Il Paese ha meno di 6 milioni di abitanti. Non conta niente nella NATO, ma se il suo esempio viene imitato da un altro Stato più grande o più importante, non è da escludere che Fico venga eliminato, giusto per far capire che la NATO è immortale.

Intanto con delle bombe ad Ankara, attribuite al PKK, si è fatto capire a Erdoğan che deve smettere d'impedire alla Svezia di entrare nella NATO.

[2] Quale numero siamo disposti ad accettare?

La prima guerra mondiale ancora oggi in Europa viene definita "Grande Guerra", fingendo di non sapere che la seconda fu, per il numero complessivo dei morti, assai peggiore, ma siccome in questa la gran parte dei morti era russa e cinese, per noi europei non fu così atroce come la prima.

Facciamo la storia a nostra immagine e somiglianza. Agli storici piace dire che la "Grande Guerra" fu il più terribile conflitto mai combattuto nella storia d'Europa, in quanto vide contrapposti tra loro i popoli di un intero continente. Lo diciamo come se la Russia non appartenesse anche al continente europeo, ma solo a quello asiatico. Per noi è un corpo estraneo.

E poi ci piace dire che facemmo quella guerra in maniera insensata, senza comprenderne le vere ragioni. Cioè per noi fu un bene che crollasse l'impero ottomano, che così potevamo smembrare come ci pareva (cosa che in realtà fecero solo Francia e Regno Unito).

Ma col senno del poi, cioè vedendo che in Russia si era imposta una rivoluzione comunista, non ci piacque molto che fosse finito anche l'impero russo o comunque il governo borghese di Kerenskij che all'ultimo minuto l'aveva rimpiazzato.

Le grandi potenze imperialiste (Francia e Regno Unito) gioirono al vedere la fine degli imperi asburgico e prussiano, perché così potevano smembrarli o sfruttarli in varie maniere. Ma poi si pentirono di non averli considerati come potenti bastioni contro il comunismo sovietico.

Questi atteggiamenti ambivalenti degli statisti europei portarono in definitiva solo a un risultato: la prima e ancor più la seconda guerra mondiale spostarono il baricentro economico, politico e militare del mondo verso gli Stati Uniti. L'Europa era destinata a diventare una colonia americana, col compito di contenere l'espansione delle idee comuniste in occidente.

Oggi, di fronte all'eventualità di una nuova guerra mondiale, l'occidente rischia di ripetere gli stessi errori del passato: solo che questa volta saranno gli Stati Uniti a fare una brutta fine. Saranno loro a dover passare il testimone al continente asiatico, ove i principali protagonisti saranno la Russia siberiana, la Cina e l'India, e forse anche il mondo islamico modernizzato, se riuscirà a trovare un collante comune, meno integralista possibile.

Il problema maggiore però è che se la seconda guerra mondiale è costata al mondo intero oltre 50 milioni di morti, causati, salvo il Giappone, da armi esclusivamente convenzionali, cosa succederà se useremo le armi nucleari? 500 milioni di morti verrà considerata una cifra accettabile?

E noi italiani, per liberarci delle basi NATO quanti morti siamo disposti ad accettare? Le due piccole repubbliche del Donbass arrivarono a 14.000, poi chiesero alla Russia d'intervenire. Ma insieme non erano più estese del nostro Lazio. Ora, facendo una debita proporzione col nostro Paese...

Abbiamo delle risposte ai nostri perché?

Perché l'URSS è crollata nel 1991 e gli USA stan crollando solo adesso? Se anche il motivo fosse semplice, noi occidentali faremmo molta fatica a capirlo.

Nell'URSS l'economia era al servizio della politica statale e questa al servizio dell'ideologia stalinista (che interpretava a suo modo quella marx-leninista). Tutto era statalizzato, tutto pioveva dall'alto (chi non ricorda i famosi "piani quinquennali"?) e lo Stato coincideva con un partito egemone.

Negli USA è sempre stato il contrario: politica e ideologia si pongono al servizio dell'economia, e questa, a partire soprattutto dalla nascita del petrodollaro, è alle dipendenze della finanza. Gli USA amano campare di rendita. Non sono più un Paese produttivo come nel dopoguerra. Il settore di punta è il terziario, e a livello industriale esportano prevalentemente aeromobili, petrolio raffinato, armi e prodotti infotelematici.

L'URSS statalizzata e ideologizzata non aveva un impero coloniale da sfruttare, se non la propria area asiatica. Gli Stati del blocco sovietico non erano colonie economiche, ma, al massimo, dei satelliti politici che dovevano attenersi a una certa ideologia ufficiale. Per il resto venivano ampiamente aiutati dall'URSS.

Gli USA invece hanno utilizzato la loro potenza militare per crearsi un impero coloniale economico (anche se in forma diversa da quelli classici europei). E potevano avvalersi di una moneta come valuta obbligatoria per gli scambi energetici.

Per molto tempo gli USA hanno avuto un PIL enorme. Ma oggi di enorme hanno anche il debito pubblico e il disavanzo nella bilancia commerciale. E soprattutto hanno avuto negli ultimi 25 anni una società devastata da continui crack borsistici, da titoli bancari tossici, da investimenti finanziari fallimentari.

L'URSS è crollata per una netta discrepanza tra gli obiettivi teorici e i risultati pratici. Gorbaciov, voluto da Suslov, cercò di risolvere il problema, ma la *perestrojka* e la *glasnost* ebbero vita breve, e chi venne dopo di lui, Eltsin, abbracciò totalmente il neoliberismo più selvaggio, svendendo il suo Paese agli americani e creando la classe degli oligarchi. L'ideologia, il PCUS e lo Stato sono crollati per le loro contraddizioni interne, e nessuno ha saputo porre un'alternativa restando nell'ambito del socialismo.

Tuttavia l'URSS è "implosa", cioè non ha fatto pagare ad altri Stati le conseguenze del proprio crollo. Gli USA invece (ma potremmo parlare di "occidente collettivo") vogliono far pagare al mondo intero le conseguenze del loro imminente crollo.

Questo perché noi occidentali siamo abituati a vivere sfruttando le risorse altrui e non possiamo rinunciarvi in nessuna maniera. Il capitalismo privato l'abbiamo inventato noi. Gli altri Stati l'hanno ereditato e adattato alle loro tradizioni, alle loro caratteristiche, dando vita spesso a una forma di capitalismo controllato dallo Stato.

Al massimo possiamo rinunciare a una parte del nostro benessere, ma qualcuno deve pagarne il prezzo, e non saranno certo i più benestanti. E il prezzo sappiamo bene qual è: la riduzione sostanziale delle libertà, dei diritti e della democrazia, fino all'accettazione di una vera e propria dittatura.

L'ebreo Blinken mente su Babij Jar

Anthony Blinken, Segretario di Stato americano, si è permesso di mentire su una delle tragedie più terribili della seconda guerra mondiale: la fucilazione di civili nella Kiev sovietica il 29-30 settembre 1941 a Babij Jar.

In quel periodo i nazisti, dopo aver occupato il territorio della città, iniziarono a "fare piazza pulita". In pochi giorni furono uccisi decine di migliaia di ebrei, zingari e prigionieri di guerra sovietici. Solo il 29 e il 30, i nazisti tedeschi uccisero brutalmente 34.000 persone. Le fucilazioni continuarono fino alla liberazione di Kiev da parte dell'Armata Rossa nel novembre 1943

Ebbene dov'è che Blinken ha mentito? Là dove dice che "I sovietici hanno seppellito (cioè messo a tacere) questa storia".

Dev'essere impazzito. Infatti già nel marzo 1945 il Consiglio dei Commissari del Popolo della Repubblica Ucraina e il Partito comunista ucraino adottarono la Risoluzione n. 378 "Sulla costruzione di un monumento nel sito di Babij Jar". Il monumento venne inaugurato il 2 luglio 1976 sul territorio successivamente denominato Riserva nazionale storica e commemorativa "Babij Jar" a Kiev.

Per il popolo sovietico Babij Jar era una ferita sanguinante tanto quanto Khatyn, Treblinka o Auschwitz, liberati dal soldato sovietico. Lo scrittore Anatoly Kuznetsov (romanzo *Babij Jar*, 1966), il regista Mark Donskoy (film *L'Inconquistato*, 1945), il compositore Dmitri Shostakovich (sinfonia *Requiem per Babij Jar*, 1962) hanno dedicato le loro opere a questa tragedia. Furono proprio i sovietici a processare 15 poliziotti tedeschi coinvolti nei massacri di Babij Jar.

Anthony Blinken, dichiarato l'anno scorso da una pubblicazione israeliana come uno degli ebrei più influenti del mondo, ha ordinato il finanziamento di un regime nazista a Kiev che ha glorificato i collaborazionisti dei nazisti, Bandera e Shukhevych; ha ordinato di votare contro la risoluzione dell'Assemblea generale delle Nazioni Unite che condanna il neonazismo, il razzismo e la xenofobia; non ha trovato parole di condanna per l'ovazione tributata a un nazista nel Parlamento canadese.

Persone come queste dovrebbero essere processate in un tribunale penale internazionale, poiché istigano alla violenza di stato, fomentano discordie interstatali, fanno un vergognoso revisionismo storico favorevole al nazismo.

[3] Ci vuole una rivoluzione popolare

La famosa classe operaia di una volta, quella che la sinistra radicale giudicava più consapevole e quindi più combattiva nei confronti delle contraddizioni del capitale, oggi sembra non esistere più. E se continua a esistere, al massimo lotta per delle rivendicazioni salariali.

In un anno e mezzo di guerra russo-ucraina non si è sentita quasi per nulla, anche perché non è più guidata da partiti comunisti risoluti, con obiettivi antisistema. Ci si deve accontentare di manifestazioni di protesta piuttosto colorate, di gente comune, che non vuole i rigassificatori nel porto della propria città o teme che la base NATO limitrofa diventi un bersaglio atomico. E cose del genere.

Grandi manifestazioni di protesta le stiamo vedendo adesso, in varie città europee, dettate da motivazioni più economiche che politiche: inflazione generalizzata, eccessivo costo del denaro che porta al rialzo dei mutui bancari e rende sempre più difficili gli investimenti, affitti esorbitanti (soprattutto per gli studenti), salari e stipendi troppo bassi, riduzione dello Stato sociale e aumento della povertà, politiche governative di austerità, spese insostenibili per la difesa, innalzamento dell'età pensionabile (per es. in Francia) e contrazione dell'impiego pubblico, debito pubblico alle stelle, cui si cerca di rimediare stampando moneta *fiat*, cioè in sostanza peggiorandolo, e in alcuni Stati il *dumping* dei cereali ucraini, ecc.

È raro assistere a manifestazioni contro la politica estera di un governo o di quello scriteriato di Borrell. Qualcosa si sta cominciando a vedere adesso perché si avvicina il tempo delle elezioni: per es. in Polonia vogliono scalzare il governo nazionalista al potere da otto anni. Ma anche in Slovacchia, dove le proteste di piazza e le recenti elezioni han fatto cadere il governo.

Nella Repubblica Ceca si protesta contro il fatto che il governo di centrodestra, salito al potere nel 2021, dipende troppo dalle decisioni politiche prese a Washington e a Bruxelles. E la popolazione teme il ripetersi del passato, quando la nazione era occupata dalla Germania nazista e, nel 1968, dal Patto di Varsavia.

Non ci si crederà, ma oggi non è la sinistra che mostra di opporsi con grandi manifestazioni di massa alla sudditanza dei governi nei confronti degli USA e della UE (espressa dalla Commissione Europea e dalla NATO), ma è una reazione della classe media, populista e nazional-conservatrice, che nei propri obiettivi ci infila confusamente un po' di tutto: sovranità nazionale e indipendenza politica, anti-liberismo occidentale e sviluppo dei servizi sociali, no ai flussi migratori provenienti dall'estero, soluzione diplomatica alla guerra russo-ucraina, basta con l'espansione della NATO, no all'Ucraina nella NATO, ritorno a rapporti commerciali normali con la Russia.

Ormai sembra essere diventato chiaro a tutti che quante più armi e soldi si danno all'Ucraina, tanto più s'impoverisce la popolazione europea, e se questa si mette a protestare, scatta di conseguenza la necessità di aumentare il potere dittatoriale dei governi. Cause ed effetti si condizionano a vicenda. Si finisce in una spirale da cui non si può uscire se non con una rivoluzione popolare. Ma saprà la popolazione trovare dei leader adeguati al compito? E i leader sapranno formulare degli obiettivi più precisi?

Abbiamo delle risposte ai nostri perché?

Perché l'URSS è crollata nel 1991 e gli USA stan crollando solo adesso? Se anche il motivo fosse semplice, noi occidentali faremmo molta fatica a capirlo.

Nell'URSS l'economia era al servizio della politica statale e questa al servizio dell'ideologia stalinista (che interpretava a suo modo quella marx-leninista). Tutto era statalizzato, tutto pioveva dall'alto (chi non ricorda i famosi "piani quinquennali"?) e lo Stato coincideva con un partito egemone.

Negli USA è sempre stato il contrario: politica e ideologia si pongono al servizio dell'economia, e questa, a partire soprattutto dalla nascita del petrodollaro, è alle dipendenze della finanza. Gli USA amano campare di rendita. Non sono più un Paese produttivo come nel dopoguerra. Il settore di punta è il terziario, e a livello industriale esportano prevalentemente aeromobili, petrolio raffinato, armi e prodotti infotelematici.

L'URSS statalizzata e ideologizzata non aveva un impero coloniale da sfruttare, se non la propria area asiatica. Gli Stati del blocco sovietico non erano colonie economiche, ma, al massimo, dei satelliti politici che dovevano attenersi a una certa ideologia ufficiale. Per il resto venivano ampiamente aiutati dall'URSS.

Gli USA invece hanno utilizzato la loro potenza militare per crearsi un impero coloniale economico (anche se in forma diversa da quelli classici europei). E potevano avvalersi di una moneta come valuta obbligatoria per gli scambi energetici.

Per molto tempo gli USA hanno avuto un PIL enorme. Ma oggi di enorme hanno anche il debito pubblico e il disavanzo nella bilancia commerciale. E soprattutto hanno avuto negli ultimi 25 anni una società devastata da continui crack borsistici, da titoli bancari tossici, da investimenti finanziari fallimentari.

L'URSS è crollata per una netta discrepanza tra gli obiettivi teorici e i risultati pratici. Gorbaciov, voluto da Suslov, cercò di risolvere il problema, ma la *perestrojka* e la *glasnost* ebbero vita breve, e chi venne dopo di lui, Eltsin, abbracciò totalmente il neoliberismo più selvaggio, svendendo il suo Paese agli americani e creando la classe degli oligarchi. L'ideologia, il PCUS e lo Stato sono crollati per le loro contraddizioni interne, e nessuno ha saputo porre un'alternativa restando nell'ambito del socialismo.

Tuttavia l'URSS è "implosa", cioè non ha fatto pagare ad altri Stati le conseguenze del proprio crollo. Gli USA invece (ma potremmo parlare di "occidente collettivo") vogliono far pagare al mondo intero le conseguenze del loro imminente crollo.

Questo perché noi occidentali siamo abituati a vivere sfruttando le risorse altrui e non possiamo rinunciarvi in nessuna maniera. Il capitalismo privato l'abbiamo inventato noi. Gli altri Stati l'hanno ereditato e adattato alle loro tradizioni, alle loro caratteristiche, dando vita spesso a una forma di capitalismo controllato dallo Stato.

Al massimo possiamo rinunciare a una parte del nostro benessere, ma qualcuno deve pagarne il prezzo, e non saranno certo i più benestanti. E il prezzo sappiamo bene qual è: la riduzione sostanziale delle libertà, dei diritti e della democrazia, fino all'accettazione di una vera e propria dittatura.

La nuova primavera di Praga

Un nuovo partito politico nella Repubblica Ceca vuole formare un fronte unico nazional-conservatore contro Bruxelles.

Si chiama Pravo Respekt Odbornost (PRO), che i principali media occidentali descrivono come filo-russo e anti-occidentale.

Il leader del gruppo è Jindrich Rajchl, un avvocato ispirato alle linee politiche dei conservatori americani Donald Trump e Ron DeSantis. PRO e i suoi sostenitori vedono l'attuale governo come un traditore controllato principalmente da Washington e Bruxelles.

L'attuale governo è guidato da una coalizione tripartitica di centrodestra, il cui leader è il premier Petr Fiala, che ha vinto le elezioni nel 2021 con una forte piattaforma filo-occidentale e anti-corruzione, che ha fatto sparire di scena la sinistra di Andrej Babis.

Le nuove elezioni politiche saranno nel 2025. La sinistra si sta riprendendo velocemente e il partito PRO, stando ai sondaggi, sarebbe già al 5%, ma spera di entrare nel parlamento europeo nel 2024. Quanto al governo, ha un indice di gradimento non superiore al 20%. La gente non ne può più sia della guerra che della crescente inflazione, anche perché sta aumentando drasticamente la povertà.

L'idea di Rajchl è ovviamente quella di cacciare il governo filo-americano (soprattutto perché sta chiedendo all'Europa e all'occidente di prepararsi a un conflitto nucleare con la Russia), ma anche di lasciare l'Ucraina a se stessa, cioè senz'armi e senza finanziamenti, impedendole di entrare nella UE e nella NATO, in modo da indurla a trovare una trattativa con Mosca.

Ritiene che il governo di Zelensky sia terroristico sin da quando ha lanciato un missile in Polonia attribuendone la responsabilità ai russi e sperando di ottenere maggiore aiuto dall'occidente. Per lui Zelensky è un criminale che dovrebbe essere processato all'Aia.

Rajchl non vede la Russia come un nemico da distruggere ma come un partner commerciale. Anzi, non esclude la possibilità che il suo Paese chieda di entrare nei BRICS+. Sarebbe il primo in Europa.

[4] Non si sa come uscirne

È successo come ne *La giara*, la novella di Pirandello: è stato facile entrarci per risolvere il problema, ma è impossibile uscirne senza rompere il contenitore.

Una speranza però si profila all'orizzonte. Sta aumentando il disimpegno nei confronti dell'Ucraina e probabilmente crescerà ancor più quando il fallimento della controffensiva sarà stato totale e definitivo. E soprattutto quando saranno i russi a contrattaccare.

Putin continua a controllare i cieli e sta pure caricando una quantità impressionante di mezzi militari e di soldati: 10.000 uomini sono appena arrivati a Bakhmut; 10.000 paracadutisti d'élite sono stati inviati nell'area di Robotyne; circa 100.000 soldati sono pronti a sfondare a Kharkiv; 400.000 sono stati contrattualizzati e 130.000 sono stati chiamati alla leva.

E per di più i repubblicani americani han bloccato i 24 miliardi di aiuti a Zelensky promessi da Biden. L'Ucraina è attesa da una grande tragedia nazionale nel 2024.

Non stanno vincendo i russi perché più forti, ma stanno perdendo gli ucraini, perché il governo neonazista non ha più l'appoggio della popolazione. E la flebo militare e finanziaria dell'occidente collettivo non è più sufficiente a tenerlo in vita.

La stessa Unione Europea sta assumendo atteggiamenti diversificati. Vari Paesi (soprattutto la Polonia) sono in rotta di collisione con l'Ucraina a causa dei cereali venduti sotto costo. Ungheria e Slovacchia non hanno più intenzione di aiutare il Paese, perché vogliono la trattativa e riprendere i rapporti commerciali con la Russia, per loro vitali.

Austria, Irlanda, Cipro e Malta, non aderenti alla NATO, si stanno chiedendo come darsi una linea comune in materia di politiche di sicurezza e di difesa, offrendosi come soggetti mediatori (anche se l'Austria ha aderito alle sanzioni contro il Cremlino).

Tuttavia si ha l'impressione che per i russi i veri problemi vadano ben oltre l'esito del conflitto in Ucraina. Ormai non è più questione di cessate il fuoco, di soluzione coreana, di resa incondizionata...

La questione fondamentale sembra essere diventata quella della sicurezza dell'Europa, che non può prescindere da quella della Russia. E in questo campo strategico la UE sembra non avere nessuna voce in capitolo, nessuna idea specifica.

Però è evidente che la NATO non può mettere in crisi la sicurezza europea, continuando ad avere un atteggiamento così aggressivo nei confronti della Russia. E la UE non può continuare a subire le conseguenze della crisi strutturale degli USA, che fanno di tutto per non perdere l'egemonia mondiale.

Lo Stato americano è sull'orlo dell'insolvenza. Il primato del petrodollaro è finito. La UE è in recessione, mentre la Russia fa ottimi affari, in quanto ha sottratto al mercato milioni di barili di greggio d'intesa coi sauditi. Siccome la domanda resta alta, il prezzo del petrolio si è impennato: Gli analisti prevedono il barile a 100 dollari.

Chi può risolvere questa situazione di stallo, in cui il destino dell'Ucraina è segnato? L'ONU no di sicuro, perché fino adesso non ha svolto una politica equilibrata, e neppure l'OSCE. Questi organismi internazionali sono troppo vincolati alla volontà occidentale.

Bisogna che la UE prenda atto dell'esistenza incontrovertibile di una multipolarità tra grandi e diversi interessi geopolitici a livello mondiale. Non possiamo più accettare gli atti di terrorismo nei confronti della Russia: Nordstream, diga idroelettrica di Kakhovka, ponte della Crimea, omicidi politici...

È assurdo pensare che l'ingresso della Finlandia nella NATO non costituisca per i russi un grave problema. Finita la guerra in Ucraina si aprirà sicuramente un nuovo contenzioso.

Drammatico inoltre è l'appiattimento del *mainstream* occidentale sulla linea russofoba e guerrafondaia degli statisti. Invece di garantire la democrazia, ha sponsorizzato il neonazismo ucraino. Tutti i direttori dei maggiori quotidiani andrebbero sostituiti. I mass-media non possono stare dalla parte del governo per partito preso.

Il governo neofascista della Meloni se ne deve andare e il prossimo deve chiedere la totale denuclearizzazione dell'Italia e la fine della extraterritorialità delle basi NATO.

Anticorruzione da ridere

L'Ucraina è da anni considerata uno dei Paesi più corrotti al mondo. Secondo l'indice di percezione della corruzione di *Transparency International*, nel 2022 il Paese si classificava al 116° posto su 180.

Difficile che un Paese in queste condizioni possa entrare facilmente nella UE. Lo possono giusto auspicare due statisti non meno corrotti: la von der Leyen e Borrell (ma se la cava anche Charles Michel, presidente del Consiglio europeo).

C'è poi di mezzo la questione del grano ucraino, il cui sottocosto sta destabilizzando gli agricoltori di vari Paesi europei.

In particolare ciò che lascia abbastanza interdetti è che Zelensky, per combattere la corruzione, ne ha fatta un'altra delle sue, come un dilettante allo sbaraglio. A seguito di un'epurazione di funzionari corrotti (o presunti tali) presso il Ministero della Difesa, ha annunciato che avrebbe incaricato il Servizio di sicurezza ucraino (SBU) di indagare e perseguire casi di corruzione, togliendo il potere investigativo alle molteplici agenzie anti-corruzione del Paese.

Cioè invece di aumentare le agenzie anti-corruttive o di dar loro più poteri, le ha tolte di mezzo tutte (così come ha fatto coi partiti d'opposizione), attribuendo tutti i poteri investigativi all'SBU, che fa capo esclusivamente a lui.

Sembra una barzelletta. Per risolvere il problema della corruzione, Zelensky ha pensato che la soluzione migliore fosse quella di decidere da solo quali funzionari corrotti perseguire e quali proteggere.

Come dire: per dimostrare che sono integerrimo, d'ora in poi mi attribuisco questo termine.

Esempio di distorsione cognitiva

L'ex capo della CIA Mike Pompeo ha detto: "Il mondo è diventato un luogo meno sicuro da quando il presidente Biden è entrato in carica. Questo vale sia per l'America che per i cittadini di tutti i nostri alleati. Abbiamo perso 13 civili in Afghanistan, uno dei più grandi fallimenti nel proteggere i nostri cittadini nella storia recente. L'America è diventata più debole a causa degli eventi in Ucraina, perché ha perso il controllo della situazione, lasciando gli europei e ciascuno di noi in condizioni peggiori."

Fin qui sembra abbastanza condivisibile. Poi inaspettatamente conclude: "Gli Stati Uniti e l'Occidente nel suo insieme devono continuare a sostenere l'Ucraina e fornirle le armi di cui ha bisogno per difendere la libertà del suo popolo e la sovranità nazionale."

Anche da queste cose si capisce bene che il livello politico degli USA soffre di una forte distorsione cognitiva. Non è assolutamente capace di trovare una soluzione realistica per uscire dal conflitto in Ucraina e per affrontare la propria crisi sociale ed economica.

Miserabile Johnson

Durante un'intervista con un propagandista ucraino, Johnson ha affermato che la seconda guerra mondiale sarebbe finita a seguito dei negoziati tra il primo ministro britannico Churchill e il presidente americano Roosevelt. Di conseguenza, in questo conflitto armato globale, secondo lui, l'occidente, col sostegno dell'Ucraina, ha vinto.

Mi chiedo se si possa essere più analfabeti di così. Gli ucraini che combatterono a fianco dell'URSS nell'ultima guerra mondiale ebbero sicuramente un ruolo nel garantire la vittoria sui nazisti. Ma sia questa vittoria che l'occupazione di Berlino e la resa incondizionata furono opera dei generali sovietici.

Senza l'URSS cosa avrebbe fatto l'occidente contro la Germania? I sovietici causarono i danni maggiori ai nazisti, infliggendo il maggior numero di vittime alla Wehrmacht. Durante l'intero corso della guerra, sia nel teatro europeo che in quello del Pacifico, gli inglesi subirono solo 430.000 morti, meno di quelli che subirono i sovietici nella sola battaglia di Stalingrado.

Queste bugie spregevoli evocate dalla disperazione, fanno il paio con quelle di Blinken e Trudeau: evidentemente si rendono conto che l'Ucraina è sull'orlo di una definitiva sconfitta militare.

[5] Il Pentagono chiede la carità

Il Pentagono ha avvertito il Congresso che non dispone di fondi adeguati per sostituire le armi inviate in Ucraina.

Come noto l'accordo raggiunto all'ultimo minuto, tra i due partiti al Congresso, di procrastinare il crollo finanziario del governo federale al 17 novembre, non prevede aiuti finanziari all'Ucraina.

Incredibile che il Paese più ricco del mondo, con le più grandi riserve auree, col PIL nominale più alto, col furto di 300 miliardi di dollari alla Russia, con un petrodollaro che fino a ieri gli permetteva di vivere di rendita, con 735 multimiliardari su un totale planetario di 2.640 (7 sono tra i primi 10), abbia speso per l'Ucraina tutto quanto aveva in cassaforte.

Il Pentagono è arrivato addirittura a dire che per finanziare l'Ucraina ha dovuto ridurre i fondi per il proprio esercito. Non solo, ma se a Kiev non si danno le armi che considera "critiche e urgenti ora che la Russia si prepara a condurre un'offensiva invernale", la guerra è persa di sicuro.

Attualmente restano 1,6 miliardi di dollari del finanziamento di 25,9 miliardi di dollari precedentemente approvato dal Congresso per sostituire le risorse militari statunitensi inviate in Ucraina.

Ci stiamo rendendo conto che la Russia sta vincendo questa guerra contro l'occidente collettivo non solo sul piano militare, ma anche nonostante le mostruose sanzioni economiche e finanziarie che ha ricevuto?

Possibile che gli statisti europei non si pongano neanche una domanda su come intavolare delle trattative di pace?

Biden soffre di demenza senile e non sarà in grado di ricandidarsi, ma in fondo è un unico statista: noi in Europa quanti ne abbiamo? Quando afferma le sue parole sibilline: "Abbiamo tempo, non molto tempo, e c'è un travolgente senso di urgenza.", ha senso prenderlo sul serio? Cos'ha in mente di fare nella sua chiusura solipsistica? Non è pericoloso affidare a un uomo non più in grado d'intendere i codici per usare la valigetta nucleare?

Chi è Biden? Un novello Nerone che suona la lira davanti all'incendio di Roma che lui stesso ha provocato?

Espulso Kevin McCarthy

La Camera dei Rappresentanti degli Stati Uniti ha votato con 216 voti favorevoli e 210 contrari per estromettere, dopo soli 269 giorni, il repubblicano californiano Kevin McCarthy dalla carica di presidente della Camera, cioè quello che tempo fa paragonava Putin a Hitler. E anche quello che, pur di impedire che la Cina continui a rubare la proprietà intellettuale americana o ad acquistare i terreni agricoli per monopolizzare l'alimentazione, era riuscito a convincere i democratici a creare un Comitato ristretto bipartisan con cui porre fine alla fiducia nella Cina comunista.

La mozione contro McCarthy è stata presentata da un compagno di partito, il repubblicano (conservatore intransigente) della Florida Matt Gaetz.

Motivo? Troppi compromessi coi democratici sugli aiuti all'Ucraina; scarsa determinazione nell'indagine per corruzione a carico di Biden. Anzi Gaetz l'ha accusato d'aver concluso "un accordo collaterale segreto" proprio con Biden. Non a caso a Kiev sono molto preoccupati. I repubblicani non vogliono più firmare assegni in bianco per l'Ucraina. Di più: non vogliono che il governo federale si regga in piedi fino al 17 novembre col pretesto che deve continuare a finanziare Kiev, altrimenti la guerra è persa.

In sostanza si sono resi conti che con una progressione tale d'indebitamento, il *default* è inevitabile. E lo spettro del *default* fa temere una svolta verso la militarizzazione del governo. Ecco perché pretendono una supervisione effettiva del Congresso sull'amministrazione Biden, anche per impedire che la giustizia contro Trump venga usata come un'arma.

Gaetz comunque non è un santarellino. Nel 2026 vuol diventare governatore della Florida, ma su di lui pesano accuse di non poco conto: traffico sessuale, uso illecito di droghe, violazioni del finanziamento nella campagna elettorale, riscossione di tangenti.

Negli USA si sa come vanno le cose: le "notti dei lunghi coltelli" sono all'ordine del giorno.

*

In Ucraina son rimaste solo 23 milioni di persone. L'ha detto l'ex premier Nikolai Azarov, riferendosi ai documenti del servizio di migrazione del Paese.

Praticamente dall'inizio della guerra la metà non c'è più. Se vanno avanti così, tra 18 mesi sarà il Paese a non esistere più.

[6] Putin dixit

Nel suo ultimo intervento a Sochi (*Valdai Discussion Club*, in rappresentanza di 42 Paesi) Putin ha detto che la Russia non solo ha resistito alle pressioni occidentali tese a paralizzare la sua crescita economica, ma è addirittura diventata più forte. Delle sanzioni ha smesso di preoccuparsi, anzi è stato proprio in virtù di esse che l'economia russa si è ristrutturata.

Il deficit dell'1% del PIL previsto per gli anni 2023-25 non costituisce un serio problema. Anche perché la disoccupazione è scesa al minimo storico del 3%, mentre i redditi disponibili continuano a crescere.

Certo, pesa l'aumento della spesa per la difesa e la sicurezza, ma tutti gli obblighi sociali sono stati adempiuti, anche perché il Paese è completamente autosufficiente per quanto riguarda le forniture alimentari di base.

L'importante è aver chiaro a quali sconvolgimenti epocali è andato incontro l'intero pianeta negli ultimi 20 mesi:

- l'era del dominio coloniale, che permette all'occidente di arricchirsi, è in via di dissoluzione e non tornerà mai più;
- il futuro del mondo non è dietro la frammentazione in entità

concorrenti. Il mondo cerca la sinergia tra identità diverse;

- la civiltà hanno princìpi ideologici e valoriali che derivano dalle loro tradizioni, che non vanno imposti a nessuno;

- l'occidente ha dimenticato il significato della parola "compromesso". Vuole solo difendere i propri interessi;

- gli interessi non dovrebbero essere dettati dalla congiuntura immediata, ma da una scelta civile;

- noi vogliamo vivere in un mondo aperto, senza barriere artificiali;

- vogliamo preservare la diversità del mondo e la massima rappresentatività. Il mondo del futuro è un mondo di decisioni concordate in maniera collettiva;

- siamo a favore della sicurezza universale e duratura, per cui l'approccio a blocchi va scartato: la sicurezza di alcuni non può essere raggiunta a spese della sicurezza di altri;

- il sistema finanziario globale basato sul dollaro non è equilibrato perché non soddisfa gli interessi di tutti i Paesi; inoltre non ha senso stampare moneta per coprire il deficit di bilancio. Spargere in tutto il mondo una moneta fittizia, non farà che aumentare l'inflazione;

- il conflitto con l'Ucraina non è il risultato di una disputa territoriale, non riguarda neppure la creazione di un equilibrio geopolitico regionale, poiché la Russia è già il Paese più grande del mondo e quindi non sta cercando di conquistare nuovi territori; anzi ha ancora molto da fare per lo sviluppo della Siberia e dell'Estremo Oriente. In Ucraina sono in gioco i princìpi di un nuovo ordine mondiale.

Insomma una pace duratura potrà essere stabilita solo quando "tutti si sentiranno al sicuro e sapranno che la loro opinione sarà rispettata".

Fondamentali constatazioni storiche

Putin ha anche detto a Sochi:

- la Russia non è stata quella che ha dato inizio al conflitto in Ucraina, ma sta invece cercando di porvi fine;

- non siamo stati noi a organizzare un sanguinoso colpo di stato a Kiev;

- non siamo stati noi a intimidire gli abitanti della Crimea e di Sebastopoli con le purghe etniche in stile nazista;

- non siamo stati noi a cercare di costringere il Donbass all'obbedienza con i bombardamenti;

- non siamo stati noi a minacciare la violenza contro coloro che volevano parlare la loro lingua madre.

Nonostante civili e bambini siano stati uccisi nel Donbass molto prima che la Russia lanciasse la sua operazione militare l'anno scorso, nessun altro Paese, soprattutto in occidente, ha prestato attenzione a questo o ha versato lacrime per loro.

La guerra iniziata dal regime di Kiev con il sostegno attivo e diretto dell'occidente è ormai al suo decimo anno. L'operazione militare speciale ha lo scopo di fermarla.

Much money

Se l'Ucraina riesce a entrare nella UE, il governo neonazista di Kiev farà affari d'oro.

Infatti avrebbe diritto a 96,5 miliardi di euro in pagamenti dalla politica agricola comune dell'UE. E ad altri 61 miliardi di sussidi dai fondi di coesione dell'UE, dedicati al miglioramento delle infrastrutture negli Stati membri più poveri. In totale la UE potrebbe dover stanziare circa 186 miliardi di euro nei sette anni successivi al suo ingresso.

Sono cifre enormi per un Paese completamente fallito, semidistrutto e ipercorrotto. Anche perché, avendo 41,1 milioni di ettari di superficie agricola utilizzata, diventerebbe il maggiore beneficiario di sussidi in campo agricolo. Ciò imporrebbe un taglio dei pagamenti per i beneficiari di tutti gli altri Paesi di circa il 20,3% per un ettaro di terreno agricolo.

Il che, se non vengono apportate modifiche al bilancio dell'UE, provocherà sicuramente tensioni a non finire tra gli agricoltori. Lo vediamo già adesso in alcuni Paesi nei confronti dei cereali ucraini venduti a prezzi stracciati.

Non solo ma gli statisti della UE stanno pensando di far entrare nell'Unione, in funzione antirussa, altri otto Stati: Moldavia, Georgia e sei Stati dei Balcani occidentali. Il costo per aggiungerli tutti al bilancio esistente ammonterebbe a circa 256,8 miliardi di euro.

Anche questa è una cifra da capogiro, che sicuramente comporterà una drastica ridistribuzione dei fondi, al punto che tutti gli Stati membri dovranno pagare di più e ricevere di meno dal bilancio dell'UE; anzi molti Stati che attualmente sono beneficiari netti diventeranno contribuenti netti.

La politica europea sta diventando sempre più assurda: prima ci porta alla guerra e poi ci affama. E tra l'una e l'altra cosa utilizza una moneta che, se crolla il dollaro, lo seguirà a ruota.

Kenya e Regno Unito: ora basta

Il governo keniota ha avviato un'indagine sulle accuse di cattiva condotta da parte dell'Unità di addestramento dell'esercito britannico (BATUK), i cui soldati sono stati accusati di omicidio, abuso sessuale e danneggiamento della terra. Soprattutto nella contea di Laikipia. Nella zona di Archer's Post, sede di uno dei poligoni di tiro utilizzati da questo esercito, i soldati lasciano regolarmente grandi quantità di esplosivi, provocando numerose vittime e feriti tra i residenti locali. Le mine inesplose colpiscono soprattutto i due più grandi gruppi nomadi del Kenya, i Samburu e i Masai. Già nei primi anni del 2000 il numero delle vittime superò le 1.000 e il Ministero della Difesa britannico fu costretto a pagare 5 milioni di sterline alle famiglie degli agricoltori per le vittime.

Un'altra grande preoccupazione della popolazione locale è l'uso del fosforo bianco nelle esercitazioni. Dal 2017 gli inglesi lo usano senza avvisare i cittadini dei suoi effetti sull'uomo e sulla natura.

È la prima volta che le attività dell'esercito britannico vengono esaminate in questo modo. I parlamentari han chiesto alla popolazione di testimoniare casi specifici. Le indagini inizieranno a ottobre, e la relazione finale sarà presentata entro fine anno.

Ciò avrà sicuramente conseguenze per un accordo di difesa tra Kenya e Regno Unito, firmato nel 2015, prorogato nel 2021, ma non rinnovato quest'anno, poiché né il presidente William Ruto né la popolazione sono soddisfatti. In particolare si pretende che i soldati britannici vengano processati in Kenya per i gravi crimini commessi contro i keniani.

Il Kenya è stato una colonia britannica dalla fine del XIX sec. fino al 1963. I soldati britannici continuarono a rimanere nel Paese in base ad accordi di sicurezza bilaterali. Gli ufficiali ricoprivano posizioni di comando sulle truppe keniane. Gli ufficiali kenioti ancora oggi vengono addestrati in Gran Bretagna e negli Stati Uniti. Invece circa 4.000 soldati keniani vengono addestrati ogni anno nella suddetta sede del poligono, sotto la supervisione dell'esercito britannico, e più di 1.000 di loro sono assegnati alla Missione dell'Unione Africana in Somalia (AMISOM).

Nonostante ciò il Kenya è impotente nei confronti del gruppo terroristico al-Shabab nelle regioni al confine con la Somalia.

Il Kenya è un partner cruciale per l'intera politica africana del Regno Unito. La base militare di Nanyuki, a nord di Nairobi, è una delle più grandi strutture militari dell'Africa. Proprio qui però è sorto un centro di servizi sessuali per i soldati keniani e britannici, oggetto di vari scandali.

Londra stanzia solo 1,2 miliardi di scellini keniani (11 milioni di dollari) all'anno per la partnership di difesa con Nairobi: un costo estremamente basso per l'accesso a due siti militari e 13 aree di addestramento.

I progetti sociali che l'esercito britannico cerca di attuare nel Paese hanno costi ridicoli: 265.000 dollari per tutti i progetti dal 2016 al 2021.

Molti keniani continuano a considerare la Gran Bretagna come una potenza coloniale. D'altra parte il Kenya occupa una posizione strategica fondamentale nell'Africa orientale, con accesso al Corno d'Africa, tradizionalmente instabile, all'Africa centrale e alla lunga costa dell'Oceano Indiano.

Inoltre è tra i Paesi più grandi del continente in termini demografici (vivono oltre 55 milioni di persone) ed economici (è una delle sette maggiori economie del continente).

Infine è il principale snodo dei trasporti dell'Africa orientale e il suo porto più grande, Mombasa, è un *gateway* chiave per collegare l'Africa orientale e centrale col resto del mondo. Tant'è che anche gli USA sono presenti con una struttura militare nella baia di Manda, col pretesto di combattere il gruppo terroristico somalo al-Shabab.

Pare che il Kenya sia una delle destinazioni che la Cina sta attivamente prendendo in considerazione per una base militare nell'Africa orientale, oltre a quella esistente a Gibuti. Infatti negli ultimi due decenni gli ingenti investimenti della Cina nella costruzione di infrastrutture (autostrade, ferrovie...) hanno reso Pechino il maggiore creditore del Kenya. La Cina è diventata anche il secondo fornitore di armi. Oggi essa rappresenta circa il 20% del debito estero totale del Kenya.

Tuttavia nei suoi livelli ufficiali il Kenya non mostra particolare interesse per i BRICS+.

[7] Carità pelosa della Polonia

A partire dal primo trimestre del 2024 Varsavia eliminerà gradualmente l'assistenza finanziaria ai rifugiati ucraini, che fuggivano in massa dal loro Paese. L'ha detto il governo.

Pare che dall'inizio del conflitto russo-ucraino siano fuggiti in Polonia ben 5,7 milioni di ucraini, anche se oggi ne restano circa un milione.

Naturalmente la decisione è stata presa nel contesto del deterioramento delle relazioni tra i due Paesi, innescato da un disaccordo sull'export del grano ucraino. Nel senso che Varsavia non ha intenzione di sacrificare i propri interessi nazionali per l'Ucraina, per cui si prevede che le relazioni tra i due Paesi saranno piuttosto difficili nel prossimo futuro.

Nonostante la Polonia sia stata uno dei più convinti sostenitori dell'Ucraina durante il conflitto, ora, insieme a Slovacchia e Ungheria, ha esteso unilateralmente un embargo sul grano ucraino per evitare che inondasse il mercato e lo destabilizzasse, nonostante la decisione contraria del Consiglio europeo, che chiede di continuo di eliminare qualunque forma di restrizione ai prodotti ucraini.

Kiev ha sostenuto che il divieto d'importazione è illegale e ha presentato una denuncia all'Organizzazione mondiale del commercio contro i tre Stati dell'UE.

Il presidente polacco Andrzej Duda ha descritto Kiev come "un uomo che sta annegando" e che rischia di trascinare sott'acqua coloro che cercano di salvarlo.

Son forti questi polacchi. Come se avessero detto: "In nome della russofobia ti aiuto in tutte le maniere, ma se per aiutare te, mi devo impoverire io, la russofobia la applico anche contro di te, che per me in fondo sei slavo ortodosso come i russi".

Brutti segnali bancari da Londra

Le più grandi banche del Regno Unito hanno introdotto il diritto di monitorare i social media dei clienti nelle loro politiche sulla privacy.

Tra i social che vanno per la maggiore e che si prestano a offrire informazioni vi sono Facebook e Twitter.

Un caso clamoroso fu quello di Nigel Farage, l'ex leader di Ukip, a cui la banca Coutts chiuse il conto dopo aver stabilito che le sue opinioni (politiche) su Twitter "non fossero in linea con i loro valori".

Già una banca che parla di "valori" fa un po' ridere. Gli unici che conosce non sono certo quelli etici.

In ogni caso non c'è solo la Coutts che si comporta così, ma anche la Metro Bank, la Yorkshire Building Society e American Express. Quando i comportamenti si generalizzano diventa difficile protestare.

A proposito di Metro Bank. Le sue azioni sono state brevemente sospese dalle negoziazioni due volte giovedì scorso, dopo che il titolo era crollato di quasi il 30% a causa delle notizie di urgenti sforzi di raccolta fondi per sostenere il bilancio della banca.

Le azioni della banca sono scese di oltre il 60% dal 12 settembre. È un brutto segnale.

La banca stava tentando di raccogliere 600 milioni di sterline (727 milioni di dollari) in debito e capitale e non c'era riuscita.

Le opzioni erano due: chiedere agli investitori di contribuire a rifinanziare un debito del valore di 424 milioni di dollari prima che scada nel 2025; oppure raccogliere centinaia di milioni di sterline attraverso la vendita di debiti, azioni o beni. Ma alla fine la banca le ha entrambe scartate, temendo di non farcela.

Fondata dal miliardario statunitense Vernon Hill nel 2010, Metro Bank è diventata la prima nuova banca del Regno Unito in oltre un secolo. Nel 2019 è stata colpita da uno scandalo di false dichiarazioni che ha portato all'uscita del suo presidente e amministratore delegato.

Londra è in crisi finanziaria da tempo. La Brexit ha peggiorato la situazione. Fino a ieri era una delle capitali finanziarie mondiali, insieme a New York.

Diverse aziende hanno progressivamente abbandonato i mercati quotati di Londra, optando per altre importanti borse valori.

L'incertezza politica, la Brexit e l'aumento della concorrenza internazionale stanno mettendo alle corde la borsa della City.

Pesa anche il fatto che il Paese si è chiuso all'immigrazione, inclusa quella dei lavoratori qualificati. Non attrae più talenti e investimenti.

La vecchiaia è brutta

Il sostegno militare e politico a Zelensky rimane necessario – dice Mattarella –, altrimenti assisteremmo a una deriva di aggressioni ad altri Paesi ai confini con la Russia, e questo – come già accadde nel '38 e nel '39 – condurrebbe a uno scontro totale e devastante.

Accidenti, in una frase di poche righe ha paragonato Putin a Hitler, ha considerato l'operazione speciale russa una sorta d'invasione dell'Ucraina, paragonandola a quella della Polonia del 1939, e – *dulcis in fundo* – ha smentito le dichiarazioni del ministro della Difesa Crosetto, che ieri per la prima volta aveva parlato di negoziati e dialogo.

Sei disabile? Arrangiati!

Nicolai Lilin scrive che in Ucraina il problema dei disabili è entrato in una fase molto calda.

Non ci sono protesi, non c'è nulla con cui curare i mutilati, nessuno vuole stanziare denaro per un materiale non abbastanza profittevole.

Intanto i disabili dal fronte arrivano a centinaia quasi ogni giorno.

Tuttavia i comici di Zelensky han trovato una soluzione. Il Ministro della Sanità ha annunciato l'abolizione dell'invalidità. Cioè al posto dell'invalidità ci sarà una "valutazione della perdita di funzionalità".

Senza invalidità il disabile può scordarsi i sussidi, gli indennizzi e qualsiasi assistenza finanziaria.

Il ministro ha spiegato questa decisione dicendo che "L'invalidità è un modello sovietico che dobbiamo abbandonare". Chi insiste a pretenderla passa per "agente del Cremlino".

Il disabile se ne deve stare zitto e muto!

[8] Toro e matador

Tempesta di Al-Aqsa

Cos'abbiano in mente gli strateghi di Hamas, ora che han deciso di dichiarare guerra a Israele, non è molto chiaro. Non possono sperare di vincere da soli, perché non hanno armi a sufficienza.

Stanno forse pensando di allargare il conflitto a Iran, Turchia, Arabia Saudita, Siria, Libano, altri Stati del Golfo ed Egitto? Cioè vogliono una reazione a catena da parte di tutti gli Stati che odiano a morte i sionisti?

Sono forse convinti, ora che hanno visto il Medio Oriente su posizioni anti-americane, di ricevere un unanime appoggio militare, politico ed economico? In effetti gli Hezbollah libanesi han già detto che, se il conflitto si estende nella Striscia di Gaza, entreranno in guerra.

Ma questa escalation torna più a vantaggio degli USA o della Russia? Non sono forse gli USA che cercano di far scoppiare nuovi conflitti in varie parti del pianeta (Kosovo, Sudan, Armenia, Moldavia, Georgia...) per impedire che Mosca concentri tutte le proprie forze in Ucraina?

O forse torna a vantaggio di Netanyahu, che per imporre una dittatura militare ha bisogno di creare un *casus belli*, come fecero gli USA con le due Torri gemelle?

Sia come sia, un conflitto che si trascina da 75 anni va in qualche modo risolto, e la soluzione non può essere militare. Si deve per forza prevedere la creazione di uno Stato palestinese indipendente entro i confini del 1967 con capitale a Gerusalemme Est. Non ci può essere sicurezza per Israele senza sicurezza per la Palestina.

L'occidente deve smettere d'impedire il rispetto delle pertinenti risoluzioni dell'ONU e del suo Consiglio di Sicurezza. Il quartetto di mediatori internazionali mediorientali, composto da Russia, USA, UE e ONU, deve produrre qualcosa di concreto e durevole, il più presto possibile.

È inutile che Israele cominci a dire che di questa nuova guerra il responsabile dietro le quinte è l'Iran e che tutti i palestinesi sono terroristi. Il responsabile è sempre Israele, che ha sempre trovato negli USA e nella UE i suoi più fidati alleati. Se ora non scende a patti, rischia di fare la fine dell'Ucraina.

Il revisionismo storico è patetico

I revisionisti storici (vedi per es. la rivista "Politico") stanno cercando di sostenere che i veri soldati nazisti fossero solo resistenti antisovietici.

È un modo per insabbiare le azioni dei veri nazisti della seconda guerra mondiale. Tutto perché un gruppo di ignoranti nel parlamento canadese ne ha applaudito uno insieme al presidente ucraino Zelensky, facendo fare una figura barbina all'occidente e offendendo la memoria dei 6 milioni di ebrei e dei 27 milioni di sovietici.

In ogni caso sembra che gli statisti e i legislatori occidentali non abbiano la minima idea quando si tratta del nazismo in Ucraina, né passato né presente. Non si capisce se siano un branco di analfabeti o se la russofobia li renda ciechi e ipocriti, o se stiano sfruttando il neonazismo di Kiev per nascondere il proprio o perché hanno intenzione di dichiarare guerra alla Russia.

In occidente la storia non è di casa, non è ben accetta.

Non ci possono essere dubbi quando si sostiene che se qualcuno (come per es. Yaroslav Hunka, ex soldato ucraino delle Waffen-SS, naturalizzato canadese) si offrì volontario per il ramo di combattimento dell'organizzazione paramilitare Schutzstaffel (SS) del partito nazista, era un vero nazista.

Come non ci possono essere dubbi che solo il governo fascista di Trudeau poteva bloccare i conti bancari di alcuni camionisti del Canadian Freedom Convoy che stavano protestando.

Hunka e i veri nazisti che furono accolti in Canada all'indomani della guerra hanno mai avuto i loro conti bancari bloccati? Chi è più imbarazzante per il Canada: i nazisti naturalizzati, i camionisti che suonano il clacson troppo forte per protestare o un parlamento di idioti? Un parlamento che non sa neppure che è stato proprio il Canada ad addestrare ed equipaggiare i neonazisti del battaglione Azov.

Persino il neo-dimissionario presidente della Camera canadese ha presentato Yaroslav Hunka come un ucraino che combatteva contro i russi in passato, senza sapere che l'URSS era alleata dell'occidente contro la Germania nazista.

Peraltro Hunka era nella Prima Divisione Galiziana, un'unità composta principalmente da ucraini che uccisero più polacchi ed ebrei che russi. Vi ha aderito volontariamente e ha poi descritto la sua decisione in un saggio pubblicato da una rivista online americana. E ora la Polonia lo vuole estradare per presunti crimini di guerra.

Neppure il ministro degli Esteri tedesco, né l'ambasciatore tedesco in Canada han capito chi era questa persona. Ma che storia studiano in Germania? Sembra che assomigli a quella che studiano i giapponesi, secondo cui le armi atomiche furono sganciate per colpa dei sovietici.

Orrori indicibili

La vicepresidente della Duma di Stato della Federazione Russa, Anna Kuznetsova, ha affermato che l'esercito russo ha scoperto documenti rilevanti durante la liberazione di uno degli orfanotrofi nella DPR: in uno di questi, a Svyatogorsk, la Coca-Cola è risultata coinvolta nel caso della vendita di bambini ucraini, soprattutto per l'espianto dei loro organi. Ma nell'elenco ci sono anche alcune Società Militari Private britanniche.

Inoltre ha affermato che i trapianti clandestini rappresentano ora il 7% delle entrate dell'intero bilancio dell'Ucraina, che ammontano a 2 miliardi di dollari.

Putin è convinto che...

Se l'occidente smette di fornire armi, l'Ucraina "avrà una settimana di vita".

La rappresaglia della Russia contro un attacco nucleare da parte di qualsiasi potenziale avversario, non lascerebbe a quest'ultimo alcuna possibilità di sopravvivenza.

Non esiste una situazione in cui oggi qualcosa possa minacciare l'esistenza dello Stato russo;

È necessario cambiare la dottrina nucleare della Federazione Russa in termini di motivi per l'uso di armi nucleari.

Nessuna persona sana di mente penserebbe di usare armi nucleari contro la Russia.

La spesa russa per la difesa e la sicurezza è quasi raddoppiata, passando dal 3% del PIL al 6%.

La Russia potrebbe ritirare la ratifica del trattato per la messa al bando degli esperimenti nucleari, dal momento che gli Stati Uniti non l'hanno ratificato.

Solo dal 4 giugno l'esercito ucraino ha perso oltre 90.000 uomini, 557 carri armati, quasi 1.900 veicoli blindati di varie classi.

Mi chiedo perché Putin faccia dei discorsi così minacciosi. Non ne ha bisogno. Non lo sa che in occidente vengono sfruttati per sostenere che la Russia vuole una guerra nucleare?

[9] L'Africa ha sempre più sete

Al continente africano l'occidente vuole imporre anche un'agenda climatica, per mantenerlo dipendente dalla propria tecnologia.

La gestione delle risorse idriche è fondamentale per tutta una serie di evidenti ragioni. Ma è anche evidente che se l'Africa risolve davvero il suo problema idrico, diminuirà la sua dipendenza dalla nostra tecnologia e dalle nostre industrie. Siamo noi che abbiamo bisogno della loro acqua per fare business.

Le riserve mondiali di acqua dolce sono stimate a 43.000 km cubi/anno. Secondo l'Organizzazione per l'Alimentazione e l'Agricoltura (FAO), l'Africa rappresenta circa il 9% di queste riserve. In media, ciò equivale a 5.000 metri cubi di acqua dolce per persona all'anno. Per fare un confronto, in Europa questa cifra è di 9.000, e in Asia 3.400.

L'Africa ha importanti sistemi fluviali come il Congo (il terzo fiume più grande del mondo per volume), il Niger, lo Zambesi, il Nilo, la Croce e il Sanaga. Ha anche alcuni dei laghi d'acqua dolce più grandi del mondo in volume, come il Tanganica (il secondo più grande in volume dopo il Lago Baikal), Malawi, Victoria, Kivu, Turkana, Albert e altri e vanta anche significative riserve di acqua dolce sotterranea, come il sistema acquifero dell'arenaria nubiana.

Eppure, nonostante questo, l'Africa ha sempre più sete.

I bacini di oltre 80 fiumi e laghi africani sono condivisi da diversi Paesi: il bacino del Nilo è condiviso da 11 Paesi, il Niger attraversa 10 Paesi e il Congo attraversa 9 Paesi.

Noi lo sappiamo e ne approfittiamo per farli litigare tra loro, soprattutto costruendo le dighe, come per es. la Grande Diga Rinascimentale Etiope (GERD). Egitto e Sudan temono che, se la diga verrà lanciata, il livello dell'acqua nel Nilo calerà, lasciandoli senz'acqua.

La distribuzione ineguale dell'acqua è un problema cruciale. Per es. il Gabon disponeva di 73.000 metri cubi di risorse interne di acqua dolce pro capite nel 2019, ma l'Egitto solo di appena 9 metri cubi.

Mancano infrastrutture per la sua depurazione, trasporto e stoccaggio e per lo sviluppo delle risorse idriche rinnovabili.

La scarsità d'acqua è particolarmente grave nella regione del Sahel, dove è aggravata dalla perdita di foreste, dall'espansione del deserto del Sahara e dal degrado del suolo dovuto all'allevamento del bestiame.

Qui la tensione si taglia a fette. L'accesso all'acqua dolce diventerà una questione chiave per il Nord Africa, la zona sahelo-sahariana, il Corno d'Africa e le aree aride e sovraurbanizzate dell'Africa meridionale (Sudafrica, Namibia, Botswana).

Secondo le previsioni delle Nazioni Unite, entro il 2030, oltre

200 milioni di persone in Africa vivranno in regioni dove l'accesso all'acqua è problematico. La migrazione sarà inevitabile.

Le imprese occidentali e le agenzie internazionali di assistenza allo sviluppo non sono desiderose d'investire in grandi progetti idrici e si limitano, al massimo, a sostenere iniziative a livello locale. Tuttavia, mentre da un lato queste aziende realizzano piccoli progetti per migliorare l'accesso all'acqua, dall'altro invece inquinano le fonti d'acqua con sostanze chimiche e distruggono gli ecosistemi.

Vi sono anche progetti di più ampio respiro, come per es. quelli cinesi. Ma questi mirano principalmente alla generazione di elettricità per le aziende cinesi che estraggono materie prime minerali.

Gli africani devono risolvere da soli i problemi idrici. Perché se lo fanno i Paesi stranieri, di sicuro ci rimettono. Se aiuti possono esserci, le condizioni non possono essere imposte dall'esterno.

Un nuovo ordine globale si sta formando non solo grazie ai Paesi del BRICS+ ma anche grazie al Sud del mondo e soprattutto al continente africano in sé, che sta letteralmente imponendo un cambiamento radicale nella politica internazionale e nelle relazioni economiche. Non ne possono proprio più dei secoli di colonizzazione occidentale.

L'area più sveglia è quella sub-sahariana. L'intero occidente non è in grado di offrire soluzioni vantaggiose, proprio perché il suo benessere dipende anche dal malessere dell'Africa.

Ad es., dal 26 al 28 ottobre la Repubblica del Congo ospiterà il Summit dei Tre Bacini (Amazzonia, Congo e dei fiumi Borneo-Mekong). L'ordine del giorno riguarda l'ecologia, poiché questi Paesi ospitano l'80% delle foreste tropicali del mondo. Uno degli obiettivi proposti dal vertice è quello di ripristinare 350 milioni di ettari di ecosistemi terrestri e acquatici. L'occidente non è invitato.

"Politico" non sa quel che dice

La rivista americana "Politico" sostiene che combattere contro l'URSS, all'epoca della seconda guerra mondiale, non rendeva necessariamente nazisti, ma solo qualcuno che doveva fare una scelta difficile tra due regimi dittatoriali, totalitari, terroristici.

Quindi i soldati delle Waffen SS non è detto che fossero realmente nazisti per convinzione interiore, ma magari solo resistenti antisovietici.

"Politico" sembra scordare alcune cose di capitale importanza:

- il razzismo moderno fu una teoria francese ereditata dalla Germania molto tempo prima del nazismo;

- nell'ambito di questa teoria i tedeschi volevano sterminare e/o schiavizzare tutti i popoli non ariani, soprattutto ebrei e slavi;

- il nazismo in Germania ebbe tempo di sviluppare le idee razziste per più di un decennio;

- il nazismo tedesco è stato ampiamente sponsorizzato dagli Stati Uniti sul piano economico e finanziario;

- in Russia il razzismo con intenti genocidari non è mai esistito;

- la seconda guerra mondiale non è stata scatenata dall'URSS ma dalla Germania e dal Giappone, e per due anni né la Germania né il Giappone hanno attaccato l'URSS;

- in questa guerra Germania, Giappone e Italia rappresentavano i Paesi partiti per ultimi sulla strada del capitalismo industriale, per cui avevano bisogno di prendersi una fetta dell'imperialismo mondiale, gestito da Francia, Regno Unito e USA. La Germania voleva colonizzare la Russia, il Giappone la Cina, e l'Italia voleva delle colonie in Africa. Nessuno dei tre riuscì nel suo intento, e questo grazie soprattutto al valore dei russi.

Totale crisi energetica in Ucraina

L'Ucraina dovrà affrontare estese interruzioni di corrente il prossimo inverno a causa degli attacchi missilistici e di droni russi che hanno già reso parti del sistema energetico meno resilienti rispetto a un anno fa.

Questo perché il regime di Kiev non ha avuto abbastanza tempo e denaro per completare i preparativi per l'inverno. Ciò significa che quasi tutti i residenti in Ucraina dovranno affrontare notti ancora più fredde, senza cibo, riscaldamento e acqua, il che avrà un impatto terribile sull'economia nel suo complesso.

Anche i sistemi di difesa aerea forniti dall'Occidente non resisteranno agli attacchi missilistici delle forze armate russe. Molto probabilmente quest'anno l'esercito russo completerà ciò che non voleva fare in passato: distruggere completamente il sistema energetico dell'Ucraina.

Queste cose non le dice la Tass ma l'agenzia britannica Reuters.

E, in questo senso, fa abbastanza ridere la dichiarazione di Zelensky, secondo cui se l'assistenza militare dell'occidente dovesse venir meno, è disposto a riprendere i negoziati con la Russia per il raggiungimento di "alcuni compromessi". Il suo Paese vive una tragedia apocalittica e lui continua a fare il comico!

Non sai il lettone? Fuori!

In Lettonia non vogliono i russi, soprattutto se non sanno la lingua nazionale. Possono anche essere disabili, ma li rimandano in Russia.

Il test è obbligatorio per chi è compreso nell'età di 15-75 anni.

È stata modificata la legge proprio in senso russofobo. Un pensionato, per es., se viene bocciato la prima volta, ha due anni di tempo per sostenere nuovamente l'esame. In questo modo potrà richiedere un permesso di soggiorno di due anni, ma dovrà versare una tassa di 100 euro, anche se ha una pensione da 400 euro, a prescindere dagli anni in cui ha lavorato. Questo vuol dire che se al secondo tentativo non viene promosso o non si presenta, verrà espulso dal Paese.

Già adesso circa 3.600 cittadini della Federazione Russa dovranno lasciare la Lettonia entro tre mesi. Altri 25.000 russi han rischiato la deportazione, ma per fortuna han superato l'esame.

Turchia contro Israele

Erdoğan ha delineato la sua posizione sul conflitto in Israele: "Lo Stato di Palestina indipendente dovrebbe essere creato entro i confini del 1967 con Gerusalemme Est come capitale: è una necessità irreversibile che non può più essere ritardata".

I confini del 1967 sono quelli prima della Guerra dei Sei Giorni. Allora Gerusalemme orientale (la città vecchia e i principali santuari) e la sponda occidentale del fiume Giordano erano sotto il controllo arabo. Questi territori furono occupati da Israele durante la guerra.

Nel 2020 Trump ha presentato un progetto di pace che prevedeva la creazione di uno Stato palestinese entro confini ridotti e senza controllo sulla maggior parte di Gerusalemme Est.

Israele ha sostenuto questo piano. Ma i palestinesi e i Paesi arabi lo rifiutarono categoricamente.

Blinken il bugiardo

"Israele è interamente concentrato sulla Striscia di Gaza, sulla sicurezza dei suoi cittadini, sul fare tutto il necessario per assicurare alla giustizia i colpevoli, e non cerca di espandere la geografia del conflitto, includendo l'Iran", ha detto Blinken alla CBS.

Però subito dopo si è smentito, dicendo che gli Stati Uniti non hanno chiesto a Israele di non attaccare l'Iran. "L'unica cosa che abbiamo detto a Israele è che siamo qui, e vogliamo fornirvi tutto il sostegno necessario".

Infatti stanno inviando un gruppo d'attacco di portaerei guidato dalla portaerei a propulsione nucleare USS Gerald R. Ford sulle coste di Israele come gesto di sostegno e in caso di evacuazione dei cittadini americani.

Questo perché secondo lui l'Iran, Hamas e il gruppo sciita libanese Hezbollah si oppongono all'instaurazione di relazioni tra Israele e i Paesi della regione.

Gli USA non chiedono moderazione o un cessate il fuoco. Non si chiedono neppure come mai i miliziani palestinesi avessero armi che l'occidente aveva distribuito a Kiev (sistemi di missili antiaerei portatili, ATGM, RPG, droni e comunicazioni).

Intanto i media israeliani riferiscono che il bilancio delle vittime degli israeliani ha già raggiunto le 700 persone e oltre 2200 i feriti.

Scholz e Baerbock alle corde

Domenica si sono svolte le elezioni nei Länder tedeschi della Baviera e dell'Assia. Fiasco solenne per Verdi e Partito socialdemocratico. Scholz e Baerbock è meglio che se ne vadano a casa quanto prima, perché non li sopporta più nessuno. Il popolo tedesco vuole la pace e riprendere i rapporti commerciali con la Russia. Sono stanchi delle follie russofobe e guerrafondaie di questi due scriteriati, che stanno impoverendo il Paese all'inverosimile.

Peraltro per l'assistenza materiale ai profughi ucraini (indennità civile e tutti i servizi correlati fin dal primo giorno del loro arrivo nel Paese), i debiti delle comunità tedesche sono quadruplicati in un anno, mentre quelli di bilancio, sempre in un anno, sono raddoppiati.

Solo che purtroppo in una situazione del genere è l'ultradestra a godere.

[10] Mirare all'estensione

È ovvio che gli USA, anche se dicono il contrario, vogliono che il conflitto in Palestina si allarghi il più possibile in Medio Oriente.

Ormai lo si è capito chiaramente. Qui per l'occidente collettivo non è solo in gioco il destino dell'Ucraina e della NATO ma anche quello del Sud globale e dei Paesi islamici petroliferi.

Cina e Russia sono improvvisamente diventati i nemici n. 1 dell'occidente proprio perché, in queste aree del pianeta così ricche di risorse, stanno mettendo in discussione, con la loro presenza sempre più significativa (militare, economica e diplomatica), la ricchezza di chi fino a ieri dominava l'intero pianeta.

Sotto questo aspetto non avremmo nulla da meravigliarci se scoprissimo che Hamas ha potuto agire così indisturbato grazie a una regia occulta di USA e Israele messi insieme.

Ci han rimesso la vita molti israeliani? Perché non è successa forse la stessa cosa con le Torri Gemelle? Quanto più è forte il terrore, la bestialità dei palestinesi estremisti, tanto più i sionisti potranno giustificare una reazione senza scrupoli contro qualunque Stato faccia vedere che sostiene militarmente Hamas, in primo luogo l'Iran, ma anche Siria, Libano, Egitto...

Israele non vede l'ora d'essere costretta a usare le proprie armi atomiche, nascoste nel deserto del Neghev.

Insomma qui abbiamo a che fare con governi neonazisti che vogliono difendere con tutti i mezzi possibili e finché sarà necessario un'egemonia che fino a ieri era indiscussa. I governi sono quelli di USA, UE, Regno Unito, Israele, Canada e Giappone.

Sono troppi Paesi perché si possa scongiurare una nuova guerra mondiale. Nessuno di questi governi ha mai parlato di pace o di trattativa in termini sostanziali dal febbraio dell'anno scorso.

Da ovest a est

Oggi tre Paesi dell'Asia orientale rappresentano oltre il 93% della costruzione navale commerciale mondiale: Cina (47%) Corea del Sud (30%) e Giappone (oltre il 17%). Gli ultimi due sono alleati degli Stati Uniti e possiedono una flotta in rapida crescita. Ma come potenze militari non sono abbastanza grandi da sostenere Washington nel suo obiettivo di mantenere la supremazia marittima nel mondo.

Non solo ma al momento gli stessi Stati Uniti non sono in grado di aumentare rapidamente la produzione per equipaggiare, armare e rifornire il proprio esercito, l'aeronautica e la marina di tutto ciò di cui han bisogno per intraprendere una guerra su larga scala contro un nemico moderno e potente, come Russia e Cina.

Naturalmente anche Russia e Cina hanno problemi non da poco nei campi dell'*intelligence* e delle comunicazioni.

Tuttavia i pianificatori militari russi non hanno mai completamente ignorato la minaccia di una guerra terrestre su larga scala. Ciò ha portato a un atteggiamento molto flessibile, utile ad adottare armi di tutti i tipi, da usarsi secondo tattiche e strategie diversificate. Senza dimenticare la necessità di produrre armi in grandi quantità in tempi ristretti.

Quanto alla Cina, Pechino ha in gran parte preso in prestito la sua cultura militare dalla Russia e prende molto sul serio l'aspetto quantitativo.

Le capacità industriali della Cina sono nettamente superiori a quelle degli USA, dei quali viene sempre più messa in discussione anche la posizione nella sfera finanziaria e tecnologica. Pechino è un rivale strategico molto più sostanziale di quanto lo fosse la Germania negli anni

'40.

Oggi, se dovesse scoppiare una guerra mondiale, non avrebbe un carattere interimperialistico come nell'ultima, quando la Germania, prima d'invadere la Russia, occupò quasi l'intera Europa. Oggi la UE è già una colonia americana.

Gli USA sono in grado di creare vari focolai di tensione e di guerra esplicita in non poche aree del pianeta. Questo significa che i Paesi antioccidentali dovranno coordinare le loro forze e agire, a livello mondiale, come se avessero un unico nemico da combattere.

Una finzione tragica ma perché?

Maurizio Blondet parla chiaro maurizioblondet.it: l'attacco di Hamas è una "false flag" pianificata dai vertici di Israele.

Lo dice riportando le parole di Efrat Fenigson, ex *intelligence* delle forze di difesa israeliana ed oggi apprezzata giornalista.

Impossibili le brecce sul fronte israeliano dove abitualmente basta che passi un gatto per far accorrere le forze di difesa su scenari banali per i quali l'esercito è preparatissimo.

La frontiera tra Gaza e Israele è di 5 km ed è l'area più sorvegliata del mondo, bunker tutto intorno pieni di soldati che fanno turni tutta la notte, telecamere e sensori di ogni genere. È impossibile che centinaia di miliziani di Hamas con trattori e jeep siano venuti fuori senza che Israele lo sapesse.

La Fenigson sostiene che il popolo israeliano e quello palestinese sono stati venduti ancora una volta per gli obiettivi di un potere più in alto.

La stessa Hamas fu creata da Israele allo scopo di combattere la leadership di Yasser Arafat e gli Stati Uniti ne erano chiaramente a conoscenza.

Blondet però non spiega il perché di questo replay in piccolo delle Torri Gemelle. Il motivo è che Israele vuole continuare a sopravvivere come tale, cioè non vuole cambiare il suo rapporto col mondo islamico. Sono falsi come gli Stati Uniti, ma a livello regionale. Quindi questa è una finzione organizzata insieme da USA e Israele. Chi mente spudoratamente ha bisogno, per non essere sbugiardato, di un ipocrita ancora più grande. Ma la loro sorte è segnata. Sono entrambi una vergogna dell'umanità, e tutti non vedono l'ora che spariscano dalla faccia della Terra.

[11] Il ruolo di Hezbollah

È noto che il gruppo di Hamas non è solo. È sostenuto dall'Iran e in parte dall'organizzazione militante libanese Hezbollah, cresciuta costantemente dal 2006 (la seconda guerra del Libano). Quest'ultima si è unita apertamente al conflitto armato a fianco dei palestinesi, limitandosi alla zona di frontiera.

Hezbollah possiede armi avanzate, enormi arsenali di armi, una notevole esperienza di combattimento e gode del pieno sostegno di Teheran. Aveva già ottenuto importanti vittorie sul campo di battaglia in Siria. È all'apice del suo potere militare e politico, ed è al massimo dalla sua fondazione nel 1985. Infatti non è solo una formazione paramilitare, ma anche un partito politico legittimo in Libano.

In teoria tutto ciò che il complesso militare-industriale iraniano ha da offrire può essere trasferito ai combattenti di Hezbollah. Cioè circa 200.000 missili, tra cui sistemi missilistici intelligenti ad alta precisione, nonché circa 2.000 droni e sistemi di difesa aerea, più obici, carri armati, veicoli corazzati pesanti. Hezbollah riceve anche centinaia di milioni di dollari ogni anno dall'Iran. In pratica può opporre una seria resistenza a Israele non solo sulla terraferma, ma anche in mare e in aria. Ci sono prove che negli ultimi anni Hezbollah ha acquisito attrezzature militari navali avanzate, tra cui missili da crociera antinave Yakhont e C-802, nonché sottomarini UAV.

I missili balistici iraniani che possiede hanno una gittata di 500-700 km, il che permette di colpire qualsiasi punto d'Israele. Può lanciarne 3.000 al giorno.

Hezbollah conta circa 100.000 combattenti addestrati, veri professionisti. Ma l'organizzazione può anche ottenere il sostegno di numerosi gruppi alleati e seguaci di tutto il mondo, soprattutto tra i giovani.

La situazione d'Israele è ulteriormente complicata dall'esistenza di una vasta rete di tunnel sotterranei utilizzati dai combattenti di Hezbollah per spostarsi, trasportare attrezzature militari e immagazzinare armi.

Infine l'organizzazione forma hacker e presta sempre più attenzione alle tecnologie informatiche, ai servizi di *intelligence*, alle forze speciali, all'ideologia, alla pubblicità, ai social network, al web. Qualunque nuova tecnologia abbiano i sionisti, la vogliono anche loro.

Hezbollah è un'organizzazione che è stata creata per combattere e morire. Israele è in grado di fare lo stesso?

Gaza come Cartagine

Israele dovrebbe usare i missili Gerico per "radere al suolo" Gaza "senza pietà" dopo gli attacchi di Hamas, ha detto il deputato Revital

Gotliv, membro della Knesset nelle file del Likud, il partito del premier Netanyahu.

Sembra di sentire la famosa invettiva lanciata nel senato romano da Catone il censore: *Carthago delenda est.*

Questi missili balistici intercontinentali vengono considerati come un'"Arma del giorno del giudizio". Sono in grado di colpire quasi qualunque luogo del mondo. Si stima che Israele abbia dalle 100 alle 200 testate nucleari: cosa che il governo di Gerusalemme Ovest non ha né confermato né smentito.

Non sono fatti per radere al suolo singoli quartieri. Verrebbe spazzato via l'intero ghetto di oltre due milioni di persone, rispetto al quale la distruzione di quello di Varsavia da parte dei nazisti nel 1943 fu un gioco da ragazzi.

Il social X ha taggato il post di Gotliv come possibile violazione delle regole contro i discorsi violenti, ma non l'ha cancellato, poiché ritenuto di interesse pubblico.

Naturalmente Gotliv ha elogiato Biden per "aver mostrato ad Hamas che non siamo soli nel nostro intento di spazzarlo via dalla faccia della terra". Solo che in questa maniera Biden potrebbe essere costretto a dirottare verso Israele alcune delle armi di cui Kiev ha disperatamente bisogno.

L'Ucraina sta cominciando ad essere considerata una palla persa dall'occidente collettivo, proprio perché la controffensiva è fallita. Ora l'ambizione all'egemonia mondiale viene rilanciata da Israele

Chissà che il mondo intero non arrivi a convincersi che Gaza è un lager costruito dai sionisti neonazisti. Lo dimostra anche il semplice fatto che Israele l'ha privato immediatamente di tutte le sue utenze.

Israele non fa differenza tra civili e militari. In questo sono degni seguaci degli americani che in Giappone ebbero lo stesso atteggiamento, e non su due città: Hiroshima e Nagasaki, ma su tre: Tokyo, distrutta con bombe incendiarie al Napalm, che provocarono da 100 a 200.000 morti.

A guerra finita il generale statunitense Curtis E. LeMay dichiarò: "Penso che se avessimo perso, sarei stato trattato come un criminale di guerra". Questi assassini sanno bene che le loro sono atrocità contro il genere umano, per le quali meriterebbero almeno il carcere a vita, però le fanno lo stesso, proprio perché sono convinti che la storia viene fatta dai vincitori e loro sono convinti di trovarsi dalla parte giusta.

[12] Diritto e forza

Noi occidentali viviamo in Paesi dove ormai il diritto non esiste più. Le autorità ne parlano come un guscio vuoto. Di fatto è la violenza che domina, quella del più forte, che si esprime a diversi livelli: nei rapporti tra generi diversi, tra persone di età o di redditi differenti, nei rapporti tra dottore e paziente, tra docente e studente, tra dirigente d'azienda e personale lavorativo, fino a quello più tragico tra interi popoli o tra Stati da una parte e popolazioni dall'altra.

Viviamo in Paesi in cui si può facilmente diventare il bersaglio di qualcuno.

In occidente, da sempre abituato all'ipocrisia di chi dice una cosa e ne fa un'altra, quando si pretende maggiore coerenza, è facile che si finisca in una dittatura. Quindi se anche cadessero i governi assurdi che ci dominano, aspettiamoci il peggio.

Se l'occidente, dopo tutte le falsità sostenute per vincere la guerra in Ucraina, la perderà, come farà a conservare integro il proprio potere dal furore delle masse, senza affidarsi ai militari? Potranno gli statisti dimettersi tutti insieme? Spontaneamente non lo faranno mai, perché l'ipocrisia di un'etica senza princìpi non lo permette. Non lo farebbero neanche in presenza di una guerra civile, poiché evidentemente si affiderebbero alle forze dell'ordine. E loro in quel momento ne approfitterebbero per rinunciare del tutto ai diritti, imponendo unicamente la forza.

Noi occidentali siamo destinati a finire male: se non sarà un nemico esterno a prevalere su di noi, saranno le forze interne più oscurantiste a farlo.

È per questo motivo che le forze antisistema presenti a livello nazionale devono cominciare a pensare seriamente a quale alternativa mettere in atto per scongiurare la catastrofe.

Verità e falsità

Il regolatore europeo della censura, Thierry Breton, ha spedito una lettera a Mark Zuckerberg chiedendogli d'essere molto vigile nel rimuovere la disinformazione sulle piattaforme della sua azienda durante il conflitto in corso tra Israele e Hamas. Nel senso che non deve far passare l'idea che l'attacco di Hamas possa essere determinato da buone ragioni storiche o che la pesante reazione d'Israele non sia legittima.

I contenuti illegali che vanno rimossi riguardano le idee terroristiche e l'incitamento all'odio. Se non li rimuove, dovrà pagare una penale pari al 6% del fatturato annuo di ogni azienda.

E quando si parla di "contenuti illegali", s'intendono ovviamente tutti quelli espressi dai palestinesi o filo-palestinesi, quando sono difformi da quelli israeliani o filo-israeliani.

La lettera è stata spedita anche a Elon Musk, per il suo X (ex Twitter).

Breton è preoccupato che qualcuno capisca la verità, poiché non vuole che quanto è avvenuto contro Kiev nelle recenti elezioni in Slovacchia, si possa ripetere alle prossime elezioni in Polonia, Romania, Austria, Belgio e altri Paesi.

Insomma la verità è falsa e la falsità è vera.

Armi americane in giro per il mondo

Da dove vengono le armi usate dalle milizie di Hamas? Si è detto principalmente dall'Iran. In realtà molte armi sono americane. L'ha documentato Scott Ritter.

Che sia una pistola Glock 9mm o una carabina Colt M4 o una qualunque arma leggera e bombe a mano, non cambia molto: è sempre Made in USA. Quindi sono armi che provengono da Ucraina o Afghanistan.

È per questa ragione che alcuni legislatori americani stanno chiedendo a Israele di tracciare i numeri di serie su qualsiasi arma usate da Hamas per scoprire da dove viene.

Secondo i calcoli di Ritter, basati su conversazioni con numerose fonti informate, l'importo statunitense deviato potrebbe arrivare a sei dollari su dieci di assistenza inviati all'Ucraina.

Ma al Pentagono non interessa sapere dove vanno a finire le armi prodotte negli USA? A quanto pare più importanti della destinazione sono i pagamenti.

D'altra parte già nel maggio 2022, quando Rand Paul, un senatore repubblicano del Kentucky, cercò d'istituire un ispettorato generale per monitorare i circa 40 miliardi di dollari in assistenza militare all'Ucraina richiesti da Biden, la sua mozione venne respinta in modo schiacciante da un Congresso che sembrava felice di assumere un atteggiamento del tipo "non sentire il male, non vedere il male, non parlare male", meno che mai quando c'è di mezzo la corruzione dell'Ucraina.

Le armi americane fanno il giro del mondo. Possono finire addirittura nelle mani degli stessi nemici che gli USA devono combattere.

Per es. il PKK è considerato un'organizzazione terroristica dal Dipartimento di Stato americano, ma combatte la Turchia, Paese NATO, con armi americane spedite precedentemente in Irak.

Oppure, armi statunitensi fornite ad Arabia Saudita e Emirati Arabi Uniti per combattere i ribelli Houthi dello Yemen, sono finite in mano ai combattenti Hezbollah del Libano.

Altre armi statunitensi provenienti dall'Ucraina hanno cominciato a comparire in Africa, nella regione del Lago Ciad, nelle mani dei ribelli di Boko Haram che combattevano contro i soldati armati statunitensi provenienti da Ciad, Niger e Nigeria.

In pratica gli Stati Uniti sono diventati una delle principali fonti di armi per i terroristi o per i combattenti per la libertà in tutto il mondo. Nella loro fretta di armare il mondo per ricavare enormi profitti, in molti modi finiscono per essere il peggior nemico di se stessi o dei loro alleati.

2+2=4

Scrive Lilin nel suo canale Telegram:

Uno dei personaggi di spicco dell'esercito ucraino, soprannominato Shamil, era un nazista, ma poi si è convertito all'Islam dei terroristi dell'ISIS, che sono arrivati in Ucraina dalla Siria. Ora combatte nel battaglione dell'ISIS che ha preso il nome dello sceicco Mansur, che fa parte dell'esercito ucraino.

Ebbene costui avrebbe detto: "Se avessi avuto la possibilità di sterminare gli ebrei, li avrei sterminati ovunque."

Lilin si chiede come può un soggetto del genere non sapere che il Paese per il quale attualmente sta combattendo è governato da un ebreo che fa gli interessi degli oligarchi ebrei negli USA?

Risposta: Evidentemente sono i soldi che gli impediscono di fare 2+2=4.

[13] Senso e destino d'Israele

Israele è stata una risposta sbagliata a una domanda sbagliata. Ha diritto un popolo ad avere un proprio territorio ove vivere tranquillo? Sì, ma questa domanda è sbagliata. La vera domanda era: può un popolo pretendere di avere un proprio Stato, per vivere tranquillo, sottraendo territori a un'altra popolazione? No, non può.

Altra domanda sbagliata: può una popolazione che in una guerra mondiale ha avuto 6 milioni di morti, essere "ricompensata" dall'ONU concedendole un proprio territorio? No, non può esserlo, se questo territorio non viene concesso spontaneamente dalla popolazione che già lo abita.

Israele ha avuto il suo splendore (in senso monarchico, beninteso) al tempo di Davide e Salomone. Dopodiché è stata una lenta agonia. Un momento di riscatto nazionale l'ha avuto all'epoca dei Maccabei (contro le tendenze ellenistiche), e forse avrebbe potuto avere una svolta significativa al tempo di Gesù Cristo, che ambiva a fare un'insurrezione nazionale contro l'occupazione romana, ma che non gli fu permessa a causa del tradimento dei suoi stessi discepoli.

La grande guerra giudaica, durata dal 68 al 135 d.C., fu un disastro assoluto per gli ebrei. I romani arrivarono persino a vietare il loro ingresso a Gerusalemme, che fu ribattezzata col nome di Aelia Capitolina. Da allora si parla di diaspora ebraica su tutto il pianeta. Non solo non esisteva più lo Stato teocratico e la nazione israelitica (composta da Giudea, Samaria, Galilea e Idumea), ma non esisteva neppure il "popolo ebraico".

Dare un territorio specifico, in cui poter costruire un proprio Stato, un'area geografica da condividere con una popolazione di tutt'altra religione; dare questo territorio, *ope legis*, a un popolo che non esisteva più da circa 1900 anni, è stata un'operazione assurda. Che forse avrebbe potuto funzionare se lo Stato da costruire fosse stato laico, aconfessionale, equidistante da tutte le religioni, in cui tutte le popolazioni potessero riconoscersi: una cosa però che né gli ebrei né i palestinesi avrebbero mai accettato, essendo troppo radicati nelle loro tradizioni religiose.

I territori che si perdono militarmente, difficilmente vengono riconquistati. Ci vuole una grande forza di volontà, una grande coesione interna, finalizzata a realizzare ideali comuni: si veda per es. quel che fecero i russi nei confronti dell'invasione tataro-mongola.

Generalmente però ci si deve rassegnare. Questo è così vero che, a causa dei territori perduti dai palestinesi dal 1948 ad oggi, persino l'ipotesi di due Stati per due popoli è diventata irrealistica: sarebbe una mostruosità giuridica, oltre che sociale. Infatti in questo momento i palestinesi, se avessero un proprio Stato, l'avrebbero su due territori completamente separati (Gaza e Cisgiordania), con una capitale (Gerusalemme Est) la cui moschea di al-Aqṣā è oggetto spesso di provocazioni da parte degli ebrei. Non solo, ma la Cisgiordania è sottoposta continuamente alla colonizzazione sionista: non è etnicamente omogenea come Gaza, che è una prigione a cielo aperto.

Realizzare due Stati indipendenti per due popoli non avrebbe senso neppure alla condizione di tornare alla distribuzione dei territori voluta dall'ONU nel 1948: e non soltanto perché Israele, abituato a spadroneggiare in quell'area, non l'accetterebbe mai, ma soprattutto perché non ha alcun senso, là dove esistono popolazioni così religiose, così diametralmente opposte sul piano teologico, edificare Stati di tipo teocratico. I conflitti, le tensioni non finirebbero mai.

In quella regione ci vuole un unico Stato laico, aperto a tutte le religioni, avente una normativa elementare, in cui tutti si possono riconoscere. Se non si riesce a costruire democraticamente uno Stato del genere, bisogna imporlo con la forza, ponendolo, nella sua fase iniziale, cioè in maniera transitoria, sotto la tutela dell'ONU, che dovrebbe inviare una rappresentanza militare indipendente dagli Stati del Consiglio di sicurezza (che hanno interessi opposti tra loro), avente la funzione di assicurare che nessun gruppo etnico voglia prevalere sull'altro o inizi ad armarsi oltre l'esigenza legittima della semplice difesa.

Poi col tempo sarà il parlamento, in cui le popolazioni si troveranno rappresentate in relazione alla loro densità demografica, a costruire la democrazia.

ISIS? Tutto fa brodo

Zelensky è disperato: non avendo più uomini da mandare al fronte, sta chiedendo alle autorità irakene di liberare dalle carceri i terroristi e assassini dell'ISIS (Daesh) per poterli arruolare nelle forze armate ucraine e combattere contro la Russia. Gli USA sono ovviamente d'accordo.

Questi detenuti, ivi inclusi i rami di Al-Qaeda, furono addestrati dagli USA nella guerra civile siriana e, prima ancora, in Iraq e in altre operazioni speciali sotto copertura in varie parti del mondo (Europa, Nord Africa e Caucaso).

Naturalmente questa non è la prima volta che l'Ucraina utilizza i terroristi dell'ISIS: la Brigata Sheikh Mansur lo dimostra. I membri dell'ISIS hanno conti segreti nelle banche ucraine e acquistano proprietà ucraine.

Netanyahu ha paragonato i terroristi di Hamas a quelli dell'ISIS, ma gli stessi sionisti hanno usato i jihadisti dell'ISIS nelle guerre in Iraq, Siria e Libia. I feriti venivano persino curati nei loro ospedali. L'aviazione israeliana, con le sue incursioni aeree contro l'esercito siriano, li ha sempre aiutati e li sta aiutando tuttora.

I sionisti sono fondamentalmente dei nazisti che, pur di sopravvivere nella loro falsità di esistere, sono disposti a qualunque compromesso, oltre che a tradire qualunque patto.

D'altra parte anche i palestinesi, durante la seconda guerra mondiale, erano alleati dei nazisti tedeschi (come lo era tutto l'impero ottomano), in quanto non contestavano il genocidio dei loro nemici ebrei (cosa che d'altra parte neppure la Chiesa romana ha mai fatto, avendo eliminato dal suo vocabolario teologico l'espressione "perfidi giudei" solo con l'ultimo Concilio Vaticano).

Odio nazista, terrorismo islamista o sionista sono spesso alleati, o sono comunque ideologicamente affini. Persino l'anglo-americanismo ha sempre avuto comportamenti di tipo razzistico e terroristico, per cui potrebbe essere definito una forma di nazismo in salsa democratica: una forma che oggi, in seguito alla guerra in Ucraina, sta caratterizzando tutto l'occidente collettivo.

[14] Gaza e Israele come Davide e Golia?

Gaza è sotto bombardamenti continui, indiscriminati e violentissimi dell'esercito israeliano, che comportano l'uccisione di donne, bambini, anziani, in quanto scuole, ospedali, interi edifici, interi quartieri vengono distrutti. E ciò avviene mentre sono state tolte tutte le utenze (luce, acqua, gas), ma anche cibo e medicine. Molti ospedali non ricevono più le migliaia di feriti, poiché i reparti di chirurgia non possono funzionare più.

Israele ha chiuso ogni via d'uscita da Gaza: i civili sono in trappola, e la metà di loro deve evacuare dalla parte nord, poiché Israele la vuole occupare. Anche il valico di Rafa verso l'Egitto è stato assurdamente bombardato.

Su 365 kmq vivono 2,2 milioni di prigionieri, dei quali l'80% con gli aiuti umanitari dell'ONU: sono alla disperazione, un terrore che dura da 75 anni. Anche perché di questi bombardamenti sommamente distruttivi non ne possono più: i più recenti sono stati nel 2008-9, 2012, 2014 (50 giorni e 2.000 morti!), 2021, 2022 e nel maggio 2023. Tutto perché Hamas ha preso il controllo della Striscia nel 2007.

In occidente un comportamento così feroce viene considerato giustificato o almeno tollerato, in quanto si pone come legittima reazione difensiva, cioè in sostanza vendicativa, nei confronti non solo degli autori materiali dei blitz terroristici, ma anche nei confronti di una popolazione che appoggia Hamas o che non fa nulla per toglierselo di torno. Hamas deve morire, perché è contrario all'esistenza politica di Israele. Prima è servito per eliminare l'OLP e al Fatah, e quindi per separare Gaza dalla Cisgiordania; adesso serve solo per giustificare la dittatura della destra più estrema a Tel Aviv.

La mostrificazione dei palestinesi, cui vengono attribuite le azioni più aberranti, è un motivo sufficiente per scatenare l'inferno contro di loro. E permettere agli USA di rientrare in Medio Oriente con tutta la loro forza militare.

Gli occidentali hanno la memoria corta, non sono interessati alle cause storiche che separano questi due popoli. Riconoscono al mondo ebraico una parte delle loro radici storiche, e al mondo islamico non vogliono riconoscere nulla. Anzi l'Europa, se potesse eliminare tutti gli islamici che vi risiedono a causa dei flussi migratori, forse lo farebbe volentieri.

Gli occidentali sono razzisti dal tempo delle crociate medievali, e pur essendo stati razzisti anche nei confronti degli ebrei, non hanno difficoltà ad accettare che gli ebrei lo siano nei confronti dei palestinesi.

Per noi europei, la cui ignoranza dei processi storici è pari alla superficialità con cui affrontiamo quotidianamente i problemi che quei processi creano, gli islamici sono più pericolosi degli ebrei, proprio perché esibiscono in troppi una cultura difforme dalla nostra. Gli islamici ci invadono, gli ebrei no. Gli islamici portano il loro fanatismo a casa nostra, gli ebrei se lo tengono a casa loro, e quando vengono da noi, dimostrano di accettare meglio degli islamici il nostro stile di vita. E poi gli ebrei non sono soggetti, come invece gli islamici, al nostro assistenzialismo. Come se non sapessimo che i sionisti disprezzano anche i cristiani!

Quando tutti questi pregiudizi, questi assurdi luoghi comuni si sommano, uno sull'altro, è poi facile scatenare reazioni istintive. Oggi siamo persino arrivati a dire che i palestinesi sono subumani come i russi. Zelensky ha già diffuso l'idea che dietro l'attacco del 7 ottobre non c'è solo l'Iran ma anche la Russia. Non può sapere, nella sua sconfinata ignoranza, che le terre ove si sono spinte le milizie di Hamas non sono israeliane, ma di Gaza, sono terre palestinesi occupate, anche recentemente, da Israele.

Ultima campana per l'apartheid israeliano

Non si potrebbe neanche vagamente ipotizzare l'idea che i combattenti di Hamas abbiano fatto tutto da soli, senza la complicità di almeno una parte delle stesse forze dell'ordine israeliane.

Gaza è un lager, una prigione a cielo aperto, sotto il controllo di vari sistemi elettronici. È letteralmente impossibile pianificare un'operazione così complessa, preparata lungamente, che preveda obiettivi così ambiziosi.

L'unica domanda sensata che ci si può porre è: la parte israeliana che li ha aiutati, l'ha fatto in accordo o all'insaputa dell'altra parte? Cioè l'attacco terroristico doveva servire per dimostrare che il governo di Netanyahu o i sistemi di sicurezza d'Israele sono molto deboli, oppure per indurre questo governo, insofferente al diritto, a trasformarsi in una dittatura vera e propria?

Sia tuttavia che ipotizzassimo un accordo tra le due parti, sia che lo negassimo, saremmo ancora lontani dalla verità. Infatti in entrambi i casi dimenticheremmo un'evidenza lapalissiana, e cioè che Israele è uno stretto alleato degli USA e che, proprio per gli aiuti militari e finanziari che riceve, non può far nulla che gli americani non sappiano o non vogliano. Cioè non potrebbe mai rischiare, nella situazione precaria in cui si trova, circondato da nazioni ostili, di compiere un errore così grave da minare la fiducia che Washington ripone su Tel Aviv (e che non può più riporre sui sauditi).

Gli israeliani sono tutti armati. Ogni giorno temono d'essere assassinati. I loro kibbutz sono dei fortilizi. Sanno bene che quando ci si comporta come colonialisti, rubando la terra altrui, cacciando la popolazione dai propri territori, bombardando le case in cui le famiglie palestinesi vivono, compiendo ogni sorta di abusi e di efferatezze, ogni occasione viene considerata buona dal nemico per compiere un'azione violenta.

Possiamo dire quanto vogliamo che Hamas, agendo da terrorista, fa gli interessi degli oltranzisti ultraortodossi, dei sionisti più fanatici. Possiamo anche dire che questa organizzazione è servita a Israele per eliminare l'OLP, per ridurre a un niente al Fatah e impedire la creazione di uno Stato palestinese. Una cosa però resta certa: quanto più le situazioni d'ingiustizia si prolungano nel tempo, tanto più è facile che emergano posizioni estremistiche.

Ora, può una nazione come Israele, abituata a comportarsi in maniera aggressiva in tutto il Medio Oriente, essere costretta a fare i conti con la democrazia? Può permettersi di far vedere al mondo intero che non solo in politica estera ma anche al proprio interno non conosce alcuna forma di democrazia? Quanto tempo è durato l'apartheid sudafricano? Dal 1948 al 1991. Ebbene, ora è giunto il momento che finisca anche quello israeliano.

[15] Una guerra indiretta costante

Alcuni analisti si chiedono se lo strumento della guerra non sia destinato a diventare di uso permanente, nei prossimi anni, tra Stati che vogliono restare nemici tra loro e che però non hanno la forza sufficiente per vincere.

Questo perché la sconfitta dell'unipolarismo occidentale, da parte del multipolarismo dei BRICS+, richiederà non poco tempo. Anche la marginalizzazione del dollaro sulla scena mondiale non sarà così repentina.

Diciamo che un comportamento così irresponsabile appartiene solo ad alcuni Stati, quelli che sembravano destinati a vivere di rendita, sfruttando le risorse altrui, e che oggi non vogliono rinunciare ai loro privilegi. Tra questi Stati il primo della lista sono gli USA, che non si fanno scrupolo di danneggiare anche i propri alleati, quando li vedono troppo competitivi sul piano economico (come per es. è accaduto alla UE).

Si sta pensando a questo scenario futuro proprio perché l'idea di pacificazione sembra essere scomparsa dalla diplomazia. Cioè quando l'occidente parla di trattativa, la intende solo come una possibilità conseguente a una vittoria militare sul campo. Non la intende come una necessità per evitare d'essere sconfitti. E tanto meno la intende come una necessità dei popoli o come un valore etico del diritto internazionale.

Rispetto agli interessi strategici, politici o economici degli Stati, quelli dei popoli passano drammaticamente in secondo piano. Gli Stati guerrafondai non solo disprezzano i popoli degli Stati nemici, ma non amano neppure i propri popoli. Non si preoccupano di distruggere le infrastrutture, di inquinare l'ambiente, di infierire pesantemente sulle popolazioni altrui, ma neppure di ridurre in miseria i propri cittadini, di privarli della loro libertà, chiedendo di sacrificarsi per la patria e per le esigenze del militarismo.

Bisogna ammettere che il livello altissimo del potenziale distruttivo di certi Paesi occidentali fa paura. Oggi anche Israele rientra in questa categoria di Stati: basti pensare che nel Medio Oriente non ha rivali sul piano nucleare. In sé è uno Stato insignificante, ma chi avrebbe il coraggio di dichiarargli guerra, sapendo che se usasse l'arma nucleare troverebbe un occidente consenziente? In nome della legittima difesa Israele ha sempre mostrato di volersi comportare come gli pare, anche in maniera assolutamente sproporzionata rispetto al danno ricevuto (in questo momento per es. sta usando platealmente le bombe al fosforo sui centri abitati di Gaza).

Ecco perché gli analisti con un briciolo di senno sono convinti che la sortita terroristica di Hamas sia stata autorizzata dall'*intelligence* sionistica al fine di permettere a Israele di occupare la metà di Gaza, cacciandone via tutti gli abitanti. Per un obiettivo del genere Israele sa di poter contare sul consenso dell'occidente; e soprattutto sa che se qualche Paese islamico tentasse d'impedirglielo usando la forza militare, avrebbe l'occidente al suo fianco. Stoltenberg l'ha già detto: "Nessuna nazione o organizzazione ostile a Israele dovrebbe cercare di trarre vantaggio dalla situazione o d'intensificare il conflitto". Questo perché Israele ha diritto a difendersi. Ecco perché al gruppo portaerei Gerald R. Ford che già staziona nelle sue coste, presto s'aggiungerà il gruppo portaerei Eisenhower. Ogni gruppo comprende stormi aeronavali, cacciatorpedinieri, incrociatori, mezzi distruttivi e spionistici molto potenti, sofisticati, e naturalmente migliaia di marines. E gli americani lo sanno bene che a Tartus, in Siria, vi è la base navale russa. Anche i britannici manderanno proprie navi militari nel Mediterraneo orientale.

Se questo non è un esempio eclatante di guerra indiretta costante, allora che cos'è? L'occidente aveva davvero bisogno di questa prova di forza dopo 20 mesi di guerra in Ucraina? Per quanto tempo una guerra tra grandi potenze può restare "indiretta"?

Chiedere la Luna

Dopo l'attacco di Hamas a Israele, Biden dovrà ora fornire armi agli alleati su tre fronti: non solo l'Ucraina contro la Russia e Taiwan contro una possibile aggressione cinese, ma anche Tel Aviv contro i suoi nemici palestinesi e libanesi.

Nel Libano infatti Hezbollah ha 100.000 soldati, tutti esperti, perché han combattuto in Siria contro l'ISIS e Daesh. Lo Stato maggiore, che ha già dichiarato di non dare alcuna garanzia riguardo al confine meridionale del Paese, ha un enorme arsenale di missili: se inizia a lanciarli, Israele avrà urgentemente bisogno di difese aeree, il che costringerà Biden a dirottare alcune di queste armi dalle forniture all'Ucraina, che ne ha anch'essa un disperato bisogno.

Insomma a un certo punto dovremo aspettarci un vero e proprio sbarco dei marines, poiché tutti questi fronti non si tengono in piedi né con armi molto sofisticate, né elargendo copiose donazioni finanziarie, né facendo morire gli alleati, *sine die*, in guerre per procura.

Un impero come quello americano è in grado di sussistere se non interviene direttamente nei conflitti ch'esso stesso crea?

Dalla guerra in Ucraina abbiamo capito che l'era dei grandi eserciti non appartiene affatto al passato, ma è ancora ben viva e vegeta, e sul campo, più che la tecnologia, sono gli uomini che fanno la differenza.

Non basta più "abbagliare e stordire" il nemico con massicci bombardamenti a tappeto che paralizzano le sue infrastrutture energetiche, abbassano il suo livello tecnologico, distruggono la sua capacità offensiva.

Se si vuole rinunciare all'uso del nucleare, che non permette di conquistare territori nemici, molto probabilmente le guerre convenzionali del XXI sec. saranno fatte da grandi eserciti che sfrutteranno tutta la tecnologia a loro disposizione. Il rischio di guerre tra grandi potenze è in aumento e le forze piccole e mobili non hanno vantaggi significativi rispetto a quelle basate sulla mobilitazione delle popolazioni nazionali.

Tuttavia la società moderna occidentale, imbolsita da uno sfrenato consumismo, fa molta fatica a mobilitarsi. Per restare sulla cresta dell'onda dev'essere capace, contemporaneamente, di garantire a se stessa un'ampia mobilitazione, una certa stabilità politica interna e le condizioni per una sufficiente crescita economica. Come chiedere la Luna.

UE serva degli USA

Scrive Laura Ru sul suo canale Telegram:
Se volete un esempio dell'*harakiri* politico commesso dalla UE in Medio Oriente, area d'interesse strategico per l'Europa, basta guardare al viaggio di Ursula von der Leyen e Roberta Metsola in Israele.

La VdL ha dichiarato che l'Unione Europea è al fianco di Israele "oggi e nei prossimi giorni" e "nelle prossime settimane". L'UE poteva offrire solidarietà al Paese dopo gli attacchi di Hamas, chiedere il rispetto del diritto internazionale, proporsi in un ruolo di mediazione per negoziare il rilascio degli ostaggi, alcuni dei quali di nazionalità europea oltre che israeliana.

Invece il duo VdL e Metsola ha preferito precipitarsi a Tel Aviv per offrire sostegno incondizionato a Israele, impegnato in una rappresaglia genocida che viola il diritto internazionale e nega alla radice gli stessi valori che l'UE sostiene di rappresentare.

Appare chiaro che a Bruxelles regna il caos. VdL e Metsola non hanno il potere di definire la politica estera dell'Unione, né il mandato degli Stati membri dell'UE, che sono divisi sul conflitto israelo-palestinese.

Eppure si sono mosse per fare danni su suggerimento di qualcuno. E questo nonostante che negli anni passati la UE abbia diretto verso Gaza e la Cisgiordania milioni di euro di aiuti. Un investimento bruciato, visto che ora la UE ha perso qualsiasi credibilità, accelerando la sua totale irrilevanza sullo scacchiere geopolitico.

[16] Che succede ai piani alti d'Israele?

Ai piani alti del governo di Tel Aviv, compresi il premier Netanyahu e il ministro della Difesa Yoav Gallant, si sta pensando a come sfruttare in pieno la collaborazione con Hamas, che anche se non è diretta, è di sicura indiretta, attraverso gli infiltrati, come succedeva in Italia al tempo delle Brigate Rosse.

Da tempo è noto che Hamas, che i suoi aderenti di base lo sappiano o no, è servito per costruire un'opposizione controllata di natura violenta che potesse sostituire l'OLP di Arafat ed emarginare completamente al-Fatah.

La radicalizzazione dell'opposizione a Israele è sempre stata usata dal governo del demagogo estremista Netanyahu come pretesto per poter lanciare periodici attacchi contro la striscia di Gaza, che colpiscono prevalentemente i civili, checché ne pensino gli occidentali.

Israele sa tutto di Hamas. Conosce i nomi dei loro leader e soldati. Conosce i luoghi dove si nascondono e potrebbe distruggerli in qualsiasi momento.

Ma il disegno del messianico e apocalittico Netanyahu è un altro, quello di realizzare una Grande Israele, che si annette non solo Gaza e la Cisgiordania e Gerusalemme est, ma anche molti territori dei limitrofi Stati arabi. Il suo sogno è quello di costruire uno Stato che va dal Nilo all'Eufrate.

In questo piano imperialista lo spregiudicato Netanyahu e dei suoi sodali della setta sionista dei Chabad Lubavitch, considera Israele il "popolo eletto ed eterno" che non potrà mai morire. Persino gli Stati Uniti, nella sua follia, sono soltanto una specie di Assiria o di Babilonia, di Grecia o di Roma dei giorni nostri. E quindi destinati ad avere un tempo limitato.

Siamo quindi di fronte a una logica non molto diversa da quella che l'11 settembre del 2001 consentì a George Bush e al gruppo di sionisti neocon che governava la sua amministrazione d'invadere l'Iraq e l'Afghanistan attraverso il falso pretesto che bin Laden, aiutato dai talebani e da Saddam Hussein, avesse attaccato le Torri Gemelle.

Tuttavia il mondo intero, quello non occidentale, è stufo di queste assurde narrazioni e comincia a prepararsi a uno scontro epocale, in cui si farà persino fatica a fare uno scambio di prigionieri.

Secondo step

Allora, dopo il primo *step*, in cui i servizi segreti israeliani[4], d'accordo con quelli americani, han chiuso un occhio sulla sortita squadristica di Hamas, quale può essere il secondo *step* di queste due democrazie farlocche (USA e Israele) per scatenare una bella guerra in Medioriente, paragonabile a quella in Ucraina, dove centinaia di migliaia di persone finiranno sotto terra? Qui si fa a gara a chi è più furbo a fare il terrorista, e in tal senso le due suddette democrazie sono imbattibili: hanno tutti gli strumenti mediatici che vogliono, grandissimi mezzi militari, molti uomini pronti a combattere e moneta fiat *ad libitum*.

Ci vuole un altro attacco *false flag*, una specie di incidente del Tonchino, di vietnamita memoria (1964). Questa volta contro qualche nave americana attraccata ai porti d'Israele. Basterà forse il siluro di un sottomarino, fatto passare per russo, visto che la Russia ha la flotta stazionata dal 1971 nel porto siriano di Tartus? O basterà un missile lanciato da Hezbollah (previa naturalmente una certa provocazione)? Un missile che magari devasta la base UNIFIL in Libano...

È una bella tentazione per Netanyahu, soprattutto se non riesce a impadronirsi quanto prima dell'area settentrionale di Gaza, cacciandone il milione di cittadini che la popolano. Ma è una tentazione ancora più grande per la NATO, che deve rifarsi dello smacco subìto nella suddetta Ucraina, dove ha perso un territorio grande quanto il Portogallo e dove

---

[4] Israele ha almeno tre principali agenzie di *intelligence*: lo Shabak, noto anche come Shin Bet, che si occupa di sicurezza interna; l'Aman, l'*intelligence* militare e il famoso, o famigerato, Mossad, che si dedica alla sicurezza esterna del Paese.

tra un po' Kiev sarà costretta alla resa incondizionata.

Il problema però è che non siamo più all'età della pietra: cioè le guerre sostenute da Israele dal 1948 al 1973 non possono essere minimamente paragonate con quella che potrebbe accadere oggi. In questo momento, se si svolgesse una guerra con armi convenzionali, Israele non avrebbe alcuna possibilità di successo, almeno non senza l'aiuto esplicito e diretto della NATO, poiché sa benissimo che Iran e Libano (Hezbollah) e Siria non starebbero a guardare (e forse neppure Egitto, Arabia Saudita e altri Paesi del Golfo). Senza la NATO potrebbe vincere solo se facesse ricorso al nucleare. Cosa che l'occidente, storcendo un po' il naso, approverebbe, ma con quali conseguenze? Russia, Cina, India, Pakistan e tutti gli altri Paesi nuclearizzati starebbero a guardare?

L'altro problema è che negli USA ci sono le elezioni il prossimo anno: è il caso che il Partito democratico si presenti dopo aver scatenato una guerra mondiale in Medioriente? Con tanto di marines morti? Sì, forse è il caso, se riescono a trasformare una ridicola democrazia in un'aperta dittatura militare.

Esercitazioni nucleari al momento giusto

Certo, in questo momento l'Italia aveva assolutamente bisogno di partecipare a un'esercitazione nucleare della NATO nel Mediterraneo: la *Steadfast Noon* (Mezzogiorno costante) dal 17 al 26 ottobre coi bombardieri a lungo raggio B-52 che partiranno dalle basi di Aviano, Ghedi, Amendola, Gioia del Colle e Trapani.

Esercitazione nucleare, non convenzionale, beninteso. Perché "la NATO – spiega Stoltenberg a chi ancora ne dubitasse – contribuisce a garantire credibilità, efficacia e sicurezza del nostro deterrente nucleare e invia il messaggio chiaro che la NATO difende tutti gli Alleati".

Quale alleato in questo momento ha bisogno di sapere che, siccome si sente seriamente minacciato da qualche Stato, verrà difeso dalla NATO fino al ricorso del nucleare? Uno lo sappiamo: è l'Ucraina, che se anche non fa parte dell'Alleanza, molto presto lo sarà, anzi, in un certo senso lo è già, visto che siamo in presenza di una guerra per procura.

Ma qual è l'altro Paese che ha bisogno di un'assistenza nucleare? Israele, è ovvio. Che anche se non fa parte della NATO, resta il miglior alleato degli USA. E noi possiamo forse pensare che se la sua esistenza fosse seriamente minacciata, gli USA non l'aiuterebbero con tutti i mezzi militari a disposizione? Cosa andrà a fare Biden i prossimi giorni a Tel Aviv?

Israele non è nella NATO soltanto perché non vuole dichiarare esplicitamente che è un Paese nucleare e quante bombe possiede.

Intanto speriamo che nel Mediterraneo non capiti in quei giorni uno strano incidente. Ne abbiamo avuto abbastanza di Ustica.

[17] Perché meravigliarsi dei gesti estremi?

Supponiamo che Hamas sia soltanto una costola dei Fratelli Musulmani. Cioè supponiamo che siano soltanto dei radicali, finanziati e armati dal Qatar, dall'Iran e da chissà chi. Supponiamo che nel lager di Gaza abbiano avuto la meglio su tutti gli altri partiti palestinesi proprio perché quello è un lager, dove l'esistenza è così precaria che un cittadino qualunque pensa che nei confronti di Israele ci voglia meno diplomazia e più azioni di forza, proprio perché Israele non intende ragioni e non rispetta gli accordi che firma. Insomma supponiamo che la sortita armata dai contorni terroristici sia stata organizzata, per quanto inverosimile, all'insaputa d'Israele.

Ora chiediamoci: al cospetto della reazione sproporzionata e bestiale del governo di Netanyahu, la popolazione di Gaza aumenterà o diminuirà il proprio radicalismo? Si spaventerà o diventerà più coraggiosa? Se si rifugerà in Europa occidentale sarà più o meno propensa ad assumere atteggiamenti estremistici? E Hamas vedrà calare o crescere il proprio consenso politico? E il mondo non occidentale, che da tempo si chiede perché nessuno faccia rispettare a Israele le risoluzioni dell'ONU, si metterà ancora di più o di meno dalla parte della Palestina?

In altre parole: da quell'anno assurdo del 1948, quando l'ONU ha permesso la rinascita dello Stato d'Israele (dopo quasi 2000 anni che non esisteva più) togliendo territori a una popolazione già residente, il tempo trascorso ha portato i palestinesi a rassegnarsi oppure li ha esasperati sempre di più? Questo tempo è passato invano, uguale a se stesso, oppure è aumentata la consapevolezza di un intollerabile atteggiamento violento, cleptocratico, fondamentalmente razzista dei sionisti? Non si è forse capito una volta per tutte che i sionisti possono fare gli arroganti nei confronti di tutti i Paesi limitrofi proprio perché sanno di essere protetti dagli americani, che in sostanza son come loro su scala globale?

Dunque come si risolve la crisi mediorientale di cui Israele costituisce la causa scatenante? Le proposte sul tavolo non sono molte:

- due Stati per due popoli, sulla base della ripartizione territoriale antecedente al 1967 (guerra dei Sei giorni);

- una nuova guerra contro Israele da parte degli Stati islamici coalizzati tra loro;

- embargo su tutti i prodotti israeliani;

- isolamento diplomatico internazionale di questo Paese.

Se dopo 4000 anni di storia gli ebrei non riescono a capire che si è più sicuri nella pace che non nella guerra, bisogna che qualcuno glielo faccia capire con ciò che loro amano di più: l'uso della forza.

Forse una lancia a favore d'Israele sarebbe possibile spezzarla a condizione che una guerra civile interna faccia pulizia degli elementi più fondamentalisti e guerrafondai.

Interpretare alla rovescia

Joe Biden ritiene che un'occupazione israeliana di Gaza sarebbe "un grosso errore, perché Hamas e gli elementi estremi di Hamas non rappresentano tutto il popolo palestinese".

Poi ha aggiunto: "Hamas deve essere completamente eliminato, ma deve esserci anche una strada verso uno Stato palestinese. Ma non penso che Israele perseguirà questa strada in questo momento, anche se Israele sa che una parte significativa del popolo palestinese non condivide le opinioni di Hamas e Hezbollah".

Dunque ricapitoliamo. Siccome sappiamo che gli statisti americani han la lingua biforcuta, in sostanza avrebbe detto: Israele fa bene a sterminare Hamas, anzi dovrebbe eliminare per sempre anche le milizie di Hezbollah. Se non ci riesce da sola, l'aiuteremo noi. Il problema però è che bombardando Gaza con gli aerei o i droni o entrando coi carri armati e le truppe, molti civili ci rimetteranno la pelle, e noi americani non vogliamo apparire come quelli che hanno spinto Israele al massacro. Pertanto dichiariamo in anticipo che entrare a Gaza è un errore, non perché Hamas potrebbe uccidere gli ostaggi o perché potrebbero entrare in guerra altri Stati, ma perché il diritto internazionale ci chiede di far almeno finta d'essere democratici (questa è una lezione che qualunque Stato autoritario dovrebbe conoscere).

Però possiamo capire Israele, perché con quello che ha subìto, difficilmente non occuperà Gaza, e se le forze sioniste non si comporteranno in maniera corretta, le giustificheremo. Anzi è possibile che, proprio grazie ai loro errori, si potrà effettivamente eliminare l'estremismo islamico e permettere ai sionisti di allargare i confini del proprio Stato. Si potrà anche costruire coi palestinesi moderati un piccolo Stato per loro.

[18] Io nel pensier mi fingo

Mettiamoci nei panni di un terrorista di Hamas. Naturalmente lui si considera un guerrigliero, un partigiano, un patriota combattente, e pensa che l'appellativo di terrorista andrebbe rivolto ai sionisti.

Questo movimento resistenziale sunnita e fondamentalista non è solo politico ma anche militare. Cioè i suoi aderenti pensano che per liberarsi del lager in cui Gaza vive, non sia sufficiente la politica e la diplomazia, ma occorra anche la lotta armata, senza la quale – lo si vede bene in Cisgiordania – non si è in grado d'impedire alcun esproprio, alcuna colonizzazione.

Dunque, in quanto miliziano di Hamas penso che di tanto in tanto sia giusto provocare Israele lanciando missili da Gaza, proprio per far capire ai sionisti che i palestinesi non sono pecore destinate al macello. Ad un certo punto però penso che lanciare qualche razzo, che viene immancabilmente intercettato dalla potente contraerea nemica, non sia più sufficiente.

Questa volta mi preparo per una sortita in grande stile. Siamo in molti (circa 30.000), possiamo usare non solo tanti missili, ma anche deltaplani a motore, varie armi di precisione e bulldozer per fare una breccia in quell'infame muro che fa da confine. Certo non ho cannoni, obici, artiglieria semovente, carri armati, ma soltanto armi sufficienti per attaccare i kibbutz, catturare i loro abitanti e portarli a Gaza per uno scambio di prigionieri, perché Israele tiene molti dei nostri nelle sue carceri.

Ora che senso ha che un miliziano di Hamas faccia un ragionamento di questo genere? Come può non sapere che la reazione di Israele sarà molto al di sopra dell'umana comprensione? Possibile che nella sua frustrazione di recluso in casa propria sia così ingenuo da credere di avere qualche possibilità di realizzare i propri obiettivi sottovalutando la reale forza del nemico?

Quindi qui le alternative sono due: o questo attacco terroristico è avvenuto col consenso implicito del governo di Netanyahu, bisognoso di un'occasione buona per sopravvivere nella propria profonda corruzione (in stile yankee), oppure abbiamo a che fare con un movimento di persone immature, che si sono illuse di poter far leva su qualcosa di inedito o di importante, senza pensare che per i propri obiettivi occorreva ben altra organizzazione e strategia.

Supponiamo vera la seconda. Quale fatto li avrebbe indotti a sperare contro ogni speranza? Forse più di uno: la fine delle ostilità tra iraniani e sauditi grazie alla mediazione russo-cinese; la fine del petrodollaro sancita dai sauditi; l'accresciuta potenza dell'esercito di Hezbollah, grazie al sostegno di alcuni Paesi islamici; la fine della guerra tra sauditi e yemeniti; la tenuta del governo di Assad e la sua riammissione nella Lega Araba; la presa di distanza della Turchia dalle decisioni antirusse della NATO; il fallimento degli Accordi di Abramo ai fini della realizzazione della pace; la capacità del governo iraniano di tener testa alle provocazioni, minacce, sanzioni americane e sioniste; la nascita di un mondo multipolare rappresentato dai BRICS+; il possibile shutdown USA il 17 novembre; il tentativo di *impeachment* a carico di Biden. O che altro?

Hamas ha pensato che ci sarebbe stata grande solidarietà da parte di tutto il mondo islamico, e non solo di quello mediorientale.

Questa speranza era giustificata? I fatti cosa dimostrano? Se anche ottenesse qualche risultato, il metodo che Hamas ha scelto può essere considerato adeguato? Personalmente ritengo di no, e questo a prescindere dal fatto che i servizi segreti d'Israele abbiano creato una trappola per occupare Gaza. Mi ricorda troppo da vicino il fallimento della rivolta nel ghetto di Varsavia, che gli ebrei vollero fare senza coordinarsi con l'arrivo dei sovietici (salvo poi accusare gli stessi sovietici di averli fatti massacrare apposta!).

Gli ultimi fotogrammi

Stando ai dati dell'ONU (Ufficio per gli affari umanitari) tra il gennaio 2008 e il 6 ottobre 2023 (dunque un giorno prima di quest'ultima tragedia) sono stati uccisi 6.407 civili palestinesi e 308 civili israeliani. E si tratta solo di civili, in quanto soldati e miliziani vengono conteggiati a parte.

Un dato che al *mainstream* occidentale non è mai interessato. A noi infatti basta vedere l'ultima parte del film, quella più truce, così possiamo reagire su due piedi. Per il resto ci piace la bella vita e la cronaca mondana.

Pochi accettano l'idea che se vengono uccisi quasi 7.000 civili in pochi anni, se milioni di persone in Cisgiordania sono soggette a furti di territori e tribunali militari da oltre mezzo secolo, se ci sono 2,3 milioni persone nella Striscia di Gaza (con 6.000 ab./kmq) che han problemi per accedere ai servizi più elementari, è impossibile che prima o poi non scoppino manifestazioni violente.

Paradossalmente in occidente si ha questo atteggiamento contraddittorio: da un lato non si fa nulla per impedire questi periodici bagni di sangue; dall'altro si diffonde la narrativa che gli islamici fanno paura perché vi sono troppi profughi, hanno idee fanatiche che li portano facilmente ad ammazzare qualcuno, possiedono una cultura medievale, usi e costumi barbarici, e così via, tra un luogo comune e un pregiudizio più o meno razzistico.

Gli israeliani invece li consideriamo più civilizzati, più vicini a noi, a parte le loro fissazioni di natura religiosa.

Eppure l'anno scorso vi sono stati in Cisgiordania più omicidi che negli ultimi due decenni. Infatti circa il 60% dei soldati israeliani è dispiegato in questa regione col compito di proteggere i coloni che vivono nelle profondità dei territori palestinesi occupati. Si badi che sono tutti coloni armati, fondamentalmente razzisti e cleptomani. Nessuno li obbliga ad andare a vivere proprio lì. Non sono perseguitati nei Paesi da cui provengono.

Comunque a noi occidentali non interessa cosa fanno i popoli, ma cosa fanno gli statisti. E il governo di Netanyahu parla chiaro: vuole annettersi Gaza, Cisgiordania e Gerusalemme Est per fare d'Israele una grande nazione. Per realizzare questo obiettivo ha ben pensato di subordinare la giustizia alla politica, il diritto alla forza.

Quando, poco tempo fa, ha presentato all'ONU una mappa di un nuovo Medio Oriente incentrato su Israele e i suoi nuovi partner arabi, i territori dei palestinesi non erano neppure contemplati. I migliori palestinesi per lui o sono morti o sottomessi all'interno di uno Stato ebraico confessionale.

Esiste anche un PC israeliano

Il partito comunista d'Israele ha orrore del proprio governo, definito, senza mezzi termini, "fascista".

Ha orrore anche dei coloni israeliani, che profanano i luoghi sacri dei palestinesi e compiono pogrom contro di loro.

Governo e coloni si stanno muovendo con spirito di vendetta, e saranno i civili palestinesi a pagarne le conseguenze.

Il partito ritiene che se non s'interverrà presto contro questo governo, una guerra regionale sarà inevitabile.

La soluzione della crisi sta quindi nel porre fine all'occupazione israeliana dei territori palestinesi, riconoscendo i diritti legittimi di questo popolo. Insistere su una pace giusta è nel chiaro interesse di entrambi i popoli.

La comunità internazionale non può semplicemente essere indotta a intervenire per evitare ulteriori stragi che i sionisti possono compiere contro i palestinesi. Ci vuole una soluzione di più ampio respiro, che garantisca sicurezza a tutti. E col governo Netanyahu è impossibile ottenere una soluzione del genere, proprio perché si basa su concetti come occupazione, discriminazione e superiorità etnica.

[19] Cessare il fuoco? Neanche per idea!

Con 5 membri a favore e 4 contrari, il Consiglio di Sicurezza dell'ONU ha respinto la risoluzione della Federazione Russa che chiedeva un immediato cessate il fuoco umanitario nella crisi israelo-palestinese in corso.

La risoluzione condannava tutte le violenze e le ostilità dirette contro i civili e tutti gli atti di terrorismo; chiedeva anche il rilascio sicuro di tutti gli ostaggi e la fornitura e distribuzione senza ostacoli di assistenza umanitaria, compresi cibo, carburante e cure mediche.

La bozza di risoluzione è stata sostenuta dalla Cina e da tre membri non permanenti, tra cui Gabon, Mozambico ed Emirati Arabi Uniti. Hanno votato contro le delegazioni di Francia, Giappone, Stati Uniti e Regno Unito, mentre i restanti sei membri del Consiglio si sono astenuti dal voto.

Chi si astiene, in casi del genere, è colpevole, moralmente, come chi è contrario. Da qui si capisce come le azioni d'Israele facciano parte di una strategia più grande, che appartiene all'occidente collettivo, volta a destabilizzare l'intero pianeta.

Chiunque infatti sarebbe stato in grado di capire che senza un cessate il fuoco sono impossibili l'apertura di corridoi umanitari e il rilascio sicuro di tutti gli ostaggi.

Le potenze occidentali si sono rifiutate di approvare la risoluzione perché non veniva esplicitato che tutta la colpa della crisi umanitaria ricade su Hamas e che Israele ha diritto a difendersi.

Ancora una volta di un film lungo 75 anni si vogliono guardare solo gli ultimi 5 minuti. Non solo, ma per un puntiglio ideologico si mandano di sicuro a morte altri civili innocenti e forse gli stessi prigionieri. Il diritto alla difesa diventa solo un'esigenza di vendetta indiscriminata.

A Gaza in una decina di giorni sono state ammazzate circa 3.500 persone (di cui oltre 1.000 bambini). In Ucraina in 20 mesi i civili morti sono meno di 10.000. In proporzione se la guerra a Gaza dovesse durare lo stesso periodo, dovremmo avere quasi 213.000 morti, che poi in un territorio dove la densità media è di 6.000 ab./kmq sicuramente sarebbero di più.

Persino l'ONU lo dice

L'Ufficio per i diritti umani delle Nazioni Unite ha affermato che l'assedio di Gaza da parte d'Israele e il suo ordine di evacuazione per il nord dell'enclave potrebbero equivalere a un trasferimento forzato permanente di civili e costituire una violazione del diritto internazionale.

A fronte di almeno 400.000 sfollati interni, accolti in varie località, l'OHCHR ricorda che, secondo il diritto internazionale, "qualsiasi evacuazione temporanea legittima da parte di Israele, in quanto potenza occupante, di una determinata area sulla base della sicurezza della popolazione o per imperativi motivi militari, debba essere accompagnata dalla fornitura di alloggi adeguati per tutti gli sfollati, effettuata in condizioni soddisfacenti di igiene, salute, sicurezza e nutrizione".

Tuttavia Israele non ha fatto assolutamente nulla per garantire ai

1,1 milioni di civili evacuati a Gaza un alloggio adeguato, nonché condizioni soddisfacenti di igiene, salute e sicurezza e nutrizione. Pertanto si dà per scontato che Israele debba essere incriminato per la deportazione permanente della popolazione di Gaza. Nessuno può compiere un trasferimento forzato di civili da un luogo a un altro. Anche la Corte Penale Internazionale conosce questo crimine contro l'umanità. Come mai non dice nulla?

Peraltro quanti sono riusciti a rispettare l'ordine di evacuazione, sono ora intrappolati nel sud della Striscia di Gaza, con scarsi ripari, scorte alimentari in rapido esaurimento, accesso scarso o nullo all'acqua pulita, ai servizi igienico-sanitari, alle medicine e ad altri beni di prima necessità. Questo perché l'Egitto non vuole nel proprio territorio più di un milione di rifugiati.

Su questa situazione di catastrofe umanitaria senza precedenti, come mai l'ONU non ha ancora espresso alcuna condanna?

E che dire del fatto che le forze militari sioniste si permettono di ordinare l'evacuazione di un ospedale? Non lo sanno che ordini del genere non si potrebbero dare neppure se si sapesse con certezza che nell'ospedale si nascondono dei terroristi? Non lo sanno che obiettivi del genere sono assolutamente interdetti all'aviazione o a dei bombardamenti a distanza?

I sionisti si vantano d'essere molto più evoluti dei palestinesi, ma su queste cose elementari si comportano come degli arroganti analfabeti.

[20] Liberare i prigionieri senza condizioni

Il coordinatore delle comunicazioni strategiche del Consiglio di sicurezza nazionale della Casa Bianca, John Kirby, ha dichiarato in un'intervista a "Fox News" che gli Stati Uniti non hanno intenzione di essere coinvolti nel conflitto israelo-palestinese. Tuttavia, non ha escluso che le loro forze armate possano essere utilizzate per liberare gli americani catturati dai palestinesi, il cui numero non è ben chiaro. Sanno solo che i loro morti sono 27.

Dunque ecco perché hanno inviato due portaerei. Sembravano sapere in anticipo che Hamas, con la sua sortita, avrebbe catturato degli americani. Non era solo per dissuadere Hezbollah dal compiere un passo falso. Gli USA, belligeranti per definizione, non possono sopportare l'idea che alcuni loro cittadini vengano tenuti in ostaggio all'estero. Sarebbe una vergogna insopportabile. Quindi se non vengono rilasciati spontaneamente, un intervento armato è assicurato, proprio perché gli USA non trattano coi terroristi. Se ne prendono uno, lo fanno marcire in prigione per il resto della sua vita, facendolo lavorare come uno schiavo e sottoponendolo a vari esperimenti. È questa la loro pedagogia: puoi fare quello che vuoi, ma se sbagli anche una sola volta e non hai milioni di dollari da spendere con gli avvocati, sei un morto che cammina.

Tuttavia la frase "liberare i prigionieri senza condizioni" in Italia l'abbiamo già sentita. La disse Paolo VI durante la prigionia di Aldo Moro, e sappiamo come andò a finire.

Due generali polacchi rimossi

Il presidente della Polonia, Duda, ha accettato le dimissioni del capo di stato maggiore dell'esercito, Raimund Andrzejczak, e del comandante operativo delle forze armate della repubblica, generale Tomasz Piotrowski, per negligenza in occasione della caduta di un missile ucraino Kh-55 nella zona della città di Bydgoszcz, nel dicembre 2022, il cui volo non era stato tracciato dalla difesa aerea del Paese. Fu ritrovato nell'aprile successivo.

Due generali rimossi per una scemenza del genere? Il missile finì in terra polacca solo per sbaglio, pur avendo volato per centinaia di chilometri. Il fatto è che avrebbe potuto contenere una testata nucleare. All'inizio i polacchi avevano subito detto ch'era un missile russo.

La ratio di Orsini è impeccabile

Il professore Alessandro Orsini, su "Il Fatto Quotidiano", ha sottolineato i doppi standard del nostro governo: "La retorica della Meloni sulla Palestina contraddice la retorica della Meloni sull'Ucraina. La Meloni ha sempre affermato che la guerra in Ucraina si risolverà con il ritiro immediato e incondizionato dei russi dai territori occupati. I musulmani, compresa l'Arabia Saudita, si sono chiesti perché la Meloni non offra la stessa conclusione a Netanyahu. Se gli ucraini occupati hanno il diritto di sparare ai soldati russi occupanti, perché i palestinesi occupati non hanno il diritto di sparare ai soldati israeliani occupanti? Si sosterrà che Hamas ha sparato contro i cittadini israeliani. Ma ormai da otto anni il governo di Kiev spara sulla popolazione civile russa nel Donbass".

Aggiungo che è difficile pretendere coerenza da parte di un governo che non ha alcuna autonomia di pensiero: ragiona con la testa degli americani, i quali non sono mai stati interessati alla coerenza intellettuale. Loro ragionano con la pistola fumante sul tavolo.

Rappresaglia in stile nazista

Israele sta facendo una rappresaglia in stile nazista, cioè probabilmente si fermerà quando per ogni ebreo ucciso avrà eliminato almeno una decina di palestinesi e requisito una parte dei loro territori. Non sia mai che a Israele una qualunque guerra non giovi anche dal punto di vista materiale.

Se ne sono accorti sei relatori speciali delle Nazioni Unite (tra cui la nostra Francesca Albanese, esperta in diritti umani in Palestina), che hanno accusato Israele d'aver commesso crimini contro l'umanità a Gaza, dopo 16 giorni di assedio, in quanto esiste un "rischio di genocidio".

"Non ci sono giustificazioni per questi crimini, e siamo inorriditi dalla mancanza di azione da parte della comunità internazionale di fronte a questa guerra", han detto.

Hanno aggiunto che la popolazione di Gaza, di cui la metà dei 2 milioni di abitanti sono bambini, ha già sofferto decenni di occupazione illegale, sopportato 16 anni di blocco e ora si trova ad affrontare "un assedio totale, insieme a ordini di evacuazione impossibili da rispettare". Tutto ciò viola il diritto internazionale.

Altri due relatori han sottolineato che le misure antiterrorismo adottate da Israele "non possono servire come base per infrangere il diritto internazionale". "Gli atti terroristici, per quanto orribili, non giustificano crimini di guerra o crimini contro l'umanità".

In questo senso l'ordine di evacuazione di Gaza, che ha colpito 1,1 milioni di persone, "avrà conseguenze devastanti", così come la privazione dell'acqua potabile e dell'elettricità.

Naturalmente i relatori condannano anche la sortita terroristica di Hamas. Evitano però di condannare la stessa organizzazione che paga queste relazioni, cioè l'ONU, che dal 1948 ad oggi si è semplicemente limitata a emanare delle risoluzioni senza accompagnarle ad alcuna iniziativa concreta.

I limiti delle religioni

A volte mi chiedo se gli ebrei siano in grado di gestire uno Stato politico, che pretenda d'essere democratico e pluralista. Dico questo perché il fatto d'aver subìto la Shoah, per non parlare dell'antisemitismo per molti secoli, sembra non aver insegnato niente.

Ovviamente mi riferisco agli ebrei al potere, cioè ai sionisti, non agli ebrei in generale, laici o religiosi che siano.

La cultura ebraica è immensa, non c'è alcun dubbio. Ma oggigiorno l'opposizione di questa cultura alla gestione autoritaria del potere politico in Israele è assolutamente inadeguata. Sembra che gli ebrei di tutto il mondo, quando vedono che lo Stato d'Israele è, per qualche grave motivo, oggetto di contestazione, temano che ogni loro eventuale critica possa indebolirlo ulteriormente. Temono di passare per "traditori" e di fare un favore all'avversario principale dell'ebraismo in Palestina: l'islam.

Che poi anche gli islamici non è che siano dei gran campioni di democrazia nei loro Paesi. Anche i loro, generalmente, sono Stati confessionali, chi più chi meno. Quale ateo o agnostico o credente in una fede opposta a quella dominante o anche solo diversa dalle tre monoteistiche andrebbe a vivere volentieri nei loro Paesi? In genere lo si fa solo per esigenze di lavoro.

Una delle grandi differenze tra ebraismo e islam è che le enormi contraddizioni create dall'occidente col proprio colonialismo hanno indotto decine di milioni di persone ad adottare un ebraismo semplificato, appunto l'islam, in funzione antioccidentale.

Ebraismo e islam sono due religioni politicizzate, di protesta contro la civiltà occidentale. Almeno storicamente sono state così. Oggi però sarebbe assurdo sostenerlo. E non solo perché spesso la finanza mondiale è in mano a soggetti di origine ebraica, e non solo perché i Paesi produttori di petrolio sono spesso uno dei centri del capitalismo mondiale, ma anche perché è la religione in sé che ormai non conta più nulla, essendo solo un mero strumento di potere o una rivendicazione identitaria dei ceti marginali, per lo più soggetta a strumentalizzazioni politiche.

In teoria ebraismo e islam potrebbero anche allearsi contro di noi occidentali, ma per nostra fortuna non lo fanno mai. Anzi quando è in gioco l'idea di benessere materiale, fanno presto, ebrei ed islamici, ad accordarsi con qualche Stato occidentale, che pur nel passato ha rappresentato per loro una politica genocidaria, uno spirito di crociata, un'ambizione colonialistica.

Sappiamo che gli ebrei cacciati dall'Europa cattolica aiutarono gli islamici ottomani ad abbattere l'impero bizantino, ma queste forme di collaborazione non sono così frequenti. Un'altra clamorosa si ebbe quando gli ebrei perseguitati dai cattolici aiutarono i calvinisti olandesi a trasformare il loro Paese in una grande potenza capitalistica e colonialistica.

Questo per dire che lo sviluppo del capitalismo è trasversale a tutte le religioni, per cui non si può certo dire che la civiltà cristiana sia migliore delle altre due. Anzi, dovremmo dire che il capitalismo è frutto di un matrimonio tra cristianesimo e borghesia: un'alleanza che ha condizionato il mondo intero e che, sviluppandosi laicamente col passare dei secoli, ha inventato concetti formali come democrazia parlamentare, Stato democratico, integrità nazionale, diritto naturale, separazione dei poteri, ecc.: tutti ossimori privi di senso, vere e proprie contraddizioni in termini.

Solo in apparenza il mondo è in mano a tre intolleranti religioni esclusivistiche, che fanno sempre molta fatica a convivere pacificamente tra loro. Di fatto tutti i credenti di queste tre confessioni tendono a scimmiottare uno stile di vita borghese, di marca occidentale, in cui il denaro è l'unico vero dio da adorare. E questa realtà condiziona anche i credenti di altre confessioni e naturalmente anche i non credenti.

Sappiamo bene che queste son tutte generalizzazioni che lasciano il tempo che trovano. Servono solo a capire che al giorno d'oggi sarebbe bene tenere separata la religione dalla politica, e soprattutto sarebbe bene che quando si parla di democrazia e di valori umani ci fosse coerenza tra teoria e pratica, quella coerenza che nessuna religione è in grado di garantire.

[21] Dire a nuora perché suocera intenda

È molto probabile che le stragi di civili che Israele sta facendo a Gaza non abbiano solo come obiettivo quello di occupare l'area settentrionale di questa *exclave*, ma anche di ridefinire i confini marittimi col Libano.

Questo perché c'è di mezzo lo sfruttamento dei giacimenti gasiferi del Mediterraneo. Israele e Libano sono sempre stati ai ferri corti, salvo quando han deciso di fare, nell'ottobre 2022, un accordo sul gas con la mediazione americana (e il consenso di Hezbollah): un accordo firmato dal premier israeliano Yair Lapid e dal presidente libanese Michel Aoun.

L'accordo doveva mettere fine a una lunga disputa riguardante circa 860 kmq del Mediterraneo, che copre i giacimenti di gas di Karish e Qana. Il primo si trova in acque israeliane; il secondo in quelle libanesi. Con l'accordo Israele potrà sfruttare il suo giacimento e prenderà delle *royalties* dallo sfruttamento di quello libanese.

Oggi, col governo Netanyahu la situazione è cambiata completamente. A lui l'accordo non piace per niente, perché vuol sfruttare per intero i due giacimenti trovati, di notevole portata e importanza non solo economica. Infatti Israele potrebbe accreditarsi come potenza mondiale energetica, raggiungendo persino l'autosufficienza.

Come noto, Karish è solo l'ultimo di una serie di giacimenti di gas ai quali Israele sta lavorando. Si stima che il solo giacimento Leviathan (il secondo più grande nel Mediterraneo dopo la scoperta nel 2015 del giacimento di Zohr al largo delle coste egiziane), scoperto a 130 km dalla città di Haifa nel 2010, contenga 535 miliardi di metri cubi di gas naturale. Nei primi anni 2000 gli israeliani scoprirono anche il bacino, più piccolo, Tamar, entrato in funzione nel 2013.

Israele, insieme a Cipro e Grecia, sta già costruendo il gasdotto mediterraneo EastMed, che dovrebbe connettere i giacimenti Leviathan e il cipriota Aphrodite con l'Europa, per 1/3 in terra e il resto in mare (in tutto quasi 2.000 km). La UE lo considera strategico e lo sta ampiamente finanziando, per rendersi totalmente indipendente dal gas russo.

Forte di queste grandi risorse economiche, Netanyahu non solo vuole ridefinire i confini marittimi col Libano (persino quelli terrestri sono ancora oggetto di disputa), ma soprattutto non vuol cedere nulla a Hezbollah, che potrebbe trarre vantaggi materiali da quell'accordo: vuole una guerra totale contro questa formazione militare, che ritiene di gran lunga più pericolosa di Hammas. Quindi è probabile che l'attacco a Gaza sia in realtà anche una provocazione per far scendere in campo Hezbollah.

Insomma dire a nuora perché suocera intenda.

Gaza c'entra maledettamente

Ma che c'entra Gaza con la questione energetica israeliana?

Con gli Accordi di Oslo del 1993-95 tra Israele e l'Organizzazione per la liberazione della Palestina (OLP), nel cui ambito sembrò attuarsi un primo riconoscimento di quest'ultima come entità giuridica rappresentante il popolo palestinese, si creò una "Maritime Activity Zone" al largo della Striscia di Gaza estesa 20 miglia verso il largo, aperta, nella parte centrale, alle attività di pesca e ricreative di battelli autorizzati dall'ANP (Autorità Nazionale Palestinese). Questa è la cosiddetta "zona L".

Però esistono anche le "zone K e M", che appartengono, esclusivamente alla Marina israeliana.

Siccome la "zona L" è più vicina a un importante giacimento gasifero del Mediterraneo, il Gaza Marine, che ricade al di là della ipotetica zona di pesca, e che fu trovato dalla compagnia britannica "British Gas" (BG Group), il governo di Netanyahu vuole anche quella zona. Diciamo anzi che, siccome non esiste uno Stato palestinese, il governo israeliano si è sentito autorizzato a imporre, nel 2009, un blocco navale anti-Hamas che ha ridotto la "zona L" a sole tre miglia dalla costa.

Gli Accordi di Oslo non citavano lo sfruttamento delle risorse energetiche dei fondali come diritto riconosciuto all'ANP. Semplicemente nel 1999 Arafat aveva concesso lo sfruttamento del giacimento di gas alla suddetta BG Group, in compartecipazione con una società greco-libanese (CCI) e a un fondo d'investimento palestinese (PIF).

Secondo il governo israeliano tale concessione giuridicamente non vale nulla, proprio perché la Palestina non è uno Stato. E se Hamas pensa di poter controllare quel giacimento, se lo scorda: quello è un gruppo terroristico che nessun Paese al mondo riconosce. E il fatto che sia stato eletto democraticamente non significa proprio nulla. E se quel giacimento non l'avrà Hamas, tanto meno l'avrà l'ANP che, quanto a potere contrattuale, è sotto zero.

Così ragiona Netanyahu. Ecco perché ha presentato all'ONU una mappa d'Israele in cui la Palestina non esisteva neppure!

Parlamento europeo impazzito

Incredibile: 419 deputati europei han votato contro il "cessate il fuoco umanitario" a Gaza, proposto da Manon Aubry, leader della sinistra al Parlamento europeo (The Left – GUE/NGL).

La risoluzione comprendeva anche la richiesta di eliminare il blocco su Gaza e il riconoscimento dei crimini di guerra israeliani.

Va notato che la condanna dei crimini di guerra di Hamas è stata votata da quasi tutti gli eurodeputati, compresi molti dello stesso gruppo parlamentare della sinistra.

Si rifiuta di credere che un "cessate il fuoco umanitario" possa essere un prerequisito per tutto il resto: il rilascio immediato degli ostaggi, la fine del blocco, la creazione di corridoi umanitari e il perseguimento dei crimini di guerra e dei criminali.

La Francia aveva già votato contro un "cessate il fuoco" umanitario al Consiglio di Sicurezza delle Nazioni Unite.

Insomma i sionisti non possono mai essere accusati di nulla, poiché il loro diritto all'autodifesa è sacrosanto, anche nel caso in cui violasse tutti i diritti internazionali e finisse per compiere un genocidio.

Non basta più

L'ex cancelliere tedesco, Gerhard Schröder, ha proposto in un'intervista al quotidiano tedesco "Berliner Zeitung" un suo piano di pace tra Russia e Ucraina. È composto di 5 punti:
- Rifiuto dell'Ucraina di aderire alla NATO.
- Bilinguismo dell'Ucraina.
- Autonomia del Donbass.
- Garanzie di sicurezza per l'Ucraina.
- Negoziati sullo status della Crimea.

Per me manca un punto fondamentale: la *denazificazione*. Il governo di Kiev deve dimettersi. Cioè dev'esserci una svolta in direzione della democrazia politica, in cui tutti i partiti si confrontano liberamente, e in cui i mass-media possano agire senza censure di sorta o controlli preventivi.

Inoltre il concetto di "autonomia del Donbass" è limitativo: questa regione fa già parte, *ope legis*, della Federazione russa. Semmai va riconosciuta l'autonomia ad altre minoranze etnico-linguistiche (rumeni, magiari, polacchi, armeni, ecc.). Anche la Crimea non ha bisogno di uno status particolare, poiché fa già parte della Russia.

Infine le garanzie di sicurezza per l'Ucraina non possono dipendere dai Paesi della NATO, che stanno ancora conducendo una guerra per procura.

Insomma Schröder è fuori tempo massimo.

[22] Un forum decisivo? Speriamo!

Il rappresentante della Turchia al vertice del Cairo sulla Palestina (voluto dall'Egitto) era abbastanza seccato. Ha detto che:
- qualsiasi sostegno a Israele e il suo potenziamento con le armi contribuisce all'occupazione (ovviamente si riferiva agli USA);
- Israele definisce assurdamente l'isolamento di due milioni di cittadini palestinesi come "lotta contro il terrorismo";
- la situazione in Palestina è sempre stata una tragedia, per cui non ci sono scuse per ciò che sta accadendo a Gaza.

Da notare che in questo forum stanno già litigando di brutto la delegazione araba con quella europea, per cui difficilmente ci sarà un comunicato congiunto finale. La stessa Giordania, che pur è alleata degli USA, non vuol neppure sentir parlare di "trasferimento forzato dei palestinesi dalla Striscia di Gaza". I giorni scorsi il re Abdullah II ha cancellato la visita di Biden ad Amman.

La Meloni ha già detto che "Il vero obiettivo di Hamas non è difendere il popolo palestinese, ma compromettere la pace". Lei sì che s'intende di difesa degli interessi nazionali! Lei sì che conosce il vero obiettivo di Hamas! Poi però ha dovuto ammettere che la Palestina ha diritto ad avere un proprio Stato, anche se "non a spese dell'esistenza e della sicurezza d'Israele".

Come al solito non sa quel che dice. Se alla Palestina si dà un proprio Stato riconoscendo Israele per come è messa adesso sul piano geografico e geopolitico, sarà uno Stato assolutamente ridicolo. Non ha capito che la sortita avventuristica di Hamas doveva servire per far capire che la Palestina non è disposta ad accettare Israele *as is*, cioè per come essa è in questo momento. Tant'è che chi parla di due Stati, si riferisce alla situazione antecedente al 1967 (che sarebbe comunque una soluzione di compromesso, non quella ideale).

Questo forum è importante, poiché vi saranno presenti oltre 30

Stati e numerose organizzazioni internazionali e regionali, nonché i maggiori esponenti politici del mondo.

Israele come l'Ucraina?

La Turchia non è mai scesa in campo contro Israele, ma se lo facesse, vincerebbe di sicuro. Una nazione di oltre 80 milioni di abitanti, che ha una buona coesione sociale interna, una cultura e una potenza militare ragguardevoli (anche nucleare), tali da guidare altri Stati islamici nel confronto coi sionisti, non può aver paura di niente. Non dimentichiamo che Erdoğan ha ribadito la necessità di una fondazione dello Stato palestinese sulla base dei confini stabiliti dall'ONU nel 1967. Che è una soluzione oggi irrealizzabile, utile giusto come provocazione per scatenare un conflitto contro i sionisti.

La rottura diplomatica dei due Paesi è iniziata nel 2010: solo di recente si è avviato un processo di normalizzazione.

In particolare per il governo turco la violazione della moschea di Al Aqsa e di Gerusalemme est costituiscono la linea rossa che lo Stato ebraico non deve varcare. E questa linea l'ha varcata più e più volte.

I turchi han sempre sostenuto in tutti i modi i palestinesi, schiacciati da 16 anni di embargo, anche dando rifugio ai leader di Hamas.

In una guerra regionale la Turchia può sicuramente schierare grandi eserciti e forze aeree dotate di armi moderne e presidiate da combattenti disciplinati e determinati. L'emergere di un'alleanza regionale musulmana sunnita, guidata da Ankara e finanziata dal Qatar, non può che far paura a Israele. Se poi vi si aggiungono Iran, Iraq, Siria, Arabia Saudita, Egitto e Libano, Israele rischia di scomparire dalle carte geografiche.

Netanyahu sta sottovalutando il nemico che gli sta di fronte, proprio come ha fatto Biden coi russi in Ucraina.

Sia gli USA che Israele stanno facendo, dall'inizio di questo millennio, errori su errori, compromettendo gravemente la tenuta della propria compagine statale, la stabilità interna, la loro credibilità nel mondo. Non si rassegnano al fatto che il mondo è plurale e che tutti hanno diritto ad avere un proprio spazio vitale. La forza del diritto deve subentrare al diritto della forza.

Si riparte coi test nucleari

Dopo aver visto che gli USA:
- non hanno mai rispettato il Trattato di non proliferazione delle armi nucleari, in quanto han dispiegato armi nucleari aeree in Belgio, Ita-

lia, Paesi Bassi, Turchia e Germania (ovest) dalla metà degli anni '50 del secolo scorso;

- si sono ritirati unilateralmente da 4 trattati relativi alle armi nucleari e non nucleari (Trattato ABM, Trattato INF, accordo nucleare con l'Iran e Trattato sul commercio delle armi);

- si sono rifiutati di ratificare 3 importanti trattati (CTBT, TPNW e Trattato CFE adattato);

- hanno violato palesemente altri 4 trattati multilaterali (TNP, New START, Trattato sui cieli aperti e BWC/CWC);

- si sono rifiutati di discutere con la Russia altri potenziali trattati (Trattato sulla proliferazione dei sottomarini, Trattato sulla sicurezza europea, Trattato sulla prevenzione del posizionamento di armi nello spazio extra-atmosferico);

dunque, dopo aver visto tutto questo, Mosca ha deciso di ritirarsi dalla ratifica del Trattato sulla messa al bando totale degli esperimenti nucleari.

Washington ha esultato, approfittandone subito per compiere un test di alta esplosività nel deserto del Nevada, dove ha utilizzato sostanze chimiche e radioisotopi. Non ha aspettato neppure che Putin convertisse in legge la proposta presentata alla Duma di Stato.

Il trattato era stato adottato nel 1996, dopo che URSS, USA e altre potenze nucleari avevano effettuato oltre 2.000 test durante la Guerra Fredda. Aveva lo scopo di vietare tutte le esplosioni nucleari nel mondo, anche se non era mai entrato pienamente in vigore, in quanto doveva essere ratificato formalmente da USA, Cina, India, Pakistan, Corea del Nord, Israele, Iran ed Egitto. In attesa che lo fosse l'URSS aveva dichiarato che non avrebbe ripreso i test se non l'avessero fatto neppure gli USA.

Da allora in effetti le due superpotenze non avevano compiuto prove direttamente sulle testate, ma si erano limitate a condurre i cosiddetti "esperimenti subcritici", senza usare la quantità di materiale atomico necessaria per sostenere una reazione a catena.

Ora invece siamo tornati al tempo di Oppenheimer.

D'altra parte Putin aveva già mobilitato le forze nucleari del suo Paese poco dopo l'inizio del conflitto in Ucraina, temendo l'uso dell'arma atomica da parte della NATO. Non per nulla gli USA si sono dichiarati pronti a due guerre simultanee con la Russia e la Cina, compresa una guerra nucleare.

La dottrina nucleare russa consente l'uso di armi del genere solo se lo Stato si trova ad affrontare una "minaccia alla sua esistenza", quindi come colpo di ritorsione. Putin ha già inviato alcune armi nucleari tattiche al suo alleato bielorusso. Inoltre ha già dichiarato di aver testato con successo un missile da crociera a propulsione nucleare, chiamato Zirkon, una delle 7 armi in cui la Russia ha un chiaro vantaggio sugli USA.

Apocalisse finanziaria

In tempi di crescenti rischi geopolitici, i capitali di solito fuggono verso gli USA. Cioè gli investitori trasferiscono i loro soldi in titoli di stato sicuri. Ma questa volta sta accadendo il contrario. Questo perché il crollo dei titoli del debito pubblico (i cosiddetti *Treasuries*) sembra essere imminente. Dall'estero vengono comprati sempre meno: solo in agosto la Cina, per es., ne ha venduti 21,8 miliardi di dollari.

La FED, per scongiurare questo scenario catastrofico per il debito pubblico e la tenuta del dollaro e della borsa di Wall Street, dovrà acquistare i titoli del debito che il mercato internazionale non domanda più, proprio come fece la Bank of England dopo le esternazioni della premier Liz Truss, che scatenò il panico nei mercati finanziari del suo Paese.

La situazione generale degli USA è molto critica, poiché il debito pubblico è fuori controllo e i tassi d'interesse sono troppo alti per permettere una ripresa produttiva.

La stessa segretaria al Tesoro, Janet Yellen, ha detto che ci sono sempre soldi per la guerra ma non per il popolo. Tant'è che la vita delle persone oggi è notevolmente peggiore rispetto a quella delle generazioni dei loro genitori: possedere una casa è incredibilmente costoso, la pianificazione pensionistica è un sogno irrealizzabile e, per molti, la capacità stessa di uscire da una vita di mera sussistenza.

[23] Uscire dal vicolo cieco delle religioni

La religione è nata perché in epoca schiavistica gli uomini non trovavano soluzioni pratiche al superamento di questo sistema di vita. Prima dello schiavismo c'era una religione naturalistica (totemico-animistica) che non faceva del male a nessuno, che non prevedeva differenze di ceto o di classe, che non si metteva a servizio del potere, che non rivendicava privilegi particolari, che non demandava all'aldilà la soluzione dei problemi. Era tale perché strettamente connessa ai fenomeni naturali, che oggi pretendiamo (assurdamente) di dominare in forza della nostra tecnologia.

Oggi qualunque religione è solo uno strumento del potere politico dominante (uno dei tanti strumenti e neppure il principale). Certo uno può avere degli ideali religiosi da contrapporre alle contraddizioni del sistema, ma se lo fa in maniera individualistica non serve a niente, e se lo fa in maniera collettivistica deve trovare delle alternative che con la religione non c'entrano niente, come per es. l'autoconsumo contro i mercati o la democrazia diretta contro quella rappresentativa parlamentare.

Guardiamo in Ucraina: le due confessioni sono entrambe ortodosse, non hanno neppure un'ideuzza differente. Eppure una sta dalla parte dei neonazisti di Kiev, l'altra dalla parte del regime di Mosca. E si odiano mortalmente. Quindi non serve a niente essere ortodossi invece che cattolici o protestanti.

In una situazione del genere meglio separare la religione dalla politica (anche i russi e gli ucraini dovrebbero farlo). E con questo non voglio dire che di per sé il regime di separazione sia più democratico di quello confessionale (la democrazia non c'entra niente oggi con la religione), ma sicuramente è più *pluralistico*, più aperto alle differenze di atteggiamenti religiosi.

Guardiamo l'attaccamento che hanno israeliani e palestinesi alla religione. È un sintomo della loro paura, è una forma di primitivismo ideologico. Pensano che restando attaccati a una fede, possano meglio distinguersi dall'avversario, quando in realtà la vera differenza la possiamo vedere solo sul piano *pratico*, cioè nel *modo* come si affrontano le contraddizioni create dal capitalismo. E su questo piano, essere ebreo o islamico o cristiano o buddista o induista o quello che vogliamo, non significa assolutamente nulla.

Non sono due cose uguali

Una cosa è non aver capito che i russi non sono gli aggressori dell'Ucraina ma i liberatori del Donbass dal genocidio degli ucronazi.

Questo perché se uno non sa nulla di storia, non conosce lo svolgimento dei fatti a partire dal golpe del 2014, e si affida alle notizie distorte del *mainstream* occidentale e alle proprie misere impressioni, è normale che prenda una strada completamente sbagliata, anche se dopo 20 mesi di guerra non dovrebbe far la parte di Hansel che non trova la via del ritorno perché gli uccellini gli han mangiato le molliche di pane. All'ignoranza vi è sempre un limite. Al cospetto dei tanti mass-media a disposizione (relativi ai *social network*) uno non può dire "so di non sapere".

Tutt'altra cosa invece è non capire che il contenzioso aperto tra Israele e Palestina va avanti dal 1948. E che tra i due rivali uno si comporta in maniera subumana. E che può farlo perché gli USA glielo permettono.

Qui le motivazioni per capire questa incomprensione possono essere solo due:

- o il padrino d'Israele impedisce di avere un'altra visione delle cose (anche finanziando la mistificazione della realtà);

- o i pregiudizi nei confronti dell'islam (condizionati dai notevoli flussi migratori e dal pregresso ventennale di lotta al fantomatico "terrorismo islamico"), sono enormi.

Questi due atteggiamenti oggi stanno portando a una conclusione sconcertante: per impedire che si sviluppi una *escalation* in Medio Oriente la soluzione migliore è che Israele, imitando Achille, sfoghi da sola la propria ira funesta. Come se non si sapesse che Netanyahu vuole occupare la parte nord di Gaza, rendendo ancora più ridicola l'idea di concedere uno Stato ai palestinesi.

Vogliono impedirci di accettare la realtà

Quando scoppiò la riforma protestante in Germania, gli intellettuali umanisti italiani non capirono perché per contestare la corrotta Chiesa romana si usassero delle idee religiose come al tempo dei movimenti pauperistici eretici del Medioevo. Per loro infatti era diventato del tutto normale essere formalmente cattolici (la domenica) e sostanzialmente borghesi (in tutti gli altri giorni). Sicché non si aspettavano che quando il papato lanciò la controriforma, mettesse a tacere, con l'aiuto degli spagnoli, anche tutte le istanze umanistiche e rinascimentali che avevano reso grande l'Italia.

Furono degli intellettuali con idee avanzate, vissute in maniera individualistica, che, a causa della loro supponenza nei confronti di un movimento popolare con idee religiose, si lasciarono travolgere da una Chiesa che, per timore di perdere il proprio potere politico, smise di fare concessioni al loro spirito borghese e si trasformò in una istituzione profondamente reazionaria: così reazionaria che fece uscire l'Italia, per almeno tre secoli, dal novero dei Paesi più avanzati del mondo.

Oggi questa incomprensione dei processi storici sta accadendo all'Europa nel suo complesso, nonché alla sua propaggine culturale di origine calvinistica: gli Stati Uniti d'America, i quali, pur di salvare se stessi dallo tsunami del multipolarismo, non si preoccupano affatto se, per farlo, sono costretti ad affossare storici alleati come la stessa Unione Europea e Israele.

Nel XVI sec. il ruolo arrogante e conservativo veniva svolto dalla Chiesa romana e dall'impero spagnolo. Oggi questo ruolo viene svolto dall'occidente collettivo guidato dagli statunitensi. Sono loro che vogliono impedirci di accettare l'idea che l'operazione speciale militare condotta da Putin aveva come scopo la difesa dei russofoni del Donbass e l'eliminazione del neonazismo ucraino a Kiev.

E ora di nuovo: sono sempre loro che ci impediscono di credere che il diritto alla legittima difesa dei palestinesi sia infinitamente superiore a quello degli israeliani.

[24] La legge fondamentale d'Israele

La Legge fondamentale: "Israele come Stato-nazione del Popolo ebraico", adottata dalla Knesset il 19 luglio 2018, si colloca nel solco della realizzazione del sogno sionista di creare uno Stato che abbia valenza non nazionale ma "globale" o "planetaria".

Con questa legge Israele si pone come "Stato nazionale" non tanto della "nazione israeliana" (i cui confini geografici non sono neppure delineati) quanto piuttosto del "popolo ebraico", ovunque esso si trovi.

I simboli dello Stato d'Israele diventano obbligatori per tutti gli ebrei: nome, bandiera, il candelabro a sette braccia come emblema, Hatikvah come inno; la capitale (Gerusalemme indivisa); l'ebraico come lingua nazionale (fatto salvo uno speciale status provvisorio per la lingua araba); il calendario ebraico come quello ufficiale accanto al gregoriano; i giorni di festa nazionale, il sabato e le feste d'Israele come giorni di riposo (impregiudicato il diritto dei non ebrei di osservare i propri giorni di riposo settimanali e festivi).

Quindi viene riconosciuta l'esistenza di una religione ufficiale, in un territorio (quello dell'intera Palestina) dove la popolazione islamica non può certo essere qualificata come "minoranza etnico-linguistica" rispetto a quella ebraica (nella Diaspora le è addirittura superiore).

La Legge, non definendo quale sia il limite del territorio nazionale dello Stato in cui si realizza l'autodeterminazione, non ha bisogno di specificare chi sia ebreo o no, proprio perché non vuole porre alcuna differenza tra gli ebrei sparsi nel mondo. Quindi la Diaspora fa parte dello Stato ebraico da tutti i punti di vista: nazionale, sociale, culturale, religioso. Non viene data nessuna definizione in chiave religiosa o teologica o confessionale di chi appartenga al popolo ebraico. Il che implica che non ci sia neppure bisogno di concedere la cittadinanza israeliana a chi vive come ebreo in qualunque parte del pianeta.

E tutti gli ebrei hanno diritto a essere difesi da Israele anche a prescindere dal consenso dello Stato in cui si trovano a vivere. Cioè Israele riserva anzitutto a se stessa il diritto-dovere di difendere qualunque ebreo nel mondo.

È incredibile questo modo di vedere le cose. Da un lato si pretende che tutto il mondo accetti questa singolarità; dall'altro s'impedisce al mondo d'interferire in questa pretesa. Da un lato si vuol fare del mondo una propria estensione; dall'altro non si accettano regole che non siano le proprie.

È meglio piuttosto

Perché parliamo di genocidio degli armeni compiuto dai turchi e non lo facciamo con quello che fanno i sionisti ai palestinesi? È solo una questione di numero di morti? Che per quanto riguarda gli armeni furono circa 1,5 milioni.

Qual è il significato del termine? Anche i russi parlavano di politica genocidaria del governo neonazista di Kiev nei confronti dei russofoni del Donbass. E non possiamo dire solo per una questione di morti: circa 14.000. C'era anche il divieto di usare la lingua russa, di rivendicare un'autonomia amministrativa, di essere comunisti, di utilizzare la letteratura russa, di simpatizzare per i russi o per il patriarcato moscovita, ecc.

I sionisti hanno privato i palestinesi di acqua, luce, gas, medicine e bombardano qualunque cosa sotto tiro, inclusi ospedali, chiese e scuole, col pretesto che possono contenere dei terroristi. Inoltre li obbligano a sfollare verso l'unico punto in cui possono farlo: il valico di Rafah, che segna il confine tra Egitto e Gaza. Il presidente al-Sisi ha già detto che per l'Egitto è impensabile accogliere, tutti insieme e nello stesso momento, 1,1 milioni di profughi, per cui sarà costretto a dichiarare guerra a Israele.

Queste assurdità genocidarie son così evidenti che persino tre ministri israeliani stanno considerando la possibilità di rassegnare le dimissioni per obbligare il premier Netanyahu ad assumersi pubblicamente le proprie responsabilità in seguito all'attacco a sorpresa sferrato da Hamas il 7 ottobre.

Cioè siccome non lo possono accusare di genocidio, altrimenti verrebbero considerati dei traditori della patria, in quanto la patria ha diritto a difendersi (per quanto sproporzionata sia questa difesa[5]), si limita-

---

[5] Fino al 24 ottobre il bilancio delle vittime palestinesi aveva raggiunto 5.791, di cui 2.360 bambini, 1.292 donne e ragazze e 295 anziani, e 1.550 sono i dispersi. Feriti 16.297 cittadini. Un cittadino su 100 è stato ucciso o ferito. Cioè in 18 giorni sono stati uccisi molti più palestinesi che in tutti gli ultimi 15 anni messi insieme. Su Gaza sono piovute oltre 12.000 tonnellate di esplosivo, equivalente alla potenza della bomba atomica sganciata su Hiroshima, con una media di 33 tonnellate per kmq. Il numero totale di sfollati ha raggiunto circa 1,4 milioni, costituendo il 70% della popolazione della Striscia, distribuiti in più di 222 rifugi. Oltre 183.000 unità abitative sono state danneggiate, pari al 50% delle unità abitative nella Striscia. Oltre 28.000 sono diventate inabitabili. 177 scuole hanno subito vari danni, di cui 32 demolite. L'aviazione ha preso di mira le reti idriche, elettriche e igienico-sanitarie, mettendole fuori servizio. 35 moschee e 3 chiese gravemente danneggiate. Sono anche state usate bombe vietate al fosforo bian-

no ad accusarlo di inefficienza, di inettitudine.

Qualcuno, a questo punto, potrebbe dire: piuttosto che niente è meglio piuttosto.

Gli antenati ucronazi

Stando a documenti declassificati dell'ex KGB sovietico, la repressione contro i civili ebrei, polacchi e russi in Ucraina iniziò subito dopo che l'Armata Rossa fu costretta a ritirarsi a causa della travolgente avanzata della Wehrmacht.

I principali protagonisti di tale repressione furono proprio i filonazisti ucraini. Fu la Gestapo, la polizia segreta della Germania nazista, a dirlo il 16 luglio 1941.

Tra le "attività lodevoli" vengono citate l'incendio di una sinagoga nella città di Dobromyl, nell'Ucraina occidentale, e l'assassinio di circa 50 ebrei da parte di una "folla inferocita" a Sambor. A Sokal, l'aiuto degli "ucraini fidati" locali permise ai nazisti di trovare e sterminare circa 183 "ebrei comunisti". Inoltre i nazionalisti ucraini rastrellarono e maltrattarono brutalmente circa 1.000 ebrei a Lvov, rinchiudendoli successivamente in una prigione locale, dove la struttura e i "detenuti" alla fine furono presi dai tedeschi.

Con il regime di occupazione tedesco il processo di pulizia etnica fu semplificato. Infatti i nazisti crearono la cosiddetta "Polizia ausiliaria ucraina" nell'agosto del 1941, che svolse un ruolo molto attivo fino al 1943. Spesso i nazisti ucraini erano così ansiosi di uccidere gli ebrei che agivano anche oltre gli ordini impartiti dai tedeschi.

Al massacro non partecipavano solo formazioni paramilitari ma anche autorità civili e persino persone comuni. Uno dovrebbe chiedersi il motivo per cui gli ebrei suscitavano odi così bestiali, quanto meno per evitare di credere che certi comportamenti siano del tutto inspiegabili, dettati dal primitivismo di certe popolazioni. Che poi sarebbe una spiegazione del tutto insensata se riferita ai tedeschi, che a quel tempo erano tra i più avanzati al mondo sul piano culturale e scientifico.

[25] Condizioni per non fare la quarta

Dopo Hiroshima e Nagasaki Einstein disse: "Non ho idea di quali armi serviranno per combattere la terza guerra mondiale, ma la quarta sarà combattuta coi bastoni e con le pietre. In ogni caso, se lo avessi saputo, avrei fatto l'orologiaio". Una frase famosa che conoscono tutti (già

---

co.

detta da altri prima di lui, a parte il riferimento al mestiere artigianale).

In realtà l'idea l'aveva benissimo, altrimenti non avrebbe parlato di bastoni e pietre. Aveva fatto lo gnorri semplicemente perché non voleva ammettere che una parte di responsabilità per la quasi distruzione dell'umanità ricadeva per forza anche su di lui, tant'è che aggiunse che, se avesse potuto tornare indietro, avrebbe fatto l'orologiaio. Oppenheimer in fondo mise in atto idee che provenivano altrove.

Chissà perché la grande intelligenza che spesso gli ebrei dimostrano, viene impiegata per qualcosa che distrugge l'intera umanità. Si pensi anche all'uso della finanza...

Tuttavia Einstein, che pur era un grande scienziato, non capiva nulla di politica e si limitava a fare il moralista, come dimostra quest'altra sua frase: "La guerra non si può umanizzare, si può solo abolire."

Per abolire le guerre, bisogna abolire le cause che le provocano, che in genere sono economiche. Se queste cause non vengono risolte in maniera politica, è molto facile che si ricorra alla guerra.

Tuttavia il problema non è la guerra in sé (che in certe condizioni diventa un male inevitabile), ma quel che viene dopo, che deve essere sufficientemente giusto affinché non vengano poste nuove occasioni per far scoppiare nuove guerre.

Prendiamo l'ormai secolare conflitto tra Israele e Palestina. Per giustificarlo una delle affermazioni dei sionisti è la seguente: "Noi lavoriamo la terra meglio di loro". In questa frase è già contenuta la causa scatenante delle prossime guerre, delle prossime colonizzazioni e apartheid.

"Meglio di loro" per un colono viene inteso in senso capitalistico. La terra va lavorata per una produzione mercantile, affinché determini un profitto economico.

Ora, supponiamo che per un palestinese la terra vada lavorata solo per risolvere un problema di *autosussistenza*: ciò giustificherebbe forse il razzismo nei suoi confronti e, se non accetta di farsi da parte, l'esigenza di muovergli una guerra? Qui sembra di assistere a una ripetizione di ciò che fecero i nordamericani ai nativi pellerossa.

No, Einstein aveva torto: esistono guerre giuste, che si devono combattere per permettere agli umani di sentirsi padroni del proprio destino. Il concetto di "multipolarità" deve servire anche a questo, a rispettare le differenze.

Non basta il pentimento

Ormai siamo arrivati al punto che se anche migliaia o persino milioni di ebrei dicessero di essere contrari all'attacco di Israele contro Gaza, non servirebbe a impedire che la cosa in futuro non possa ripetersi.

Questo perché la situazione si è così fossilizzata nella sua configurazione discriminatoria e persecutoria nei confronti dei palestinesi che basta un nonnulla per far scoppiare conflitti di varia natura e gravità.

Sono le condizioni oggettive che determinano i comportamenti soggettivi, anche se in ultima istanza può non essere vero. Quanto più dura l'apartheid tanto più forte sarà la reazione della popolazione che lo subisce; quanto più estremisti sono i partiti votati da questa popolazione, tanto più i poteri sionisti si sentiranno autorizzati a usare una repressione al di fuori di qualunque norma giuridica.

Questo per dire che il pentimento o il rammarico degli ebrei democratici o moderati, se può porre un argine a questa mattanza, non può aspirare ad alcuna efficacia operativa ai fini della risoluzione delle cause di fondo che generano periodicamente questi mostruosi eccidi.

Paradossalmente proprio questi pentimenti contribuiscono a porre le condizioni per la reiterazione del colonialismo israeliano. Ci vogliono soluzioni giuridiche e politiche, che vadano al di là di quelle etiche.

Lo stesso occidente non sa che farsene del rincrescimento degli ebrei di buona volontà. La pace senza la giustizia non garantisce assolutamente nulla. Non possiamo offrire al governo di Netanyahu l'occasione per uscire politicamente indenne da questi orribili abusi. Né possiamo limitarci a sperare in un governo più democratico e pluralista. Anzi bisogna convincersi che se dal 1948 ad oggi Israele non è riuscita a risolvere i suoi problemi di convivenza con la popolazione palestinese, non c'è niente che lasci pensare che vi riesca in futuro. Ecco perché ci vuole una conferenza internazionale che risolva il problema alla radice. O quanto meno le varie risoluzioni dell'ONU in merito a questo conflitto mediorientale vanno imposte con la forza.

L'Ungheria è stufa dell'Ucraina

Prima del golpe filo-nazista di Kiev del 2014, più di 150.000 magiari etnici vivevano nella regione della Transcarpazia in Ucraina, parlando la loro lingua.

Subito dopo il suddetto golpe la Transcarpazia rimase tranquilla, in quanto il regime di Kiev era impegnato a perseguitare la popolazione di lingua russa nel Donbass. Ma già nel 2015 furono emanate dal governo una serie di leggi che escludevano la possibilità di autogoverno locale nelle loro comunità. Finché poi arrivò il decreto del presidente Poroshenko nel 2017, che vietava la lingua ungherese nelle scuole. Addirittura nel 2021 Kiev privò completamente gli ungheresi (come tutte le altre minoranze etniche) dello status di "popolo indigeno".

Budapest, sensibile ai rappresentanti del suo popolo residenti all'estero, più di una volta entrò in conflitto diplomatico con l'Ucraina, appellandosi all'Unione Europea e ad altre organizzazioni internazionali, ma senza mai ottenere nulla: a chi poteva interessare il destino di una minoranza etnica?

Dopo l'inizio dell'operazione speciale, l'Ungheria, in quanto membro della NATO, non poteva fare a meno d'intraprendere alcune azioni a sostegno di Kiev. Così, nel novembre 2022, Orbán annunciò, perché obbligato dalla UE, la concessione di un prestito all'Ucraina di 187 milioni di euro a condizioni preferenziali (soldi che probabilmente non riavranno mai più). Gli ungheresi inviarono anche aiuti umanitari. Neanche un cent doveva servire per acquistare armi. Nel luglio 2023 il governo di Orbán si oppose all'assegnazione di un altro prestito della UE all'Ucraina (20 miliardi di euro), ricordando che Budapest stessa stava ancora aspettando i pagamenti sociali da Bruxelles.

Nel contempo i funzionari ungheresi scambiarono dichiarazioni completamente ostili coi rappresentanti di Kiev. D'altronde fin dall'inizio della guerra Zelensky aveva criticato Budapest per la mancanza di sostegno attivo e di parteggiare di fatto per la Russia. Per tutta risposta a Budapest alcuni statisti cominciarono a pensare che fosse un malato mentale.

Nel 2023 la leadership ungherese arrivò a dichiarare che l'Ucraina non sarebbe mai entrata né nella UE né della NATO finché i diritti degli ungheresi della Transcarpazia non fossero stati rispettati. Addirittura il 25 settembre scorso Orbán minacciò d'interrompere tutti gli aiuti al governo ucraino, che secondo lui non aveva diritto di effettuare una mobilitazione forzata in Transcarpazia.

È passato un mese e Orbán è rimasto coerente con se stesso. NATO e UE ancora non hanno preso provvedimenti a suo carico, ma c'è da scommettere che lo faranno.

Scott Ritter però ha detto: "dopo la fine del conflitto l'Ucraina potrebbe essere divisa tra Polonia, Ungheria e Romania".

Intanto in Transcarpazia gli ungheresi sono di guardia agli ingressi di tutti i villaggi e, per impedire l'arruolamento, avvertono gli uomini via chat.

[26] L'etnocrazia israeliana

Che assurdità sostenere che quella israeliana è l'unica democrazia del Medio oriente! Stando, quanto meno, all'ultima "Legge Fondamentale", approvata dal parlamento nel 2018, sarebbe meglio parlare di "etnocrazia", che peraltro è priva di Costituzione.

Un'affermazione etnico-religiosa così esplicita declassa automaticamente a un rango inferiore tutti coloro che non vi rientrano, come per es. gli arabo-israeliani, che non sono certo una minoranza insignificante e che, anche se lo fossero, avrebbero comunque diritto a non subire alcuna discriminazione. Ha senso rivendicare il diritto all'autodeterminazione per il popolo ebraico, negando un pari diritto a quello di religione islamica? Evidentemente no.

Ma è soprattutto un'altra la domanda che ognuno di noi si dovrebbe porre. Ha senso che, a fronte di un marcato antisemitismo nei confronti di una popolazione priva di un territorio specifico, questa popolazione possa rivendicare l'esigenza di avere un proprio territorio?

Cioè qui la domanda da fare non è quella classica: Ha senso che una popolazione priva di un proprio territorio, abbia diritto ad averne uno sottraendolo a un'altra popolazione che già lo abita? La risposta scontata è no, a meno che la popolazione ospitante non accetti di farlo spontaneamente e ovviamente alle sue condizioni.

Qui la vera domanda è addirittura antecedente a questa, ed è proprio relativa all'antisemitismo. Cioè per quale ragione nel passato scoppiavano improvvisamente dei pogrom? A chi appartiene la maggiore responsabilità come causa scatenante di questa forma di persecuzione?

Se ci pensiamo, infatti, l'aver concesso al movimento sionista di potersi trasferire in Palestina è stato, da parte degli europei, una forma di scaricabarile: si è preferito permettere la creazione di un ghetto piuttosto che affrontare il problema dell'antisemitismo. Come chiudere i nativi americani nelle riserve, invece di chiedersi da dove veniva l'esigenza di sterminarli.

In questa maniera si è creata una società che ha potuto costruirsi, sul piano istituzionale, un alibi di ferro per odiare non solo i palestinesi ma il mondo intero. Gli israeliani han finito col rivendicare la propria ebraicità contro chi non la possiede. E quelli di oggi si fanno scudo dei 6 milioni di morti nell'ultima guerra mondiale.

A questo punto l'occidente deve per forza stare dalla parte d'Israele: è una sua creatura.

Un esperimento riuscito male

Far pagare ai palestinesi il prezzo dell'olocausto ebraico, di cui non avevano colpe, non è stata una mossa intelligente degli europei. Dire poi che l'integrazione tra le due popolazioni non stava avvenendo a causa dei limiti culturali dei palestinesi, è stato come offrire ai sionisti l'occasione buona per iniziare a sottometterli.

I palestinesi sono stati paragonati agli africani, mentre agli ebrei, riconosciuta la loro intelligenza, veniva concesso di comportarsi come capitalisti occidentali in Medio Oriente. Così gli europei ottenevano due piccioni con una fava: il perdono per la Shoah e il contenimento dell'ira islamica dovuto al tradimento degli accordi anglo-francesi (Sykes-Picot) sui destini del Medio Oriente dopo il crollo dell'impero ottomano.

Il Medio Oriente andava sfruttato per le sue enormi risorse energetiche e un Israele super armato avrebbe fatto il cane da guardia.

L'occidente ha creato una destabilizzazione permanente nella convinzione che l'arretratezza tecnico-scientifica del mondo arabo in generale gli avrebbe permesso di dormire sonni tranquilli.

Oggi questa pacchia è finita. Il Medio Oriente non vuole più la presenza occidentale nella propria area geografica; ha smesso da un pezzo di credere che gli americani siano migliori dei colonialisti europei; vuole disaccoppiare il petrolio dal dollaro; vuole svilupparsi secondo i propri criteri e ritiene Israele un fastidioso corpo estraneo.

I palestinesi non vogliono cacciare gli israeliani dal loro territorio, cioè non vogliono comportarsi come Israele nei loro confronti. Vogliono soltanto che venga posta fine all'esistenza di uno Stato aggressivo, espansivo e fondamentalmente razzista in un territorio che ha radici culturali non allineate alle sue.

Non si vuole ripristinare l'antisemitismo (anche i palestinesi sono semiti); si vuol soltanto superare l'idea di un sionismo politico-religioso che si è istituzionalizzato in uno Stato fondamentalista, incapace di tollerare la diversità culturale.

Israele è stato un esperimento occidentale riuscito male.

*

Vivek Ramaswamy, candidato alla presidenza degli Stati Uniti, ha detto a "Fox News": lasciare la NATO agli europei è un'idea intelligente, perché troppo costosa per gli USA. Inoltre bisogna riconsiderare la partecipazione degli Stati Uniti all'ONU, perché l'ONU non può dire che Israele non può difendersi dai terroristi come ritiene più opportuno. Però questo non vuol dire che gli USA debbano per forza fare una guerra in Medio Oriente. Abbiamo già commesso troppi errori dall'Iraq all'Afghanistan. Non possiamo finanziare Israele se non sappiamo con sicurezza cosa ha intenzione di fare di Gaza. Gli USA devono anzitutto pensare ai loro interessi nazionali.

Insomma anche tra i candidati alla presidenza non ce n'è uno che abbia idee chiare e distinte.

[27] Il peccato originale dell'apartheid israeliano

Gli ebrei han potuto costituire un proprio Stato politico in Palestina dopo la fine della seconda guerra mondiale, ma, come noto, il movimento sionista ci aveva pensato sin dalla fine dell'800.

Il suo leader, Theodor Herzl (1860-1904), di origine ungherese, era molto preoccupato del crescente antisemitismo europeo (in Francia vi era stato il caso Dreyfus). E gli dispiaceva che gli ebrei abbandonassero l'Europa per dirigersi verso gli Stati Uniti.

Lui voleva per gli ebrei uno Stato politico vero e proprio, assolutamente autonomo. Dopo aver scartato varie opzioni (Madagascar, Kenya, varie zone dell'America latina), favorì una forte migrazione di gruppi ashkenaziti verso la Palestina, quando questa era ancora sotto l'impero ottomano. Come se gli albanesi residenti nell'Italia meridionale a partire dal XV sec., a causa della pressione ottomana, pretendessero di avere un proprio Stato.

Finché rimasero sotto i turchi e senza un proprio Stato, gli ebrei, ch'erano meno del 10% della popolazione residente (tutta di lingua araba o turca), vissero pacificamente, anche se cominciarono a comprare terre dai feudatari arabi a scapito dei contadini, che venivano cacciati. Gruppi di imprenditori, affaristi e banchieri ebrei, tra cui la famiglia Rothschild, presero la direzione del movimento sionista.

Approfittando del fatto che il governo britannico cercava finanziamenti per far fronte alle spese della guerra mondiale, i Rothschild lo indussero a emettere nel 1917 la cosiddetta "Dichiarazione di Balfour" (A. J. Balfour era in quel momento ministro degli esteri), in cui s'impegnava a favorire la costituzione in Palestina di un centro (un "focolare nazionale") per gli ebrei. Alla fine della guerra, la Società delle Nazioni fece della Palestina un protettorato dell'Impero britannico che favorì la migrazione ebrea in Palestina.

I problemi cominciarono a sorgere quando, secondo gli accordi di Sykes-Picot (svelati, peraltro, dai bolscevichi al potere), gli anglo-francesi, dopo aver distrutto l'impero ottomano, tradirono le aspettative d'indipendenza del mondo arabo, e si spartirono le spoglie di quell'impero. Agli inglesi, tra le altre cose, andò la Palestina, utile per i collegamenti con la colonia indiana. Il suddetto tradimento era dovuto anche al fatto che nel 1908 si era scoperto in Iran il primo giacimento petrolifero.

E così alla fine del 1917 gli inglesi si erano convinti che, per evitare la ribellione araba causata da quel tradimento, sarebbe stato meglio costituire in Palestina uno Stato ebraico militarmente forte, accogliendo le richieste politiche del movimento sionista. USA, Francia e Italia (non il Vaticano) furono d'accordo.

Gli arabi dell'Higiaz ebbero orrore di questa decisione, anche perché a loro non era stato chiesto alcun parere, sicché nel 1924 insorsero, ma ne uscirono sconfitti. Lo fecero anche gli arabi d'Egitto: qui invece l'Inghilterra fu costretta a riconoscere una formale indipendenza.

I sionisti finanziarono anche gruppi paramilitari ed estremisti come l'Haganah di David Ben Gurion, l'Irgun di Menachem Begin e il Lehi di Avraham Stern (Banda Stern), che a partire dagli anni '30 organizzarono azioni armate sia contro le popolazioni arabe palestinesi (in maggioranza musulmane) sia contro le istituzioni coloniali e i militari britannici. Il protettorato inglese in Palestina ebbe così tante difficoltà che, a un certo punto, Londra frenò l'emigrazione ebraica e la formazione dello Stato d'Israele. E lo fece anche il neonato movimento nazionale palestinese.

L'episodio più importante dell'opposizione palestinese alla colonizzazione fu la cosiddetta Grande Rivolta (1936-39), causata dall'emarginazione economica e dal progressivo impoverimento della popolazione autoctona. In quel periodo quasi la metà dei palestinesi fu costretta a cercare lavoro fuori del villaggio di residenza.

Intanto gli agenti sionisti facevano massicci acquisti di terre, provocando l'innalzamento dei prezzi. Dopo aver comperato le grandi proprietà terriere dai latifondisti arabi, si erano rivolti ai piccoli appezzamenti dei contadini che vivevano al limite della sopravvivenza ed ebbero gioco facile nell'acquisto di centinaia di ettari di terra. Nel giro di pochi anni il 30% degli agricoltori palestinesi era senza terra e il 75-80% dei proprietari non aveva terra sufficiente a garantirsi la sopravvivenza. Nel 1937 tra i 9 e i 10.000 combattenti palestinesi operavano nelle campagne, attaccando le forze britanniche e gli insediamenti ebrei. La rivolta fu stroncata dall'esercito britannico: circa il 10% della popolazione maschile palestinese fu uccisa, ferita, imprigionata o esiliata e la resistenza decapitata.

Nel 1942 a New York in un congresso sionista l'ala moderata di Weizmann, che propugnava invasione graduale e divisione della Palestina tra ebrei e palestinesi, fu sconfitta dall'ala radicale di Ben-Gurion, che era per l'immediata creazione di uno Stato ebreo comprendente l'intera Palestina, anche ricorrendo alla lotta armata ("Programma Biltmore"). Successivamente, nel 1947, l'Assemblea Generale delle Nazioni Unite votò a maggioranza (33 voti a favore, 13 contro e 10 astenuti) un piano di ripartizione della Palestina che prevedeva l'istituzione di uno Stato ebreo sul 55% del territorio palestinese e uno arabo sul restante 45%, con Gerusalemme sotto controllo internazionale.

I gruppi sionisti violarono queste decisioni delle Nazioni Unite. Tra il dicembre del 1947 e la prima metà del 1948 diedero il via a una

vera e propria guerra contro il popolo palestinese: col pretesto di difendere gli insediamenti ebraici e il territorio del nascente Stato ebraico, si diedero alla progressiva distruzione di villaggi palestinesi e all'espulsione
degli abitanti e il 14 maggio del 1948 dichiararono unilateralmente la nascita dello Stato di Israele e il giorno seguente le truppe britanniche si ri-
tirarono definitivamente dalla Palestina.

Sempre nel maggio 1948 gli eserciti di Egitto, Siria, Libano, Iraq
e Giordania attaccarono lo Stato d'Israele, ma un fiasco solenne. Israele
conquistò centinaia di città e villaggi palestinesi. Centinaia di migliaia di
arabi furono costretti ad abbandonare il territorio palestinese ("Nakba"
cioè *catastrofe*). La guerra arabo-israeliana del 1948 si concluse con
l'armistizio di Rodi (24 febbraio 1949). Il numero di rifugiati palestinesi
provenienti dai territori occupati da Israele superò le 700 mila persone. I
profughi si stabilirono prevalentemente in Giordania, Siria, Libano, Cisgiordania e nella striscia di Gaza. La Giordania annesse la Cisgiordania,
mentre l'Egitto occupò la striscia di Gaza. Israele annesse la Galilea e altri territori a maggioranza araba conquistati con la guerra, arrivando a ricoprire il 78% del territorio della Palestina.

Insomma se dobbiamo andare a cercare un "peccato originale"
dell'apartheid israeliano, dobbiamo chiedere soprattutto agli inglesi.

Non basterà il senno del poi

Israele è in cerca di vendetta, ma se decide di entrare a Gaza coi
carri armati, il conflitto potrà diventare regionale. È questo che gli analisti temono.

Bisogna ammettere che è un modo di ragionare abbastanza strano. Infatti per assurdo dovremmo accettare l'idea che se l'aviazione
israeliana continuasse a bombardare i civili, vi sarebbero meno possibilità di un'estensione geografica della guerra. Ora, per quale motivo dovrebbe essere una determinazione quantitativa (occupare una parte del
territorio altrui) a decidere quanto il conflitto sia grave sul piano qualitativo? I territori sono forse più importanti delle persone?

Per come viene gestita la ritorsione, chiunque può tranquillamente dire che è stata disumana sin dall'inizio, e anche se non ci fosse
l'occupazione militare dell'area nord di Gaza, non solo i Paesi islamici
del Medio Oriente avrebbero dovuto reagire immediatamente, sul piano
militare, per evitare quello scempio di civili, ma avrebbero dovuto farlo
tutti i Paesi islamici del mondo (per solidarietà confessionale), anzi il
mondo intero, preoccupato di tutelare il diritto internazionale.

Quanto meno avremmo dimostrato che tra i princìpi teorici e la
loro realizzazione pratica non vi è un abisso. Senza parlare che in occi-

dente ci saremmo risparmiati ciniche dichiarazioni a favore dei sionisti. Pensiamo solo a cosa può voler dire se lasciassimo che la loro sete di vendetta si placasse da sola. Saremmo disposti ad accettare che grazie alle nostre scriteriate dichiarazioni a favore d'Israele, i palestinesi avessero 50 o 100.000 civili morti ammazzati? O un milione di profughi? Molti dei quali, per disperazione, potrebbero venire a fare i criminali o persino i terroristi in Europa... Qual è il limite quantitativo oltre il quale non siamo disposti ad andare per timore che il conflitto da bilaterale si trasformi in multilaterale? Possibile che debbano essere esclusivamente le armi a decidere come risolvere i problemi? In che mondo di criminali viviamo? Sembra di assistere, su scala geopolitica, alle guerre tra bande mafiose per il controllo dei quartieri urbani o di intere città.

Non è curioso che l'intero occidente sia gestito da statisti totalmente privi di senno e di coscienza etica? Si è mai visto che tutti insieme (salvo pochissime eccezioni) e nello stesso momento siano pervicacemente convinti che la soluzione ai problemi dell'umanità sia la scoppio di una guerra mondiale? Se qualche storico riuscirà a sopravvivere all'uso del nucleare, gli sarà molto difficile cercare di spiegare questo atteggiamento assolutamente irrazionale. Non gli basterà il senno del poi. Forse ci vorrà il genio di un nuovo Freud per psicanalizzare l'umanità.

Basta col moralismo d'accatto

Chi pensa che l'atto di Hamas del 7 ottobre non sia stato un atto di terrorismo, non capisce nulla di democrazia.

Chi pensa che lo stesso atto di Hamas, se fosse stato debitamente preparato sul piano politico, ideologico e militare, in maniera tale da impedire una ritorsione dei sionisti così cieca e furibonda, non capisce nulla di lotta di liberazione nazionale.

È chiara la differenza? Una cosa è fare dell'avventurismo un criterio di resistenza. Un'altra è preparare una sorta d'insurrezione nazionale contro il dispotismo d'Israele. Son due cose completamente diverse. E chiunque capisce che la diversità non sta tanto nell'obiettivo finale, quanto piuttosto nella strategia con cui si pensa di perseguirlo. E da questo punto di vista bisogna dire che la strategia di Hamas è stata piuttosto ingenua, spontaneistica, illusoria.

Comunque anche Erdoğan, che pur non è certo un campione di democrazia, ha detto chiaramente che "Hamas non è un'organizzazione terroristica, ma un gruppo combattente che agisce per la difesa e la liberazione del proprio popolo e della propria terra". Questo naturalmente a prescindere dal fatto che un governo cinico e fondamentalista come quello di Netanyahu possa servirsene per tenere i palestinesi radicali di Hamas separati da quelli moderati di Al-Fatah.

Qui l'etica non c'entra niente, proprio perché i palestinesi han comunque il diritto di ribellarsi dopo 75 anni di dittatura. E Israele avrebbe il dovere di rispettare tutte le risoluzioni dell'ONU con cui si è cercato di risolvere un conflitto che al tempo dell'impero ottomano non esisteva.

In una situazione del genere chi non riesce a fare la differenza tra guerra giusta e ingiusta, si mette dalla parte sbagliata. Lo fa oggettivamente, a prescindere dalle proprie intenzioni soggettive, che plaudono al valore universale della pace come bene supremo dell'umanità. Lo fa anche se biasima la reazione sproporzionata, anzi, spropositata, in quanto di tipo genocidario, dell'aviazione israeliana, che non si preoccupa di sacrificare una montagna di civili pur di colpire un "terrorista" (né si preoccupa di ammazzare i propri ostaggi catturati da Hamas).

Chi non capisce che questi eventi vanno contestualizzati sul piano storico-sociale, implicitamente li affronta in maniera "antropologica", ritenendo i palestinesi un popolo terroristico di natura, di cui non ci si può fidare, che va assolutamente cacciato da tutta la Palestina.

Contestualizzare non significa relativizzare la gravità delle azioni, ma cercare di capirle. Chi non si sforza di capirle, affronta in maniera schematica, unilaterale, tutta la questione palestinese. Emette giudizi moralistici e massimalistici che non hanno alcun senso, e non aiutano in alcun modo a risolvere il problema, se non a peggiorare la situazione della parte più debole delle forze in campo, che è da sempre quella palestinese.

Paradossi del guitto

È abbastanza ridicolo che Zelensky dica che dietro Hamas c'è la Russia quando molte armi di Hamas provengono dall'occidente tramite il mercato nero ucraino.

È già stato dimostrato che Hamas dispone di lanciamissili anticarro FGM-148 Javelin (di fabbricazione statunitense) e NLAW (di fabbricazione svedese) e lanciarazzi AT4 (di fabbricazione svedese o statunitense).

Lo stato maggiore israeliano ha già confermato che uno dei suoi ufficiali è stato ucciso da queste armi durante una ricognizione a Gaza.

Inoltre Hezbollah le ha utilizzate, come misura preventiva, al confine libanese-israeliano.

Insomma l'esercito ucraino è così corrotto che è facile comprargli armi. Tanto più che, essendo persa la guerra con la Russia, è ormai allo sbando.

[28] Chi ha più maggioranza?

È curioso come si insista nel dire che Hamas non rappresenta il popolo palestinese, quando il partito ha ottenuto la maggioranza dei voti nel 2006. I seggi nel Consiglio legislativo erano 74 su 132 (44% circa dei voti), mentre al-Fatah, con il 41% circa dei voti, ne ottenne 45.

Semmai è l'attuale governo israeliano che non rappresenta tutti gli ebrei della Palestina. Benjamin Netanyahu nel 2022 ha preso voti 1.115.049 di voti, pari al 23,4%, con cui ha ottenuto 32 seggi su 120. Non è mai arrivato al 30%, e il Likud non ha mai avuto più di 38 seggi.

Quindi nel complesso è più rappresentativo Hamas.

In ogni caso neanche l'attuale governo della Meloni rappresenta la volontà degli italiani. L'intera coalizione di centro-destra ha raccolto 12,3 milioni di voti (26,7% del corpo elettorale), ben 4,2 milioni in meno rispetto a chi ha deciso di non votare (o non si è recato alle urne, o ha annullato la scheda o l'ha consegnata bianca).

A partire dalle elezioni del 1979 l'affluenza alle consultazioni parlamentari ha subito un progressivo e quasi continuo calo che l'ha portata dal 93,4% del 1976 al 63,8% del 2022.

Già nel 1996 il partito del non voto raccolse per la prima volta più preferenze di tutti.

Colpire ai fianchi non basta

La NATO condurrà esercitazioni su larga scala nel 2024, inclusa la difesa del corridoio di Suwalki, che, tra Polonia e Lituania, collega la Bielorussia alla regione di Kaliningrad. Si chiamerà "Steadfast Defender" e coinvolgerà più di 40.000 soldati.

Secondo il presidente del Comitato militare dell'Alleanza atlantica, Rob Bauer, si tratterà della più grande esercitazione militare dalla fine della guerra fredda. Il motivo è il "contenimento della Russia", cioè trovare un pretesto per proseguire il conflitto in Ucraina o, quanto meno, per intimidire il regime di Mosca.

Infatti la NATO vuole essere in grado di trasferire ai confini con la Russia almeno 300.000 membri dei gruppi di reazione rapida entro 30 giorni in caso di scoppio di un conflitto.

Il corridoio Suwalki è di particolare interesse per la Polonia: se riuscisse a occuparlo, si ingrandirebbe notevolmente, e isolerebbe da terra l'exclave russa di Kaliningrad (225 kmq con 490.000 abitanti): uno dei maggiori porti del mar Baltico.

È almeno dalla guerra in Georgia del 2008 che la NATO coltiva l'obiettivo di smembrare la Federazione Russa. Cioè da quando gli USA hanno avuto la più grande catastrofe finanziaria dopo il crack borsistico del 1929.

E ora questo obiettivo vuole realizzarlo con tutti i Paesi europei che ospitano le proprie basi militari. Nella mentalità guerrafondaia dei generali americani, la guerra in Ucraina doveva servire, nel peggiore dei casi, a indebolire le forze militari e la tenuta economica della Russia: cioè non era obbligatorio vincere, anche perché sul ring non si manda al tappeto un pugile colpendolo, seppur ripetutamente, nei fianchi.

ONU inutile

L'Assemblea generale dell'ONU ha approvato l'ultima versione della bozza di risoluzione presentata dalla Giordania, a nome dei Paesi arabi, che chiede una "tregua umanitaria immediata, duratura e prolungata che conduca alla cessazione delle ostilità, e che tutte le parti rispettino immediatamente e pienamente i loro obblighi ai sensi del diritto internazionale, in particolare per quanto riguarda la protezione dei civili".

Quindi:

- fornitura immediata, continua e senza ostacoli di beni e servizi essenziali ai civili in tutta Gaza, incoraggiando la creazione di corridoi umanitari e altre iniziative per facilitare la consegna degli aiuti;

- la revoca dell'ordine da parte di Israele di evacuazione dei palestinesi dal nord della Striscia, respingendo fermamente qualsiasi tentativo di trasferimento forzato della popolazione civile palestinese;

- il rilascio immediato e incondizionato di tutti i civili tenuti illegalmente prigionieri.

Il testo, che non ha valore vincolante (come, assurdamente, tutti quelli dell'Assemblea), ha ottenuto 120 voti a favore, 14 contrari (USA, Israele, Austria, Croazia, Fiji, Cekia, Guatemala, Ungheria, Isole Marshall, Micronesia, Nauru, Tonga, Papua Nuova Guinea e Paraguay) e 45 astenuti (Italia, Germania, Olanda, Gran Bretagna, Danimarca, Albania, Bulgaria, Finlandia, Grecia, Giappone, Sud Corea, Ucraina, Canada, Slovacchia, Tunisia, Etiopia, Uruguay, San Marino, Iraq...).

Per passare era richiesta la maggioranza dei 2/3 presenti e votanti dei 193 Paesi (gli astenuti non contano).

Quindi per 14 Stati il fatto che i civili palestinesi di Gaza muoiano sotto le bombe è considerato positivo, mentre per altri 45 viene giudicato irrilevante.

L'emendamento proposto dal Canada e sostenuto dagli USA, secondo cui Hamas avrebbe dovuto liberare prima di tutto e senza condizioni gli ostaggi, per cui solo dopo si sarebbe potuto parlare di una tregua umanitaria, è stato respinto.

L'Italia non ha mancato di fare la sua parte vergognosa, astendendosi sulla base delle seguenti motivazioni:

- manca la condanna inequivocabile degli attacchi di Hamas a Israele (come se senza questa preventiva condanna sia possibile giustificare il genocidio di Israele);

- manca il riconoscimento del diritto di difendersi di ogni Stato sotto attacco (come se questo diritto non ponga alcun limite alla tipologia difensiva);

- non menziona la richiesta del rilascio immediato e incondizionato degli ostaggi (come se la mancanza di questo rilascio comporti l'uso di una difesa al di fuori del diritto internazionale).

L'ambasciatore israeliano Gilad Erdan ha definito "ridicola" la risoluzione, in quanto difende i terroristi.

Israele è fatto così: non vede i problemi in tutte le loro sfaccettature, ma si preoccupa solo di perseguire l'obiettivo che si pone, a qualunque costo. Si comporta come un bullo affetto da problemi di autismo. E in questo atteggiamento ha un codazzo di altri Paesi che lo imitano.

[29] Si stanno preparando

"Dichiareremo Israele un criminale di guerra; stiamo già lavorando su questo", ha detto Erdogan.

Ha anche affermato che Israele ha occupato i territori palestinesi dopo la fine della seconda guerra mondiale e ora sta compiendo un'azione genocidaria. Questa oppressione un giorno finirà sicuramente.

Quando le loro stesse case cominceranno a bruciare, gli occidentali, su cui fanno affidamento, se ne andranno, e Israele sarà lasciato solo col suo popolo.

La Turchia sarà la speranza di tutti i popoli oppressi che si trovano in difficoltà, proprio come lo era 500 anni fa durante la seconda guerra mondiale.

Gaza era una parte inseparabile della nostra patria. Ci hanno separato da tutta questa terra che ci appartiene tanto quanto il nostro sangue, le nostre vite, il nostro amore. Abbiamo deciso di dichiarare 3 giorni di lutto nazionale.

Non solo ci separarono fisicamente, ma usarono anche tutti i tipi di trucchi per rimuoverli dalle nostre menti e dai nostri cuori.

Abbiamo teso la nostra mano al popolo oppresso di Gaza che vive sotto il blocco da 17 anni. Tuttavia i nostri sforzi per garantire la pace sono stati interrotti da misure quali l'invio di portaerei nella regione, l'interruzione degli aiuti al popolo palestinese e la punizione totale del popolo di Gaza.

Il Consiglio di Sicurezza dell'ONU, divenuto del tutto inefficace, ancora una volta non ha adempiuto alle proprie responsabilità.

I paesi occidentali, che non lasciano nulla di intentato quando si tratta di diritti umani e libertà, non hanno fatto altro che gettare benzina sul fuoco .

Abbiamo fatto un Grande Raduno della Palestina all'aeroporto Ataturk di Istanbul, dove ci siamo riuniti per sostenere i nostri fratelli palestinesi a Gaza, con la determinazione di non permettere mai più che emergano nuove Gaza.

Israele deve uscire immediatamente da questo stato di follia e fermare i suoi attacchi.

Prima di ciò è necessario fermare il transito del petrolio dall'Azerbaigian a Israele.

Ora, secondo me è molto difficile, con un linguaggio così criptico, allusivo e retorico, parlare di "chiarezza". Bisogna però vedere se si passerà dalle parole ai fatti.

Voglio solo ricordare che dal 2017 in poi Hamas ha spostato l'asse verso l'Iran. Quindi la Turchia non sarà la sola a muoversi, e al suo fianco – possiamo scommettere tutto quello che vogliamo – non ci sarà solo l'Iran.

Non sono abbastanza 2000 anni?

All'inizio della sua carriera politica, quando frequentava la comunità essenico-battista, Gesù Cristo voleva cacciare dal Tempio di Gerusalemme i corrotti sacerdoti sadducei, collaborazionisti di Roma. Ma non vi riuscì perché all'ultimo minuto non ottenne l'appoggio dei farisei, che pur erano i principali avversari politici dei sadducei.

Se ne dovette andare in esilio in Galilea. In quell'occasione, per non farsi catturare, si rifugiò coi suoi discepoli per un po' di tempo in Samaria, terra odiatissima dai giudei.

L'episodio dell'incontro con la samaritana al pozzo di Giacobbe è molto eloquente per capire quale sarebbe ancora oggi la soluzione migliore per far convivere pacificamente ebrei e palestinesi.

Le disse semplicemente che d'ora in avanti non sarebbe servito a niente pregare Jahvè al tempio di Gerusalemme o sul monte Garizim, ove i samaritani avevano un proprio luogo di culto.

Cioè contro gli oppressori romani ci voleva un'intesa politica e militare che andasse al di là delle differenze religiose. In pratica aveva inventato il diritto alla libertà di coscienza in riferimento all'atteggiamento da tenere quando in gioco vi sono questioni di fede.

Ma questo voleva dire che per lui l'intera Palestina avrebbe dovuto darsi una configurazione politica improntata sulla laicità, cioè sul rispetto di tutte le confessioni, le etnie, le differenze di usi e costumi.

Ebbene sono 2000 anni che la Palestina attende di realizzare un progetto del genere. Quanto altro tempo si vuol far passare? Quanta altra gente deve morire in maniera cruenta?

[30] Che tristezza la sinistra radicale

Che tristezza certa sinistra radicale che trova positivo il fatto che Israele abbia rappresentato una sorta di trapianto di capitalismo moderno nelle plaghe desertiche della Palestina rimaste nell'abbandono per decine di secoli.

Approva la rivoluzione industriale capitalista emersa in un territorio privo di preesistenti rapporti feudali. E invece di chiedersi se c'era la possibilità di passare dai rapporti collettivistici feudali o persino prefeudali a una forma di socialismo democratico, ringrazia l'occidente di aver realizzato una rivoluzione borghese che ha portato alla nascita di una classe operaia, soggetto privilegiato di un futuro socialismo industrializzato.

Si considera anzi l'impegno capitalistico americano superiore a quello europeo, ancora troppo legato agli schemi del colonialismo classico, che si appoggiava alle dinastie arabe per mantenere un controllo diretto del territorio.

Gli USA han preferito puntare tutto sulla costituzione d'una moderna repubblica borghese (che svolgesse il ruolo di testa di ponte in Medioriente) esercitando un controllo indiretto.

75 anni di dittatura vergognosa: ecco che cosa si giustifica con questi ragionamenti cinici e irresponsabili, che guardano il passato con gli occhi del presente e quelli del presente con gli occhi del futuro, un futuro che non si sa quando avverrà.

Chissà perché non ci si chiede mai se la lotta dei palestinesi non possa trasformarsi in una lotta non solo contro il colonialismo del capitalismo israeliano, ma anche contro la necessità d'industrializzarsi il più possibile, prescindendo completamente dall'egemonia di Tel Aviv.

Obiettivo da colpire: l'informazione

Israele sta attivamente ostacolando il lavoro dei giornalisti nei territori occupati, continua a negare loro l'accesso a Gaza, prende di mira i reporter sul campo e intimidisce coloro che denunciano i suoi crimini di guerra. Ha chiesto a tutti i dipendenti dei media internazionali di lasciare quanto prima la parte settentrionale della Striscia di Gaza.

Dal 7 di ottobre sono stati uccisi dagli attacchi israeliani almeno 27 giornalisti, dei quali 22 palestinesi, 4 israeliani e 1 libanese; 8 giornalisti sono rimasti feriti; 9 sono scomparsi.

Ma se ascoltiamo il professore Orsini la repressione va avanti da molti anni. Soltanto nel 2022 sono state perpetrate 902 violazioni dei diritti umani ai danni dei giornalisti palestinesi da parte di Israele.

Il 2022 è stato anche l'anno dell'assassinio della giornalista Shireen Abu Akleh, corrispondente di Al Jazeera, e della corrispondente e speaker radiofonica Ghufran Al-Warasneh.

Sempre nel 2022 sono stati sparati 52 proiettili contro gli operatori dell'informazione e sono stati eseguiti 40 arresti, mentre sono 58 i giornalisti portati davanti ai tribunali militari.

Lo Stato di Israele utilizza lo strumento della detenzione amministrativa, quindi senza alcun reale capo d'accusa, per impedire ai tecnici dell'informazione di inviare agli Stati occidentali fotografie o video che documentino i crimini di guerra attuati dall'esercito israeliano negli ultimi 75 anni. Il trattamento a loro riservato non differisce da ciò che l'occidente sta facendo a Julian Assange.

Secondo beceri schemi mafiosi Israele ha iniziato a prendere di mira anche i familiari dei giornalisti. È il caso di Wael Al Dahdouh, il capo dell'Ufficio Al-Jazeera per Gaza, che il 25 ottobre ha perso moglie, figlio, figlia e nipote in un attacco aereo israeliano.

Grandi e piccoli bulli

L'editorialista Thomas Friedman del "New York Times" ha detto che Israele non può vincere una guerra su più fronti contemporaneamente (Hamas a Gaza, Hezbollah in Libano, e altri attori non statali in Siria, Iraq e Yemen, comunità della Cisgiordania e fazioni politiche israeliane), a meno che gli USA non formino un'alleanza globale di Stati favorevoli a Israele.

L'alleanza però dovrebbe includere anche l'Autorità Palestinese in Cisgiordania, prevedendo due cose: la fine dell'espansione degli insediamenti israeliani in Cisgiordania e la sostituzione di Hamas a Gaza con la stessa ANP al fine di costruire uno Stato palestinese che includa Gaza e Cisgiordania.

Questo perché Israele ha bisogno di un partner palestinese credibile e legittimo. Una grande guerra in Medio Oriente avrebbe costi inaccettabili per Tel Aviv ma anche per Washington, benché sia già in arrivo il sostegno militare di Gran Bretagna e Francia.

Questo analista americano ancora non ha capito che l'ipotesi di due Stati (Israele e Palestina) oggi non è fattibile in alcuna maniera se non si torna al 1948; inoltre Hamas è un partito politico che ha ottenuto la maggioranza dei voti dei cittadini: a Gaza non si è imposto con un golpe; infine al-Fatah rappresenta una volontà molto moderata, disposta a qualunque compromesso con Israele.

Non solo, ma Tel Aviv deve smettere di considerare il sud del Libano un territorio conteso e deve restituire alla Siria il Golan.

Interessante però che il giornalista abbia detto che sia Israele sia gli Stati Uniti stanno cercando di dimostrare chi comanda: Israele nel Medio Oriente e gli USA nell'intero pianeta.

Tuttavia questo atteggiamento può indurre altri Paesi del mondo ad aumentare il grado della loro autonomia strategica dall'occidente.

Aggrediti e imbattibili

Due mesi fa il Pentagono aveva assegnato un contratto da 35,8 milioni di dollari per costruire una propria base segreta nel deserto israeliano del Negev, a sole 20 miglia da Gaza. Nome in codice "Sito 512".

La base deve prevedere una struttura radar che monitori i cieli per eventuali attacchi missilistici contro Israele.

Inutile che Biden e la Casa Bianca dicano che non ci sono piani per inviare truppe statunitensi in Israele nel contesto della guerra contro Hamas: una loro presenza militare segreta esiste già ed è in crescita.

L'aggressività di Israele nei confronti di Gaza dura da un periodo che all'incirca è doppio rispetto a quello dei governi neonazisti di Kiev nei confronti del Donbass. L'obiettivo però è lo stesso: soggezione della popolazione e, quando non possibile, eliminazione fisica.

Sia in un caso che nell'altro esiste un unico regista che gestisce i propri attori: è l'apparato militare-industriale degli USA.

Il regista si comporta nella stessa maniera: fornisce armi e denaro per creare caos in determinate regioni del mondo. Quanto più ampi sono i conflitti, tanto meglio è.

Il principale impegno propagandistico degli USA è quello di dimostrare che i loro attori svolgono il ruolo degli aggrediti e che nella loro legittima difesa sono imbattibili.

*

Disse il repubblicano americano Ron Paul nel 2009, alla Camera dei Rappresentanti:

Hamas è stato sostenuto e in realtà creato da Israele perché voleva contrastare Yasser Arafat. Ecco perché noi per primi, indirettamente e direttamente attraverso Israele, abbiamo contribuito a creare Hamas. Non appena inizieranno a dominare, dovremo però ucciderli. Negli anni '80 eravamo alleati di Osama bin Laden e combattevamo i sovietici. Fu allora che la nostra CIA decise che sarebbe stato positivo radicalizzare il mondo musulmano. Ecco perché finanziamo le *madrasse* per radicalizzare i musulmani e *combattere i sovietici. E c'è una ricompensa da tutto questo.

Insomma è ormai arcinoto che gli americani creano terroristi e poi li combattono in ogni modo possibile, al fine di sviluppare il loro complesso militare-industriale e finanziario.

[31] Far saltare il banco

Israele non ha alcun vero piano per il "dopo", e se ce l'ha, non trova tutti d'accordo a Tel Aviv e a Washington. Infatti per eliminare Hamas bisognerebbe occupare Gaza per parecchi mesi, pagando un prezzo altissimo in termini di vite umane e d'immagine, anche perché potrebbero esserci attacchi dal Libano degli Hezbollah filo-iraniani, guidati dal leader Nasrallah, dalla Siria di Assad (che rivuole le alture del Golan), dall'Iran di Raisi (che ha da vendicare varie vittime eccellenti), dallo Yemen dei miliziani sciiti Houthi (anch'essi filo-iraniani) e naturalmente dalla Turchia di Erdoğan e dal Qatar (alleato della Turchia e finanziatore di Hezbollah).

Inoltre, qualunque cosa accada a Gaza, non bisogna dimenticare che Hamas è insediato anche in Cisgiordania e ha basi in altri Paesi del Medio Oriente. E poi, anche se Israele riuscisse a distruggerlo, chi controllerebbe le masse palestinesi? Nel 2005 gli israeliani hanno dovuto abbandonare la Striscia proprio perché ingestibile. Al limite dovrebbero deportarli tutti.

Oltre a Gaza, c'è un fronte bollente anche in Cisgiordania: a Jenin, Nablus, Gerico sono nate brigate palestinesi di autodifesa, dato che l'Autorità Nazionale Palestinese non conta più niente. Le brigate sono composte da giovani palestinesi nati nei campi profughi, che non hanno nulla da perdere e sono posti di fronte alla scelta di morire subito o lentamente. Si organizzano tramite *social network*. Nella città vecchia di Nablus l'esercito israeliano è dovuto entrare coi carri armati per sgominarle, e dall'inizio dell'anno si sono verificati diversi scontri coi soldati che hanno causato più di 200 vittime, per la maggior parte palestinesi.

Da notare che gli Accordi di Abramo tra Arabia Saudita e Israele sono già morti e sepolti.

Si ha insomma l'impressione che Israele stia cercando soltanto di creare caos e di far saltare il banco nel Medio Oriente, così come gli

USA lo vogliono far saltare nel mondo.

Confini nazionali e popolazioni monoetniche

Lo storico Tony Judt scriveva nel suo libro, *Postwar. La nostra storia 1945-2005*: "Alla fine della prima guerra mondiale si ridisegnarono i confini delle nazioni, mentre i popoli furono in genere lasciati dove si trovavano. Dopo il 1945, invece, accadde il contrario: con la sola eccezione della Polonia, le frontiere rimasero sostanzialmente inalterate, mentre furono spostate le persone".

Alla fine della seconda guerra mondiale, tranne piccole eccezioni, tutte le terre conquistate furono restituite alle nazioni cui appartenevano e dal punto di vista dei confini si ripristinò lo *status quo ante*. Ma la popolazione in queste vecchie nazioni venne resa omogenea con la forza.

Ora l'operazione che sta compiendo Netanyahu come si configura? Il suo obiettivo è quello di rendere *monoetnica* sul piano ideologico l'intera Palestina, espellendo una popolazione che vive lì dai tempi di Maometto.

Hamas avrà fatto male i suoi conti, sperando di scuotere con una sortita terroristica l'intero Medio Oriente. Ma Netanyahu vuole creare una nazione che di democratico non ha assolutamente nulla.

Questo conflitto pluridecennale dimostra che non sono le religioni che potranno risolverlo, e che se anche si cerca di farlo con l'uso della forza militare, l'attaccamento morboso alla religione porta alla rinascita di nuovi tragici conflitti.

Infatti se anche i Paesi islamici del Medio Oriente decidessero, con un'operazione concertata, di spazzare via per sempre lo Stato d'Israele, si continuerebbe a lasciare irrisolto il compito di realizzare una società democratica e pluralistica.

Stanno morendo migliaia di persone, e milioni rischiano di dover diventare profughi, senza che vengano poste neppure le premesse per costruire una vera giustizia sociale e una vera uguaglianza di genere.

Lacrime di coccodrillo

Sotto Biden 7 milioni di migranti sono entrati negli Stati Uniti attraverso la frontiera aperta nel sud, un numero quasi uguale all'intera popolazione della Virginia.

Questo caos ha creato non solo una crisi umanitaria, ma anche una crisi della sicurezza nazionale e una crisi del traffico di droga. In media cinque abitanti della Virginia muoiono al giorno per overdose di fentanil.

Così dichiara il governatore della Virginia, Glenn Youngkin, in un'intervista a "Fox News".

Stesso numero in Congo: almeno 6,9 milioni di persone sono state costrette a lasciare le proprie case a causa del conflitto in atto tra i ribelli del Mouvement de 23 Marzo (M23) e le milizie fedeli al governo. L'ha segnalato l'ONU.

E che dire della popolazione ucraina? Secondo le stime dell'agenzia ONU per i rifugiati (Unhcr), sono più di 8 milioni i profughi ucraini che si trovano in Europa. Altri 5-6 milioni sono gli sfollati interni.

Ma se torniamo indietro è anche peggio. La Cecoslovacchia nel giugno 1945 espulse 3 milioni di tedeschi, di cui 267.000 morirono di stenti e maltrattamenti. Prima della guerra in Boemia e Moravia i tedeschi rappresentavano il 29% della popolazione; nel 1950 si erano ridotti a non più dell'1,8%. Si è calcolato che nel dopoguerra i tedeschi costretti a cambiare Paese di residenza siano stati almeno 13 milioni.

Di fronte a numeri del genere Netanyahu può sempre dire che evacuare metà Gaza (o addirittura tutti i suoi abitanti) verso l'Egitto dovrebbe essere un'operazione accettabile per l'opinione pubblica occidentale, che ai suoi occhi è l'unica che conta.

Tanto è questo quello che vuole. È difficile pensare che un governo possa intraprendere un'azione militare di così vasta portata, che ha già fatto oltre 8.000 morti e che potrebbero diventare il doppio se si comincia a bombardare anche la parte sud della Striscia, senza che si abbia la pretesa di raggiungere un obiettivo clamoroso e di natura irreversibile.

Possiamo stare anche certi che gli statisti occidentali staranno a guardare limitandosi a versare lacrime di coccodrillo.

Chi sono i russi?

Dalla guerra in Ucraina abbiamo avuto conferma di una delle cose che più stupiscono gli occidentali: i russi hanno una devozione sconfinata per la loro patria e sarebbero disposti a morire per difenderla.

Eppure non sono nazionalisti, cioè non si considerano superiori alle altre popolazioni del mondo. Anzi sono molto curiosi di sapere come gli altri vivono. Quanto di meglio vedono, cercano di assorbirlo, se compatibile con le loro usanze di vita, che certo facili non sono. Nessuno andrebbe a vivere spontaneamente in Siberia.

Questo spiega perché i russi s'innervosiscono quando vedono che la loro Federazione è minacciata militarmente da forze ostili, soprattutto se dotate di armi nucleari. I russi ne farebbero volentieri a meno, ma non possono farlo se non vedono reciprocità da parte di tutti gli altri Stati.

Questo perché sono un popolo pacifico. Non hanno esigenze territoriali o di materie prime. Al massimo cercano mercati di sbocco per il loro enorme surplus energetico. Rispetto alla sua estensione geografica la Federazione Russa è disgraziatamente molto spopolata.

Sanno di non poter essere conquistati, non solo perché troppo grandi ma anche perché il culto della patria e l'esigenza di difenderla militarmente a qualunque costo, sono troppo forti. Tuttavia i russi sanno anche di non poter essere un modello per nessuno, per cui riservano un'importanza del tutto insignificante ai mass-media. Non si vedrà mai un russo avere atteggiamenti colonialistici nei confronti del Sud globale. Semmai anzi il contrario: li si vede condonare i debiti, aiutare i Paesi più deboli sul piano alimentare, intervenire militarmente solo su richiesta. Una cosa cui tengono molto è quella di mettere i puntini sulle i quando di mezzo ci sono i trattati internazionali, le intese bilaterali. Questo perché credono nel valore della parola scritta. I russi amano la precisione linguistica. Sono dei grandi intellettuali. Pensano che questo atteggiamento sia sufficiente per farsi capire e apprezzare. Non usano strumenti che li facciano sembrare migliori di quello che sono. La loro cinematografia o è realistica o è simbolica, non è mai mistificante, non mira a far sognare l'impossibile.

Abbiamo a che fare con un popolo che agisce lentamente, che sopporta molti condizionamenti e molte privazioni. Ma là dove decide d'intervenire, proprio perché la misura è colma, non ce n'è per nessuno. Nessuno è in grado di fermarli. In genere le osservazioni che su di loro fanno gli analisti militari dell'occidente lasciano il tempo che trovano.

L'incomprensibile Putin

Putin ha definito quella americana una "democrazia fascista". È evidente quindi che per lui la parola "democrazia" non vuol dire nulla se presa in sé e per sé. Cioè il suo significato dipende dagli atteggiamenti concreti, dal modo in cui la si mette in pratica. E un Paese che vuole dominare il mondo e che provoca continuamente delle guerre per dimostrarlo, non può essere definito democratico. Oggi poi con la possibilità che certi Stati hanno di usare il nucleare, con cui l'intero pianeta (non solo i territori del nemico in questione) potrebbe risultare inabitabile, diventare fascisti in campo democratico è un attimo. Sarebbe però il colmo se la fine del mondo avvenisse per colpa di sistemi politici che si vantano d'essere democratici.

D'altra parte se davvero bastano 15 atomiche per rendere inabitabile il pianeta, si fa fatica a credere che in una guerra mondiale gli Stati che le possiedono si limiterebbero a un numero così basso, né avrebbe senso pensare che potrebbero mettersi d'accordo sul numero massimo da usare.

Se quel che dice è vero, e cioè che se anche l'occidente collettivo sganciasse tutte le proprie bombe nucleari sulla Russia, pagherebbe l'intero pianeta, in quanto le conseguenze non si farebbero sentire solo sulla Russia, allora Putin dovrebbe trarre un'altra conclusione, quella del "martire". Lui poi, che mostra d'avere una certa fede religiosa, dovrebbe essere agevolato in questo che sto per dire. Putin cioè dovrebbe modificare la dottrina russa sul nucleare, dicendo che se anche scoppiasse una guerra di questo tipo, la Russia rinuncerebbe a usare le proprie atomiche, in quanto, nella speranza di salvare almeno una parte del pianeta, accetterebbe l'idea di farsi sacrificare. In pratica dovrebbe rettificare un'affermazione che fece vari anni fa: "noi moriremo come martiri, ma voi come cani". Dovrebbe semplicemente dire: "noi non vogliamo morire con la coscienza sporca".

Per noi occidentali, abituati a credere che il nucleare serve a difendere la democrazia, sarebbe una posizione del tutto incomprensibile. Nel migliore dei casi penseremmo che si tratti di un'ammissione di debolezza. Sentire uno statista che si preoccupa di non voler essere giudicato dalla storia come un irresponsabile che ha compromesso l'esistenza umana sul pianeta, e che non l'ha fatto neppure limitandosi a una legittima difesa, fa pensare che i russi siano idealisti di natura, e che per loro sia meglio non esistere in un pianeta dove la guerra è la prima regola di vita. Se per restare coerenti alle proprie idee umane, è necessario morire, e allora che si muoia. Forse i sopravvissuti, se ci saranno, impareranno qualcosa di utile.

Conclusione

L'unica conclusione possibile riguarda la fine della guerra, ma a patto che vinca la Russia, cioè che sia lei a porre le condizioni della pace.

Quando il 24 febbraio 2022 scoppiò il conflitto, le trattative potevano essere paritetiche: sarebbe stato sufficiente riconoscere le due piccole repubbliche del Donbass, rinunciare all'ingresso nella NATO e tornare a votare liberamente. Dopodiché si sarebbero firmati nuovi Accordi di Minsk e le truppe russe se ne sarebbero tornate a casa.

Oggi tutto questo non ha più senso. L'operazione speciale inaugurata da Putin si è trasformata in una guerra per procura da parte della NATO, quindi la guerra è in realtà tra la Federazione Russa e l'occidente collettivo. Ed è diventata una guerra che i russi definiscono "esistenziale", cioè tale per cui una sconfitta è inammissibile, in quanto la vittoria della NATO comporterebbe lo smembramento immediato della Federazione.

Kiev quindi non ha altra speranza per sopravvivere in maniera dignitosa che la resa incondizionata. In caso contrario il Paese verrà completamente distrutto e occupato dai russi, che lo ricostruiranno secondo i loro tempi e modi. Nessun Paese limitrofo potrà rivendicare parti di territorio dell'Ucraina al fine di tutelare le minoranze etniche ivi presenti, a meno che non sia Mosca a concedere questo privilegio. E siccome gli Stati confinanti alla nuova Ucraina russificata fanno tutti parte della NATO, ad esclusione della Moldavia (e ovviamente della Bielorussia), il cui governo però conta di unirsi alla Romania per potervi aderire, dobbiamo aspettarci che la Russia posizionerà i propri missili nucleari, in direzione dei Paesi potenzialmente ostili: Polonia, Baltici, Romania, Bulgaria, Cekia e Slovacchia (quest'ultima però, dopo le ultime elezioni politiche, ha detto che non ha più intenzione di aiutare l'Ucraina). Un rapporto privilegiato continuerà ad esistere con l'Ungheria, il cui presidente ha rifiutato di porre sanzioni alla Russia e di favorire l'armamento dell'Ucraina.

Last but not least: gli USA vogliono allargare il conflitto usando come strumento belligerante Israele, intenzionata a distruggere Gaza (o almeno ad occuparle la parte settentrionale), ma anche ad attaccare Iran, Libano e Siria per allargarsi il più possibile. Tuttavia i sionisti sono destinati a fare una brutta fine, poiché il mondo islamico (e non solo quello del Medio Oriente) non li sopporta più.

Bibliografia su Amazon

Attualità:
La catastrofe (luglio-ottobre 2023)
La resa (marzo-giugno 2023)
La linea rossa (dicembre 2022-marzo 2023)
Multipolare 2022 (luglio-dicembre 2022)
La guerra totale (maggio-giugno 2022)
Il signore del gas (aprile-maggio 2022)
La truffa ucraina (gennaio-marzo 2022)
Diario di Facebook (2017-2020)
Diario di Facebook (gen-mar 2021)
Diario di Facebook (apr-dic 2021)

Memorie:
Sopravvissuto. Memorie di un ex
Grido ad Manghinot. Politica e Turismo a Riccione (1859-1967)

Storia:
L'impero romano. I. Dalla monarchia alla repubblica
L'impero romano: II. Dalla repubblica al principato
Homo primitivus. Le ultime tracce di socialismo
Cristianesimo medievale
Dal feudalesimo all'umanesimo. Quadro storico-culturale di una transizione
Protagonisti dell'Umanesimo e del Rinascimento
Storia dell'Inghilterra. Dai Normanni alla rivoluzione inglese
Scoperta e conquista dell'America
Storia della Spagna
Il potere dei senzadio. Rivoluzione francese e questione religiosa
Cenni di storiografia
Herbis non verbis. Introduzione alla fitoterapia

Arte:
Arte da amare
La svolta di Giotto. La nascita borghese dell'arte moderna

Letteratura-Linguaggi:
Letterati italiani
Letterati stranieri
Pagine di letteratura
Pazìnzia e distèin in Walter Galli
Dante laico e cattolico
Grammatica e Scrittura. Dalle astrazioni dei manuali scolastici alla scrittura creativa
Contro Ulisse

Poesie:

Nato vecchio; La fine; Prof e Stud; Natura; Poesie in strada; Esistenza in vita; Un amore sognato

Filosofia:

La filosofia ingenua

Laicismo medievale

Ideologia della chiesa latina

l'impossibile Nietzsche

Da Cartesio a Rousseau

Rousseau e l'arcantropia

Il Trattato di Wittgenstein

Preve disincantato

Critica laica

Le ragioni della laicità

Che cos'è la coscienza? Pagine di diario

Che cos'è la verità? Pagine di diario

Scienza e Natura. Per un'apologia della materia

Spazio e Tempo: nei filosofi e nella vita quotidiana

La scienza nel Seicento

Linguaggio e comunicazione

Interviste e Dialoghi

Antropologia:

La scienza del colonialismo. Critica dell'antropologia culturale

Ribaltare i miti: miti e fiabe destrutturati

Economia:

Esegeti di Marx

Maledetto capitale

Marx economista

Il meglio di Marx

Etica ed economia. Per una teoria dell'umanesimo laico

Le teorie economiche di Giuseppe Mazzini

Politica:

Lenin e la guerra imperialista

L'idealista Gorbaciov. Le forme del socialismo democratico

Il grande Lenin

Cinico Engels. Oltre l'Anti-Dühring

L'aquila Rosa. Critica della Luxemburg

Società ecologica e democrazia diretta

Stato di diritto e ideologia della violenza

Democrazia socialista e terzomondiale

La dittatura della democrazia. Come uscire dal sistema

Dialogo a distanza sui massimi sistemi

Diritto:

Siae contro Homolaicus

Diritto laico

Psicologia:

Psicologia generale
La colpa originaria. Analisi della caduta
In principio era il due
Sesso e amore

Didattica:

Per una riforma della scuola
Zetesis. Dalle conoscenze e abilità alle competenze nella didattica della storia

Ateismo:

Cristo in Facebook
Diario su Cristo
Studi laici sull'Antico Testamento
L'Apocalisse di Giovanni
Johannes. Il discepolo anonimo, prediletto e tradito
Pescatori di uomini. Le mistificazioni nel vangelo di Marco
Contro Luca. Moralismo e opportunismo nel terzo vangelo
Metodologia dell'esegesi laica. Per una quarta ricerca
Protagonisti dell'esegesi laica. Per una quarta ricerca
Ombra delle cose future. Esegesi laica delle lettere paoline
Umano e Politico. Biografia demistificata del Cristo
Le diatribe del Cristo. Veri e falsi problemi nei vangeli
Ateo e sovversivo. I lati oscuri della mistificazione cristologica
Risorto o Scomparso? Dal giudizio di fatto a quello di valore
Cristianesimo primitivo. Dalle origini alla svolta costantiniana
Guarigioni e Parabole: fatti improbabili e parole ambigue
Gli apostoli traditori. Sviluppi del Cristo impolitico

Indice

Premessa...5
Luglio...7
   [1] Scenario catastrofico.......................................7
   [2] Una catastrofe generale alle porte.....................7
   L'acume di Stoltenberg..8
   Aria di resa..9
   Francia in fiamme..10
   [3] L'ingenuo Blumenthal...................................10
   Cui prodest?..11
   Cosa non si farebbe per la democrazia...................12
   [4] Chi taglierà la testa all'Idra?.........................13
   Sveglia tedeschi, un minimo di dignità!................14
   Chi rompe paga...14
   Domanda retorica..15
   [5] Come siamo diversi!.....................................15
   Turchi ambigui..16
   Un sondaggio sospetto..17
   La bocca della verità...17
   O mangi la minestra o salti dalla finestra..............18
   [6] Europa contro Unione Europea......................18
   Una guerra persa in partenza..............................19
   [7] Ci vuole un ex generale per capire le cose.......20
   Il Sudamerica si è stufato di Zelensky e dell'Europa.....21
   Nucleare ultima spiaggia....................................21
   L'odio oltre ogni logica......................................22
   [8] Oliare gli ingranaggi....................................23
   Munizioni a grappolo...24
   [9] La corda si sta spezzando.............................24
   La trasformazione della NATO...........................26
   [10] Una guerra sempre più assurda.....................26
   Il doppiogiochista Erdoğan indispone..................27
   [11] Come uscire dal pantano..............................28
   Sempre più armi e munizioni..............................29
   [12] Ci vuole un piano di fuga............................30
   Zelensky piagnucola..31

Utilità della ChatGPT...31
Pillole...32
[13] Il piatto turco di lenticchie......................................33
Prima vinci, poi ne riparliamo.......................................34
La NATO è abietta..34
Ucraina banana split...35
Se lo dice lui, ci si può credere......................................35
[14] Tutta colpa del Canada..36
I disturbi cognitivi di Stoltenberg..................................37
Il prossimo a cadere sarà Macron...................................38
[15] Atto finale di una disgraziata tragedia...................39
La libertà di religione in Ucraina...................................39
Prossimo obiettivo Odessa...40
Situazione bollente in Kosovo..40
Prime schermaglie tra Cina, USA e Taiwan...................41
E sono i polacchi a dirlo!..41
Much money..42
ChatGPT può essere definita obiettiva?.........................42
[16] Meglio Arestovich di Zelensky...............................43
Memoria dei morti..43
Impara ad amare la NATO...44
[17] Non è un colosso d'argilla.......................................45
Danimarca smemoranda..46
Repetita non iuvant..46
[18] La russofobia in Svezia è un pretesto.....................47
L'importanza delle sfumature...48
Anche Radev comincia a lamentarsi..............................48
Fine dell'accordo sul grano..49
Eliminato Khorzhan..49
[19] Tutto per vincere e nulla per perdere.....................50
Le origini naziste di Ikea...50
La filosofia di Bing...51
[20] Stanno saltando tutte le remore..............................52
La storia rovesciata..53
Loro fanno quello che vogliono.....................................54
Incredibile dalla Svezia..54
Anche la scienza emigra...55
[21] Yes-men, camerieri e schiavi..................................55

Cervelli in fuga..56
Tipologie diplomatiche cinesi...57
Il Terzo Mondo alza la testa...58
Ma Kuleba è normale?..58
[22] Uno scontro di culture opposte....................................58
Ormai è guerra tra UE e Cina..59
Cina e Algeria amici per la pelle..60
[23] La Spagna a un bivio...61
La Polonia sta scherzando col fuoco...................................62
[24] L'Europa è destinata a perdere....................................62
Tutta Europa contro la Russia...63
[25] Sta nascendo un mondo nuovo.....................................64
Davvero abbiamo bisogno di un esempio?...........................65
[26] I francesi non li capisco..65
Fiandre indipendenti?...66
[27] Fine del colonialismo francese?...................................67
[28] Zelensky va sostituito..67
Basta con le macchine di lusso!..68
Comportamenti inqualificabili..68
[29] Quando l'acqua è più importante del petrolio...............69
Insegnamenti utili da questa guerra.....................................70
Sto dalla parte di Forciniti..71
[30] Sconfitta per un vizio di forma?...................................72
La Cina con Taiwan è pronta...73
Cina e NordCorea si amano...74
La Cina tra Giappone e SudCorea.......................................75
[31] Ci siamo stancati di tutto...76
Pensare l'impensabile...76
Per timore del nucleare dobbiamo rinunciare alla libertà?........77
Agosto..79
[1] Il riscatto dell'Africa..79
I cereali e l'ipocrisia occidentale..80
[2] Africa e colonialismo europeo......................................81
L'Africa e la fame energetica della UE................................82
[3] Le dimostrazioni di questa guerra..................................83
Fitch obiettiva? Solo un po'..84
La Germania stupisce per la sua insensatezza......................85
[4] Geopolitica occidentale nell'Indo-Pacifico....................86

I soldi della UE finiscono male...86
Tratta di neonati ucraini in Europa...87
[5] Uranio o democrazia?...88
La riscossa africana...89
[6] Il pregresso nigerino..90
La situazione in Niger...91
La storia tende a ripetersi..92
[7] La resa dei conti è iniziata...93
Uno statista intelligente..94
[8] Gli USA preferiscono congelare il conflitto..................................95
[9] Lo scenario coreano a chi conviene?..96
Scenario autunnale...97
[10] A Gedda nulla di fatto..98
In un sistema democratico ci si dimette..99
In cambio della resa cosa promettere?...100
[11] Morte insensata o vita dignitosa?..100
Germania e Stati Uniti in nome del nazismo......................................101
Fa male essere abituati a vincere...102
[12] La NATO non serve a niente...103
Non esiste la guerra alla corruzione in Ucraina.................................104
[13] Prima di tutto fuori la NATO dall'Ucraina..................................105
Abbiamo sbagliato tutto e continuiamo a farlo...................................106
[14] Gli inglesi e la corruzione in Ucraina.....................................107
Dopo la Russia la Cina..108
Doveri per voi, privilegi per noi...109
[15] Grazie alla Russia l'Africa rinascerà......................................110
Cos'altro dobbiamo aspettare?...111
[16] Sto con Tsarev...112
La pace va fatta quanto prima...113
[17] Dopo una controffensiva un'altra...114
Sarkozy a scoppio ritardato...115
[18] La NATO vuol salvare la faccia...116
Comportamenti ridicoli degli europei..117
Piano A fallito...117
[19] Tre negoziati sabotati...118
Guerre immotivate della NATO..120
[20] Missili precisi e devastanti...120
Petrolio sequestrato dai pirati e invenduto.....................................121

[21] Spacconate alla Zelensky..121
La realtà è un'altra...122
Analfabetismo politico-militare di Kiev.............................123
[22] L'ultima carta da giocare..123
Dov'è l'oro?..124
[23] Le variabili cominciano a ridursi...............................125
[24] La follia di chi ci governa..127
Una voce fuori dal coro...128
[25] Lunga vita ai BRICS!...128
Il Giappone nuova Ucraina?...130
[26] Trump sarà del tutto inutile.......................................131
Potremmo entrare nei BRICS?..132
[27] L'ONU criticato duramente dalla Russia.....................133
[28] Primi effetti dei BRICS..135
Terremoti politici in arrivo...135
La Kallas non si dimette...137
[29] Tu non sarai più nulla...137
Perché la controffensiva ucraina è fallita?.........................138
Le pretese di Zelensky per il voto.....................................139
Suicidato?..141
[30] Il cibo come arma di ricatto.......................................141
La Nigeria è a rischio...142
Di nuovo Assad nel mirino...143
[31] La UE preoccupata per l'Africa..................................144
Cambio di guardia in Gabon...145
Settembre...147
[1] Il pacifismo fa acqua da tutte le parti...........................147
Ammettiamolo una volta per tutte!....................................147
Ad ogni azione una reazione...148
[2] Situazione esplosiva in Congo.....................................150
Proposta assurda di Tajani..152
[3] Subire la stessa brutalità...152
[4] Una rivelazione tardiva e ambigua...............................153
Binari separati...154
Il Paese degli orrori...155
Di che Pax Mongolica parla?..156
[5] La scoperta dell'acqua calda..156
Stampelle contro vanghe...157

In Ucraina esiste un genocidio?...158
[6] La riforma agraria in Ucraina...159
Quella santa donna della Zakharova......................................160
Bharat non India..160
[7] Non tiriamo troppo la corda...161
È giunta l'ora di dimettersi..162
Anche i detenuti fanno brodo...163
Rapporti scomodi e atteggiamenti ambivalenti......................163
[8] Un timer per Zelensky..164
Impoverito e arricchito..165
Il saggio Orbán..166
Non c'è peggior sordo..166
Fare i martiri per forza..167
[9] Le scoperte scientifiche degli altri si copiano..................167
Proposte concrete...168
Teoria del primo colpo..169
Droni su Pskov..169
[10] Ironico anzi paradossale...170
Regole comuni o proprie?..171
Dire una cosa e il suo contrario...172
Inutile ammissione di colpevolezza.......................................173
Pretesti su pretesti...173
[11] Per una Ucraina bis..174
Brutta svolta a destra in Finlandia...174
Il Grande Fratello in azione...175
[12] Tu quoque?...175
Spegni la luce..176
[13] Azeri e armeni ai ferri corti...177
Donne in prima linea..178
[14] La fine di un'epoca e l'inizio di un'altra........................179
[15] Gioielli di famiglia...180
Morti e feriti..181
[16] Domande amletiche..181
Ci manca anche una dichiarazione di guerra..........................182
Tu sarai così condizionato che...183
[17] Stoltenberg sulla luna...185
Negli USA l'automotive trema...185
Problema di calcoli..186

[18] È una legge della selezione naturale................................187
Il regime di Kiev creatura della NATO................................188
Non sarà di lunga durata................................188
[19] Imminente golpe in Georgia................................189
Germania in paranoia................................190
Un buco senza fondo................................191
[20] Errori madornali dell'occidente................................191
Il mondo che cambia................................192
Le bugie hanno le gambe corte................................193
[21] Le condizioni per un vero trattato di pace................................194
Situazione disperata................................194
Senza spiragli di pace................................195
[22] Pericolose tensioni nel Caucaso................................195
Polonia e Ucraina ai ferri corti................................196
[23] Folle auspicio e possibile riforma................................197
Moldavia: Ucraina bis?................................199
La storia si ripete in forme diverse................................199
[24] La giusta verità................................200
Il malato non è cosciente di sé................................201
Ultimo resto................................202
[25] Escalation assicurata in Ucraina................................203
Un treno asiatico ad alta velocità................................205
[26] Un abisso tra Eltsin e Putin................................206
India contro Canada................................206
Una satanista come ambasciatrice................................207
Ungheria contro Ucraina................................208
Proposta OMS non passa all'ONU................................208
[27] Il Canada filo-nazista................................209
Come Barbie................................210
Siria contro Israele e USA................................211
Tutti contro il nuovo Attila................................211
[28] Sintesi storica ad uso didattico................................212
Inversamente proporzionale................................213
Antrace in Kazakistan................................214
Escalation in Italia................................214
[29] Storia degli USA dal 1945 ad oggi................................215
Incongruenze europee................................216
[30] I nuovi barbari................................219

Più la guerra va avanti e più diventano forti............................220
Stoltenberg va rimosso............................221
Marzo............................224
[1] Un modo diverso di vivere e di combattere............................224
Il gioco si fa duro............................225
Sto con Dolinsky............................226
Svolta in Slovacchia............................226
[2] Quale numero siamo disposti ad accettare?............................227
Abbiamo delle risposte ai nostri perché?............................228
L'ebreo Blinken mente su Babij Jar............................230
[3] Ci vuole una rivoluzione popolare............................231
Abbiamo delle risposte ai nostri perché?............................232
La nuova primavera di Praga............................233
[4] Non si sa come uscirne............................234
Anticorruzione da ridere............................236
Esempio di distorsione cognitiva............................236
Miserabile Johnson............................237
[5] Il Pentagono chiede la carità............................237
Espulso Kevin McCarthy............................238
[6] Putin dixit............................239
Much money............................241
Kenya e Regno Unito: ora basta............................241
[7] Carità pelosa della Polonia............................243
Brutti segnali bancari da Londra............................244
La vecchiaia è brutta............................245
Sei disabile? Arrangiati!............................245
[8] Toro e matador............................246
Tempesta di Al-Aqsa............................246
Il revisionismo storico è patetico............................247
Orrori indicibili............................248
Putin è convinto che............................248
[9] L'Africa ha sempre più sete............................249
"Politico" non sa quel che dice............................250
Totale crisi energetica in Ucraina............................251
Non sai il lettone? Fuori!............................251
Turchia contro Israele............................252
Blinken il bugiardo............................252
Scholz e Baerbock alle corde............................253

[10] Mirare all'estensione...253
Da ovest a est...254
Una finzione tragica ma perché?.......................................255
[11] Il ruolo di Hezbollah...255
Gaza come Cartagine...256
[12] Diritto e forza..257
Verità e falsità...258
Armi americane in giro per il mondo.................................259
2+2=4...260
[13] Senso e destino d'Israele...260
ISIS? Tutto fa brodo..262
[14] Gaza e Israele come Davide e Golia?.........................262
Ultima campana per l'apartheid israeliano.........................264
[15] Una guerra indiretta costante.....................................265
Chiedere la Luna...266
UE serva degli USA..267
[16] Che succede ai piani alti d'Israele?............................268
Secondo step..269
Esercitazioni nucleari al momento giusto..........................270
[17] Perché meravigliarsi dei gesti estremi?......................271
Interpretare alla rovescia...272
[18] Io nel pensier mi fingo...272
Gli ultimi fotogrammi..274
Esiste anche un PC israeliano..275
[19] Cessare il fuoco? Neanche per idea!..........................275
Persino l'ONU lo dice...276
[20] Liberare i prigionieri senza condizioni......................277
Due generali polacchi rimossi...278
La ratio di Orsini è impeccabile.......................................278
Rappresaglia in stile nazista...278
I limiti delle religioni...279
[21] Dire a nuora perché suocera intenda..........................281
Gaza c'entra maledettamente...282
Parlamento europeo impazzito..283
Non basta più...283
[22] Un forum decisivo? Speriamo!...................................284
Israele come l'Ucraina?...285
Si riparte coi test nucleari...285

Apocalisse finanziaria...287
[23] Uscire dal vicolo cieco delle religioni...........................287
Non sono due cose uguali...288
Vogliono impedirci di accettare la realtà.........................289
[24] La legge fondamentale d'Israele..............................290
È meglio piuttosto...291
Gli antenati ucronazi...292
[25] Condizioni per non fare la quarta.............................292
Non basta il pentimento...293
L'Ungheria è stufa dell'Ucraina...................................294
[26] L'etnocrazia israeliana...295
Un esperimento riuscito male......................................296
[27] Il peccato originale dell'apartheid israeliano.................298
Non basterà il senno del poi...300
Basta col moralismo d'accatto......................................301
Paradossi del guitto..302
[28] Chi ha più maggioranza?.......................................302
Colpire ai fianchi non basta...303
ONU inutile...304
[29] Si stanno preparando...305
Non sono abbastanza 2000 anni?...................................306
[30] Che tristezza la sinistra radicale..............................307
Obiettivo da colpire: l'informazione...............................307
Grandi e piccoli bulli...308
Aggrediti e imbattibili...309
[31] Far saltare il banco...310
Confini nazionali e popolazioni monoetniche......................311
Lacrime di coccodrillo...311
Chi sono i russi?..312
L'incomprensibile Putin...313
Conclusione...315
Bibliografia su Amazon..316